임병주
행정법

1차 | 단원별 핵심요약 | 기출예상문제집

박문각 행정사연구소 편_임병주

머리말

행정사 1차 합격을 위해 객관식 문제풀이는 필수 코스입니다. 기본이론에서 세운 행정법 체계를 객관식 문제풀이에 적용하여 지문을 통한 암기력을 극대화시켜야 합니다. 이에 맞추어 행정사 1차 시험에 가장 효율적으로 대응하기 위해 문제집을 대폭 개정하였습니다.

기존 문제집이 진도별 문제와 해설만으로 구성되었다면, 올해부터는 진도별 핵심요약(핵심 summary)을 추가하였습니다. 핵심요약집을 별도로 구입할 필요 없이, 1차 시험의 핵심 이론을 단기에 정리할 수 있어 합격하는 데 유용한 무기가 될 것입니다. 또한 기출문제를 중심으로 두고 기출되지 않은 부분에 대한 예상문제를 함께 구성하여 내용을 보완하는 것으로 문제의 구성을 변경하였습니다. 만점을 맞아야만 합격하는 시험은 아니기 때문에 난이도 높은 문제를 풀 필요는 없다는 생각입니다.

문제집의 구성

1. 단원별로 핵심 summary 추가

단원별로 핵심요약을 먼저 본 뒤 문제를 풀면서 암기하면 효과가 극대화될 것입니다. 핵심요약 내용에는 기출된 부분을 따로 표시하여 참조할 수 있도록 하였습니다.

2. 기출문제와 예상문제 모두 수록

단원별로 기본문제로서의 기출문제와 기출될 예상문제를 모두 수록하였습니다. 본 문제집 하나만으로 기출과 예상문제 두 마리의 토끼를 잡을 수 있습니다.

3. 문제별 해설

종전 문제집에서는 문제와 이에 대한 해설이 따로 분리되어 있었습니다. 공부할 때 속도가 떨어진다는 문제 제기를 받아들여 문제의 바로 밑에 해설이 나오도록 편집하였습니다. 스피드하게 문제를 풀고 정리할 수 있을 것입니다.

효과적인 학습방법 3가지

1. 문제를 풀어보고 틀린 부분은 기본이론서를 찾아볼 것!

지문의 내용을 모른 것인지 착오로 정답을 못 찾은 것인지 스스로 고민해 보고, 내용을 몰랐다면 반드시 기본서에서 그 부분을 확인하고 정확하게 이해해야 합니다. 한 번 틀린 문제는 다시 출제되었을 때 또 틀릴 확률이 높습니다. 틀린 문제는 완전히 자기화해야 합니다.

2. 반복적으로 문제를 풀어 볼 것!

문제집을 한 번 푸는 것보다는 반복적으로 풀었을 때 그 내용이 자신의 것이 됩니다. 문제가 자신의 것이 되지 않은 경우 시험장에서 당황하게 되고 시간과의 싸움에서 패하게 됩니다.

3. 암기할 부분과 이해할 부분을 구별해서 정리할 것!

문제집에 이해만으로 충분한 부분과 암기할 부분을 표시해 두어야 합니다. 특히 시험 마무리를 문제집으로 해야 하는 객관식 시험의 특성상 암기할 부분을 잘 표시해 두고 시험 직전까지 다시 한번 검토해 봐야 할 것입니다.

행정사 시험과목 중 행정법은 기본서와 문제집 2권으로 완벽하게 해결할 수 있을 것이라 장담합니다.

문제집 출판에 물심양면 도움을 주신 박문각 출판부 관계자분들께 감사를 드립니다.

2025년 7월

저자 임병주 올림

행정사 시험 정보

1. **자격 분류**: 국가 전문 자격증
2. **시험 기관 소관부처**: 행정안전부
3. **실시 기관**: 한국산업인력공단
4. **시험 일정**: 매년 1차, 2차 실시

구분	원서 접수	시험 일정	합격자 발표
1차	2025년 4월 14일~4월 18일	2025년 5월 31일	2025년 7월 2일
2차	2025년 7월 28일~8월 1일	2025년 9월 27일	2025년 12월 10일

〈2025년 제13회 행정사 시험 기준〉

5. **응시자격**: 제한 없음. 다만, 행정사법 제5·6조의 결격사유가 있는 자와 행정사법 시행령 제19조에 따라 부정행위자로 처리되어, 그 처분이 있은 날부터 5년이 지나지 않은 자는 시험에 응시할 수 없다.

6. **시험 면제대상**
- 1차 시험에 합격한 사람에 대하여는 다음 회의 시험에서만 1차 시험을 면제한다.
- 행정사 자격이 있는 사람으로서 다른 종류의 행정사 자격시험에 응시하는 사람은 1차 시험을 면제한다.
- 행정사법 제9조 및 동법 부칙 제3조에 따라, 공무원으로 재직하였거나 외국어 전공 학위를 받고 외국어 번역 업무에 종사한 경력이 있는 사람 등은 행정사 자격시험의 전부 또는 일부가 면제된다(1차 시험 면제, 1차 시험 전부와 2차 시험 일부 면제, 1·2차 시험 전부 면제).

7. **시험 과목 및 시간**
- ● **1차 시험(공통)**

교시	입실 시간	시험 시간	시험 과목	문항 수	시험 방법
1교시	09:00	09:30~10:45 (75분)	① 민법(총칙) ② 행정법 ③ 행정학개론(지방자치행정 포함)	과목당 25문항	5지택일

● **2차 시험**

교시	입실시간	시험 시간	시험 과목	문항 수	시험 방법
1교시	09:00	09:30~11:10 (100분)	**[공통]** ① 민법(계약) ② 행정절차론(행정절차법 포함)		
2교시	11:30	• 일반·해사행정사 11:40~13:20 (100분) • 외국어번역행정사 11:40~12:30 (50분)	**[공통]** ③ 사무관리론 (민원 처리에 관한 법률 및 행정업무의 운영 및 혁신에 관한 규정 포함) **[일반행정사]** ④ 행정사실무법 (행정심판사례, 비송사건절차법) **[해사행정사]** ④ 해사실무법 (선박안전법, 해운법, 해사안전기본법, 해상교통안전법, 해양사고의 조사 및 심판에 관한 법률) **[외국어번역행정사]** ④ 해당 외국어(외국어능력검정시험으로 대체하며 영어, 중국어, 일본어, 프랑스어, 독일어, 스페인어, 러시아어의 7개 언어에 한함)	과목당 4문항 (논술 1문제, 약술 3문제)	논술형 및 약술형 혼합

8. 합격 기준

- 과목당 100점을 만점으로 하여 모든 과목의 점수가 40점 이상이고, 전 과목의 평균 점수가 60점 이상인 사람(2차 시험의 해당 외국어시험 제외)
- 단, 2차 시험 합격자가 최소선발인원보다 적은 경우, 최소선발인원이 될 때까지 전 과목의 점수가 40점 이상인 사람 중에서 전 과목 평균 점수가 높은 순으로 합격자를 추가로 결정한다. 동점자로 인해 최소선발인원을 초과하는 경우 동점자 모두를 합격자로 한다.

9. 외국어능력검정시험 성적표 제출(외국어번역행정사): 외국어번역행정사 2차 시험의 '해당 외국어' 과목은 원서접수 마감일부터 거꾸로 계산하여 5년이 되는 날이 속하는 해의 1월 1일 이후에 실시된 외국어능력검정시험에서 취득한 성적으로 대체(행정사법 시행령 제9조 제3항, 별표 2)

● **외국어 과목을 대체하는 외국어능력검정시험 종류 및 기준점수**

시험명	기준점수	시험명	기준점수
TOEFL	쓰기 시험 부문 25점 이상	IELTS	쓰기 시험 부문 6.5점 이상
TOEIC	쓰기 시험 부문 150점 이상	신HSK	6급 또는 5급 쓰기 영역 60점 이상
		DELE	C1 또는 B2 작문 영역 15점 이상
TEPS	쓰기 시험 부문 71점 이상 ※ 청각장애인: 쓰기 시험 부문 64점 이상	DELF/ DALF	• C2 독해와 작문 영역 25점 이상 • C1 또는 B2 작문 영역 12.5점 이상
G-TELP	GWT 작문 시험 3등급 이상	괴테어학	• C2 또는 B2 쓰기 모듈 60점 이상 • C1 쓰기 영역 15점 이상
FLEX	쓰기 시험 부문 200점 이상	TORFL	4단계 또는 3단계 또는 2단계 또는 1단계 쓰기 영역 66% 이상

행정법
1차 시험 총평

1. 전체적 총평

2025년 행정사 1차 행정법의 시험 출제를 한마디로 정리하면 '기출문제만으로 부족하다.'로 정의하고 싶습니다. 개별법령 및 판례의 요지를 알아야 정답을 찾을 수 있도록 출제가 되었습니다. 그렇지만 어렵게 출제된 것은 아니고 기본적인 사항을 중심으로 문제가 출제되었습니다. 결국 한번 정리가 되고 시험장에 갔는지가 점수확보의 갈림길이 되었습니다.

2. 출제영역

행정법총론에서 18문제, 행정법각론에서 7문제가 출제되어 출제 비율은 전년도인 2024년과 비슷하게 출제되었습니다. 행정법총론의 경우 판례에 의하여 답을 찾거나 행정기본법 또는 그 밖의 개별법의 조문의 내용으로 답을 찾도록 출제가 되었습니다. 개별법령의 경우 행정기본법, 행정절차법, 공공기관의 정보공개에 관한 법률, 개인정보 보호법, 행정대집행법이 출제되었습니다. 특이한 점은 2024년도부터 행정소송에 관한 출제비중이 늘어나고 있다는 점입니다. 행정법각론의 경우 예상하지 못한 법률의 내용을 출제한 문제가 1문제 정도 있었는데 합격 여부에 큰 영향을 미치지는 못했습니다. 행정법각론 범위이지만 총론과 연결하여 출제된 것이 3문제 정도로 보입니다.

3. 문제출제의 경향

◆ 문제의 내용적 유형

법령	10문제
판례	13문제
이론(의의)	2문제

◆ 문제의 형식적 유형

5지 선다형	20문제
박스형(조합형)	5문제
사례형(괄호넣기 포함)	0문제

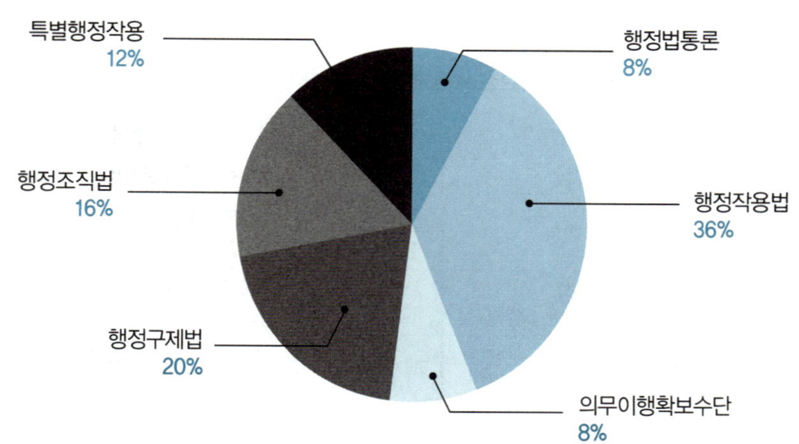

행정법
출제 경향 분석

◆ **2013~2025 행정법 출제 경향 분석**

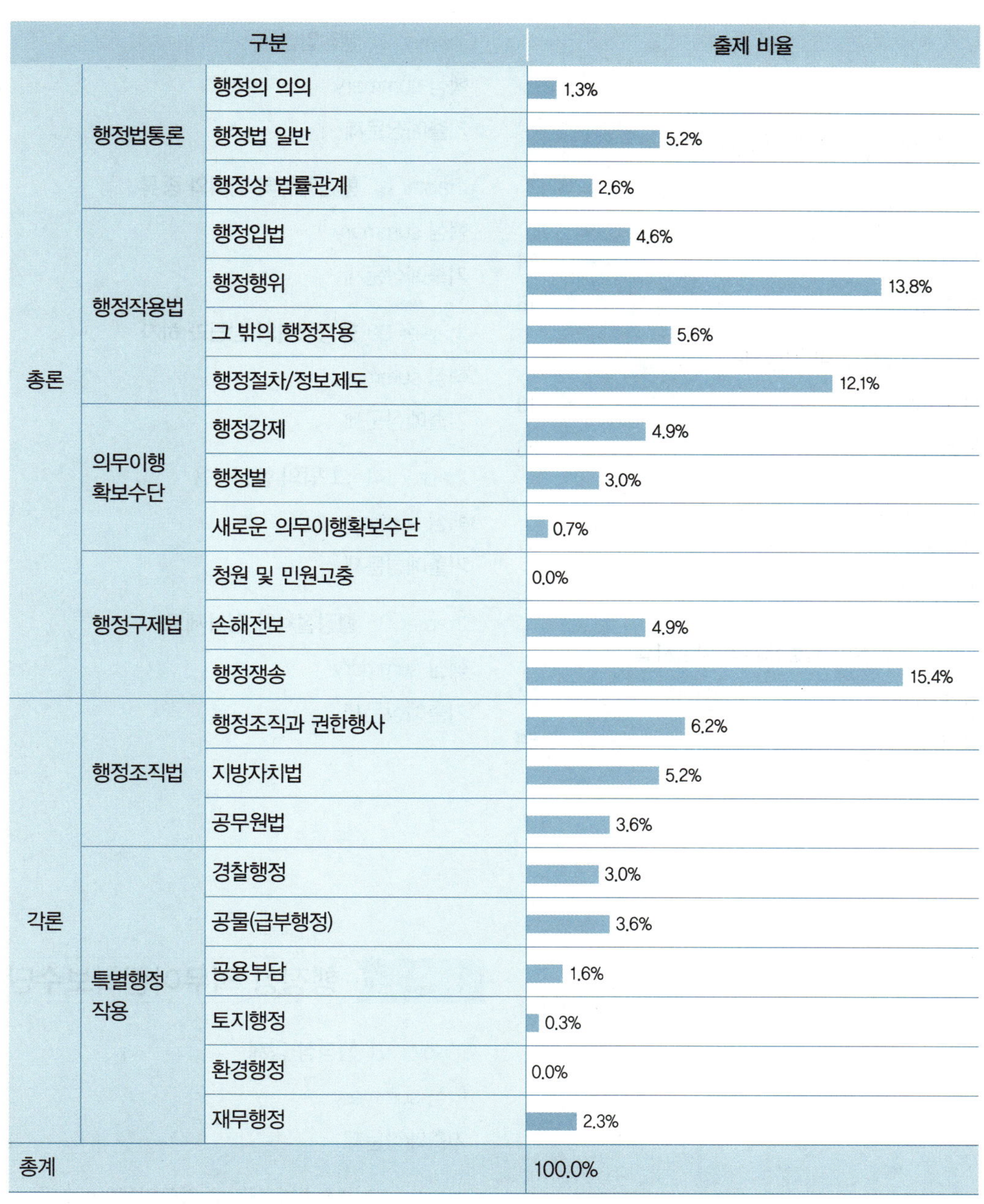

구분		출제 비율
총론	행정법통론	행정의 의의	1.3%
		행정법 일반	5.2%
		행정상 법률관계	2.6%
	행정작용법	행정입법	4.6%
		행정행위	13.8%
		그 밖의 행정작용	5.6%
		행정절차/정보제도	12.1%
	의무이행 확보수단	행정강제	4.9%
		행정벌	3.0%
		새로운 의무이행확보수단	0.7%
	행정구제법	청원 및 민원고충	0.0%
		손해전보	4.9%
		행정쟁송	15.4%
각론	행정조직법	행정조직과 권한행사	6.2%
		지방자치법	5.2%
		공무원법	3.6%
	특별행정 작용	경찰행정	3.0%
		공물(급부행정)	3.6%
		공용부담	1.6%
		토지행정	0.3%
		환경행정	0.0%
		재무행정	2.3%
총계			100.0%

차 례

행정법총론

행정법 총론

행정사
임병주 행정법

행정법 서설

통치행위

제1절 행정의 의의

1. 형식적 의미의 행정과 실질적 의미의 행정

| 형식적 의미의 행정 | 국가작용의 **수행기관**을 중심으로 행정부가 권한행사하면 모두 행정 |
| 실질적 의미의 행정 | 어느 기관의 작용인가를 기준으로 하지 않고 **작용의 성질**을 기준으로 구체적으로 법을 집행하면 행정 |

2. 행정의 특질

① 행정법의 대상으로서 행정은 권력분립원리에 따라 확립된 개념이다.
② 행정의 목표로서 공익의 개념은 고정적인 것이 아니라 시간의 흐름에 따라 변하는 것이므로 공익이라는 개념을 명백하게 개념 지을 수는 없다. **기출**

> 🔷 **행정작용의 특질**
> ① 공익실현작용
> ② 구체적 사안에 대한 법집행작용
> ③ 일방적으로 법적 의무를 구체화할 수 있는 공권력 행사
> ④ 미래지향적인 사회형성작용

◆ **입법·사법·행정의 구별**

	구별개념			구별개념
입법	일반적·추상적 규범정립		사법	소극적·과거지향적 법판단
행정	구체적 사실에 대한 법집행		행정	적극적·미래지향적 형성작용

제2절 통치행위

1. 핵심정리

개념상 특성	① 고도의 정치적·군사적 성격의 국가작용 ② 사법심사의 대상에서 제외 [기출]
제도적 전제	① 실질적 법치주의 확립 ② 행정소송사항의 개괄주의 채택 ③ 국가작용에 대한 사법심사제도의 발달
행위주체와 판단주체	① 행위주체는 대통령 또는 국회[사법부(×)] ② 사법부에 의한 통치행위는 인정(×) ③ 통치행위 해당 여부에 대한 판단주체는 오로지 사법부만 가능 [기출]

2. 지문식 판례 정리

지문식 판례

대법원
① 대통령의 비상계엄선포나 확대행위는 통치행위이다(고도의 정치적·군사적 성격). [기출]
② 비상계엄의 선포나 확대가 국헌문란의 목적을 달성하기 위하여 행하여진 경우에는 법원은 그 자체가 범죄행위에 해당하는지의 여부에 관해 심사할 수 있다.
③ 남북정상회담 개최행위의 당부는 고도의 정치적 성격의 행위로 원칙적 사법심사의 대상이 되지 않는다. [기출]
④ 남북정상회담 개최과정에서 북한 측에 사업권의 대가명목으로 송금한 행위는 사법심사가 가능하다. [기출]
⑤ 서훈취소는 사법심사를 자제하여야 할 고도의 정치성을 띤 행위라고 볼 수는 없다. [기출]

헌법재판소
① 고도의 정치적 결단에 의해 행해지는 국가작용이라 할지라도 그것이 국민의 기본권침해와 직접 관련되는 경우에는 헌법재판소의 심판대상이 된다.
② 대통령의 특별사면행위는 국가원수의 고유한 권한으로 사법부의 판단을 변경하는 제도로서 권력분립의 원리에 대한 예외가 된다. [기출]
③ 대통령의 특별사면에 관하여 일반국민의 지위에서 한 헌법소원의 심판청구는 자기관련성과 직접성을 결여하여 부적법하다. [기출]
④ 이라크 파병결정은 그 성격상 국방 및 외교에 관련된 고도의 정치적 결단을 요하는 문제로서 대통령과 국회의 판단은 존중되어야 하고 헌법재판소가 사법적 기준만으로 이를 심판하는 것은 자제되어야 한다.
⑤ 수도이전 문제를 국민투표에 부칠지 여부에 대한 대통령의 의사결정이 국민의 기본권침해와 직접 관련되는 경우에는 헌법재판소의 심판대상이 될 수 있고, 이와 관련된 법률도 헌법재판소의 심판대상이 된다.

제1절 행정의 의의

01 **행정법의 대상이 되는 행정에 관한 설명으로 옳지 않은 것은?** 2015년 제3회

① 「헌법」의 구체화법인 행정법의 대상으로서 행정은 권력분립원리에 따라 확립된 개념이다.

② 행정의 목표로서 공익의 개념은 명백한 것이기 때문에 공익의 개념은 시간의 흐름에 따라 변하지 않는 고정적인 것이다.

③ 우리나라의 경우 대통령의 통치행위를 판례에서 인정한 바 있다.

④ 행정을 공법상 행정과 사법상 행정으로 구분하는 주된 실익은 양자에 적용되는 실체법이 다르고, 권리구제 방식 등이 다르기 때문이다.

⑤ 급부행정은 공법적인 방식 외에 사법적인 방식으로도 이루어진다.

해설 ② 행정의 목표로서 공익의 개념은 고정적인 것이 아니라 시간의 흐름에 따라 변하는 것이다. 따라서 공익이라는 개념을 명백하게 개념 지을 수는 없다.

① 행정법의 대상은 국가작용 중 행정이며, 행정은 근대 국가 이후 권력분립원리에 따라 확립된 개념이다.

③ 대법원은 대통령의 비상계엄선포(대판 1964. 7. 21. 64초4; 대판 1979. 12. 7. 79초70)나 남북정상회담의 개최 (대판 2004. 3. 26. 2003도7878) 등에 관하여 고도의 정치적 성격이 있는 행위로서 사법심사의 대상이 되지 않는 통치행위라고 판결한 바 있다.

④ 행정은 행위방식과 성질 등에 따라 공법상 행정과 사법상 행정으로 구별하는데, 공법상 행정은 공법(행정법) 및 공법원칙이 적용되고 분쟁을 행정소송에 의해 해결하는 데 반해, 사법상 행정은 사법 및 사법원칙이 적용되고 분쟁을 민사소송에 의해 해결한다.

⑤ 국민의 복지를 적극적으로 증진하기 위한 수익적 활동인 급부행정은 그 방식에 있어 공법적인 방식에 의해서만이 아니라 사법적(私法的)인 방식으로도 이루어진다.

02 **다음 중 형식적 의미에서나 실질적 의미에서 모두 행정에 속하는 것은?**

① 부령의 제정

② 건물의 강제철거를 위한 대집행

③ 대법원장의 일반법관 임명

④ 행정심판재결

⑤ 대통령의 긴급재정·경제명령 제정

해설 ② 형식과 실질적 의미에서 모두 행정이다.
① 형식적 의미의 행정, 실질적 의미의 입법
③ 형식적 의미의 사법, 실질적 의미의 행정
④ 형식적 의미의 행정, 실질적 의미의 사법
⑤ 형식적 의미의 행정, 실질적 의미의 입법

Answer 1. ② 2. ②

제2절 통치행위

01 통치행위에 해당하지 않는 것은? (다툼이 있으면 판례에 따름) 2019년 제7회

① 대통령의 서훈취소　② 사면　③ 이라크파병결정
④ 남북정상회담의 개최　⑤ 대통령의 비상계엄선포

해설 ① 서훈취소가 대통령이 국가원수로서 행하는 행위라고 하더라도 법원이 사법심사를 자제하여야 할 고도의 정치성을 띤 행위라고 볼 수는 없다(대판 2015. 4. 23. 2012두26920).
② 사면은 형의 선고의 효력 또는 공소권을 상실시키거나, 형의 집행을 면제시키는 국가원수의 고유한 권한을 의미하며, 사법부의 판단을 변경하는 제도로서 권력분립의 원리에 대한 예외가 된다(헌재 2000. 6. 1. 97헌바74).
③ 외국에의 국군의 파견결정은 국내 및 국제정치관계 등 제반상황을 고려하여 미래를 예측하고 목표를 설정하는 등 고도의 정치적 결단이 요구되는 사안이다(헌재 2004. 4. 29. 2003헌마814).
④ 남북정상회담의 개최는 고도의 정치적 성격을 지니고 있는 행위라 할 것이므로 특별한 사정이 없는 한 법원이 그 당부를 심판하는 것은 적절하지 못하다(대판 2004. 3. 26. 2003도7878).
⑤ 대법원은 대통령의 계엄선포행위를 통치행위로 인정하고 있다(대판 1964. 7. 21. 64초3).

02 통치행위에 관한 설명으로 옳은 것을 모두 고른 것은? (다툼이 있으면 판례에 따름)
2024년 제12회

> ㉠ 고도의 정치적 성격을 띤 국가행위로 사법심사 대상에서 제외된다.
> ㉡ 대통령의 서훈취소는 통치행위가 아니다.
> ㉢ 통치행위에 해당하는지의 최종적 판단은 오로지 사법부에 의하여 이루어져야 한다.
> ㉣ 남북정상회담 개최 과정에서 주무부 장관에게 신고하지 아니하거나 승인 없이 북한측에 사업권의 대가 명목으로 송금한 행위는 통치행위가 아니다.

① ㉠, ㉢　② ㉠, ㉣　③ ㉠, ㉡, ㉣
④ ㉡, ㉢, ㉣　⑤ ㉠, ㉡, ㉢, ㉣

해설 ㉠ 통치행위는 고도의 정치적 성격을 띤 국가행위로 사법심사 대상에서 제외되는 국가작용을 말한다.
㉡ 대통령의 서훈취소는 「상훈법」에서 정한 요건과 절차에 의하는 것으로 사법심사가 배제되는 통치행위가 아니라는 것이 판례이다(대판 2015. 4. 23. 2012두26920).
㉢ 통치행위의 개념을 인정한다고 하더라도 그 인정을 지극히 신중하게 하여야 하며, 그 판단은 오로지 사법부만에 의하여 이루어져야 한다(대판 2004. 3. 26. 2003도7878).
㉣ 남북정상회담의 개최과정에서 재정경제부장관에게 신고하지 아니하거나 통일부장관의 협력사업 승인을 얻지 아니한 채 북한측에 사업권의 대가 명목으로 송금한 행위 자체는 「헌법」상 법치국가의 원리와 법 앞에 평등원칙 등에 비추어 볼 때 사법심사의 대상이 된다(대판 2004. 3. 26. 2003도7878).
산업인력공단은 ㉢ 지문에 최종적 판단이 들어간 것은 틀린 지문이라는 이의제기를 받아들여 정답 없음으로 처리하였으나 이는 의문이다.

Answer　1. ①　2. 정답 없음

03 **통치행위에 관한 판례의 내용으로 옳은 것은?**

① 통치행위의 주체는 주로 정부와 사법부이고, 통치행위의 판단주체는 사법부이다.

② 헌법재판소는 대통령의 긴급재정경제명령은 통치행위에 해당하므로 국민의 기본권 침해와 직접 관련되는 경우에도 헌법재판소의 사법심사의 대상이 되지 않는다고 보았다.

③ 헌법재판소는 대통령의 이라크 파병결정은 그 성격상 고도의 정치적 결단을 요하는 문제로서 헌법재판소가 사법적 기준만으로 이를 심판하는 것은 자제되어야 한다고 보았다.

④ 헌법재판소는 신행정수도건설이나 수도이전의 문제는 국민의 기본권 침해와 직접 관련되는 경우에도 헌법재판소의 심판대상이 될 수 없다고 보았다.

⑤ 헌법재판소는 대통령이 한미연합 군사훈련의 일종인 2007년 전시증원연습을 하기로 한 결정은 사법심사를 자제하여야 하는 통치행위에 해당한다고 보았다.

해설 ③ 외국으로의 군대파견결정은 그 성격상 국방 및 외교에 관련된 고도의 정치적 결단을 요하는 문제로서, 대통령과 국회의 판단은 존중되어야 하고 헌법재판소가 사법적 기준만으로 이를 심판하는 것은 자제되어야 한다 (헌재 2004. 10. 21. 2004헌마554).
① 통치행위의 주체는 정부와 국회이고, 통치행위의 판단주체는 오로지 사법부만이 할 수 있다는 것이 대법원의 입장이다.
② 대통령의 긴급재정경제명령이 국민의 기본권침해와 직접 관련되는 경우에는 헌법재판소의 심판대상이 된다(헌재 1996. 2. 29. 93헌바186).
④ 신행정수도건설이나 수도이전의 문제가 국민의 기본권 침해와 직접 관련되는 경우에는 헌법재판소의 심판대상이 될 수 있다(헌재 2004. 10. 21. 2004헌마554).
⑤ 대통령이 연례적으로 이루어지는 한미연합 군사훈련의 일종인 2007년 전시증원연습을 하기로 한 결정은 통치 행위에 해당되지 않는다(헌재 2009. 5. 28. 2007헌마369).

Answer 3. ③

행정법의 기본원리

제1절 법치행정

1. 법치행정의 원칙

> **행정기본법 제8조【법치행정의 원칙】** 행정작용은 법률에 위반되어서는 아니 되며, 국민의 권리를 제한하거나 의무를 부과하는 경우와 그 밖에 국민생활에 중요한 영향을 미치는 경우에는 법률에 근거하여야 한다.

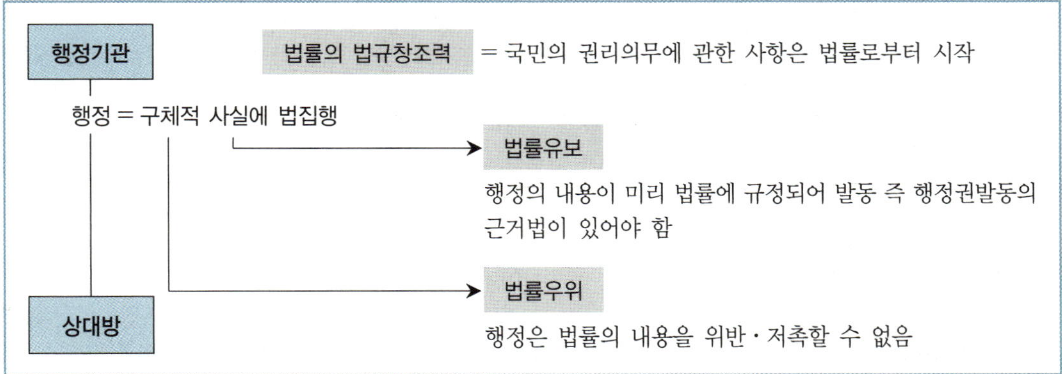

2. 법률우위와 법률유보의 범위

① 법률우위의 대상은 모든 행정(사법형식의 행정 포함)이지만, 모든 행정이 법률의 근거를 요하는 것은 아니기에 법률유보의 대상은 모든 행정이 아니다. ^{기출}

② 법률우위에서 말하는 법률은 국회가 제정하는 형식적 의미의 법률뿐만 아니라 불문법을 포함한 모든 법규를 의미한다. ^{기출}

지문식 판례 ◆

① 법률유보원칙은 단순히 행정작용이 법률에 근거를 두기만 하면 충분한 것이 아니라, 국민의 대표자인 입법자가 그 본질적 사항에 대해서 스스로 결정하여야 한다는 요구까지 내포하고 있다.

② 우리 「헌법」 제40조의 의미는 적어도 국민의 권리와 의무의 형성에 관한 사항을 비롯하여 국가의 통치 조직과 작용에 관한 기본적이고 본질적인 사항은 반드시 국회가 정하여야 한다는 것이다.

③ 법률유보란 '법률에 근거한 규율'을 뜻하는 것이므로 법률에 근거한 이상 법규명령에 위임하여 법규명령에 의한 기본권 제한도 가능하다. ^{기출}

④ 자치법적 사항을 위임하는 경우 포괄위임이 가능하지만, 국민의 권리·의무에 관한 본질적 사항은 국회가 정하여야 한다.

⑤ 텔레비전방송수신료 납부의무자의 범위와 수신료금액결정은 국회가 정해야 할 본질적 사항이다. 기출

⑥ 도시환경정비사업시행인가 신청 시의 토지 등 소유자의 동의 정족수를 토지 등 소유자가 자치적으로 정하여 운영하는 규약에 정하도록 한 것은 법률유보원칙에 위반된다는 것이 헌법재판소 입장이다. 기출

제2절 행정법의 법원

1. 법령의 종류

행정기본법 제2조【정의】 이 법에서 사용하는 용어의 뜻은 다음과 같다.
1. "법령등"이란 다음 각 목의 것을 말한다.
   가. 법령 : 다음의 어느 하나에 해당하는 것
      1) 법률 및 대통령령·총리령·부령
      2) 국회규칙·대법원규칙·헌법재판소규칙·중앙선거관리위원회규칙 및 감사원규칙
      3) 1) 또는 2)의 위임을 받아 중앙행정기관(「정부조직법」 및 그 밖의 법률에 따라 설치된 중앙행정 기관을 말한다. 이하 같다)의 장, 국회의장, 대법원장, 헌법재판소장, 중앙선거관리위원회위원장, 감사원장 등이 정한 훈령·예규 및 고시 등 행정규칙
   나. 자치법규 : 지방자치단체의 조례 및 규칙

2. 국내법과 국제법의 관계

헌법 제6조 ① 헌법에 의하여 체결·공포된 조약과 일반적으로 승인된 국제법규는 국내법과 같은 효력을 가진다.

지문식 판례◆

① 남북관계 사이의 합의는 조약으로 볼 수 없다(남북 사이의 화해와 불가침 및 교류협력에 관한 합의서). 기출

② 「헌법」에 의해 체결·공포된 조약은 별도의 국내시행법령이 없더라도 국내에 적용된다.

③ 「관세 및 무역에 관한 일반협정」과 「정부조달에 관한 협정」은 국내법령과 동일한 효력을 가지므로 이에 위반하는 조례는 무효이다.

④ 사인이 「관세 및 무역에 관한 일반협정」의 위반을 이유로 직접 국내법원에 회원국 정부를 상대로 그 처분의 취소를 구하는 소를 제기할 수 없다(반덤핑부과처분이 WTO협정에 위반된다고 주장).

⑤ 「헌법」에 의해 체결·공포된 조약과 일반적으로 승인된 국제법규의 위헌성 심사는 헌법재판소의 전속 관할에 속한다.

3. 관습법

성립요건	① 행정관행의 계속적·반복적 존재 ② 법적인 확신의 존재 ③ 국가승인 여부 – 불요설(다수설·판례)
종류	① 행정청의 관행 – 행정선례법(「국세기본법」과 「행정절차법」에 인정의 근거) ② 국민들의 관행 – 민중관습법
효과	보충적 효력설(다수설·판례)

지문식 판례

① 비과세관행이 성립하려면, 과세관청 자신이 그 사항에 관하여 과세할 수 있음을 알면서도 어떤 특별한 사정 때문에 과세하지 않는다는 의사가 있어야 한다. ^{기출}
② 비과세의 사실상태가 장기간에 걸쳐 계속된 경우에 그것을 과세관청의 묵시적인 의사표시로 볼 수 있는 경우에는 이를 국세행정의 관행이라고 인정할 수 있다.
③ 비과세관행은 특정 납세자가 아닌 불특정한 일반의 납세자에게 이의 없이 받아들여지고 납세자가 이를 신뢰하는 것이 무리가 아니라고 인정될 정도에 이른 경우에 적용된다.
④ 착오에 의한 비과세관행은 국세행정의 관행으로 되었다 할 수 없다.
⑤ 사실인 관습은 관습법으로서 효력이 없는 단순사실상의 관행으로 행정법의 법원성이 부정된다. ^{기출}

4. 판례의 법원성

① 대법원의 판례가 사안이 서로 다른 사건을 재판하는 하급심법원을 직접 기속하는 효력이 있는 것은 아니다. ^{기출}
② 헌법재판소의 위헌결정의 효력은 위헌결정 이후에 같은 이유로 제소된 일반사건에도 미친다.

5. 일반원칙

(1) 비례의 원칙

① **의의**: 특정한 행정목적을 달성하기 위해 일정한 수단을 동원함에 있어서 달성하고자 하는 목적과 수단 사이에 상당한 균형관계가 있어야 한다. 「헌법」 제37조 제2항을 근거로 한다. ^{기출}
② 「행정기본법」상 비례원칙

> **행정기본법 제10조【비례의 원칙】** 행정작용은 다음 각 호의 원칙에 따라야 한다.
> 1. 행정목적을 달성하는 데 유효하고 적절할 것
> 2. 행정목적을 달성하는 데 필요한 최소한도에 그칠 것
> 3. 행정작용으로 인한 국민의 이익 침해가 그 행정작용이 의도하는 공익보다 크지 아니할 것

(2) 평등의 원칙

> **행정기본법 제9조【평등의 원칙】** 행정청은 합리적 이유 없이 국민을 차별하여서는 아니 된다.

(3) 자기구속의 원칙

「행정기본법」에 명문으로 규정하고 있지 않다. **기출**

적용영역	① 재량행위 영역 ② 재량준칙(행정규칙)의 적법성 → 위법은 시정의 대상, 평등원칙 적용 부정 ③ 반복 적용한 선례의 존재 → 재량준칙의 공포만으로 인정되지 않음 **기출** ④ 동종 사안일 것

지문식 판례◆

① 행정규칙이 일반적으로 대외적인 구속력을 갖는 것은 아니지만, 재량권 행사의 준칙인 규정이 그 정한 바에 따라 되풀이 시행되어 행정관행이 이룩하게 되어 평등의 원칙이나 신뢰보호의 원칙에 따라 행정기관이 그 상대방에 대한 관계에서 그 규칙에 따라야 할 자기 구속을 당하게 되는 경우에는 대외적인 구속력을 가진다(헌재 1990. 9. 3. 90헌마13). **기출**

② 위법한 행정처분이 수차례에 걸쳐 반복적으로 행하여졌다 하더라도 그러한 처분이 위법한 것인 때에는 행정청에 대하여 자기구속력을 갖게 된다고 할 수 없다(대판 2009. 6. 25. 2008두13132). **기출**

(4) 신뢰보호의 원칙

① 「행정기본법」

> **행정기본법 제12조【신뢰보호의 원칙】** ① 행정청은 공익 또는 제3자의 이익을 현저히 해칠 우려가 있는 경우를 제외하고는 행정에 대한 국민의 정당하고 합리적인 신뢰를 보호하여야 한다.
> ② 행정청은 권한 행사의 기회가 있음에도 불구하고 장기간 권한을 행사하지 아니하여 국민이 그 권한이 행사되지 아니할 것으로 믿을 만한 정당한 사유가 있는 경우에는 그 권한을 행사해서는 아니 된다. 다만, 공익 또는 제3자의 이익을 현저히 해칠 우려가 있는 경우는 예외로 한다.

② 성립요건

성립요건	행정청의 선행조치 관련 주요판례 정리
행정청의 선행조치	㉠ 신뢰보호의 대상이 되는 행정기관의 선행조치에는 법률·규칙·처분·합의·확약·행정지도를 비롯한 모든 행정작용이 해당 **기출** ㉡ 행정청의 공적 견해표명은 반드시 행정조직상의 형식적인 권한분장에 구애될 것은 아니고 실질에 의하여 판단되어야 함(기능적 의미) ㉢ 선행조치는 적극적 행위인가 소극적 행위인가를 가리지 않으며, 명시적 행위인가 묵시적 행위인가도 가리지 않음 **기출** ㉣ 적법한 행정행위인가 위법한 행정행위인가도 가리지 않지만, 무효행위는 신뢰의 대상이 되지 않음
보호가치 있는 신뢰	㉠ 선행조치의 하자에 대한 상대방 등 관계자의 부정행위가 없을 것 ㉡ 하자가 있음을 알았거나 중대한 과실로 알지 못한 경우 신뢰보호 부정 ㉢ 귀책사유 유무는 관계자 모두를 기준으로 판단 **기출**
신뢰에 기초한 개인의 조치	개인의 아무런 조치가 없는 경우 신뢰보호를 주장할 수 없음
선행조치에 반하는 후행조치	동일한 사유에 관해 보다 무거운 면허취소처분을 하기 위하여 이미 행하여진 가벼운 면허정지처분을 취소하는 것은 허용되지 않음

③ **한계**
　㉠ 행정의 법률적합성의 원칙과 관계 : 선행조치의 변경으로 달성하려는 공익과 행정작용의 존속에 대한 개인의 신뢰보호라는 사익을 비교형량해야 한다(이익형량설).
　㉡ 사정변경 : 공적 견해표명이 있은 후에 사실적·법률적 상태가 변경되었다면, 공적 견해표명은 행정청의 별다른 의사표시를 기다리지 않고 실효된다. ^{기출}
　㉢ 제3자의 정당한 이익 : 신뢰보호는 제3자의 이익을 현저히 해치는 경우 인정되지 않는다.

⑸ **부당결부금지의 원칙**
① 「행정기본법」

> **행정기본법 제13조 【부당결부금지의 원칙】** 행정청은 행정작용을 할 때 상대방에게 해당 행정작용과 실질적인 관련이 없는 의무를 부과해서는 아니 된다.

② **부당결부금지 위반 여부**
　㉠ 주택사업계획승인을 하면서 그 주택사업과는 아무런 관련이 없는 토지를 기부채납하도록 하는 부관을 주택사업계획승인에 붙인 것은 부당결부금지에 반해 위법하다. ^{기출}
　㉡ 주택사업계획을 승인하면서 입주민이 주로 이용하는 진입도로의 개설 또는 확장, 공원부지, 학교부지의 조성과 함께 그 기부채납의무를 지게 하는 것은 부당결부금지에 반하지 않는다.

③ **복수의 운전면허에 대한 취급**

> **◈ 전부취소**
> ① 제1종 보통면허로 운전할 수 있는 차량을 운전면허정지기간 중에 운전한 경우에 이와 관련된 면허인 제1종 대형면허와 원동기장치자전거면허까지 취소할 수 있다.
> ② 제1종 대형운전면허로 운전할 수 있는 차량을 음주운전한 경우에는 이와 관련된 제1종 보통운전면허까지 취소할 수 있다.
>
> **◈ 일부취소**
> ① 이륜자동차로서 제2종 소형면허를 가진 사람만이 운전할 수 있는 오토바이를 음주운전한 사유로 제1종 대형면허나 보통면허를 취소·정지하는 것은 부당결부금지의 원칙에 반한다.
> ② 제1종 특수·대형·보통면허의 소지자가 특수면허로만 운전할 수 있는 차량(레커크래인)으로 음주운전한 경우 제1종 보통면허나 대형면허에 대한 취소사유는 되지 아니한다.

제3절 행정법의 효력범위

1. 시간적 효력

(1) 효력발생시기

- 법령에 특별한 효력발생 규정이 있는 경우 - 규정에 의함
- 법령에 특별한 규정이 없는 경우
  - ① 공포한 날로부터 20일 경과(공포한 날 = 관보나 신문이 발행된 날) 기출
  - ② 국민의 권리제한·의무부과에 관한 규정은 적어도 30일 경과 후 시행

(2) 법령의 공포

공포방법	관보 게재	헌법개정, 법률, 조약, 대통령령, 총리령, 부령은 관보에 게재
	국회의장의 공포	서울특별시에서 발행되는 일간신문 2 이상에 게재
	조례, 규칙	① 지방자치단체의 공보에 게재[인터넷(×)] ② 지방의회의장이 공포 시 공보, 일간신문, 게시판에 게재[인터넷(×)]
관보		① 종이관보와 전자관보(공보도 동일) ② 종이관보와 전자관보는 동일한 효력을 가짐

(3) 시행일의 기간 계산

> **행정기본법 제7조【법령등 시행일의 기간 계산】** 법령등(훈령·예규·고시·지침 등을 포함한다. 이하 이 조에서 같다)의 시행일을 정하거나 계산할 때에는 다음 각 호의 기준에 따른다.
> 1. 법령등을 공포한 날부터 시행하는 경우에는 공포한 날을 시행일로 한다.
> 2. 법령등을 공포한 날부터 일정 기간이 경과한 날부터 시행하는 경우 법령등을 공포한 날을 첫날에 산입하지 아니한다.
> 3. 법령등을 공포한 날부터 일정 기간이 경과한 날부터 시행하는 경우 그 기간의 말일이 토요일 또는 공휴일인 때에는 그 말일로 기간이 만료한다.

(4) 법 적용의 기준

> **행정기본법 제14조【법 적용의 기준】** ① 새로운 법령등은 법령등에 특별한 규정이 있는 경우를 제외하고는 그 법령등의 효력 발생 전에 완성되거나 종결된 사실관계 또는 법률관계에 대해서는 적용되지 아니한다. 기출
> ② 당사자의 신청에 따른 처분은 법령등에 특별한 규정이 있거나 처분 당시의 법령등을 적용하기 곤란한 특별한 사정이 있는 경우를 제외하고는 처분 당시의 법령등에 따른다. 기출
> ③ 법령등을 위반한 행위의 성립과 이에 대한 제재처분은 법령등에 특별한 규정이 있는 경우를 제외하고는 법령등을 위반한 행위 당시의 법령등에 따른다. 다만, 법령등을 위반한 행위 후 법령등의 변경에 의하여 그 행위가 법령등을 위반한 행위에 해당하지 아니하거나 제재처분 기준이 가벼워진 경우로서 해당 법령등에 특별한 규정이 없는 경우에는 변경된 법령등을 적용한다. 기출

지문식 판례◆

① 법령이 변경된 경우 특별한 규정이 없는 한 그 변경 전에 발생한 사항에 대하여는 변경 후의 신법령이 아니라 변경 전의 구법령이 적용되어야 한다. ^{기출}

② 행정처분의 부담이 그 당시 법령을 기준으로 적법한 경우 근거법이 개정됨으로써 행정청이 더 이상 부담을 붙일 수 없게 되었다고 하여 곧바로 위법하거나 효력이 소멸하는 것이 아니다. ^{기출}

③ 법령개정의 동기가 위헌적 요소를 없애려는 반성적 고려에서 이루어진 경우 예외적 개정법령을 적용해야 한다.

④ 소관 행정청이 허가신청을 수리하고도 정당한 이유 없이 처리를 늦추어 그 사이에 법령 및 허가기준이 변경된 것이 아닌 한 새로운 법령 및 허가기준에 따라서 한 불허가처분이 위법하다고 할 수 없다. ^{기출}

(5) 소급입법금지의 원칙

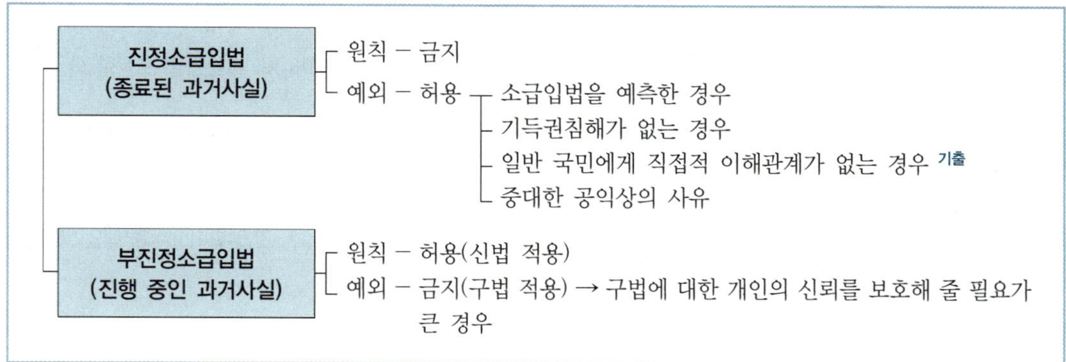

2. 지역적 효력

(1) 원칙

법률과 명령은 대한민국 영토 내에서, 지방자치단체의 조례와 규칙은 당해 지방자치단체 관할구역 내에서 효력을 갖는다.

(2) 예외

법률이나 명령이 일부지역에만 적용되는 경우와, 조례가 다른 지방자치단체의 구역에 적용되는 경우도 있다. ^{기출}

3. 대인적 효력

(1) 속지주의

영토 내 모든 사람(외국인 포함)에게 적용되며, 외국인에 대하여 특칙을 두거나 상호주의가 적용될 수 있다. ^{기출}

(2) 속인주의

외국에 있는 내국인에게도 적용된다.

제1절 법치행정

01 법치행정원리에 관한 설명으로 옳은 것은? 2020년 제8회

① 법률우위의 원칙에서 말하는 법률은 국회가 제정한 형식적 의미의 법률만을 말한다.

② 법률우위의 원칙은 사법형식의 행정작용에는 적용되지 않는다.

③ 법률우위의 원칙에 위반한 행정행위는 무효이다.

④ 법률유보의 원칙에서 말하는 법률에는 법률의 위임에 의해 제정된 법규명령도 포함된다.

⑤ 법률유보의 범위와 관련하여 본질성설에 따르는 경우 행정입법에의 위임은 금지된다.

해설 ④ 법률유보의 법률은 국회가 제정하는 형식적 의미의 법률이 중심이지만 법률에 의하여 위임받은 법규명령도 포함된다.

① 법률우위에서 말하는 법률은 국회가 제정하는 형식적 의미의 법률뿐만 아니라 불문법을 포함한 모든 법규를 의미한다.

② 법률우위의 원칙은 모든 행정작용은 법령에 위반될 수 없다는 것을 의미하므로 사법적 형식의 행정작용에도 적용된다.

③ 법률우위의 원칙에 위반된 행정작용은 위법성의 정도에 따라 무효 또는 취소사유가 된다.

⑤ 법률유보에 관한 본질성설에서는 본질적인 것은 국회의 법률에 의하여 규율될 것을 요하고 세부적인 행정입법에 위임하는 것도 허용된다.

02 판례에 의할 때 (　)에 들어갈 것은? 2018년 제6회

> 토지 등 소유자가 도시환경정비사업을 시행하는 경우 사업시행인가 신청 시 필요한 토지 등 소유자의 동의는, 개발사업의 주체 및 정비구역 내 토지 등 소유자를 상대로 수용권을 행사하고 각종 행정처분을 발할 수 있는 행정주체로서의 지위를 가지는 사업시행자를 지정하는 문제이므로, 사업시행인가 신청에 필요한 동의정족수를 토지 등 소유자가 자치적으로 정하여 운영하는 규약에 정하도록 한 것은 (　　)원칙에 위반된다.

① 평등　　　　　　　　② 비례

③ 법률유보　　　　　　④ 신뢰보호

⑤ 적법절차

해설 그 동의요건을 정하는 것은 국민의 권리와 의무의 형성에 관한 기본적이고 본질적인 사항이므로 국회가 스스로 행하여야 하는 사항에 속하는 것임에도 불구하고 사업시행인가 신청에 필요한 동의의 정족수를 토지등소유자가 자치적으로 정하여 운영하는 규약에 정하도록 한 것은 법률유보원칙에 위반된다(헌재 2011. 8. 30. 2009헌바128·148).

03 행정의 법원칙에 관한 판례의 내용으로 ( ) 안에 들어갈 것은? 2023년 제11회

> 텔레비전방송수신료 금액의 결정은 수신료에 관한 본질적인 중요한 사항이므로 국회가 스스로 행하여야 하는 사항에 속하는 것임에도 불구하고 「한국방송공사법」에서 국회의 결정이나 관여를 배제한 채 한국방송공사로 하여금 수신료금액을 결정해서 문화관광부장관의 승인을 얻도록 한 것은 (   )원칙에 위반된다.

① 비례

② 평등

③ 신뢰보호

④ 법률유보

⑤ 부당결부금지

해설 텔레비전방송수신료는 대다수 국민의 재산권 보장의 측면이나 한국방송공사에게 보장된 방송자유의 측면에서 국민의 기본권실현에 관련된 영역에 속하고, 수신료금액의 결정은 납부의무자의 범위 등과 함께 수신료에 관한 본질적인 중요한 사항이므로 국회가 스스로 행하여야 하는 사항에 속하는 것임에도 불구하고 「한국방송공사법」 제36조 제1항에서 국회의 결정이나 관여를 배제한 채 한국방송공사로 하여금 수신료금액을 결정해서 문화관광부장관의 승인을 얻도록 한 것은 법률유보원칙에 위반된다(헌재 1999. 5. 27. 98헌바70).

04 법치행정의 원칙에 대한 설명으로 옳지 않은 것은? (다툼이 있는 경우 판례에 따름)

① 자격이나 신분 등을 취득 또는 부여할 수 없거나 인가, 허가, 지정, 승인, 영업등록, 신고 수리 등을 필요로 하는 영업 또는 사업 등을 할 수 없는 사유는 법률로 정하여야 한다.

② 법률유보의 원칙은 국민의 기본권실현과 관련된 영역에 있어서는 입법자가 그 본질적 사항에 대해서 스스로 결정하여야 한다는 요구까지 내포하고 있다.

③ 행정작용은 법률에 위반되어서는 아니 되며, 국민의 권리를 제한하거나 의무를 부과하는 경우와 그 밖에 국민생활에 중요한 영향을 미치는 경우에는 법률에 근거하여야 한다.

④ 법률이 공법적 단체 등의 정관에 자치법적 사항을 위임한 경우에는 「헌법」 제75조가 정하는 포괄적인 위임입법의 금지는 원칙적으로 적용되지 않는다.

⑤ 텔레비전방송수신료의 징수업무를 한국방송공사가 직접 수행할 것인지, 제3자에게 위탁할 것인지 등 징수업무에 관한 사항은 국민의 기본권제한에 관한 본질적인 사항이다.

해설 ⑤ 텔레비전방송수신료의 징수업무를 한국방송공사가 직접 수행할 것인지, 제3자에게 위탁할 것인지 등 징수업무에 관한 사항은 국민의 기본권제한에 관한 본질적인 사항이 아니다(헌재 2008. 2. 8. 2006헌바70).
① 「행정기본법」 제16조 제1항, ③ 「행정기본법」 제8조

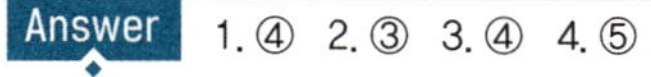

05 **법률유보의 원칙에 대한 설명으로 옳지 않은 것은? (다툼이 있는 경우 판례에 따름)**

① 법규에 명문의 근거가 없음에도 환경보전이라는 중대한 공익상의 이유로 산림훼손허가를 거부하는 것은 법률유보의 원칙에 비추어 허용되지 않는다.

② 법률에 근거를 두면서 「헌법」 제75조가 요구하는 위임의 구체성과 명확성을 구비하는 경우에는 위임입법에 의하여도 기본권을 제한할 수 있다.

③ 행정청이 행정처분의 단계에서 당해 처분의 근거가 되는 법률이 위헌이라 판단하여 그 적용을 거부하는 것은 권력분립의 원칙상 허용될 수 없다.

④ 예산은 법률과 달리 국가기관만을 구속할 뿐 일반국민을 구속하지 않으므로 법률유보의 법률에 예산은 포함되지 않는다.

⑤ 지방의회의원에 대하여 유급보좌인력을 두는 것은 개별 지방의회의 조례로써 규정할 사항이 아니라 국회의 법률로써 규정하여야 할 입법사항이다.

해설 ① 법령이 규정하는 산림훼손 금지 또는 제한지역에 해당하는 경우는 물론 금지 또는 제한지역에 해당하지 않더라도 허가관청은 산림훼손허가신청 대상토지의 현상과 위치 및 주위의 상황 등을 고려하여 국토 및 자연의 유지와 상수원의 수질과 같은 환경의 보전 등 중대한 공익상 필요가 있다고 인정될 때에는 허가를 거부할 수 있고, 그 경우 법규에 명문의 근거가 없더라도 거부처분을 할 수 있다(대판 1993. 5. 27. 93누4854).

④ 예산은 법률과 달리 국가기관만을 구속할 뿐 일반 국민을 구속하지 않으므로 법률유보의 원칙에서 말하는 법률에 포함되지 않는다(헌재 2006. 4. 25. 2006헌마409).

⑤ 지방의회의원에 대하여 유급 보좌 인력을 두는 것은 지방의회의원의 신분·지위 및 처우에 관한 현행 법령상의 제도에 중대한 변경을 초래하는 것으로서 국회의 법률로 규정하여야 할 입법사항이다(대판 2013. 1. 16. 2012추84).

Answer   5. ①

제2절 행정법의 법원

01 행정법의 법원(法源)에 해당하지 않는 것은? 2022년 제10회

① 대한민국헌법
② 건축법시행규칙
③ 서울특별시 성동구 조례
④ 헌법재판소규칙
⑤ 사실인 관습

해설 ⑤ 사실인 관습은 관습법으로서 효력이 없는 단순사실상의 관행으로 행정법의 법원성이 부정된다.

02 행정법의 법원(法源)에 관한 설명으로 옳지 않은 것은? (다툼이 있으면 판례에 따름)
2016년 제4회

① 행정법의 일반원칙은 법원의 성격을 갖는다.
② 행정법에는 「헌법」, 「민법」, 「형법」과 같은 단일 법전(法典)이 없다.
③ 위법한 행정처분이라 하더라도 수차례에 걸쳐 반복적으로 행해져 행정관행이 되었다면 행정청에 대하여 자기구속력을 갖는다.
④ 대법원의 판례가 법률해석의 일반적인 기준을 제시하였어도 사안이 서로 다른 사건을 재판하는 하급심법원을 직접 기속하는 것은 아니다.
⑤ '남북 사이의 화해와 불가침 및 교류협력에 관한 합의서'는 국가 간 맺은 조약이 아니므로 국내법과 동일한 효력을 가지는 것은 아니다.

해설 ③ 위법한 행정처분이 수차례에 걸쳐 반복적으로 행하여졌다 하더라도 행정청에 대하여 자기구속력을 갖게 된다고 할 수 없다(대판 2009. 6. 25. 2008두13132).
① 행정법의 일반원칙도 행정작용이 지켜야 할 행정법의 법원에 해당한다.
② 행정법은 하나가 단일 법전(法典)으로 되어 있지 않고 행정작용마다 개별 법령으로 이루어져 있다.
④ 대법원의 판례가 법률해석의 일반적인 기준을 제시한 경우, 판례가 사안이 서로 다른 사건을 재판하는 하급심법원을 직접 기속하는 효력이 있는 것은 아니다(대판 1996. 10. 25. 96다31307).
⑤ 남북간의 합의는 이를 국가 간의 조약 또는 이에 준하는 것으로 볼 수 없고, 따라서 국내법과 동일한 효력이 인정되는 것도 아니다(대판 1999. 7. 23. 98두14525).

Answer 1. ⑤ 2. ③

03 **행정법의 법원(法源)에 관한 다음 서술 중 타당하지 않은 것은? (다툼이 있는 경우 판례에 따름)**

① 「행정기본법」상 법률의 위임을 받아 중앙행정기관의 장이 정한 훈령·예규 및 고시 등 행정규칙은 법령에 해당한다.

② 성문법뿐만 아니라 불문법에 위반되는 행정작용도 위법으로 된다.

③ 지방자치단체가 제정한 조례가 「헌법」에 의하여 체결·공포된 조약에 위반되는 경우 그 조례는 효력이 없다.

④ 회원국 정부의 반덤핑부과처분이 WTO협정 위반이라는 이유만으로 사인이 직접 국내 법원에 회원국 정부를 상대로 그 처분의 취소를 구하는 소를 제기할 수 있다.

⑤ 법령 상호 간의 모순·저촉 충돌은 상위법 우선의 원칙, 특별법 우선의 원칙, 신법 우선의 원칙에 의해 해결된다.

해설 ④ WTO협정은 국가와 국가 간의 구속력이 있을 뿐 사인에 대해서는 직접적 효력이 없으므로 사인이 WTO협정 위반을 이유로 국내법원에 취소소송을 제기할 수 없다는 것이 판례이다.
① 「행정기본법」 제2조

04 **「행정기본법」상 행정의 법원칙에 대한 설명으로 옳지 않은 것은?**

① 행정청은 합리적 이유 없이 국민을 차별하여서는 아니 된다.

② 행정작용으로 인한 국민의 이익 침해가 그 행정작용이 의도하는 공익보다 크지 아니하여야 한다.

③ 행정청은 공익 또는 제3자의 이익을 현저히 해칠 우려가 있는 경우를 제외하고는 행정에 대한 국민의 정당하고 합리적인 신뢰를 보호하여야 한다.

④ 행정청은 행정작용을 할 때 상대방에게 해당 행정작용과 실질적인 관련이 없는 의무를 부과해서는 아니 된다.

⑤ 행정청은 권한 행사의 기회가 있음에도 불구하고 장기간 권한을 행사하지 아니하여 국민이 그 권한이 행사되지 아니할 것으로 믿을 만한 정당한 사유가 있는 경우에는 그 권한을 행사하여야 한다.

해설 ⑤ 행정청은 권한 행사의 기회가 있음에도 불구하고 장기간 권한을 행사하지 아니하여 국민이 그 권한이 행사되지 아니할 것으로 믿을 만한 정당한 사유가 있는 경우에는 그 권한을 행사해서는 아니 된다. 다만, 공익 또는 제3자의 이익을 현저히 해칠 우려가 있는 경우는 예외로 한다(「행정기본법」 제12조 제2항).

05 행정의 법원칙 중 「행정기본법」에 명문으로 규정하고 있는 것이 아닌 것은? 2021년 제9회

① 행정의 자기구속의 원칙
② 부당결부금지의 원칙
③ 성실의무 및 권한남용금지의 원칙
④ 비례의 원칙
⑤ 평등의 원칙

해설 ① 「행정기본법」에는 행정의 자기구속의 원칙을 규정하고 있지 않다.
② 「행정기본법」 제13조, ③ 「행정기본법」 제11조, ④ 「행정기본법」 제10조, ⑤ 「행정기본법」 제9조

06 행정법의 일반원칙에 관한 설명으로 옳지 않은 것은? (다툼이 있으면 판례에 따름)

2019년 제7회

① 행정의 자기구속원칙의 인정근거는 평등원칙 또는 신뢰보호원칙이다.
② 행정관행이 위법한 경우 명문의 규정이 없는 한 행정청은 자기구속을 당하지 않는다.
③ 비례의 원칙은 「헌법」상의 원칙이다.
④ 신뢰보호원칙에서 법률에 대한 신뢰는 신뢰보호의 대상이 되지 않는다.
⑤ 신뢰보호원칙에서 특정 개인에 대한 공적인 견해표명이 있어야 하는 것은 아니다.

해설 ④ 법률에 대한 신뢰도 신뢰보호의 대상이 된다. 법률에 따른 개인의 행위가 국가에 의하여 일정 방향으로 유인된 것이라면 특별히 보호가치가 있는 신뢰이익이 인정될 수 있다.
② 행정의 자기구속의 법리는 행정선례가 적법한 경우에 인정되며 위법한 경우에는 자기구속의 법리가 적용되지 않는다.
③ 「헌법」 제37조 제2항
⑤ 신뢰보호의 견해표명에는 특정 개인에 대한 견해표명뿐만 아니라 다수인에 대한 공적 견해표명도 해당된다.

Answer 3.④ 4.⑤ 5.① 6.④

07 **과잉금지의 원칙 또는 비례의 원칙에 대한 설명으로 옳지 않은 것은?**

① 행정작용은 행정목적을 달성하는 데 유효하고 적절하여야 한다.

② 행정작용은 행정목적을 달성하는 데 필요한 최소한도에 그쳐야 한다.

③ 행정작용으로 인한 국민의 이익 침해가 그 행정작용이 의도하는 공익보다 크지 아니하여야 한다.

④ 음식점 영업 허가의 신청이 있는 경우에 부관으로서의 부담을 붙이게 되면 공익목적을 달성할 수 있는 경우임에도 불구하고 그 허가를 거부하는 것은 필요성의 원칙에 위배된다.

⑤ 「행정기본법」에는 행정작용의 비례원칙에 대한 일반적 근거규정을 두고 있지 않다.

해설 ⑤ 「행정기본법」 제10조에는 행정작용에 대한 비례원칙의 일반적 근거규정을 두고 있다.
①·②·③ 비례원칙에 대한 「행정기본법」 제10조에 규정된 내용이다.

08 **다음은 행정규칙이 법규성을 가질 수 있는 경우에 관한 헌법재판소 결정 내용이다. 괄호 안에 들어갈 용어로 옳지 않은 것은?**

> 행정규칙이 그 정한 바에 따라 되풀이 시행되어 (㉠)이/가 정착되면, 평등의 원칙이나 (㉡)에 따라 행정기관은 그 (㉢)에 대한 관계에서 그 규칙에 따라야 할 (㉣)을/를 당하게 되고, 그러한 경우에는 (㉤)을/를 가지게 된다 할 것이다.

① ㉠ - 행정관행

② ㉡ - 신뢰보호의 원칙

③ ㉢ - 상대방

④ ㉣ - 법률에 의한 구속

⑤ ㉤ - 대외적인 구속력

해설 ㉣ 법률에 의한 구속이 아니라 자기구속이다. ⇨ 재량권 행사의 준칙인 규칙이 그 정한 바에 따라 되풀이 시행되어 행정관행이 이룩되게 되면, 평등의 원칙이나 신뢰보호의 원칙에 따라 행정기관은 그 상대방에 대한 관계에서 그 규칙에 따라야 할 자기구속을 당하게 되고, 그러한 경우에는 대외적인 구속력을 가지게 된다 할 것이다(헌재 1990. 9. 3. 90헌마13).

09 행정의 '자기구속의 원칙'의 성립요건으로 옳지 않은 것은?

① 법률상 행정청에게 재량권이 부여된 경우 문제된다.
② 판례는 평등의 원칙과 신뢰보호의 원칙을 인정근거로 삼는다.
③ 불법에 있어서 평등대우를 주장하는 근거가 된다.
④ 재량준칙인 행정규칙이 대외적 구속력을 가질 수 있는 근거가 될 수 있다.
⑤ 재량준칙의 공표만으로는 성립되지 않고 반복적으로 적용한 선례가 있어야 한다.

해설 ③ 불법의 영역에서는 평등의 원칙이 적용되지 않는다. 자기구속의 원칙도 적법한 재량준칙에 대해서 인정되고, 재량준칙이 위법한 경우에는 자기구속의 원칙이 인정되지 않는다.

10 행정상 신뢰보호 원칙의 적용요건에 관한 설명으로 옳은 것은? (다툼이 있으면 판례에 따름)

2022년 제10회

① 공적 견해표명은 묵시적으로 할 수 없다.
② 신뢰보호의 대상은 특정 개인에 대한 행정작용에 한정되며, 법률에 대한 신뢰는 신뢰보호의 대상이 되지 않는다.
③ 행정청이 공적 견해표명을 한 후, 사정변경이 있는 경우에는 특별한 사정이 없는 한 행정청이 그 견해표명에 반하는 처분을 하더라도 신뢰보호 원칙에 위반된다고 할 수 없다.
④ 귀책사유의 유무는 상대방을 기준으로 판단하며 상대방으로부터 신청행위를 위임받은 수임인 등 관계자는 고려하지 않는다.
⑤ 단순히 착오로 어떠한 처분을 계속하다가 처분청이 추후 오류를 발견하여 합리적인 방법으로 변경할 경우 신뢰보호 원칙에 위배된다.

해설 ③ 행정청의 공적 견해표명이 있은 후 사실적·법률적 상태가 변경되었다면 공적인 의사표명은 행정청의 별다른 의사표시를 기다리지 않고 실효될 수 있고 특별한 사정이 없는 한 행정청이 그 견해표명에 반하는 처분을 하더라도 신뢰보호원칙에 위반된다고 할 수 없다.
① 신뢰보호의 대상이 되는 공적 견해표명은 명시적인 경우 외에 묵시적으로도 가능하다.
④ 귀책사유의 유무는 상대방과 그로부터 신청행위를 위임받은 수임인 등 관계자 모두를 기준으로 판단하여야 한다.
⑤ 단순히 착오로 어떠한 처분을 계속한 경우 이는 신뢰보호의 대상되는 공적 견해표명으로 인정할 수 없고 처분청이 추후 오류를 발견하여 합리적인 방법으로 변경하더라도 신뢰보호원칙에 위배되지 않는다.

Answer 7. ⑤ 8. ④ 9. ③ 10. ③

11 신뢰보호의 원칙에 관한 설명으로 옳은 것은?

① 신뢰의 대상인 행정청의 선행조치에는 적극적·소극적 언동이 모두 포함되지만, 적어도 적법한 선행조치일 것이 요구되므로 위법한 선행조치에 대한 신뢰보호는 허용되지 않는다.

② 행정조직상 권한을 가진 처분청 자신의 공적 견해가 아니라 보조기관에 불과한 담당 공무원의 공적 견해표명이라도 신뢰보호의 대상이 될 수 있다.

③ 행정청의 선행조치에 대하여 상대방인 사인의 아무런 처리행위가 없었던 경우라도 정신적 신뢰를 이유로 신뢰보호를 요구할 수 있다.

④ 행정의 합법률성 원칙과 신뢰보호의 원칙이 충돌하는 경우에는 전자가 우위에 있다는 것이 판례이다.

⑤ 행정청이 공적인 의사표명을 하였다면 이후 사실적·법률적 상태의 변경이 있더라도 행정청이 이를 취소하지 않는 한 여전히 공적인 의사표명은 유효하다.

해설 ② 공적 견해표명은 원칙적으로 일정한 책임 있는 지위에 있는 자에 의해 이루어져야 하나 반드시 행정조직상의 형식적인 권한분장에 구애될 것은 아니고 실질적으로 판단한다.

① 선행조치가 행정행위인 경우 적법행위인가 위법행위인가를 구별하지 않고 공적 견해표명에 해당한다. 그러나 무효인 행정행위는 신뢰의 대상이 없다는 점에서 이에 포함되지 않는다.

③ 행정청의 선행조치에 대하여 상대방인 사인의 아무런 처리행위가 없었던 경우에는 신뢰보호의 원칙이 적용되지 않는다.

④ 행정의 합법률성 원칙과 신뢰보호원칙이 충돌하는 경우에는 적법상태의 실현에 의하여 달성되는 공익과 행정작용의 존속에 대한 개인의 신뢰보호라는 사익을 비교형량하여야 한다는 법률적합성과 신뢰보호원칙의 동위설이 다수설과 판례이다.

⑤ 공적인 의사표명이 있은 후 사실적·법률적 상태의 변경이 있는 경우 공적 의사표명은 행정청의 별다른 의사표시를 기다리지 않고 실효된다(대판 1996. 8. 20. 95누10877).

12 판례상 행정청의 공적 견해표명에 대한 옳은 것(○)과 틀린 것(×)의 올바른 조합은?

> ㉠ 헌법재판소의 위헌결정은 행정청이 개인에 대하여 신뢰의 대상이 되는 공적인 견해를 표명한 것이라고 할 수 없다.
> ㉡ 면허세의 근거법령이 제정되어 폐지될 때까지의 4년 동안 과세관청이 수출확대라는 공익상 필요에서 한 건도 부과한 일이 없었다면 비과세의 관행이 이루어졌다고 본다.
> ㉢ 폐기물처리업 사업계획에 대하여 적정통보를 하였다면 그 사업부지에 대하여 국토이용 계획 변경신청을 승인하여 주겠다는 취지의 공적인 견해표명을 한 것으로 볼 수 있다.
> ㉣ 병무청 담당부서의 담당공무원이 민원봉사 상담에 응하여 안내한 것은 공적 견해표명에 해당한다.
> ㉤ 과세관청이 납세의무자에게 부가가치세 면세사업자용 사업자등록증을 교부한 것은 부가가치세를 과세하지 않겠다는 공적 견해를 표명한 것으로 봐야 한다.

	㉠	㉡	㉢	㉣	㉤
①	○	○	○	×	×
②	○	○	×	×	×
③	×	○	○	×	×
④	×	○	×	○	×
⑤	×	×	○	○	×

해설 ㉠ [○] 헌법재판소의 위헌결정은 특정인에 대한 후행처분을 하겠다는 공적 견해표명으로 볼 수 없다.
㉡ [○] 비과세의 관행이 성립된 것으로 본 판례(대판 1980. 6. 10. 80누6)
㉢ [×] 폐기물처리업과 국토이용계획 변경은 서로 제도적 취지와 각각 고려할 사항이 다르므로 공적 견해표명으로 볼 수 없다는 사안(대판 2005. 4. 28. 2004두8828)
㉣ [×] 병무청 담당부서의 담당공무원에게 공적 견해의 표명을 구하는 정식의 서면질의 등을 하지 아니한 채 총무과 팀장에 불과한 공무원이 민원봉사차원에서 상담에 응하여 안내한 것을 신뢰한 경우, 신뢰보호 원칙이 적용되지 않는다는 사안(대판 2003. 12. 26. 2003두1875)
㉤ [×] 사업자등록증교부는 사업개시 신고에 대한 신고사실을 증명하는 증서의 교부행위에 불과하므로 부가가치세를 비과세하겠다는 공적 견해표명으로 볼 수 없다는 사안(대판 2008. 6. 12. 2007두23255)

13 판례에 의할 때 (   ) 안에 들어갈 행정법의 일반원칙은? 2014년 제2회

> 국가 산하 '진실·화해를 위한 과거사 정리위원회'가 피해자 등의 진실규명 신청에 따라 진실규명 신청 대상자를 희생자로 확인 또는 추정하는 진실규명 결정을 하고 피해자 등이 그 결정에 기초하여 상당한 기간 내에 권리행사를 한 경우, 국가가 소멸시효의 완성을 주장하는 것은 (   )에 반하는 권리남용에 해당하여 허용될 수 없다.

① 부당결부금지원칙

② 비례원칙

③ 평등원칙

④ 신의성실원칙

⑤ 최소침해원칙

해설 '진실·화해를 위한 과거사 정리위원회'가 피해자 등의 진실규명 신청에 따라 진실규명 신청 대상자를 희생자로 확인 또는 추정하는 진실규명 결정을 하고 피해자 등이 그 결정에 기초하여 상당한 기간 내에 권리행사를 한 경우, 국가가 소멸시효 완성을 주장하는 것은 신의성실원칙에 반하는 권리 남용에 해당하여 허용될 수 없다(대판 2014. 5. 29. 2013다217467).

14 주택사업계획을 승인하면서 그 주택사업과는 아무런 관련이 없는 토지를 기부채납하도록 부관을 붙인 경우 위법 판단의 근거로 제시할 수 있는 행정법의 일반원칙은? 2013년 제1회

① 신뢰보호의 원칙

② 부당결부금지의 원칙

③ 평등의 원칙

④ 투명성의 원칙

⑤ 행정의 자기구속의 원칙

해설 주택사업계획승인을 하게 됨을 기회로 그 주택사업과는 아무런 관련이 없는 토지를 기부채납하도록 하는 부관을 위 주택사업계획승인에 붙인 사실이 인정되므로, 위 부관은 부당결부금지의 원칙에 위반되어 위법하다고 할 것이다(대판 1997. 3. 11. 96다49650).

Answer 13. ④ 14. ②

제3절 | 행정법의 효력범위

01 **법령의 효력발생에 관한 설명으로 옳지 않은 것은?**

① 대통령령·총리령 및 부령은 특별한 규정이 없는 한 공포한 날로부터 20일이 경과함으로써 효력을 발생한다.

② 대통령령·총리령 및 부령의 공포일은 그 법령 등을 게재한 관보 또는 신문이 발행된 날로 한다.

③ 국민의 권리제한 또는 의무부과와 직접 관련되는 법령은 긴급히 시행하여야 할 특별한 사유가 있는 경우를 제외하고는 공포일로부터 적어도 30일이 경과한 날로부터 시행되도록 하여야 한다.

④ 새 법령이 시행되기 전에 종결된 사실에 대하여는 해당 법령을 적용하지 않는 것을 원칙으로 한다.

⑤ 관보는 전자관보를 우선으로 하되 종이관보를 보완적으로 운영할 수 있다.

해설 ⑤ 관보는 종이로 발행되는 관보와 전자적인 형태로 발행되는 관보로 운영한다. 관보의 내용 해석 및 적용 시기 등에 대하여 종이관보와 전자관보는 동일한 효력을 가진다(「법령 등 공포에 관한 법률」 제11조 제3항·제4항).
① 「법령 등 공포에 관한 법률」 제13조, ② 「법령 등 공포에 관한 법률」 제12조, ③ 「법령 등 공포에 관한 법률」 제13조의2
④ 구법 당시에 이미 종결된 사실에 대해서는 신법 적용이 원칙적 금지된다.

Answer 1. ⑤

02 **행정법의 효력에 관한 설명으로 옳은 것은? (다툼이 있으면 판례에 따름)** 2015년 제3회

① 대통령령, 총리령 및 부령은 특별한 규정이 없으면 공포한 날부터 15일이 경과함으로써 효력을 발생한다.

② 법령은 지역적으로 대한민국의 영토전역에 걸쳐 효력을 가지는 것이 원칙이나 예외적으로 일부지역에만 적용될 수 있다.

③ 일반국민의 이해에 직접 관계가 없는 경우 등 특별한 사정이 있는 경우라도 법령의 소급적용은 허용되지 아니한다.

④ 인·허가신청 후 처분 전에 관계법령이 개정 시행된 경우, 인·허가 등 처분은 신청 당시에 시행 중인 법령과 허가기준에 의하여 하는 것이 원칙이다.

⑤ 법령은 대한민국의 영토 내에 있는 모든 사람에게 적용되는 것이 원칙이므로 외국인에 대하여 특칙을 두거나 상호주의가 적용될 수 없다.

해설 ② 법령의 지역적 효력은 대한민국 영토범위 내 어디에나 효력이 미치는 것이 원칙이다. 다만 예외적으로 일부지역에만 국한하여 적용되는 법령이 있을 수 있다.
① 대통령령, 총리령 및 부령은 특별한 규정이 없으면 공포한 날부터 20일이 경과함으로써 효력을 발생한다.
③ 소급입법은 원칙적으로 허용되지 않지만, 일반국민의 이해관계에 직접적 관계가 없거나 중대한 공익상 소급입법을 정당화하는 사유가 있는 경우에는 예외적으로 허용된다(판례).
④ 인·허가처분의 근거법령이 개정된 경우, 특별한 사정이 없는 한 처분은 신청 당시의 법령이 아닌 인·허가처분 시에 시행 중인 법령과 허가기준에 의하여 하는 것이 원칙이다(판례).
⑤ 법령은 대한민국의 영토 내에 있는 모든 사람에게 적용되는 것이 원칙이므로 국내의 외국인도 적용을 받는다. 다만 국내법령에서 외국인에 대하여 특칙을 두거나 상호주의를 규정할 수 있다.

03 **현행 「행정기본법」에 대한 설명으로 옳지 않은 것은?**

① 새로운 법령 등은 법령 등에 특별한 규정이 있는 경우를 제외하고는 그 법령 등의 효력 발생 전에 완성되거나 종결된 사실관계 또는 법률관계에 대해서는 적용되지 아니한다.

② 당사자의 신청에 따른 처분은 법령 등에 특별한 규정이 있거나 처분 당시의 법령 등을 적용하기 곤란한 특별한 사정이 있는 경우를 제외하고는 처분 당시의 법령 등에 따른다.

③ 법령 등을 위반한 행위의 성립과 이에 대한 제재처분은 법령 등에 특별한 규정이 있는 경우를 제외하고는 법령 등을 위반한 행위 당시의 법령 등에 따른다.

④ 법령 등을 위반한 행위 후 법령 등의 변경에 의하여 그 행위가 법령 등을 위반한 행위에 해당하지 아니하거나 제재처분 기준이 가벼워진 경우로서 해당 법령 등에 특별한 규정이 없는 경우에는 변경 전 법령 등을 적용한다.

⑤ 행정에 관한 나이는 다른 법령 등에 특별한 규정이 있는 경우를 제외하고는 출생일을 산입하여 만(滿) 나이로 계산하고, 연수(年數)로 표시한다. 다만, 1세에 이르지 아니한 경우에는 월수(月數)로 표시할 수 있다.

해설 ④ · ③ 법령 등을 위반한 행위의 성립과 이에 대한 제재처분은 법령 등에 특별한 규정이 있는 경우를 제외하고는 법령 등을 위반한 행위 당시의 법령 등에 따른다. 다만, 법령 등을 위반한 행위 후 법령 등의 변경에 의하여 그 행위가 법령 등을 위반한 행위에 해당하지 아니하거나 제재처분 기준이 가벼워진 경우로서 해당 법령 등에 특별한 규정이 없는 경우에는 변경된 법령 등을 적용한다(「행정기본법」 제14조 제3항).
① 「행정기본법」 제14조 제1항, ② 「행정기본법」 제14조 제2항, ⑤ 「행정기본법」 제7조의2

04 법령 등 시행일의 기간 계산에 관한 설명으로 옳은 것을 모두 고른 것은? 2021년 제9회

> ㉠ 법령 등을 공포한 날부터 시행하는 경우에는 공포한 날을 시행일로 한다.
> ㉡ 법령 등을 공포한 날부터 일정 기간이 경과한 날부터 시행하는 경우 법령 등을 공포한 날을 첫날에 산입하지 아니한다.
> ㉢ 법령 등을 공포한 날부터 일정 기간이 경과한 날부터 시행하는 경우 그 기간의 말일이 토요일 또는 공휴일인 때에는 그 말일로 기간이 만료한다.
> ㉣ 대통령령은 특별한 규정이 없으면 공포한 날부터 10일이 경과함으로써 효력을 발생한다.

① ㉠, ㉡

② ㉠, ㉣

③ ㉢, ㉣

④ ㉠, ㉡, ㉢

⑤ ㉡, ㉢, ㉣

해설 ㉠ · ㉡ · ㉢ [○] 아래의 조항 참고

> **행정기본법 제7조【법령등 시행일의 기간 계산】** 법령등(훈령 · 예규 · 고시 · 지침 등을 포함한다. 이하 이 조에서 같다)의 시행일을 정하거나 계산할 때에는 다음 각 호의 기준에 따른다.
> 1. 법령등을 공포한 날(훈령 · 예규 · 고시 · 지침 등은 고시 · 공고 등의 방법으로 발령한 날을 말한다. 이하 이 조에서 같다)부터 시행하는 경우에는 공포한 날을 시행일로 한다.
> 2. 법령등을 공포한 날부터 일정 기간이 경과한 날부터 시행하는 경우 법령등을 공포한 날을 첫날에 산입하지 아니한다.
> 3. 법령등을 공포한 날부터 일정 기간이 경과한 날부터 시행하는 경우 그 기간의 말일이 토요일 또는 공휴일인 때에는 그 말일로 기간이 만료한다.

㉣ [×] 법령(대통령령 포함)은 특별한 규정이 없으면 공포한 날부터 20일이 경과함으로써 효력을 발생한다.

Answer 2.② 3.④ 4.④

05 「행정기본법」상 법 적용의 기준에 관한 내용이다. (   )에 들어갈 것으로 옳은 것은?

2023년 제11회

> • 당사자의 신청에 따른 처분은 법령 등에 특별한 규정이 있거나 (㉠) 당시의 법령 등을 적용하기 곤란한 특별한 사정이 있는 경우를 제외하고는 (㉠) 당시의 법령 등에 따른다.
> • 법령 등을 위반한 행위의 성립과 이에 대한 제재처분은 법령 등에 특별한 규정이 있는 경우를 제외하고는 (㉡) 당시의 법령 등에 따른다. 다만, 법령 등을 위반한 행위 후 법령등의 변경에 의하여 그 행위가 법령 등을 위반한 행위에 해당하지 아니하거나 제재처분 기준이 가벼워진 경우로서 해당 법령 등에 특별한 규정이 없는 경우에는 변경된 법령 등을 적용한다.

① ㉠: 신청, ㉡: 제재처분
② ㉠: 신청, ㉡: 법령 등을 위반한 행위
③ ㉠: 처분, ㉡: 판결
④ ㉠: 처분, ㉡: 법령 등을 위반한 행위
⑤ ㉠: 판결, ㉡: 제재처분

해설 아래의 조항 참고

행정기본법 제14조 【법 적용의 기준】 ② 당사자의 신청에 따른 처분은 법령등에 특별한 규정이 있거나 처분 당시의 법령등을 적용하기 곤란한 특별한 사정이 있는 경우를 제외하고는 처분 당시의 법령등에 따른다.
③ 법령등을 위반한 행위의 성립과 이에 대한 제재처분은 법령등에 특별한 규정이 있는 경우를 제외하고는 법령등을 위반한 행위 당시의 법령등에 따른다. 다만, 법령등을 위반한 행위 후 법령등의 변경에 의하여 그 행위가 법령등을 위반한 행위에 해당하지 아니하거나 제재처분 기준이 가벼워진 경우로서 해당 법령등에 특별한 규정이 없는 경우에는 변경된 법령등을 적용한다.

Answer 5. ④

법률관계

제1절 행정법상 법률관계

구분	공법관계	사법관계
재산관계	① 국유일반재산 무단점유자에 대한 변상금부과 ^{기출} ② 귀속재산불하 ③ 행정재산의 사용허가와 사용료부과 ^{기출} ④ 기부채납 받은 행정재산의 사용·수익허가 ^{기출} ⑤ 국립의료원 부설주차장에 관한 위탁관리용역 운영계약(행정재산의 사용·수익허가로서 강학상 특허)	① 국유일반재산 매각행위 ② 국유일반재산(국유림) 대부행위 및 대부료의 납입고지 ^{기출} ③ 국유재산불하 ④ 폐천부지 양여행위 ⑤ 국유광업권 매각 ⑥ 기부채납 받은 공유재산을 무상으로 기부자에게 사용을 허용하는 행위 ⑦ 행정재산 무상 사용·수익허가를 받은 자의 전대행위(사법상 임대차)
근무관계	① 농지개량조합과 직원의 근무관계 ② 국가나 지방자치단체에 근무하는 청원경찰의 근무관계 ^{기출} ③ 지방자치단체와 그 소속 지방소방공무원의 근무관계 ④ 국·공립유치원 전임교사의 근무관계 ⑤ 도시재개발조합의 조합원 지위확인 ⑥ 행정주체인 재건축조합을 상대로 관리처분계획안에 대한 조합총회결의의 효력을 다투는 것 ⑦ 공무원연금관리공단의 퇴직공무원에 대한 급여결정	① 한국조폐공사 직원의 근무관계 ② 종합유선방송위원회 직원의 근무관계 ③ 서울특별시지하철공사의 임원과 직원의 근무관계 ④ 한국마사회의 기수면허부여 또는 취소 ^{기출} ⑤ 교직원의료보험관리공단직원의 근무관계 ⑥ 창덕궁 비원 안내원들의 근무관계 ⑦ 재개발조합과 조합장 또는 조합임원 사이의 선임·해임 등을 둘러싼 법률관계 ^{기출}
계약	① 서울특별시 시립무용단원의 위촉·해촉 ^{기출} ② 광주시립합창단원에 대한 재위촉 ③ 공중보건의사 채용계약 ④ 국가기관이나 공공기관이 법률에 근거해서 한 부정당업자 입찰참가자격제한(공권력 행사 처분) ⑤ 중소기업 정보화지원사업에 따른 지원금 출연을 위한 협약	① 시의 물품구입계약 ② 사립학교 교원과 학교법인의 관계 ③ 공익사업을 위한 토지의 협의취득 ^{기출} ④ 입찰보증금 국고귀속조치 ⑤ 공설시장 점포에 대한 시장의 사용허가 및 취소 행위 ⑥ 각종 공사나 공단이 내부 회계규정에 근거해서 한 부정당업자 입찰참가자격제한 ⑦ 국고수표 발행, 국가의 주식 매입, 국·공채 발행

공공서비스	① 전화요금 강제징수 ② 수도료의 부과·징수와 수도료의 납부관계	① 전화가입 계약·해지 ② 국영철도·지방자치단체지하철 운행사업
권리	①「공유수면매립법」상 손실보상청구권 ②「하천법」상 준용하천의 제외지로 편입된 토지 소유자의 손실보상청구권 ③「공익사업을 위한 토지 등의 취득 및 보상에 관한 법률」상 보상금증감청구소송 ^{기출} ④「부가가치세법」상 국가의 부가가치세 환급세액 지급관계 ^{기출}	① 무효인 과세처분에 기한 부당이득반환청구권 ^{기출} ② 환매권 ③ 구「수산업법」상 어업권 침해에 대한 손실보상청구권 ④「국가배상법」상 손해배상청구

제2절 행정주체

1. 행정청과 구별

행정주체	① 행정법관계에서 발생하는 법적 효과(권리·의무)가 궁극적 귀속되는 당사자 ② 당사자소송, 국가배상청구소송의 피고가 됨
행정청	행정청은 권리·의무의 귀속주체가 아니므로 당사자능력이 없으나,「행정소송법」상 예외적 항고소송의 피고적격 인정

2. 행정주체의 종류

국가		시원적으로 행정권을 가지고 있는 행정주체
공공단체	공공조합	공법상의 사단법인 예 대한변호사협회, 주택재건축정비사업조합, 도시재개발조합 등
	공법상 재단	재단법인인 공공단체 예 한국연구재단 등
	영조물법인	인적·물적 종합체로서 공법상 법인격이 부여된 것 예 한국방송공사·한국도로공사·서울대학교병원 및 과학기술원 등 각종 공사
	지방자치단체	① 광역자치단체: 특별시·광역시·도·특별자치시·특별자치도 ② 기초자치단체: 시·군·구(특별시·광역시 소속의 구)

3. 공무수탁사인

공무수탁사인 긍정	공무수탁사인 부정
① 별정우체국장 ② 선박의 선장 ③ 토지수용(공익사업) 사업자 ④ 학위수여하는 사립대 총장 ⑤ 민영교도소 ⑥ 공증사무를 수행하는 공증인	① 공무집행에 자진협력하는 사인 ② 관공서 아르바이트 사인 ③ 사고현장에서 경찰의 부탁에 의해 경찰을 돕는 자 ④ 자동차검사 대행자 ⑤ 사법상 계약에 의해 단순히 경영위탁을 받는 사인 ⑥ 공의무부담사인

지문식 판례

소득세 원천징수행위는 법령에서 규정된 징수 및 납부의무를 이행하기 위한 것에 불과한 것이지, 공권력의 행사로서의 행정처분을 한 경우에 해당되지 않고, 항고소송의 대상이 되지 않는다(대판 1990. 3. 22. 89누 4789).

제3절 개인적 공권

1. 개인적 공권의 성립요건

강행법규에 의한 행위의무 존재	① 강행법규에 의한 행정주체에게 일정한 행위의무 부과 ② 강행법규는 형식적 법률 외에 법규명령, 일반원칙 등을 포함 ③ 행위의무는 작위의무뿐만 아니라 부작위·급부·수인의무 포함
강행법규의 사익보호성	강행법규에 의한 행위의무가 전적으로 공익목적만을 위한 것일 때 그 반사적 이익으로 개인의 이익은 보호받지 못함
의사관철력 (소구가능성)	① 궁극적 소송을 통해 권리를 관철시킬 수 있는 법적인 힘 ② 행정소송의 개괄주의하에서는 독자적 의의를 상실

2. 헌법상 기본권과 개인적 공권

구체적 권리성 인정 (법률규정 불요)	① 기본권인 경쟁의 자유 ② 구속된 피고인 또는 피의자의 접견권 ③ 정보공개를 구할 권리
구체적 권리성 부정 (법률규정 필요)	① 환경권 ② 각종 사회보장청구권 **예** 의료보험수급권 ^{기출} ③ 근로자의 퇴직급여를 받을 권리 ④ 공무원의 연금수급권

3. 개인적 공권의 특성

(1) 특성

① 일신전속적 권리의 이전·포기·양도가 금지된다(생명·신체 침해로 인한 국가배상을 받을 권리는 양도하거나 압류하지 못한다). ^{기출}

② 경제적·재산적 이익을 주로 하는 개인적 공권은 이전·포기가 가능하다.

(2) 제재사유의 승계

판례는 대물적 허가업의 경우 명문의 규정이 없더라도 양도인에 대한 제재사유로 양수인의 선의·악의를 불문하고 양수인에게 제재를 가할 수 있다고 본다. ^{기출}

4. 제3자의 법률상 이익

경업자소송	법률상 이익	① 자동차운송사업의 노선연장인가에 대한 기존업자의 취소청구 ② 자동차증차인가에 대한 기존업자의 이익 ③ 시외버스의 시내버스로의 전환을 허용하는 운송사업계획인가처분에 대한 기존업자의 영업상 이익 ^{기출} ④ 약종상영업소 이전허가에 대한 기존업자의 취소청구 ⑤ 기존 주유소업자가 거리제한으로 얻은 이익 ⑥ 기존 일반담배소매업자가 거리제한으로 얻은 이익 ⑦ 주류제조면허업자의 영업상 이익
	반사적 이익	① 기존 공중목욕장업자가 거리제한으로 받는 이익 ② 약사의 한약조제로 인한 기존한의사의 이익 ③ 유기장영업허가로 인한 기존업자의 이익 ④ 일반담배소매인의 구내담배소매인지정에 대한 이익 ⑤ 과징금 부과처분 취소재결에 대한 동종업자의 법률상 이익
경원자소송	법률상 이익	① 인·허가 등의 수익적 행정처분을 신청한 수인이 서로 경쟁관계에 있어서 일방에 대한 허가 등의 처분이 타방에 대한 불허가 등으로 귀결될 수밖에 없는 때에는 면허나 인·허가 등의 행정처분을 받지 못한 사람 등은 비록 경업자나 경원자에 대하여 이루어진 면허나 인·허가 등 행정처분의 상대방이 아니라 하더라도 당해 행정처분의 취소를 구할 법률상 이익이 있음(본인에 대한 불허가처분을 다툴 수도 있음) ② 다만, 명백한 법적 장애로 인하여 원고 자신의 신청이 인용될 가능성이 처음부터 배제되어 있는 경우에는 당해 처분의 취소를 구할 정당한 이익이 없음
인인소송	법률상 이익	① 연탄공장 건축허가제한으로 얻는 주거지역 내 주민의 이익 ② 환경영향평가 대상지역 안의 주민들이 얻는 환경상의 이익 ③ 도로의 용도폐지처분에 관하여 도로를 생활상 도구로 사용하는 인접주민의 이익 ^{기출} ④ 환경영향평가 대상지역 밖의 주민이라 할지라도 수인한도를 넘는 환경피해를 받거나 받을 우려가 있다는 것을 입증한 경우 ⑤ 납골당 설치장소에서 500m 내에 20호 이상의 인가가 밀집한 지역에 거주하는 주민들의 생활환경상 이익
	반사적 이익	① 환경영향평가 대상지역 밖의 주민들이 얻는 환경상의 이익 ② 상수원보호구역변경처분 취소소송에서 인근주민의 이익 ③ 일반적인 시민생활에서 도로를 이용만 하는 사람의 도로용도폐지를 다툴 이익 ④ 횡단보도가 설치된 도로 인근에서 영업활동을 하는 자의 이익

제4절 특별권력관계

1. 핵심정리

	전통적 특별권력관계이론	현대적 특별권력관계이론
특색	① 법률유보의 배제 ② 법률의 근거 없는 기본권제한의 인정 ③ 사법심사의 배제	① 법률유보의 적용 ② 법률의 근거 없는 기본권제한의 부정 ③ 사법심사의 전면적 허용
종류	① 공법상 근무관계: 공무원의 근무관계, 군인의 근무관계 ② 공법상 영조물 이용관계: 국립대학이용관계, 국립병원 강제입원관계 등 ③ 공법상 특별감독관계: 공공조합, 특허기업에 대한 국가의 감독관계 ④ 공법상 사단관계: 공공조합과 조합원의 관계	

	성립	소멸
성립과 소멸	① 법률규정에 의한 성립(강제적): 강제징집, 전염병환자의 강제입원 등 ② 상대방의 동의 　㉠ 임의적 동의: 국립대학 입학, 공무원임용 　㉡ 의무적 동의: 학령아동의 취학	① 목적달성: 수형기간 만료 ② 임의탈퇴: 공무원 사임 ③ 권력주체의 일방적 배제: 파면

내용	① 명령권: 행정규칙(일반적·추상적 형식), 지시, 직무명령(개별적·구체적 형식) ② 징계권: 임의적 동의에 의한 경우 특별행정법관계로부터의 배제에 그쳐야 함
	과세권, 경찰권, 형벌권은 일반권력관계에 기한 것으로 징계벌과 병과가 가능

2. 지문식 판례 정리

지문식 판례

① 동장과 구청장의 관계는 특별권력관계로, 위법한 처분에 대해 취소소송이 가능하다.
② 경찰공무원 등 공무원의 근무관계에서 위법·부당한 처분에 대해 항고소송의 제기가 가능하다.
③ 서울특별시지하철공사와 직원의 근무관계는 특별권력관계가 아닌 사법관계에 속한다.

제1절 행정법상 법률관계

01 판례에 의할 때 공법상 법률관계에 해당하는 것을 모두 고른 것은? 2018년 제6회

> ㉠ 재개발조합과 조합임원 사이의 해임에 관한 법률관계
> ㉡ 국가의 부가가치세 환급세액 지급관계
> ㉢ 국가에서 근무하는 청원경찰의 근무관계
> ㉣ 일반재산인 국유림의 대부관계

① ㉠, ㉡   ② ㉠, ㉢
③ ㉠, ㉣   ④ ㉡, ㉢
⑤ ㉢, ㉣

해설 ㉡ 국가의 부가가치세 환급세액 지급관계는 공법관계이다(대판 2013. 3. 21. 2011다95564 전합).
㉢ 국가에서 근무하는 청원경찰의 근무관계는 공법관계이다(대판 1993. 7. 13. 92다47564).
㉠ 재개발조합과 조합임원 사이의 해임에 관한 법률관계는 사법관계이다(대판 2009. 9. 24. 2009마168 · 169).
㉣ 일반재산인 국유림의 대부관계는 사법관계이다(대판 2000. 2. 11. 99다61675).

02 판례에 의할 때 공법상 법률관계에 해당하는 것을 모두 고른 것은? 2017년 제5회

> ㉠ 무효인 과세처분에 의한 과오납금반환 채권과 채무
> ㉡ 국가에 대한 납세의무자의 부가가치세 환급세액 지급청구
> ㉢ 행정재산을 기부채납한 사인에 대한 그 행정재산의 사용허가
> ㉣ 공익사업을 위한 토지 등의 취득 및 보상에 관한 법령에 따른 토지의 협의취득

① ㉠, ㉡   ② ㉠, ㉢
③ ㉠, ㉣   ④ ㉡, ㉢
⑤ ㉢, ㉣

해설 ㉡ 국가에 대한 납세의무자의 부가가치세 환급세액 지급청구는 민사소송이 아니라 「행정소송법」에 규정된 당사자소송의 절차에 따라야 한다(대판 2013. 3. 21. 2011다95564).
㉢ 행정재산의 사용 · 수익에 대한 허가는 관리청이 공권력을 가진 우월적 지위에서 행하는 행정처분이라고 보아야 하고, 그 행정재산이 기부채납받은 재산이라 하여 그에 대한 사용 · 수익허가의 성질이 달라진다고 할 수는 없다(대판 2001. 6. 15. 99두509).
㉠ 조세부과처분이 당연무효임을 전제로 하여 이미 납부한 세금의 반환을 청구하는 것은 민사상의 부당이득반환청구로서 민사소송절차에 따라야 한다(대판 1995. 4. 28. 94다55019).
㉣ 공익사업을 위한 토지 등의 취득 및 보상에 관한 법령에 의한 협의취득은 사법상의 법률행위이다(대판 2012. 2. 23. 2010다91206).

03 공법상의 법률관계에 해당하는 것은? (다툼이 있는 경우에는 판례에 의함) 2014년 제2회

① 일반재산인 국유림의 대부

② 조세부과처분이 당연무효임을 전제로 한 이미 납부한 세금의 반환청구

③ 한국마사회의 기수면허 취소

④ 공익사업을 위한 토지 등의 취득 및 보상에 관한 법령에 따른 협의취득

⑤ 국유 일반재산의 무단점유에 대한 변상금부과

해설 ⑤ 국유재산의 관리청이 그 무단점유자에 대하여 하는 변상금부과처분은 관리청이 공권력을 가진 우월적 지위에서 행한 것으로서 행정소송의 대상이 되는 행정처분이라고 보아야 한다(대판 1988. 2. 23. 87누1046).
③ 한국마사회가 조교사 또는 기수의 면허를 부여하거나 취소하는 것은 국가 기타 행정기관으로부터 위탁받은 행정권한의 행사가 아니라 일반 사법상의 법률관계에서 이루어지는 단체 내부에서의 징계 내지 제재처분이다(대판 2008. 1. 31. 2005두8269).

04 공법관계에 관한 소송이 아닌 것은? (다툼이 있으면 판례에 따름) 2024년 제12회

① 행정재산의 사용허가 신청에 대한 거부를 다투는 소송

② 서울시립무용단 단원의 해촉에 관한 소송

③ 공익사업으로 인하여 이주하게 된 주거용 건축물의 세입자에게 인정되는 주거이전비 보상을 둘러싼 소송

④ 주민등록전입신고와 그 수리 여부에 관한 소송

⑤ 한국마사회 기수의 면허취소를 다투는 소송

해설 ⑤ 사법관계라는 것이 판례이다(대판 2008. 1. 31. 2005두8269).
① 공유재산의 관리청이 행정재산의 사용·수익에 대한 허가 신청을 거부한 행위 역시 행정처분에 해당한다(대판 1998. 2. 27. 97누1105).
② 서울특별시립무용단 단원의 위촉은 공법상의 계약이라고 할 것이고, 따라서 그 단원의 해촉에 대하여는 공법상의 당사자소송으로 그 무효확인을 청구할 수 있다(대판 1995. 12. 22. 95누4636).
③ 공익사업으로 인하여 이주하게 된 주거용 건축물 세입자의 주거이전비 보상청구권은 공법상의 권리이고, 따라서 그 보상을 둘러싼 쟁송은 민사소송이 아니라 공법상의 법률관계를 대상으로 하는 행정소송에 의하여야 한다(대판 2008. 5. 29. 2007다8129).
④ 「주민등록법」상 전입신고에 대한 수리거부는 항고소송의 대상되는 처분이다(대판 2009. 6. 18. 2008두10997).

Answer 1. ④ 2. ④ 3. ⑤ 4. ⑤

05 공법관계와 사법관계에 대한 설명으로 옳은 것만을 〈보기〉에서 모두 고른 것은? (다툼이 있는 경우 판례에 의함)

> ㉠ 조달청이 국가종합전자조달시스템인 나라장터 종합쇼핑몰에 거래정지조치를 하는 것은 처분으로서 공법관계에 속한다.
> ㉡ 「초·중등교육법」상 사립중학교에 대한 중학교 의무교육의 위탁관계는 사법관계에 속한다.
> ㉢ 공용수용의 목적물이 불필요하게 된 경우 피수용자가 다시 수용된 토지의 소유권을 회복할 수 있도록 하는 환매권은 일종의 공권이다.
> ㉣ 사립학교교원에 대한 징계는 사법관계이나 그에 대해 교원소청심사가 제기되어 그에 대한 결정이 있으면 그 결정은 공법의 문제가 된다.

① ㉠, ㉡
② ㉠, ㉢
③ ㉠, ㉣
④ ㉡, ㉣
⑤ ㉡, ㉢, ㉣

해설 ㉠ [○] 조달청이 국가종합전자조달시스템인 나라장터 종합쇼핑몰에 거래정지조치를 하는 것은 항고소송의 대상되는 처분이다(대판 2018. 11. 29. 2015두52395).

㉣ [○] 사립학교법인 등의 사립학교 교원에 대한 징계는 사법적 법률행위이지만, 이에 대한 교원소청심사위원회의 소청결정은 행정처분으로 항고소송의 대상되는 처분이고 공법관계에 해당한다.

㉡ [×] 중학교 의무교육의 위탁관계는 「초·중등교육법」 제12조 제3항, 제4항 등 관련 법령에 의하여 정해지는 공법적 관계이다(대판 2015. 1. 29. 2012두7387).

㉢ [×] 위 환매권은 재판상이든 재판외이든 그 기간 내에 행사하면 이로써 매매의 효력이 생기고, 위 매매는 환매권자와 국가 간의 사법상의 매매라 할 것이다(대판 1992. 4. 24. 92다4673).

Answer 5. ③

제2절 행정주체

01 다음 보기 중 행정주체에 해당하는 것으로서 그에 대한 법적 성격으로 옳지 않게 묶인 것은? (다툼이 있으면 판례에 의함)

> ㉠ 재개발조합 - 공공조합
> ㉡ 한국연구재단 - 공법상 재단법인
> ㉢ 대한변호사협회 - 공법상의 사단법인
> ㉣ 국립의료원 - 공법상의 사단법인
> ㉤ 한국방송공사 - 영조물법인

① ㉠ 　　② ㉡ 　　③ ㉢
④ ㉣ 　　⑤ ㉤

해설 ㉣·㉤ 영조물법인은 일정한 행정목적에 제공된 인적·물적 종합시설로서 법인격이 부여된 것을 말한다. 국립의료원과 한국방송공사는 영조물법인에 해당한다.
㉠·㉢ 공공조합이란 특정한 행정목적을 수행하기 위하여 일정한 자격을 가진 조합원들로 구성된 공법상의 사단법인을 말한다. 재개발조합과 대한변호사협회는 공공조합에 해당한다.
㉡ 공법상 재단법인은 국가나 지방자치단체가 공공목적을 위하여 출연한 재산을 관리하기 위하여 설립된 공법상 법인을 말한다. 한국연구재단은 공법상 재단법인에 해당한다.

02 공무수탁사인에 관한 설명으로 옳지 않은 것은?

① 공무수탁사인은 행정임무를 자기 책임하에 수행함이 없이 단순한 기술적 집행만을 행하는 사인인 행정보조인과는 구별된다.
② 「행정기본법」에서는 행정청의 개념에 공무수탁사인을 포함시키고 있다.
③ 사고현장에서 경찰의 부탁에 의해 경찰을 돕는 자는 공무수탁사인으로 볼 수 없다.
④ 법령에 의하여 공무를 위탁받은 공무수탁사인이 행한 처분에 대하여 항고소송을 제기하는 경우 피고는 위임행정청이 된다.
⑤ 공무수탁사인의 직무상 불행행위에 대해서는 원칙적으로 국가나 지방자치단체가 배상책임을 진다.

해설 ④ 항고소송의 피고는 처분을 행한 행정청이 되며 처분행정청은 처분을 누구 명의로 했는가를 기준으로 판단한다. 법령에 의하여 공무를 위탁받은 공무수탁사인이 행한 처분에 대하여 항고소송을 제기하는 경우 피고는 위임행정청이 아닌 공무수탁사인이 된다.
② 「행정기본법」 제2조 제2호 나목
⑤ 공무수탁사인의 직무상 불행행위에 대해서는 「국가배상법」 제2조 제1항에 의해 국가 또는 지방자치단체가 배상하게 된다. 공무수탁사인은 「국가배상법」상 공무원의 지위를 갖는다.

Answer 1. ④ 2. ④

제3절 개인적 공권

01 개인적 공권의 특수성에 대한 설명으로 틀린 것은? (다툼이 있는 경우 판례에 의함)

① 「헌법」상의 자유권적 기본권은 법률의 규정이 없다고 하더라도 직접 구체적 공권성이 인정될 수 있다.

② 개인적 공권은 사권과 비교하여 그 성질상 공공성에 의하여 타인에게 이전되는 것이 제한되는 경우가 많다.

③ 국가적 공권은 포기할 수 없으나, 개인적 공권은 사전포기가 자유롭다는 것이 다수설이다.

④ 대물적 허가의 영업양도의 경우 양도인의 위반사유도 양수인에게 승계되므로 양도인에 대한 제재사유로 양수인에게 제재를 가할 수 있다.

⑤ 무단으로 산림을 형질변경한 자가 사망한 경우, 해당 토지의 소유권을 승계한 상속인은 그 복구의무를 부담하므로, 행정청은 그 상속인에 대하여 복구명령을 할 수 있다.

해설 ③ 국가적 공권뿐만 아니라 개인적 공권도 그 공공성에 의하여 포기가 인정되지 않는 경우가 많다. 개인적 공권이 사전포기가 자유롭다는 표현은 잘못된 것이다.
① 「헌법」상의 자유권은 법률의 규정이 없다고 하더라도 직접 구체적 공권성이 인정되지만 사회적 기본권은 법률의 구체적 형성이 있어야 구체적 권리성이 인정된다.
② 개인적 공권은 그 성질상 공공성에 의하여 타인에게 이전되는 것이 제한되는 일신전속적 권리인 경우가 많다.
④ 대물적 허가의 영업양도의 경우 양도인의 위반사유도 양수인에게 승계되므로 명문의 규정이 없더라도 양수인의 선의·악의를 불문하고 양도인에 대한 제재사유로 양수인에게 제재를 가할 수 있다는 것이 판례이다.
⑤ 산림복구의무는 일신전속적 의무가 아니므로 상속인에게 승계되고, 행정청은 그 상속인에 대하여 복구명령을 할 수 있다.

02 개인적 공권 내지 법률상 이익에 관한 판례의 입장으로 옳지 않은 것은?

① 허가 등 수익적 행정처분의 근거가 되는 법률이 해당 업자들 사이의 과당경쟁으로 인한 경영의 불합리를 방지하는 것을 목적으로 하는 경우, 기존의 업자는 타인에 대한 허가의 취소를 구할 법률상 이익이 있다.

② 서로 경원관계에서 허가가 어느 한 사람에게 발급된 경우, 허가를 받지 못한 자는 타인에 대한 허가의 취소를 구할 법률상 이익이 있다.

③ 상수원보호구역 내의 지역주민들은 환경권과 주거에 따른 행위제한을 받으므로 상수원 보호구역 변경처분의 취소를 구할 법률상 이익이 있다.

④ 환경영향평가 대상지역 밖의 주민이라도 공유수면매립면허처분으로 처분 전과 비교하여 수인한도를 넘는 환경피해를 받을 우려 등을 입증한 경우에는 공유수면매립면허 처분의 무효확인을 구할 수 있다.

⑤ 주거지역 등에의 공설화장장 설치를 금지함에 의하여 보호되는 주거지역 내 주민들의 이익은 도시계획결정처분의 근거 법률에 의하여 보호되는 법률상 이익이라 할 것이다.

해설 ③ 상수원보호구역 설정의 근거가 되는 「수도법」이 보호하고자 하는 것은 상수원의 확보와 수질보전일 뿐이고, 그 상수원에서 급수를 받고 있는 지역주민들이 가지는 상수원의 오염을 막아 양질의 급수를 받을 이익은 상수원의 확보와 수질보호라는 공공의 이익이 달성됨에 따라 반사적으로 얻게 되는 이익에 불과하다(대판 1995. 9. 26. 94누14544).

① 허가 등 수익적 행정처분의 근거가 되는 법률이 해당 업자들 사이의 과당경쟁으로 인한 경영의 불합리를 방지하는 것을 목적으로 하는 경우, 기존의 허가업자의 이익은 법률상 이익으로 타인의 신규허가에 대해 취소소송으로 다툴 수 있다.

② 서로 경원관계에 있는 자는 타인의 허가를 취소소송으로 다툴 수도 있고, 자신에 대한 불허가를 취소소송으로 다툴 수도 있다.

03 다음 중 법률상 보호되는 이익의 침해로서 행정소송의 원고적격을 인정한 경우가 아닌 것은? (다툼이 있는 경우 판례에 따름)

① 납골당 설치신고 수리처분에 대한 납골당 설치장소에서 500m 내에 20호 이상의 인가가 밀접한 지역에 거주하는 주민들

② 공장설립승인처분으로 환경상 이익에 대한 침해 또는 침해 우려가 있는 것으로 사실상 추정되는 주민

③ 주택재개발정비사업조합 설립추진위원회 설립 승인처분에 대하여 그 구성에 동의하지 아니한 정비구역 내의 토지 등 소유자

④ 약제의 상한금액 인하 고시에 대하여 약제를 제조·공급하는 제약회사

⑤ 신규 담배 구내소매인 지정 처분에 대하여 담배 일반소매인인 기존업자

해설 ⑤ 일반소매인의 입장에서 구내소매인과의 과당경쟁으로 인한 경영의 불합리를 방지하는 것을 그 목적으로 할 수 있다고 보기 어려우므로, 일반소매인으로 지정되어 영업을 하고 있는 기존업자의 신규 구내소매인에 대한 이익은 법률상 보호되는 이익이 아니라 단순한 사실상의 반사적 이익이라고 해석함이 상당하므로, 기존 일반소매인은 신규 구내소매인 지정처분의 취소를 구할 원고적격이 없다(대판 2008. 4. 10. 2008두402).

제4절 특별권력관계

01 **특별권력관계에 대한 설명으로 틀린 것은? (다툼이 있는 경우 판례에 따름)**

① 특별권력관계의 예로는 군인의 복무관계, 공무원의 근무관계, 교도소 재소관계, 국공립 학교 재학관계 등을 들 수 있다.

② 전통적 특별권력관계론은 특별권력관계는 법률의 근거가 없더라도 구성원에 대해 기본 권이 제한될 수 있다고 보았다.

③ 일반행정법관계인 행정주체와 국민과의 관계는 자동적으로 형성되나 특별행정법관계는 특별한 법률원인에 의해 성립된다.

④ 서울특별시 지하철공사의 임직원의 근무관계는 특별권력관계에 해당한다.

⑤ 오늘날은 특별권력관계에서의 행위도 항고소송의 대상이 되는 공권력행사로 볼 수 있 다는 것이 다수설이다.

해설 ④ 서울특별시 지하철공사의 임원과 직원의 근무관계의 성질은 「지방공기업법」의 모든 규정을 살펴보아도 공법상의 특별권력관계라고는 볼 수 없고 사법관계에 속할 뿐이다(대판 1989. 9. 12. 89누2103).

02 특별권력관계에 대한 설명으로 가장 적절하지 않은 것은? (다툼이 있는 경우 판례에 따름)

① 군인이 상관의 지시 및 그 근거 법령에 대해, 법원이나 헌법재판소에 법적 판단을 청구하는 행위 자체만으로도 군인의 복종의무를 위반하였다고 보아야 한다.

② 군인은 군조직 외 존립 목적을 달성하기 위하여 필요한 한도 내에서 일반 국민보다 상대적으로 기본권이 더 제한될 수 있다.

③ 신병교육훈련기간 동안 전화사용을 하지 못하도록 정하고 있는 규율은 신병교육훈련생들의 통신의 자유 등 기본권을 과도하게 제한하는 것이라고 보기 어렵다.

④ 교정시설의 수용자가 밖으로 보내려는 모든 서신에 대해 무봉함 상태의 제출을 강제하는 것은 수용자의 통신비밀의 자유를 침해하는 것이다.

⑤ 특별행정법관계(특별권력관계)의 종류에는 공법상의 근무관계, 공법상의 영조물이용관계, 공법상의 특별감독관계, 공법상의 사단관계가 있다.

해설 ① 군인이 상관의 지시나 명령에 대하여 재판청구권을 행사하는 것은 다른 불순한 의도가 없다면 군인의 복종의무를 위반하였다고 볼 수 없다는 것이 판례이다.
② 군인은 특수한 신분관계상 일반 국민보다 상대적으로 기본권이 더 제한될 수 있다.
③ 신병교육훈련기간 동안 전화사용을 하지 못하도록 정하고 있는 규율은 합리적 이유가 있는 것으로 과도한 기본권의 제한이라고 볼 수 없다.
④ 수용자가 밖으로 보내는 모든 서신에 대해 무봉함 상태의 제출을 강제하는 것은 다른 덜 침해되는 방법 등으로 얼마든지 목적달성이 가능하므로 기본권 제한의 최소침해성을 위반하였다는 것이 헌법재판소의 입장이다.
⑤ 특별권력관계는 공법상 근무관계, 공법상 영조물 이용관계, 공법상 특별감독관계, 공법상 사단관계로 구별된다.

Answer 1.④ 2.①

제1절 사건

1. 「행정기본법」상 기간계산

> **행정기본법**
> **제6조【행정에 관한 기간의 계산】** ① 행정에 관한 기간의 계산에 관하여는 이 법 또는 다른 법령등에 특별한 규정이 있는 경우를 제외하고는 「민법」을 준용한다.
> ② 법령등 또는 처분에서 국민의 권익을 제한하거나 의무를 부과하는 경우 권익이 제한되거나 의무가 지속되는 기간의 계산은 다음 각 호의 기준에 따른다. 다만, 다음 각 호의 기준에 따르는 것이 국민에게 불리한 경우에는 그러하지 아니하다.
>   1. 기간을 일, 주, 월 또는 연으로 정한 경우에는 기간의 첫날을 산입한다.
>   2. 기간의 말일이 토요일 또는 공휴일인 경우에도 기간은 그 날로 만료한다.
> **제7조【법령등 시행일의 기간 계산】** 법령등(훈령·예규·고시·지침 등을 포함한다. 이하 이 조에서 같다)의 시행일을 정하거나 계산할 때에는 다음 각 호의 기준에 따른다.
>   1. 법령등을 공포한 날부터 시행하는 경우에는 공포한 날을 시행일로 한다. ^{기출}
>   2. 법령등을 공포한 날부터 일정 기간이 경과한 날부터 시행하는 경우 법령등을 공포한 날을 첫날에 산입하지 아니한다. ^{기출}
>   3. 법령등을 공포한 날부터 일정 기간이 경과한 날부터 시행하는 경우 그 기간의 말일이 토요일 또는 공휴일인 때에는 그 말일로 기간이 만료한다. ^{기출}

2. 시효제도 – 금전채권의 소멸시효

(1) 핵심정리

소멸시효기간	5년	금전의 급부를 목적으로 하는 국가나 지방자치단체의 권리로서 시효에 관하여 다른 법률에 규정이 없는 것은 5년간 행사하지 아니할 때에는 시효로 인하여 소멸 [다른 법률은 5년보다 단기만, 장기는 적용(×)]
기산점		권리를 행사할 수 있게 된 때부터
중단		① 권리자가 권리행사 → 새로이 시효진행(납입고지, 독촉, 최고, 통고처분 등) ② 민법규정이 준용되지만 국가채권은 민법보다 더 강력한 중단효력 인정[평등권 침해(×)]
소멸시효완성		권리는 자동소멸

(2) 지문식 판례 정리

지문식 판례

① 공법상 금전채권뿐만 아니라 사법상의 금전채권도 소멸시효기간은 특별한 규정이 없는 한 5년이다.
② 소멸시효가 완성된 후의 조세부과처분은 무효이다.
③ 과세처분의 취소 또는 무효확인청구의 소가 비록 행정소송이라 할지라도 부당이득반환청구권의 소멸시효 중단사유에 해당한다.
④ 변상금부과처분에 대한 취소소송이 진행되는 동안에도 변상금부과권의 소멸시효가 진행된다.
⑤ 납입고지에 의한 부과처분이 취소되더라도 납입고지에 의한 시효중단의 효력이 상실되지 않는다.
⑥ 세무공무원이 체납자의 재산을 압류하기 위해 수색을 하였으나 압류할 목적물이 없어 압류를 실행하지 못한 경우에도 시효중단의 효력이 발생한다.

3. 국·공유재산의 취득시효

국·공유재산		① 행정재산 : 공용폐지가 되지 않는 한 사인은 취득시효 불가 ^{기출} ② 공용폐지는 명시적·묵시적 의사표시가 있어야 함 ∴ 행정재산이 본래 용도에 사용되지 않고 있다는 사실만으로는 공용폐지로 볼 수 없음 ^{기출} ③ 일반재산(구 잡종재산) : 취득시효 인정 ^{기출}
「국유재산법」상 국유재산	행정재산	① 공용재산, ② 공공용재산, ③ 기업용재산, ④ 보존용재산
	일반재산	행정재산 외의 모든 재산

4. 부당이득

(1) 핵심정리

행정주체의 부당이득	유형	행정처분이 무효이거나 취소 또는 실효된 경우 → 취소사유인 경우 공정력에 의해 취소되기 전까지 부당이득(×)
	반환범위	반환범위 → 선·악 불문 전액반환(다수설)
	반환청구권의 성질	판례는 무효인 과세처분에 기한 부당이득반환청구권은 사권이라고 봄
사인의 부당이득	유형	① 행정행위에 의한 경우 : 보조금 교부결정의 취소 ② 행정행위 이외의 경우 : 공법상 계약이 무효인 경우 취득한 이익
	반환범위	민법상의 반환법리가 아닌 신뢰보호의 일반원칙에 의해 해결(다수설)

(2) 지문식 판례 정리

지문식 판례◆

① 조세부과처분이 무효임을 전제로 하여 이미 납부한 세금의 반환을 청구하는 것은 민사상의 부당이득반환 청구로서 민사소송절차에 따라야 한다. 기출

② 「부가가치세법」상 환급세액의 지급의무는 부가가치세법령의 규정에 의하여 직접 발생하는 것으로 국가에 대한 납세의무자의 부가가치세 환급세액 지급청구는 당사자소송의 절차에 따라야 한다. 기출

③ 과세처분의 하자가 단지 취소할 수 있는 정도에 불과할 때에는 과세관청이 이를 스스로 취소하거나 항고소송절차에 의하여 취소되지 않은 한 그로 인한 조세의 납부가 부당이득이 된다고 할 수 없다.

④ 부당이득반환청구가 인용되기 위해서는 그 소송절차에서 판결에 의해 당해 처분이 취소되면 충분하고 그 처분의 취소가 확정되어야 하는 것은 아니다.

⑤ 임용결격자가 공무원으로 임용되어 사실상 근무하여 온 경우, 「공무원연금법」이나 「근로자퇴직급여보장법」에서 정한 퇴직급여를 청구할 수 없다. 기출

⑥ 임용행위가 당연무효이거나 취소된 공무원의 임용 시부터 퇴직 시까지의 사실상의 근로에 대한 임금은 국가 또는 지방자치단체가 부당이득반환의무를 진다.

⑦ 제3자가 「국세징수법」에 따라 체납자의 명의로 체납액을 완납한 경우 국가가 부당이득을 했다고 할 수 없다.

제2절 사인의 공법행위

1. 사인의 공법행위 일반

사인의 공법행위의 특색	**행정행위**	**공통점**	공법적 효과발생
		차이점	행정행위에만 인정되는 공정력, 확정력, 자력집행력 등이 인정되지 않음 기출
	사법행위	**공통점**	사인의 법률행위 기출
		차이점	① 공법적 효과의 발생을 목적으로 하는 행위인 점에서 사법행위와 구별 기출 ② 내용과 형식에 있어서 획일적인 정형화 요구(형식성)
행위의 효과기준 기출	**자체완성적**		① 사인의 공법행위만으로 법적 효과가 완성됨 ② 행정청의 별도의 행위를 필요로 하지 않음
	행위요건적		① 사인의 공법행위만으로 법적 효과가 완성되지 않음 ② 행정청의 별도의 행위를 필요로 함
민법규정의 적용 여부			① 의사능력, 행위능력: 의사무능력자의 행위 무효, 행위무능력자는 공법상 특별규정으로 배제되는 경우 있음 ② 대리: 원칙 – 인정, 예외 – 개별법상 또는 성질상 배제 ③ 요식행위: 원칙상 요식행위는 아니나 일정한 서식을 정하여 요식을 요구하는 경우 많음 ④ 효력발생시기: 원칙 – 도달주의, 예외 – 발신주의 ⑤ 의사표시 하자: 대량적 획일적 행정처분의 경우 일률적 유효로 처리 ⑥ 부관: 원칙적으로 허용되지 않음 ⑦ 철회: 사인의 공법행위에 대한 행정행위가 행해지기 전까지 가능

2. 본래 의미의 신고와 수리를 요하는 신고

본래적 의미의 신고 ── 신고 자체로 신고의 효과 발생 → 수리거부 = 항고소송의 대상(×)

수리를 요하는 신고 ── 행정청의 별도의 수리 요함 → 수리거부 = 항고소송의 대상(○)

① 「건축법」상 건축신고는 수리를 요하는 신고뿐만 아니라 수리를 요하지 않는 신고도 신고에 대한 반려를 항고소송으로 다툴 수 있다. 기출
② 법령상 신고사항이 아닌 신고를 수리한 경우, 그 수리는 항고소송의 대상이 되지 않는다. 기출

3. 수리를 요하는 신고와 수리를 요하지 않는 신고

수리를 요하지 않는 신고	수리를 요하는 신고
① 수산제조업 신고 ② 「체육시설의 설치·이용에 관한 법률」상의 체육시설업신고(당구장업) ③ 「체육시설의 설치·이용에 관한 법률」상의 골프연습장 이용료 변경신고 ④ 출생신고, 사망신고, 납세신고 ⑤ 「가축전염병예방법」상 죽거나 병든 가축의 신고 ⑥ 「부가가치세법」상 사업자등록신청 ⑦ 「건축법」상 인·허가 의제를 수반하지 않는 건축신고 기출	① 사업양수에 의한 지위승계신고 기출 ② 건축주명의변경신고 ③ 학교환경위생정화구역 내에서의 당구장업신고 ④ 개발제한구역 내 건축신고 ⑤ 「건축법」상 무허가건물에서의 각종 영업신고 ⑥ 「수산업법」상의 어업신고 기출 ⑦ 납골탑설치신고, 납골당설치신고(단, 부대시설은 신고대상이 아님) 기출 ⑧ 「주민등록법」상 전입신고 기출 ⑨ 체육시설의 회원을 모집하고자 하는 자의 회원모집계획서 제출신고 ⑩ 인·허가 의제를 수반하는 건축신고 기출 ⑪ 유료노인복지주택의 설치신고 ⑫ 노인장기요양기관의 폐업신고 기출 ⑬ 대규모 점포설치 신고

4. 수리

수리의무	적법한 신고가 있는 경우 행정기관은 수리할 의무(○). 예외적으로 중대한 공익상 필요가 있는 경우 수리거부 가능
신고필증	신고필증 교부가 반드시 있어야 하는 것은 아님. 신고필증 교부는 처분(×) ^{기출}
수리 시 심사 정도	단순 수리나 등록은 원칙적 형식적 심사, 인·허가와 관련된 경우 실질적 심사

5. 지위승계신고

지위승계신고수리의 효과	① 양도인의 사업허가를 취소함과 아울러 양수인에게 적법히 사업을 할 수 있는 권리를 설정하여 주는 행위(사업허가자 변경) ② 양도인 - 침익적, 양수인 - 수익적
수리 전 행정제재의 상대방	수리 전 허가자 = 양도인 ∴ 양도인에게 제재 ^{기출}
수리 시 「행정절차법」 적용 여부	지위승계신고의 수리는 양도인에게는 침익적이므로 양도인에게 「행정절차법」상 의견제출기회를 주어야 함
기본행위와 관계	① 수리대상인 기본행위가 무효인 경우 행정청의 수리도 무효 ^{기출} ② 양도행위의 무효를 주장하는 사람은 양도행위의 무효뿐만 아니라, 곧바로 행정청의 수리처분의 무효확인을 항고소송으로 다툴 수 있음 ^{기출}

제1절 | 사건

01 현행 「행정기본법」상 행정에 관한 기간의 계산과 법령 등 시행일의 기간 계산에 대한 설명으로 옳지 않은 것은? (다툼이 있는 경우 판례에 의함)

① 행정에 관한 기간의 계산에 관하여는 「행정기본법」 또는 다른 법령 등에 특별한 규정이 있는 경우를 제외하고는 「민법」을 준용한다.

② 처분에서 의무를 부과하는 경우, 의무가 지속되는 기간의 계산은 기간을 일, 주, 월 또는 연으로 정한 경우에는 기간의 첫날을 산입하는 것이 원칙이나 국민에게 불리한 경우에는 이를 적용하지 아니한다.

③ 법령 등에서 국민의 권익을 제한하는 경우, 권익이 제한되는 기간의 계산에 있어 기간의 말일이 토요일 또는 공휴일인 경우에는 기간은 그 익일로 만료한다.

④ 법령 등을 공포한 날부터 시행하는 경우에는 공포한 날을 시행일로 한다.

⑤ 법령 등을 공포한 날부터 일정 기간이 경과한 날부터 시행하는 경우 법령 등을 공포한 날을 첫날에 산입하지 아니한다.

해설 아래의 조항 참고

> **행정기본법 제6조【행정에 관한 기간의 계산】** ① 행정에 관한 기간의 계산에 관하여는 이 법 또는 다른 법령등에 특별한 규정이 있는 경우를 제외하고는 「민법」을 준용한다.
> ② 법령등 또는 처분에서 국민의 권익을 제한하거나 의무를 부과하는 경우 권익이 제한되거나 의무가 지속되는 기간의 계산은 다음 각 호의 기준에 따른다. 다만, 다음 각 호의 기준에 따르는 것이 국민에게 불리한 경우에는 그러하지 아니하다.
> 　1. 기간을 일, 주, 월 또는 연으로 정한 경우에는 기간의 첫날을 산입한다.
> 　2. 기간의 말일이 토요일 또는 공휴일인 경우에도 기간은 그 날로 만료한다.

Answer 1. ③

02 행정법상 시효제도에 대한 설명으로 옳은 것은? (다툼이 있는 경우 판례에 의함)

① 「국유재산법」상 일반재산은 취득시효의 대상이 될 수 없지만 행정재산은 공용폐지의 의사표명이 있는 경우 사인의 취득시효의 대상이 된다.

② 「국가재정법」상 5년의 소멸시효가 적용되는 '금전의 급부를 목적으로 하는 국가의 권리'에는 국가의 사법(私法)상 행위에서 발생한 국가에 대한 금전채무도 포함된다.

③ 조세에 관한 소멸시효가 완성된 후에 부과된 조세부과처분은 위법한 처분이지만 당연무효라고 볼 수는 없다.

④ 납입고지에 의한 소멸시효의 중단은 그 납입고지에 의한 부과처분이 추후 취소되면 그 효력이 상실된다.

⑤ 「국유재산법」상 변상금부과처분에 대한 취소소송이 진행되는 동안에는 그 부과권의 소멸시효는 진행되지 않는다.

해설 ② 국가의 공법상 행위에 의한 금전채무인지, 국가의 사법상 행위에 의한 금전채무인지 구별 없이 모두 적용된다(대판 1967. 7. 4. 67다751).

① 「국유재산법」상 행정재산은 사인의 취득시효가 금지되지만 공용폐지의 의사표명이 있는 경우 가능하고, 일반재산은 사인의 취득시효가 인정된다.

③ 조세에 관한 소멸시효가 완성되면 국가의 조세부과권과 납세의무자의 납세의무는 당연히 소멸한다 할 것이므로 소멸시효완성후에 부과된 부과처분은 당연무효이다(대판 1985. 5. 14. 83누655).

④ 납입고지에 의한 시효중단의 효력은 그 납입고지에 의한 부과처분이 취소되더라도 상실되지 않는다(대판 2000. 9. 8. 98두19933).

⑤ 변상금 부과처분에 대한 취소소송이 진행중이라도 그 부과권자로서는 위법한 처분을 스스로 취소하고 그 하자를 보완하여 다시 적법한 부과처분을 할 수도 있는 것이어서 그 권리행사에 법률상의 장애사유가 있는 경우에 해당한다고 할 수 없으므로, 그 처분에 대한 취소소송이 진행되는 동안에도 그 부과권의 소멸시효가 진행된다(대판 2006. 2. 10. 2003두5686).

03 공법상 부당이득에 관한 설명으로 옳지 않은 것은? (다툼이 있는 경우 판례에 의함)

① 대법원은 공법상 부당이득반환청구권을 공법상 권리로 파악하면서도 민사소송으로 다루어진다는 입장이다.

② 취소할 수 있는 행정처분이라도 취소되지 않는 한 그로 인한 이익은 부당이득이 성립되지 아니한다.

③ 연금수령자격이 없는 자가 수령한 연금은 공법상 부당이득에 해당된다.

④ 무효인 법령에 근거한 조세부과처분에 따라 납부한 세금은 공법상 부당이득이다.

⑤ 개인의 공법상 부당이득도 성립될 수 있다.

해설 ① 대법원은 공법상 부당이득반환청구권을 사권으로 파악하여 민사소송으로 해결하고 있다.
② 취소할 수 있는 행정처분이라도 취소되지 않는 한 처분의 효력은 유효하므로 부당이득이 성립되지 않는다.
③·⑤ 연금수령자격 없는 자가 수령한 연금도 부당이득이 되듯이 개인의 공법상 부당이득도 성립될 수 있다.

04 공법상 부당이득에 대한 설명으로 옳지 않은 것은? (다툼이 있는 경우 판례에 의함)

① 공법상 부당이득에 관한 일반법은 없으므로 특별한 규정이 없는 경우, 「민법」상 부당이득반환의 법리가 준용된다.

② 부가가치세법령에 따른 환급세액 지급의무 등의 규정과 그 입법취지에 비추어 볼 때 부가가치세 환급세액 반환은 당사자소송의 대상이다.

③ 잘못 지급된 보상금에 해당하는 금액의 징수처분을 해야 할 공익상 필요가 당사자가 입게 될 불이익을 정당화할 만큼 강한 경우, 보상금을 받은 당사자로부터 오지급금액의 환수처분이 가능하다.

④ 공법상 부당이득반환에 대한 청구권의 행사는 개별적인 사안에 따라 행정주체도 주장할 수 있다.

⑤ 제3자가 「국세징수법」에 따라 체납자의 명의로 체납액을 완납한 경우 국가에 대하여 부당이득반환을 청구할 수 있다.

해설 ⑤ 제3자가 체납자가 납부하여야 할 체납액을 체납자의 명의로 납부한 경우에는 원칙적으로 체납자의 조세채무에 대한 유효한 이행이 되고, 국가에 대하여 부당이득반환을 청구할 수 없다(대판 2015. 11. 12. 2013다215263).
② 납세의무자에 대한 국가의 부가가치세 환급세액 지급의무는 공법상 의무이다(대판 2013. 3. 21. 2011다95564).

Answer 2. ② 3. ① 4. ⑤

제2절 사인의 공법행위

01 **사인의 공법행위에 대한 설명으로 옳지 않은 것은? (다툼이 있는 경우 판례에 따름)**

① 사인의 공법행위는 행정법관계에서 사인의 행위로서 공법적 효과를 발생시키는 일체의 행위를 말한다.

② 사인의 공법행위에는 부관을 붙일 수 없음이 원칙이다.

③ 사인의 공법행위에는 「민법」 제107조의 비진의 의사표시의 무효에 관한 법리가 적용된다.

④ 사인의 공법행위는 명문으로 금지되거나 성질상 불가능한 경우가 아닌 한 그에 따른 행정행위가 행하여질 때까지 자유로이 철회하거나 보정할 수 있다.

⑤ 사인의 공법행위에는 행정행위의 특질로서 공정력·확정력·자력집행력이 인정되지 않는다.

> **해설** ③ 사인의 공법행위에는 「민법」 제107조의 비진의 의사표시의 무효에 관한 법리가 적용되지 않으므로 획일적으로 유효하다는 것이 판례이다.
> ② 획일적인 효력발생을 원칙으로 하는 사인의 공법행위는 부관을 붙일 수 없음이 원칙이다.
> ⑤ 사인의 공법행위는 행정행위가 아니므로 행정행위의 특질로서 공정력·확정력·자력집행력은 인정되지 않는다.

02 **사인의 공법행위에 관한 설명으로 옳지 않은 것은? (다툼이 있는 경우에는 판례에 의함)**

2013년 제1회

① 사인의 공법행위는 공법적 효과의 발생을 목적으로 하는 행위인 점에서 사법행위와 구별된다.

② 사인의 공법행위는 행위의 효과를 기준으로 자기완결적(자체완성적) 공법행위와 행위요건적(행정요건적) 공법행위로 나눌 수 있다.

③ 자기완결적(자체완성적) 신고의 경우에 적법한 요건을 갖춘 신고가 있으면 행정청의 수리 여부에 관계없이 신고서가 접수기관에 도달된 때에 신고의무가 이행된 것으로 본다.

④ 신고대상이 아닌 사항의 신고에 대한 행정청의 수리거부는 취소소송의 대상이 되는 처분에 해당한다.

⑤ 사업양수에 따른 지위승계신고에 대한 허가관청의 수리에 대하여, 사업의 양도행위가 무효라고 주장하는 양도자는 민사소송으로 양도행위의 무효를 구함이 없이 곧바로 행정소송으로 위 신고수리처분의 무효확인을 구할 법률상 이익이 있다.

해설 ④ 신고대상이 아닌 사항의 신고에 대한 행정청의 수리거부는 수리거부가 독립적으로 상대방의 권리·의무 관계에 영향을 미치는 것이 아니므로 취소소송의 대상이 되는 처분에 해당하지 않는다(대판 2000. 12. 22. 99두455).

② 사인의 공법행위는 행위의 효과를 기준으로 사인의 행위만으로 법적 효과가 발생하는 자기완결적(자체완성적) 공법행위와 사인의 행위에 상응한 행정기관의 별도의 행위가 있어야 법적 효과가 발생하는 행위요건적(행정요건적) 공법행위로 나눌 수 있다.

⑤ 수리대상인 사업양도·양수가 존재하지 아니하거나 무효인 때에는 수리를 하였다 하더라도 그 수리는 유효한 대상이 없는 것으로서 당연히 무효라 할 것이고, 사업의 양도행위가 무효라고 주장하는 양도자는 민사쟁송으로 양도·양수행위의 무효를 구함이 없이 막 바로 허가관청을 상대로 하여 행정소송으로 위 신고수리처분의 무효확인을 구할 법률상 이익이 있다(대판 2005. 12. 23. 2005 두3554).

03 판례에 따를 때 수리를 요하지 않는 신고에 해당하는 것은? 2022년 제10회

① 다른 법률에 의한 인·허가의제 효과를 수반하는 「건축법」상 건축신고
② 「건축법」 제14조 제1항에 따른 건축신고
③ 「수산업법」상 어업의 신고
④ 「노인장기요양보험법」상 장기요양기관의 폐업신고
⑤ 「식품위생법」상 영업양도에 따른 지위승계 신고

해설 ② 「건축법」상 다른 법률규정상 인·허가의제 효과를 수반하는 건축신고는 수리를 요하는 신고이지만 「건축법」 제14조 제1항에 따른 건축신고는 수리를 요하지 않는 신고에 해당한다는 것이 판례이다.
①·③·④·⑤ 판례상 수리를 요하는 신고이다.

Answer 1. ③ 2. ④ 3. ②

04 사인(私人)의 공법행위로서의 신고에 관한 설명으로 옳지 않은 것은? (다툼이 있으면 판례에 따름) 2016년 제4회

① 법령상 신고사항이 아닌 신고를 수리한 경우, 그 수리는 항고소송의 대상이 되지 않는다.

② 행정청은 필요한 서류가 첨부되어 있지 않은 신고서가 제출된 경우에는 지체 없이 상당한 기간을 정하여 신고인에게 보완을 요구하여야 한다.

③ 법상 금지되어 있는 행위를 해제시키는 기능을 갖는 신고의 경우 그 신고 없이 한 행위는 위법하다.

④ 「건축법」에 따른 착공신고가 반려되었음에도 당해 건축물의 착공을 개시하면 시정명령, 이행강제금, 벌금 등의 대상이 될 우려가 있으므로 행정청의 착공신고 반려행위는 항고소송의 대상이 된다.

⑤ 적법한 요건을 갖추어 당구장업 영업신고를 한 경우 행정청이 그 신고에 대한 수리를 거부하였음에도 영업을 하면 무신고 영업이 된다.

해설 ⑤ 당구장업은 수리를 요하지 않는 신고(자기완결적 신고)사항이므로, 적법한 요건을 갖춘 신고의 경우에는 행정청의 수리처분 등 별단의 조처를 기다릴 필요 없이 그 접수 시에 신고로서의 효력이 발생하는 것이므로 그 수리가 거부되었다고 하여 무신고 영업이 되는 것은 아니다(대판 1998. 4. 24. 97도3121).
② 「행정절차법」 제40조 제3항
③ 법상 금지되어 있는 행위를 해제시키는 기능을 갖는 신고는 적법한 신고가 있음으로써 금지의무가 해제되는 법적 효과를 갖는 것이므로 그 신고 없이 한 행위는 금지된 행위로서 위법하다.
④ 판례는 「건축법」에 따른 착공신고는 수리를 요하지 않는 신고이지만 신고 반려 단계에서부터 이를 다툴 수 있는 것이 법치행정에 부합한다고 봐서 행정청의 착공신고 반려행위는 항고소송의 대상이 된다고 본다(대판 2011. 6. 10. 2010두7321).

05 행정청은 장사 등에 관한 법령에 따른 납골당설치 신고를 한 甲에게 관계법령에 따른 준수사항을 이행하여야 한다는 것 등을 내용으로 하는 납골당설치 신고사항 이행 통지를 하였다. 판례에 따를 때 옳지 않은 것을 모두 고른 것은? 2019년 제7회

> ㉠ 甲에 대한 신고필증 교부는 신고의 필수요건이다.
> ㉡ 위 이행통지는 수리처분과 다른 행정처분으로 볼 수 없다.
> ㉢ 신고가 위 법령의 모든 요건을 충족한다면 甲은 수리 전에 납골당을 설치할 수 있다.
> ㉣ 위 신고가 무효라면 신고수리행위도 무효이다.

① ㉠, ㉡   ② ㉠, ㉢

③ ㉡, ㉣   ④ ㉢, ㉣

⑤ ㉠, ㉡, ㉢

해설 ㉠ [×] 납골당설치 신고는 '수리를 요하는 신고'이며 수리행위에 신고필증 교부 등 행위가 필요한 것은 아니라는 것이 판례의 입장이다(대판 2011. 9. 8. 2009두6766).
㉢ [×] 납골당설치 신고는 수리를 요하는 신고이므로 수리 전에는 납골당을 설치할 수 없다.
㉡ [○] 행정청의 甲에 대한 이행통지는 수리처분에 해당한다.
㉣ [○] 수리를 요하는 신고의 경우 기본행위가 무효라면 수리행위도 무효가 된다.

06 대물적 허가를 받아 영업을 하는 甲은 자신의 영업을 乙에게 양도하고자 乙과 영업의 양도·양수계약을 체결하고 관련법에 따라 관할 A행정청에 지위승계신고를 하였다. 이에 관한 설명으로 옳은 것을 모두 고른 것은? (다툼이 있으면 판례에 따름)

> ㉠ 적법한 지위승계신고를 하였다면 A행정청이 수리를 거부하더라도 乙에게 영업양수의 효과가 발생한다.
> ㉡ 지위승계신고가 있기 전에 A행정청이 위 영업허가를 취소하려는 경우 허가취소의 상대방은 甲이 된다.
> ㉢ 甲과 乙 사이의 영업양도·양수계약이 무효라면 지위승계신고가 수리되더라도 乙에게 영업양수의 효과가 발생하지 않는다.
> ㉣ 영업양도·양수가 유효하더라도 명문의 규정이 없는 한 양도 전 甲의 위반행위를 이유로 乙에 대하여 제재처분을 할 수는 없다.

① ㉠, ㉡
② ㉠, ㉣
③ ㉡, ㉢
④ ㉠, ㉡, ㉢
⑤ ㉡, ㉢, ㉣

해설 ㉠ [○] 대물적 영업허가는 영업양도의 자유가 보장되므로, 적법한 지위승계신고를 하였다면 A행정청이 수리를 거부하더라도 乙에게 영업양수의 효과는 발생한다. 다만, 허가자의 지위는 승계되지 않는다는 것이 일반적 견해이다.
㉡ [○] 지위승계신고가 있기 전에는 처분의 명의자에 대하여 허가취소를 하여야 하므로 허가취소의 상대방은 甲이 된다.
㉢ [○] 양도, 양수에 대한 신고가 무효인 경우에는 수리행위도 무효가 되므로 영업양수의 효과가 발생하지 않는다.
㉣ [×] 대물적 허가는 그 위법성도 이전되므로 甲의 위반행위를 이유로 乙에 대하여 제재처분을 할 수 있다.

Answer 4.⑤ 5.② 6.④

07 **사인의 공법행위에 관한 설명으로 옳지 않은 것은? (다툼이 있는 경우 판례에 따름)**

① 「국토의 계획 및 이용에 관한 법률」상의 개발행위허가로 의제되는 건축신고가 개발행위허가의 기준을 갖추지 못한 경우 행정청은 수리를 거부할 수 있다.

② 담당 공무원이 관계법령에 규정되지 아니한 서류를 요구하여 신고서를 제출하지 못하였다면 신고가 있었던 것으로 간주된다.

③ 「부가가치세법」상 사업자등록은 단순한 사업사실의 신고에 해당하므로, 과세관청이 직권으로 등록을 말소한 행위는 항고소송의 대상인 행정처분에 해당하지 않는다.

④ 장기요양기관의 폐업신고와 노인의료복지시설의 폐지신고는 행정청이 그 신고를 수리한 경우, 신고서 위조 등의 사유가 있어 신고행위 자체가 효력이 없다면 행정청의 수리도 당연무효이다.

⑤ 구 「체육시설의 설치·이용에 관한 법률」의 규정에 따라 체육시설의 회원을 모집하고자 하는 자의 '회원모집계획서제출'은 수리를 요하는 신고이며, 이에 대하여 회원모집계획을 승인하는 시·도지사 등의 검토결과 통보는 수리행위로서 행정처분에 해당한다.

해설 ② 수산제조업을 하고자 하는 사람이 형식적 요건을 모두 갖춘 수산제조업신고서를 제출한 경우에는 담당 공무원이 관계법령에 규정되지 아니한 사유를 들어 그 신고를 수리하지 아니하고 반려하였다고 하더라도 그 신고서를 제출하지 못하였다는 사정만으로는 신고가 있었던 것으로 볼 수 없다(대판 2002. 3. 12. 2000다73612).

④ 행정청이 그 신고를 수리하였다고 하더라도, 신고서 위조 등의 사유가 있어 신고행위 자체가 효력이 없다면, 그 수리행위는 유효한 대상이 없는 것으로서, 수리행위 자체에 중대·명백한 하자가 있는지를 따질 것도 없이 당연히 무효이다(대판 2018. 6. 12. 2018두33593).

08 **사인의 공법행위로서 신청에 관한 설명으로 가장 옳지 않은 것은? (다툼이 있는 경우 판례에 의함)**

① 행정청은 신청에 구비서류의 미비 등 흠이 있는 경우에는 보완에 필요한 상당한 기간을 정하여 지체 없이 신청인에게 보완을 요구하여야 한다.

② 행정청은 사인의 신청에 구비서류의 미비와 같은 흠이 있는 경우 신청인에게 보완을 요구하여야 하는바, 이때 보완의 대상이 되는 흠은 원칙상 형식적·절차적 요건뿐만 아니라 실체적 발급요건상의 흠을 포함한다.

③ 보완의 대상되는 흠은 보완이 가능한 경우이어야 한다.

④ 신청에 대한 처리기간이 정해진 경우 당해 기간규정은 특별한 사정이 없는 한 훈시규정으로 보는 것이 일반적 견해이다.

⑤ 처분에 대한 적법한 신청이 있는 경우 처분이 기속행위이건 재량행위이건 행정청은 응답의무를 부담한다.

해설 ② 「행정절차법」 제17조가 '구비서류의 미비 등 흠의 보완'과 '신청 내용의 보완'을 분명하게 구분하고 있는 점에 비추어 보면, 「행정절차법」 제17조 제5항은 신청인이 신청할 때 관계 법령에서 필수적으로 첨부하여 제출하도록 규정한 서류를 첨부하지 않은 경우와 같이 쉽게 보완이 가능한 사항을 누락하는 등의 흠이 있을 때 행정청이 곧바로 거부처분을 하는 것보다는 신청인에게 보완할 기회를 주도록 함으로써 행정의 공정성·투명성 및 신뢰성을 확보하고 국민의 권익을 보호하려는 「행정절차법」의 입법 목적을 달성하고자 함이지, 행정청으로 하여금 신청에 대하여 거부처분을 하기 전에 반드시 신청인에게 신청의 내용이나 처분의 실체적 발급요건에 관한 사항까지 보완할 기회를 부여하여야 할 의무를 정한 것은 아니라고 보아야 한다(대판 2020. 7. 23. 2020두36007).

Answer 7. ② 8. ②

행정사
임병주 행정법

일반행정
작용법

행정입법

제1절 법규명령

1. 법규명령의 종류

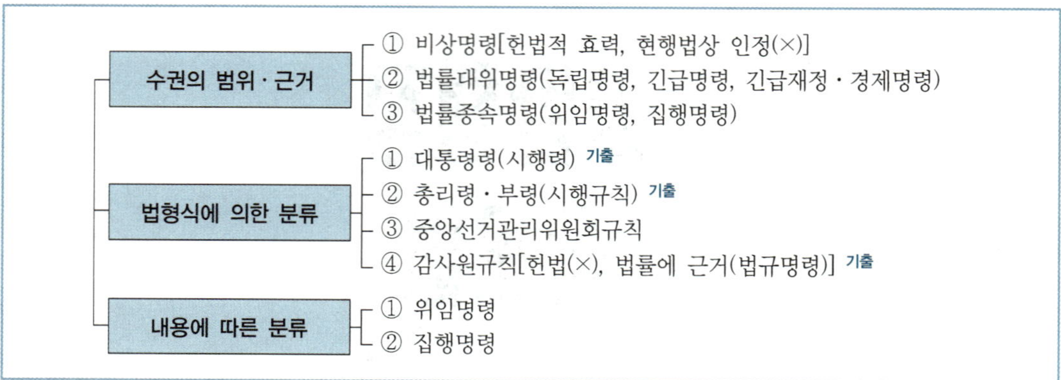

◆ 위임명령과 집행명령의 비교 기출

구분	위임명령	집행명령
공통점	① 법규명령 ∴ 대외적 구속력(○), ② 공포를 요함, ③ 조문형식	
근거	개별적·구체적 위임이 있어야 제정	개별법의 수권 없이 직권발령 가능 기출
성질	법률의 내용을 보충	법률의 집행에 관한 시행세칙
범위	국민의 권리·의무에 관한 새로운 입법사항 규정 가능	국민의 권리·의무에 관한 새로운 입법사항에 대한 규정 불가 기출
상위법의 폐지·개정	위임명령도 폐지·개정	상위법 폐지 시 폐지, 개정 시 존속 가능 기출

지문식 판례

① 법령의 위임이 없음에도 법령에 규정된 처분 요건에 해당하는 사항을 부령에서 변경하여 규정한 경우에 그 규정은 국민에 대한 대외적 구속력이 없다. **기출**

② 구법에 위임의 근거가 없어 무효였더라도 사후에 법개정으로 위임의 근거가 부여되면, 그때부터는 유효한 법규명령이 된다. **기출**

③ 구법의 위임에 의한 유효한 법규명령이 법개정으로 위임의 근거가 없어지게 되면 그때부터 무효인 법규명령이 된다. **기출**

④ 법규명령의 위임의 근거가 되는 법률에 대하여 위헌결정이 선고되면 그 위임에 근거하여 제정된 법규명령도 원칙적 효력을 상실한다. **기출**

2. 포괄위임금지의 원칙

포괄위임 여부의 판단기준	법률규정상의 외형을 기준으로 판단하는 것이 아니고 그 법률의 전반적인 체계·취지·목적·내용 및 관련법규를 고려하여 판단
포괄위임금지 완화	규율대상이 지극히 다양하거나 수시로 변화하는 성질의 것일 때에는 위임의 구체성·명확성 요건 완화
조례	조례에 대한 위임은 포괄위임 가능. 단, 주민의 권리제한, 의무부과, 벌칙사항은 법률의 위임이 있어야 함 **기출**
국회 전속사항에 대한 위임 여부	본질사항에 대해서는 의회입법(위임금지), 그 외의 사항에 대해서는 개별적·구체적 범위를 정한 위임이 가능
재위임	위임받은 사항에 관하여 대강을 정하고 그중의 특정사항을 범위를 정하여 하위법령에 다시 위임하는 경우에만 재위임 허용 **기출**
처벌규정위임 (예외적 허용)	① 긴급성·보충성 ② 법률에 범죄의 구성요건 특정, 형벌의 종류 및 상한과 폭을 명백히 규정 후 위임 가능(포괄위임금지) **기출**

3. 법규명령의 사법적 통제

(I) 구체적 규범통제

헌법 제107조 ① 법률이 헌법에 위반되는 여부가 <u>재판의 전제</u>가 된 경우에는 법원은 <u>헌법재판소</u>에 제청하여 그 심판에 의하여 재판한다.
② <u>명령·규칙</u> 또는 처분이 헌법이나 법률에 위반되는 여부가 <u>재판의 전제</u>가 된 경우에는 <u>대법원</u>은 이를 최종적으로 심사할 권한을 가진다. **기출**

법원에 의해 위법으로 판정 → 행정입법이 대법원에 의하여 위법하다는 판정이 있더라도 일반적으로 그 효력이 상실(×). 당해 사건에 한해 적용배제에 그치고 형식적 유효, 판결문 공고(행정안전부장관에게 통보) **기출**

(2) 항고소송 대상

원칙 부정	법규명령은 일반적·추상적 효력의 행정입법으로 처분이 아니므로 항고소송의 대상적격이 부정됨이 원칙
처분법규	행정청의 구체적인 집행행위 매개 없이 직접 국민의 권리의무에 영향을 미치는 경우 항고소송의 대상 인정 기출
입법부작위위법확인소송	행정청의 처분에 대한 부작위가 대상이므로 입법부작위위법확인소송은 부정 기출

(3) 헌법재판소에 의한 통제

명령·규칙에 대한 위헌심사권	법규명령의 헌법소원 대상 긍정, 입법부작위도 헌법소원의 대상 긍정(헌법재판소도 법규명령의 위헌심사권을 가짐)
위헌결정의 효력	헌법재판소의 위헌결정은 모든 국가기관을 기속하므로 당해 행정입법은 일반적으로 효력을 상실

제2절 행정규칙

1. 행정규칙의 성질 – 일반적 입장

(1) 원칙적 법규성 부정

원칙적 행정규칙에 대한 법규성을 부정하여 행정규칙을 위반한 처분이 곧바로 위법이라 할 수 없다.

(2) 예외적 법규성 긍정

형식이 행정규칙이라도 상위 수권법률과 결합하여 법규성이 인정된다.

2. 고시

어떠한 고시가 일반적·추상적 성격을 가질 때에는 법규명령 또는 행정규칙에 해당할 것이지만, 다른 집행행위의 매개 없이 그 자체로서 직접 국민의 구체적인 권리의무나 법률관계를 규율하는 성격을 가질 때에는 행정처분에 해당한다. 기출

> **🎁 처분고시**
> ① 청소년유해매체물 결정 및 고시는 항고소송의 대상이 되는 처분이다.
> ② 보건복지부 고시인 구 약제급여·비급여목록 및 급여상한금액표는 항고소송의 대상되는 처분에 해당한다.
> 기출
> ③ 항정신병 치료제의 요양급여에 관한 보건복지부 고시는 항고소송의 대상되는 행정처분에 해당한다.

3. 내용과 형식이 불일치하는 행정규칙

법규명령 형식의 행정규칙	**판례** ① 시행령 형식의 제재적 처분기준 – 법규명령 ^{기출} ② 시행규칙(부령) 형식의 제재적 처분기준 – 행정규칙 ^{기출}
행정규칙 형식의 법규명령 (법령보충규칙)	**판례** 상위법령과 결합하여 법규성 인정

지문식 판례

① 「식품위생법 시행규칙」 제53조에서 [별표 15]로 「식품위생법」 제58조에 따른 행정처분의 기준을 정하였다고 하더라도, 이는 형식은 부령으로 되어 있으나 그 성질은 행정기관 내부의 사무처리준칙을 정한 것에 불과한 것이다.

② 구 「여객자동차 운수사업법」 제11조 제4항의 위임에 따라 시외버스운송사업의 사업계획변경에 관한 절차, 인가기준 등을 구체적으로 규정한 경우 법규명령이다.

③ 「청소년보호법 시행령」 제40조 [별표 6]의 위반행위의 종별에 따른 과징금처분기준은 법규명령이기는 하나 그 수액은 정액이 아니라 최고한도액이다.

④ 법령의 규정이 행정청에게 그 법령내용의 사항을 정할 수 있는 권한을 부여하면서 그 권한행사의 절차나 방법을 정하지 아니하고 있는 경우, 그 법령의 내용이 될 사항을 구체적으로 규정한 행정청의 행정규칙은 그 법령의 규정과 결합하여 대외적인 구속력이 있는 법규명령으로서의 효력을 갖는다.

제1절 법규명령

01 행정입법에 관한 설명으로 옳은 것은? (다툼이 있으면 판례에 따름) ^{2019년 제7회}

① 「헌법」이 규정하고 있는 위임입법의 형식은 열거적인 것이다.

② 법규명령이 위임의 근거가 없어 무효라면 나중에 법 개정으로 위임의 근거가 부여되더라도 유효한 법규명령이 될 수 없다.

③ 법 집행기관의 자의적 법집행이 배제되는지 여부는 법규범의 명확성 판단기준이 될 수 없다.

④ 재량준칙의 제정에는 법령상 근거가 필요하다.

⑤ 법령의 위임이 없음에도 법령에 규정된 처분 요건에 해당하는 사항을 부령에서 변경하여 규정한 경우에 그 규정은 국민에 대한 대외적 구속력이 없다.

해설 ⑤ 법령의 위임이 없음에도 법령에 규정된 처분 요건에 해당하는 사항을 부령에서 변경하여 규정한 경우에는 그 부령의 규정은 행정청 내부의 사무처리 기준 등을 정한 것으로서 국민에 대한 대외적 구속력은 없다(대판 2013. 9. 12. 2011두10584).

① 「헌법」이 규정하고 있는 위임입법의 형식은 열거적인 것이 아니라 예시적이라는 것이 헌법재판소의 입장이다 (헌재 2004. 10. 28. 99헌바91).

② 구법에 위임의 근거가 없어 무효였더라도 사후에 법개정으로 위임의 근거가 부여되면 그때부터는 유효한 법규 명령이 된다(대판 1995. 6. 30. 93추83).

③ 어떠한 법규범이 명확한지 여부는 그 법규범이 수범자에게 법규의 의미내용을 알 수 있도록 공정한 고지를 하여 예측가능성을 주고 있는지 여부 및 그 법규범이 법을 해석·집행하는 기관에게 충분한 의미 내용을 규율하여 자의 적인 법해석이나 법집행이 배제되는지 여부, 다시 말하면 예측가능성 및 자의적 법집행 배제가 확보되는지 여부에 따라 이를 판단할 수 있다(대판 2006. 5. 11. 2006도920).

④ 재량준칙은 형식상으로는 행정규칙이므로 그 제정에 상위법의 근거를 요하지 않는다.

02 행정입법에 관한 설명으로 옳은 것을 모두 고른 것은? (다툼이 있으면 판례에 따름)

^{2018년 제6회}

> ㉠ 법규명령은 원칙적으로 구체적 규범통제의 대상이 된다.
> ㉡ 집행명령은 법률의 명시적 위임규정이 없더라도 제정할 수 있다.
> ㉢ 법규명령의 위임근거가 되는 법률에 대하여 위헌결정이 선고되면 그 위임에 근거하여 제정된 법규명령도 원칙적으로 효력을 상실한다.
> ㉣ 위임명령이 법률에서 위임받은 사항에 관하여 대강을 정하고 그중 특정사항을 범위를 정하여 하위법령에 다시 위임하는 것은 재위임금지의 원칙에 따라 허용되지 않는다.

① ㉠, ㉡   ② ㉠, ㉣   ③ ㉢, ㉣

④ ㉠, ㉡, ㉢   ⑤ ㉡, ㉢, ㉣

해설 ㉠ [○] 「헌법」 제107조 제2항은 "법규명령이 헌법이나 법률에 위반되는 여부가 재판의 전제가 된 경우에는 대법원은 이를 최종적으로 심사할 권한을 가진다."라고 하여 구체적 규범통제를 취하고 있다.
㉡ [○] 집행명령은 법률의 명시적 위임규정이 없더라도 제정할 수 있다(대판 2006. 10. 27. 2004두12261).
㉢ [○] 일반적으로 헌법재판소에 의하여 법규명령의 위임근거가 되는 법률에 대하여 위헌결정이 선고되면 그 위임에 근거하여 제정된 법규명령도 효력을 상실하는 것이 원칙이다(대판 1998. 4. 10. 96다52359).
㉣ [×] 위임명령이 법률에서 위임받은 사항에 관하여 대강을 정하고 그 중 특정사항을 범위를 정하여 하위법령에 다시 위임하는 것은 재위임이 허용된다(헌재 1996. 2. 29. 94헌마213).

03 행정입법에 관한 설명으로 옳은 것은? (다툼이 있으면 판례에 따름) 2016년 제4회

① 법률의 위임에 의해 효력을 갖게 된 법규명령이 법률의 개정으로 위임의 근거가 없어지게 되면 소급하여 무효인 법규명령이 된다.

② 감사원규칙은 총리령·부령과 마찬가지로 「헌법」에 명시적 근거가 있으므로 법규명령으로서의 효력을 갖는다.

③ 고시는 그 내용에 따라 법규명령 또는 행정규칙에 해당할 수도 있고 행정처분에 해당할 수도 있다.

④ 명령·규칙이 「헌법」에 위반되는 여부가 재판의 전제가 되는 경우에 대법원은 이를 최종적으로 심사할 수 없다.

⑤ 조례에 대한 법률의 위임은 반드시 구체적으로 범위를 정해서만 할 수 있으며 포괄적 위임은 허용되지 않는다.

해설 ③ 어떠한 고시가 일반적·추상적 성격을 가질 때에는 법규명령 또는 행정규칙에 해당할 것이지만, 다른 집행행위의 매개 없이 그 자체로서 직접 국민의 구체적인 권리·의무나 법률관계를 규율하는 성격을 가질 때에는 항고소송의 대상이 되는 행정처분에 해당한다(대결 2003. 10. 9. 2003무23).
① 구법의 위임에 의한 유효한 법규명령이 법개정으로 위임의 근거가 없어지게 되면 그때부터 무효인 법규명령이 된다(대판 1995. 6. 30. 93추83).
② 감사원규칙은 대통령령·총리령·부령과 달리 「헌법」에 명시적 근거가 없고 「감사원법」과 「행정기본법」에 근거하여 법규명령의 성질이 인정된다.
④ 명령·규칙 또는 처분이 「헌법」이나 법률에 위반되는 여부가 재판의 전제가 된 경우에는 대법원은 이를 최종적으로 심사할 권한을 가진다(「헌법」 제107조 제2항).
⑤ 조례에 대한 법률의 위임은 법규명령에 대한 법률의 위임과 같이 반드시 구체적으로 범위를 정하여 할 필요가 없으며 포괄적인 것으로 족하다(헌재 1995. 4. 20. 92헌마264).

Answer 1.⑤ 2.④ 3.③

04 **법규명령에 관한 설명으로 옳지 않은 것은? (다툼이 있으면 판례에 따름)** 2020년 제8회

① 법률이 자치법적 사항을 공법적 단체의 정관에 위임하는 경우에는 포괄적 위임금지원칙이 적용되지 않는다.

② 행정입법부작위는 부작위위법확인소송의 대상이 된다.

③ 행정입법이 대법원에 의하여 위법하다는 판정이 있더라도 일반적으로 그 효력이 상실되는 것은 아니다.

④ 집행명령은 상위 법령의 수권 없이 제정될 수 있다.

⑤ 제재적 처분기준이 부령의 형식으로 규정되어 있는 때에는 국민에게 법적 구속력이 없다.

해설 ② 행정입법부작위는 그 자체로서 국민의 구체적인 권리·의무에 직접적 변동을 초래하는 것이 아니어서 행정소송(부작위위법확인소송)의 대상이 될 수 없다는 것이 판례의 입장이다(대판 1992. 5. 8. 91누11261).
⑤ 판례는 제재적 처분기준이 대통령령 형식으로 규정된 경우에는 법규명령으로 보고 있지만, 부령(시행규칙) 형식의 제재적 처분기준에 대해서는 그 형식에도 불구하고 행정규칙으로 보고 있다.

05 **행정입법에 관한 설명으로 옳지 않은 것은? (다툼이 있으면 판례에 따름)** 2022년 제10회

① 법령의 위임이 없음에도 법령에 규정된 처분 요건 사항을 부령에서 변경하여 규정한 경우, 이 부령의 규정은 대외적 구속력이 없다.

② 행정입법의 부작위는 항고소송으로 다툴 수 없다.

③ 재량준칙은 행정의 자기구속법리나 평등원칙 등에 의해 대외적 구속력을 가질 수 있다.

④ 「장기요양급여 제공기준 및 급여비용 산정방법 등에 관한 고시」에 대해 외부적 구속효를 인정한다.

⑤ 대법원판결에 의해 명령·규칙이 헌법 또는 법률에 위반된다는 것이 확정된 경우에는 대법원은 지체 없이 그 사유를 법무부장관에게 통보하여야 한다.

해설 ⑤ 행정소송에 대한 대법원판결에 의하여 명령·규칙이 헌법 또는 법률에 위반된다는 것이 확정된 경우에는 대법원은 지체 없이 그 사유를 행정안전부장관에게 통보하여야 한다(「행정소송법」 제6조 제1항).
④ 「노인장기요양보험법」 제39조 제3항과 같은 법 시행규칙 제32조에 따라 보건복지부장관이 정한 '장기요양급여 제공기준 및 급여비용 산정방법 등에 관한 고시'는 상위법령과 결합하여 대외적 구속력이 인정되므로 예외적으로 헌법소원의 대상이 된다는 것이 헌법재판소의 입장이다.

06 행정입법에 관한 설명으로 옳지 않은 것은? (다툼이 있는 경우 판례에 의함) 2023년 제11회

① 입법 실제에 있어서 통상 대통령령에는 시행령이라는 이름을 붙이고 총리령과 부령에는 시행규칙이라는 이름을 붙인다.

② 「헌법」이 인정하고 있는 위임입법의 형식은 예시적인 것이다.

③ 상위 법령의 집행을 위하여 필요한 경우에는 상위 법령의 위임이 없더라도 집행명령으로 새로운 국민의 의무를 정할 수 있다.

④ 법원이 구체적 규범통제를 통해 위헌·위법으로 선언할 심판대상은 원칙적으로 재판의 전제성이 인정되는 조항에 한정된다.

⑤ 고시가 다른 집행행위의 매개 없이 그 자체로서 직접 국민의 구체적인 권리의무나 법률관계를 규율하는 성격을 가질 때에는 항고소송의 대상이 되는 행정처분에 해당한다.

▶해설 ③ 법률에 의한 위임이 없는 한 법률이 규정한 개인의 권리·의무에 관한 내용을 변경·보충하거나 법률에 규정되지 아니한 새로운 내용을 규정할 수는 없다(대판 2020. 9. 3. 2016두32992).
④ 법원이 구체적 규범통제를 통해 위헌·위법으로 선언할 심판대상은, 해당 규정의 전부가 불가분적으로 결합되어 있어 일부를 무효로 하는 경우 나머지 부분이 유지될 수 없는 결과를 가져오는 특별한 사정이 없는 한, 원칙적으로 해당 규정 중 재판의 전제성이 인정되는 조항에 한정된다(대판 2019. 6. 13. 2017두33985).

07 법규명령의 통제에 관한 설명으로 옳지 않은 것은? (다툼이 있으면 판례에 따름) 2017년 제5회

① 일반적·추상적인 법령이나 규칙은 항고소송의 대상이 될 수 없다.

② 행정부가 제정한 규칙이 별도의 집행행위를 기다리지 않고 직접 국민의 기본권을 침해하고 있는 경우에는 헌법소원의 대상이 된다.

③ 법규명령에 대하여는 국회도 직접적으로 통제할 수 있는 방법이 있다.

④ 법규명령에 대한 구체적 규범통제의 최종적 심사권은 헌법재판소에 전속한다.

⑤ 법규명령에 대한 국민의 통제수단으로는 여론·압력단체의 활동 등과 같은 간접적인 수단이 있다.

▶해설 ④ 명령·규칙 또는 처분이 「헌법」이나 법률에 위반되는 여부가 재판의 전제가 된 경우에는 대법원은 이를 최종적으로 심사할 권한을 가진다(「헌법」 제107조 제2항).
③ 우리나라의 경우, 법규명령의 효력 발생·소멸을 국회가 직접 통제하는 직접적 통제수단은 일반적으로는 인정되고 있지는 않지만, 대통령의 긴급명령과 긴급재정경제명령에 대해서는 국회의 사후승인을 얻지 못하면 그 효력이 소멸되도록 함으로써 직접적 통제수단이 인정되고 있다(「헌법」 제76조 제3항·제4항).
⑤ 법규명령에 대한 국민의 통제수단으로는 여론·압력단체의 활동 등과 같은 간접적인 수단만이 있을 뿐이며, 법규명령의 효력 발생·소멸을 국민이 직접 통제하는 직접적 통제수단은 인정되지 않고 있다.

Answer 4.② 5.⑤ 6.③ 7.④

08 **행정입법에 대한 사법적 통제에 관한 다음 설명 중 가장 적절한 것은? (다툼이 있는 경우 판례에 의함)**

① 추상적 법령 제정의 여부 등은 그 자체로서 국민의 구체적인 권리·의무에 직접적인 변동을 초래하는 것이 아니어서 부작위위법확인소송이라는 행정소송의 대상이 될 수 없다.

② 행정입법에 대해서 헌법재판소는 헌법소원을 통하여 통제할 수 있으나 시행명령을 제정할 의무가 있음에도 명령제정을 거부하거나 입법부작위가 있는 경우에는 헌법소원의 대상이 되지 않는다.

③ 「헌법」이나 법률에 반하는 시행령 규정이 대법원에 의해 위헌 또는 위법하여 무효라고 선언하는 판결이 나오기 전이라도 하자의 중대성으로 인하여 그 시행령에 근거한 행정처분의 하자는 무효사유에 해당하는 것으로 취급된다.

④ 고시가 다른 집행행위의 매개 없이 그 자체로서 직접 국민의 구체적인 권리·의무나 법률관계를 규율하는 성격을 가질 때에도 항고소송의 대상이 되는 행정처분에 해당되지 않는다.

⑤ 현행법상 법규명령에 대하여는 특정 법규명령의 위헌·위법 여부가 구체적 사건에 대한 재판의 전제가 된 경우에 법원이 이를 심리·판단하는 선결문제심리 방식에 의한 간접적 통제는 인정되지 않는다.

해설 ① 우리 대법원은 입법부작위위법확인소송을 부정하고 있다. 항고소송으로서 부작위위법확인소송은 처분에 대한 부작위를 대상으로 하고 있기 때문이다.
② 제정된 법규명령에 대해서 적극적 헌법소원이 가능하고, 행정입법부작위에 대해서는 공권력 불행사로서 소극적 헌법소원이 가능하다는 것이 헌법재판소의 입장이다.
③ 처분 후에 그 근거가 되는 법령이 위헌으로 결정된 경우 처분 당시에는 위헌 여부가 명백하지 않으므로 처분은 취소사유라는 것이 판례이다.
④ 고시가 다른 집행행위의 매개 없이 그 자체로서 직접 국민의 구체적인 권리·의무나 법률관계를 규율하는 성격을 가질 때에는 항고소송의 대상이 되는 행정처분에 해당한다.
⑤ 구체적 규범통제를 취하는 현행법상 법규명령의 위헌·위법 여부가 구체적 사건에 대한 재판의 전제가 된 경우에 법원이 이를 심리·판단하는 선결문제심리 방식에 의한다.

09 **행정입법부작위에 대한 설명으로 가장 적절하지 않은 것은? (다툼이 있는 경우 판례에 의함)**

① 법률의 위임에 대해 이를 이행하지 않는 것은 법치행정의 원칙에 위배된다.

② 하위 행정입법의 제정 없이 상위 법령의 규정만으로도 집행이 이루어질 수 있는 경우라면 하위 행정입법을 하여야 할 헌법적 작위의무는 인정되지 않는다.

③ 행정입법의 자체가 위법으로 되어 그에 대한 법적 통제가 가능하기 위하여는, 우선 행정청에게 시행명령을 제정(개정)할 법적 의무가 있어야 하고, 상당한 기간이 지났음에도 불구하고, 명령제정(개정)권이 행사되지 않아야 한다.

④ 입법부가 법률로써 행정부에게 특정한 사항을 위임했음에도 불구하고, 행정부가 정당한 이유 없이 법률에서 위임한 시행령을 제정하지 않은 것은 그 법률에서 인정된 권리를 침해하는 불법행위가 될 수 있다.

⑤ 행정입법의 부작위는 그 자체로서 국민의 구체적인 권리의무에 직접적인 변동을 초래하는 것이어서 행정소송의 대상이 된다.

해설 ⑤ 부작위위법확인소송의 대상이 될 수 있는 것은 구체적 권리의무에 관한 분쟁이어야 하고 추상적인 법령에 관하여 제정의 여부 등은 그 자체로서 국민의 구체적인 권리의무에 직접적 변동을 초래하는 것이 아니어서 행정소송의 대상이 될 수 없다(대판 1992. 5. 8. 91누11261).

Answer 8. ① 9. ⑤

제2절 행정규칙

01 법규명령과 행정규칙의 이동(異同)에 관한 다음의 설명 중 잘못된 것은?

① 법규명령은 법령의 수권을 요하는 반면, 행정규칙은 수권 없이도 발할 수 있다.

② 법규명령은 공포를 요하나, 행정규칙은 공포를 요하지 않는다.

③ 법규명령은 양면적 구속력을, 행정규칙은 일면적 구속력을 갖는다.

④ 법규명령에 위반한 행위는 무효사유가 되나, 행정규칙에 위반한 행위는 취소사유가 된다.

⑤ 법규명령을 위반한 공무원이나 행정규칙을 위반한 공무원이나 원칙적으로 공무원의 책임을 면할 수 없다는 점에서는 같다.

> **해설** ④ 법규명령에 위반한 행위는 위법한 행위로 중대·명백설에 따라 무효 또는 취소사유가 되나, 행정규칙에 위반한 행위는 행정규칙을 근거로 위법성 판단을 하지 않으므로 위법하다고 볼 수 없고 취소사유가 되지는 않는다.

02 행정규칙에 관한 설명으로 옳은 것은? (다툼이 있으면 판례에 따름) 2017년 제5회

① 행정규칙의 제정에는 일반적으로 법적 근거가 필요하지 않다.

② 대통령령으로 정한 제재적 처분기준은 행정규칙으로서의 성질을 가진다.

③ 「행정절차법」상 처분의 기준이 되는 재량준칙을 변경하는 경우 이를 공표할 필요가 없다.

④ 재량권 행사의 준칙인 행정규칙에 관행이 성립되어 있지 않더라도 행정기관은 그 준칙에 따라야 할 자기구속을 받게 된다.

⑤ 상급 행정기관은 감독권에 근거하여서는 하급 행정기관에 대한 행정규칙을 발할 수 없다.

> **해설** ① 행정규칙은 일반 국민의 권리·의무에 관한 사항이 아닌 행정조직 내부의 사항을 정하는 것이므로, 행정규칙의 제정에는 일반적으로 법적 근거가 필요하지 않다.
> ② 대법원 판례는 일반적으로 대통령령(시행령)으로 정한 제재적 처분기준은 법규명령의 성질을, 부령(시행규칙)으로 정한 제재적 처분기준은 행정규칙으로서의 성질을 가진다고 본다.
> ③ 행정청은 필요한 처분기준을 해당 처분의 성질에 비추어 되도록 구체적으로 정하여 공표하여야 한다. 처분기준을 변경하는 경우에도 또한 같다(「행정절차법」 제20조 제1항).
> ④ 판례는 재량권 행사의 준칙인 행정규칙에 관행이 성립되어 있지 않은 경우에는 행정기관은 그 준칙에 따라야 할 자기구속을 받지 않는다고 본다(대판 2009. 3. 26. 2007다88828).
> ⑤ 행정규칙의 제정에는 일반적으로 법적 근거가 필요하지 않으며, 상급 행정기관은 감독권에 근거하여 하급 행정기관에 대한 행정규칙을 발할 수 있다.

03 **행정규칙에 관한 설명으로 옳지 않은 것은? (다툼이 있으면 판례에 따름)** 2015년 제3회

① 행정규칙은 원칙적으로 대외적 구속력이 없다.

② 재량준칙이 되풀이 시행되어 행정관행이 성립한 경우 당해 재량준칙에 자기구속력을 인정한다.

③ 행정규칙의 제정에는 법령의 수권을 요하지 않는다.

④ 행정규칙에서 정한 요건을 충족하지 않으면 그 처분은 절차상의 하자로 위법한 처분이 된다.

⑤ 행정규칙은 대외적인 행위가 아니라 행정조직 내부에서의 행위이므로 원칙상 헌법소원의 대상이 되는 공권력 행사가 아니다.

해설 ④ 행정규칙은 행정조직 내부에만 적용되는 내부규범이므로 대외적으로 국민이나 법원을 구속하지 않는다. 따라서 행정규칙에서 정한 절차를 위반한 처분이 행해진 경우에도, 이는 조직 내부에서 해당 공무원에 대한 징계사유가 될 수는 있어도 그것만으로 절차상 위법한 처분이 되는 것은 아니다.

04 **행정규칙에 관한 설명으로 옳지 않은 것은? (다툼이 있으면 판례에 따름)** 2024년 제12회

① 행정규칙은 특별한 사정이 없는 한 대외적으로 국민이나 법원을 구속하는 효력이 없다.

② 처분이 행정규칙을 따른 것이면 적법성이 보장된다.

③ 처분이 행정규칙을 위반하였다고 해서 그러한 사정만으로 곧바로 위법하게 되는 것은 아니다.

④ 행정규칙에 따른 처분의 적법성 여부는 상위법령의 규정과 입법 목적 등에 적합한지 여부에 따라 판단해야 한다.

⑤ 행정규칙이 그 정한 바에 따라 되풀이 시행되어 행정관행이 이루어지게 되면 행정기관은 그 상대방에 대한 관계에서 그 규칙에 따라야 할 자기구속을 받게 된다.

해설 ② · ③ 행정규칙은 행정조직 내부에만 적용되는 내부규범으로, 대외적으로 국민이나 법원을 구속하지 않기 때문에 처분이 행정규칙을 따른 것이라 하여 적법성이 보장되는 것은 아니다. 반대로 처분이 행정규칙을 위반하였다고 해서 그러한 사정만으로 곧바로 위법하게 되는 것도 아니다.

Answer 1.④ 2.① 3.④ 4.②

05 대외적 구속력을 인정할 수 없는 경우만을 모두 고르면? (다툼이 있는 경우 판례에 의함)

> ㉠ 운전면허에 관한 제재적 행정처분의 기준이 「도로교통법 시행규칙」 [별표]에 규정되어 있는 경우
> ㉡ 행정 각부의 장이 정하는 특정 고시가 비록 법령에 근거를 둔 것이더라도 규정 내용이 법령의 위임 범위를 벗어난 것일 경우
> ㉢ 상위법령에서 세부사항 등을 시행규칙으로 정하도록 위임하였음에도 이를 고시 등 행정규칙으로 정한 경우
> ㉣ 상위법령의 위임이 없음에도 상위법령에 규정된 처분 요건에 해당하는 사항을 하위 부령에서 변경하여 규정한 경우

① ㉠, ㉡
② ㉡, ㉢
③ ㉠, ㉡, ㉢
④ ㉡, ㉢, ㉣
⑤ ㉠, ㉡, ㉢, ㉣

해설 ㉠ 「도로교통법 시행규칙」 제53조 제1항이 정한 [별표 16]의 운전면허행정처분기준은 부령의 형식으로 되어 있으나, 그 규정의 성질과 내용이 운전면허의 취소처분 등에 관한 사무처리기준과 처분절차 등 행정청 내부의 사무 처리준칙을 규정한 것에 지나지 아니하므로 대외적으로 국민이나 법원을 기속하는 효력이 없다(대판 1997. 5. 30. 96누5773).
㉡ 고시가 비록 법령에 근거를 둔 것이더라도 규정 내용이 법령의 위임 범위를 벗어난 것일 경우에는 대외적 구속력을 인정할 수 없다는 것이 판례이다.
㉢ 상위법령에서 세부사항 등을 시행규칙으로 정하도록 위임하였음에도 이를 고시 등 행정규칙으로 정하였다면 그 역시 대외적 구속력을 가지는 법규명령으로서 효력이 인정될 수 없다(대판 2012. 7. 5. 2010다72076).
㉣ 법령의 위임이 없음에도 법령에 규정된 처분 요건에 해당하는 사항을 부령에서 변경하여 규정한 경우에는 그 부령의 규정은 행정청 내부의 사무처리 기준 등을 정한 것으로서 행정조직 내에서 적용되는 행정명령의 성격을 지닐 뿐 국민에 대한 대외적 구속력은 없다(대판 2013. 9. 12. 2011두10584).

06 고시(告示)에 관한 설명으로 옳지 않은 것은? (다툼이 있으면 판례에 따름) 2017년 제5회

① 고시가 국민의 기본권을 제한하는 내용을 담고 있어 상위법령과 결합하여 대외적 구속력을 가질 때에는 법규명령으로서의 성격을 가진다.
② 고시가 구체적인 규율의 성격을 갖더라도 행정처분에 해당하지 않는다.
③ 고시가 집행행위의 매개 없이 그 자체로서 직접 국민의 구체적인 권리의무를 규율할 때에는 항고소송의 대상이 된다.
④ 고시와 같은 형식으로 입법위임을 할 때에는 법령이 전문적·기술적 사항이나 경미한 사항으로서 업무의 성질상 위임이 불가피한 사항에 한정된다.
⑤ 고시의 규정 내용이 법령의 위임 범위를 벗어난 경우에는 대외적 구속력을 인정할 여지는 없다.

▶**해설** ② 고시가 구체적인 규율의 성격을 갖는 경우에는 행정처분에 해당한다. 고시 또는 공고의 법적 성질은 일률적으로 판단될 것이 아니라 고시에 담겨진 내용에 따라 구체적인 경우마다 달리 결정된다고 보아야 한다. 즉, 고시가 일반적·추상적 성격을 가질 때는 법규명령 또는 행정규칙에 해당하지만, 고시가 구체적인 규율의 성격을 갖는다면 행정처분에 해당한다(헌재 1998. 4. 30. 97헌마141).
④ 고시와 같은 형식으로 입법위임을 할 때에는 적어도 「행정규제기본법」 제4조 제2항 단서에서 정한 바와 같이 법령이 전문적·기술적 사항이나 경미한 사항으로서 업무의 성질상 위임이 불가피한 사항에 한정된다 할 것이고, 그러한 사항이라 하더라도 포괄위임금지의 원칙상 법률의 위임은 반드시 구체적·개별적으로 한정된 사항에 대하여 행하여져야 한다(헌재 2004. 10. 28. 99헌바91).

07 다음 중 판례가 법규명령의 성질을 인정한 것은?

① 구 「여객자동차 운수사업법」 제11조 제4항의 위임에 따라 시외버스운송사업의 사업계획변경에 관한 절차, 인가기준 등을 구체적으로 규정한 「여객자동차 운수사업법 시행규칙」

② 「식품위생법」 제58조에 따른 행정처분의 기준을 정한 「식품위생법 시행규칙」 제53조에서 [별표 15]

③ 「자동차운수사업법」 제31조 제2항의 규정에 따라 자동차운수사업면허의 취소처분 등에 관한 사무처리기준과 처분절차 등을 정한 「자동차운수사업법 제31조 등의 규정에 의한 사업면허의 취소 등의 처분에 관한 규칙」

④ 구 「약사법」 제69조 제1항 제3호, 제3항에 근거하여 약사의 의약품 개봉판매행위에 대한 「약사법 시행규칙」 제89조 [별표 6]의 '행정처분의 기준'

⑤ 「도로교통법 시행규칙」 제53조 제1항이 정한 [별표 16]의 운전면허행정처분기준

▶**해설** ① 「여객자동차 운수사업법 시행규칙」이 「여객자동차 운수사업법」의 위임에 따라 시외버스운송사업의 사업계획변경에 관한 절차, 인가기준 등을 구체적으로 규정한 것은 대외적 구속력이 있는 법규명령이라는 것이 판례이다.
②·③·④·⑤ 부령 형식의 행정처분기준에 대해서는 행정규칙적 성질이라는 판례에 의하면 「식품위생법 시행규칙」 [별표 15]의 행정처분의 기준(대판 1995. 3. 28. 94누6925), 「자동차운수사업법」상 처분에 관한 규칙의 사무처리기준(대판 1995. 10. 17. 94누14148), 「약사법 시행규칙」 [별표 6]의 행정처분기준(대판 2007. 9. 20. 2007두6946), 「도로교통법 시행규칙」 [별표 16]의 운전면허행정처분기준(대판 1997. 5. 30. 96누5773) 등은 법규성이 부정된다.

08 행정입법에 관한 판례의 내용으로 옳지 않은 것은? (다툼이 있으면 판례에 의함)

① 구 「주택건설촉진법 시행령」 제10조의3 제1항 [별표 1]의 영업정지처분기준은 대통령령 형식으로 규정되어 있으나 그 성질은 행정기관 내부의 사무처리 준칙을 규정한 것이다.

② 「재산제세조사 사무처리규정」이 국세청장의 훈령형식으로 되어 있다 하더라도 이에 의한 거래지정은 「소득세법 시행령」의 위임에 따라 그 규정의 내용을 보충하는 기능을 가지면서 그와 결합하여 대외적 효력을 발생하게 된다.

③ 구 「청소년보호법 시행령」 제40조 [별표 6]의 위반행위의 종별에 따른 과징금 처분기준의 법적 성격은 법규명령이다.

④ 비상장주식의 양도가 현저히 유리한 조건의 거래로서 부당지원행위에 해당하는지 여부에 관하여 판단함에 있어서 공정거래위원회의 부당한 지원행위의 심사지침은 공정거래위원회 내부의 사무처리준칙에 불과하다.

⑤ 지방자치단체장이 제정한 '액화석유가스 판매사업 허가기준고시'는 해당 법률 및 그 시행령의 위임한계를 벗어나지 아니하는 한 그 법령의 규정과 결합하여 법규명령으로서의 효력을 갖는다.

해설 ① 구 「주택건설촉진법 시행령」 제10조의3 제1항 [별표 1]의 영업정지처분기준은 대통령령 형식으로 규정되어 있으므로 법규명령에 해당한다는 것이 판례이다.
③ 구 「청소년보호법 시행령」 제40조 [별표 6]의 위반행위의 종별에 따른 과징금 처분기준의 법적 성격은 대통령령에 규정되어 있으므로 법규명령에 해당한다는 것이 판례이다. 다만 그 수액은 정액이 아니라 최고한도액이라고 본다(대판 2001. 3. 9. 99두5207).

09 행정입법에 관한 설명으로 옳은 것은? (다툼이 있는 경우에는 판례에 의함) 2013년 제1회

① 행정소송에 대한 대법원 판결에 의하여 법규명령의 위헌 또는 위법이 확정된 경우에는 대법원은 지체 없이 그 사유를 행정안전부장관에게 통보하여야 한다.

② 범죄구성요건을 포괄적·추상적으로 법규명령에 위임하는 것도 가능하다.

③ 시행령으로 정한 제재적 처분기준은 행정규칙으로서의 성질을 가진다.

④ 상위법령이 개정된 경우 종전의 집행명령은 당연히 실효된다.

⑤ 행정규칙은 법률의 수권이 있는 경우에만 제정할 수 있다.

해설 ① 「행정소송법」 제6조 제1항

② 법률에 의한 처벌법규의 위임은 죄형법정주의의 원칙상 허용되지 않는 것이 원칙이지만, 특히 긴급한 필요가 있거나 미리 법률로써 자세히 정할 수 없는 부득이한 사정이 있는 경우에 한하여 수권법률(위임법률)이 구성요건의 점에서는 처벌대상인 행위가 어떠한 것인지 이를 예측할 수 있을 정도로 구체적으로 정하고, 형벌의 점에서는 형벌의 종류 및 그 상한과 폭을 명확히 규정하는 것을 전제로 위임입법이 허용되며, 이러한 위임입법은 죄형법정주의에 반하지 않는다(대판 2002. 11. 26. 2002도2998; 헌재 1991. 7. 8. 91헌가4).

③ 대통령령(시행령)으로 정한 제재적 처분기준은 법규명령으로서의 성질을 가진다는 것이 판례의 입장이다.

④ 집행명령은 근거법령인 상위법령이 폐지되면 특별한 규정이 없는 이상 실효(失效)되는 것이나, 상위법령이 개정됨에 그친 경우에는 개정법령과 성질상 모순·저촉되지 아니하고 개정된 상위법령의 시행에 필요한 사항을 규정하고 있는 이상 그 집행명령은 상위법령의 개정에도 불구하고 당연히 실효되지 아니하고 개정법령의 시행을 위한 집행명령이 제정·발효될 때까지는 여전히 그 효력을 유지한다(대판 1989. 9. 12. 88누6962).

⑤ 행정규칙은 일반 국민의 권리·의무에 관한 사항이 아닌 행정조직 내부의 사항을 정하는 내부규범이므로, 행정규칙의 제정에는 일반적으로 법령의 수권을 요하지 않는다.

10 행정입법에 관한 설명으로 옳지 않은 것은? (다툼이 있으면 판례에 따름) 2021년 제9회

① 재량준칙은 일반적으로 행정조직 내부에서만 효력을 가질 뿐 대외적인 구속력을 갖는 것은 아니다.

② 재량권 행사의 준칙인 행정규칙이 정한 바에 따라 되풀이 시행되어 행정관행이 형성되어 행정기관이 그 상대방에 대한 관계에서 그 규칙에 따라야 할 자기구속을 당하게 되는 경우에는 헌법소원의 대상이 될 수 있다.

③ 법원이 구체적 규범통제를 통해 위헌·위법으로 선언할 심판대상은 원칙적으로 해당 규정 전체이고, 재판의 전제성이 인정되는 조항에 한정되지 않는다.

④ 「헌법」이 인정하고 있는 위임입법의 형식은 예시적인 것으로 보아야 한다.

⑤ 보건복지부 고시인 약제급여·비급여목록 및 급여상한금액표에 대해서는 취소소송으로 다툴 수 있다.

해설 ③ 법원이 구체적 규범통제를 통해 위헌·위법으로 선언할 심판대상은, 해당 규정의 전부가 불가분적으로 결합되어 있어 일부를 무효로 하는 경우 나머지 부분이 유지될 수 없는 결과를 가져오는 특별한 사정이 없는 한, 원칙적으로 해당 규정 중 재판의 전제성이 인정되는 조항에 한정된다(대판 2019. 6. 13. 2017두33985).

⑤ 보건복지부고시인 약제급여·비급여목록 및 급여상한금액표(보건복지부고시 제2002-46호로 개정된 것)는 다른 집행행위의 매개 없이 그 자체로서 국민건강보험가입자, 국민건강보험공단, 요양기관 등의 법률관계를 직접 규율하는 성격을 가지므로 항고소송의 대상이 되는 행정처분에 해당한다(대판 2006. 9. 22. 2005두2506).

Answer   8. ① 9. ① 10. ③

행정행위의 의의와 종류

핵심 summary

제1절 행정행위의 의의와 분류

1. 행정행위의 개념

> **행정기본법 제2조 【정의】** 이 법에서 사용하는 용어의 뜻은 다음과 같다.
> 2. "행정청"이란 다음 각 목의 자를 말한다.
>   가. 행정에 관한 의사를 결정하여 표시하는 국가 또는 지방자치단체의 기관
>   나. 그 밖에 법령등에 따라 행정에 관한 의사를 결정하여 표시하는 권한을 가지고 있거나 그 권한을
>   위임 또는 위탁받은 공공단체 또는 그 기관이나 사인(私人)
> 4. "처분"이란 행정청이 구체적 사실에 관하여 행하는 법 집행으로서 공권력의 행사 또는 그 거부와 그
>   밖에 이에 준하는 행정작용을 말한다.
> 5. "제재처분"이란 법령등에 따른 의무를 위반하거나 이행하지 아니하였음을 이유로 당사자에게 의무를
>   부과하거나 권익을 제한하는 처분을 말한다. 다만, 제30조 제1항 각 호에 따른 행정상 강제는 제외한다.

지문식 판례 ◆

항고소송의 대상이 되는 행정청의 처분이란 원칙적으로 행정청의 공법상의 행위로서 특정 사항에 대하여 법규에 의한 권리의 설정 또는 의무의 부담을 명하거나 기타 법률상의 효과를 직접 발생하게 하는 등 국민의 권리의무에 직접 관계가 있는 행위를 말하므로, 행정청의 내부적인 의사결정 등과 같이 상대방 또는 관계자들의 법률상 지위에 직접적인 법률적 변동을 일으키지 않는 행위는 그에 해당하지 않는다(대판 2024. 6. 19. 2024무689).

2. 제3자효 행정행위

(1) 복효적 행정행위

① **혼합효적 행정행위**: 하나의 행정행위 → 동일인에게 수익적 or 침익적 효과발생
② **제3자효 행정행위**: 하나의 행정행위 → 일인에게 수익적(침익적) ≠ 제3자에게는 침익적(수익적)

(2) 제3자의 쟁송법상 구제방안

행정심판 고지	제3자가 요구한 때 심판고지[행정청의 직권고지(×)]
심판청구·소송제기	처분의 직접 상대방이 아니라고 하더라도 처분에 대해 법률상 이익이 있는 경우 쟁송제기 가능

심판·소송참가	① 행정심판이나 행정소송의 결과에 대해 이해관계가 있는 자는 당해 행정심판 또는 행정소송에 참가할 수 있음 ② 피참가인이 항소나 상고를 한 경우 참가인은 항소포기나 상고포기를 할 수 없음
가구제	원고인 경우 집행정지신청 인정, 참가인은 부정(다수설)
쟁송제기기간 완화	통상 처분이 있음을 안 날로부터 90일 적용(×), 있은 날로부터 180일(소송 1년) 적용(○), 제3자의 경우 경과했더라도 특별한 사정이 없는 한 기간경과의 정당한 사유 인정
판결효력	확정판결의 효력은 제3자에게도 효력이 미침
재심청구	① 취소확정판결로 새롭게 권리침해가 있을 것 ② 책임 없는 사유로 소송에 참가하지 못할 것 ③ 판결의 결과에 영향을 미칠 공격·방어방법을 제출하지 못한 경우

제2절 재량행위

1. 구별의 필요성

행정기본법

제20조【자동적 처분】 행정청은 법률로 정하는 바에 따라 완전히 자동화된 시스템(인공지능 기술을 적용한 시스템을 포함한다)으로 처분을 할 수 있다. 다만, 처분에 재량이 있는 경우는 그러하지 아니하다.

제21조【재량행사의 기준】 행정청은 재량이 있는 처분을 할 때에는 관련 이익을 정당하게 형량하여야 하며, 그 재량권의 범위를 넘어서는 아니 된다. 기출

제17조【부관】 ① 행정청은 처분에 재량이 있는 경우에는 부관(조건, 기한, 부담, 철회권의 유보 등을 말한다. 이하 이 조에서 같다)을 붙일 수 있다.
② 행정청은 처분에 재량이 없는 경우에는 법률에 근거가 있는 경우에 부관을 붙일 수 있다.

행정소송법 제27조【재량처분의 취소】 행정청의 재량에 속하는 처분이라도 재량권의 한계를 넘거나 그 남용이 있는 때에는 법원은 이를 취소할 수 있다. 기출

지문식 판례◆

① 수익적 행정처분이 기속행위인 경우 행정청은 관계법규에서 정한 제한사유 이외의 사유를 들어 이를 거부할 수 없지만, 재량행위인 경우 관계 법령에서 정하는 제한 사유 외에 공익상의 이유로 이를 거부할 수 있다.
② 다만, 기속행위라 하더라도 중대한 공익상의 필요가 있는 경우에는 이를 거부할 수 있다.
③ 기속행위의 경우 그 법규에 대한 원칙적인 기속성으로 인하여 법원이 사실인정과 관련법규의 해석·적용을 통하여 일정한 결론을 도출한 후 그 결론에 비추어 행정청이 한 판단의 적법 여부를 독자의 입장에서 판정하는 방식에 의한다.
④ 재량행위의 경우 행정청의 재량에 기한 공익판단의 여지를 감안하여 법원은 독자의 결론을 도출함이 없이 당해 행위에 재량권의 일탈·남용이 있는지 여부만을 심사하게 된다.

2. 구별기준

지문식 판례 ◆

개별적 종합고려설

기속행위와 재량행위의 구분은 당해 행위의 근거가 된 법규의 체재·형식과 그 문언, 당해 행위가 속하는 행정 분야의 주된 목적과 특성, 당해 행위자체의 개별적 성질과 유형 등을 모두 고려하여 판단하여야 한다.

효과재량설 입장

주택건설 사업계획의 승인은 상대방에게 권리나 이익을 부여하는 효과를 수반하는 이른바 수익적 행정처분으로서 법령에 행정처분의 요건에 관하여 일의적으로 규정되어 있지 아니한 이상 행정청의 재량행위에 속한다. ^{기출}

3. 기속행위와 재량행위(기출)

재량행위		기속행위	
•「출입국관리법」상 외국인에 대한 체류자격변경허가 •「출입국관리법」상 외국인에 대한 사증발급 여부 •공유수면점용허가 •대기오염물질 총량관리사업장 설치허가	강학상 특허	•「건축법」상 건축허가 •주유소영업허가 •「식품위생법」상 일반음식점 허가 •총포·도검·화약류판매허가 •「기부금품모집규제법」상 기부금품모집	강학상 허가
		•학교법인이사취임승인처분 •토지거래허가	강학상 인가
•토지형질변경행위를 수반하는 건축허가 •농지의 전용행위를 수반하는 건축허가	예외적 승인 (허가)		
•공정거래위원회의 과징금 부과	제재적 조치	•국유재산의 무단점유 등에 대한 변상금 부과 •음주측정거부에 따른 면허취소	제재적 조치

4. 판단여지론(판례는 재량행위로 봄)

요건규정에 재량(×) → 일정한 경우 행정청의 판단에 대해 법원의 심리에 갈음하거나 대체할 수 있음을 인정

비대체적 결정	공무원의 근무성적평정, 학생의 성적평가, 고시답안지 채점
구속적 가치평가	미술작품평가, 윤리적 결정
미래예측적 결정	환경행정, 경제행정분야에서의 일정한 결정
형성적 결정	행정계획 등 형성·유도분야

5. 재량행위의 한계

일탈·유월	법령상 주어진 재량의 한계를 벗어난 재량하자 예 법령에서 정한 액수 이상의 과태료를 부과
남용	법령상 주어진 재량권의 범위 내에서 재량권이 고려되었으나 잘못된 방향으로 사고되어 재량행사가 이루어지는 경우 예 일반원칙 위반, 비이성적인 형량에 따른 재량행사, 사실의 오인에 기인한 재량행사
재량권의 불행사 기출	행정청이 자신에게 부여된 재량권을 고려 가능한 모든 관점을 고려하여 행사한 것이 아닌 경우 예 재량행위를 기속행위로 오인한 경우, 행정규칙에 구속되는 것으로 오인한 경우, 재량권을 충분히 행사하지 아니한 경우
입증책임	재량권의 일탈·남용을 처분의 상대방이 입증

제3절 법률행위적 행정행위

1. 법률행위적 행정행위와 준법률행위적 행정행위의 구별

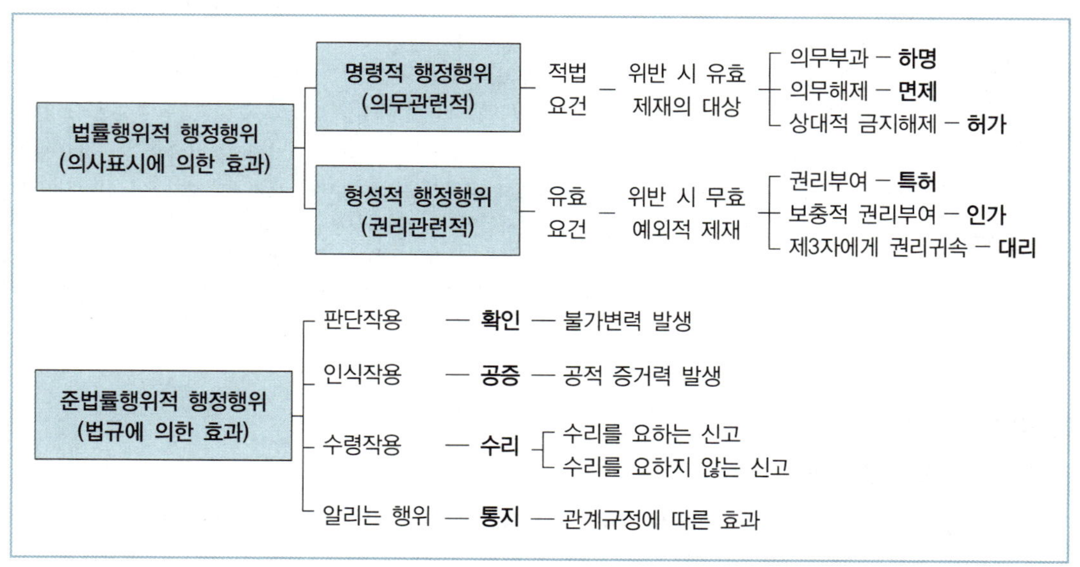

2. 허가, 특허, 인가의 구별

구분	허가	특허	인가
개념	일반적·상대적 금지의 해제 → 자연적 자유회복	특정인에 대한 권리·능력·포괄적 법률관계 설정	제3자의 법률적 행위를 보충하여 그 법률상 효과를 완성 ^{기출}
성질	① 명령적·수익적·쌍방적 행정행위 ② 기속행위	① 형성적·수익적·쌍방적 행정행위 ② 재량행위	① 형성적·수익적·쌍방적 행정행위 ② 재량 또는 기속행위
출원 여부	① 출원 없이도 가능 ^{기출} ② 수정허가(○)	① 반드시 출원요 ② 수정특허(×)	① 반드시 출원요 ② 수정인가(×)
형식	① 처분형식(일반처분 가능) ② 법규허가(×)	① 처분형식(일반처분 불허) ② 법규특허(○)	① 처분형식(일반처분 불허) ② 법규인가(×)
상대방	특정인·불특정인	특정인	특정인
대상	사실행위, 법률행위		법률행위만 대상
효과	① 자연적 자유회복, 반사적 이익 (전통적 견해) ② 대물적 허가 이전 가능	① 권리(공권·사권)설정 ② 이전 가능(일신전속적 권리 제외)	① 타인 간의 법률행위의 효력을 보충·완성 ② 이전 불가
적법·유효 요건	① 적법요건 → 무허가 유효 ② 행정벌, 행정강제의 대상(○)	① 유효(효력발생)요건 → 무특허 무효 ② 행정벌, 행정강제 대상(×)	① 유효(효력발생)요건 → 무인가 무효 ② 행정벌, 행정강제 대상(×)
구체적 예	건축허가, 운전면허, 의사면허, 통금해제, 주류제조면허, 기부금품모집허가 ^{기출}	광업허가, 어업면허 ^{기출}, 귀화허가, 공기업특허, 공물사용권특허, 자동차운수사업면허, 개인택시운송사업면허 ^{기출}, 하천점용허가 ^{기출}, 공유수면매립면허 ^{기출}, 보세구역의 설영특허 ^{기출}, 공증인 인가 ^{기출}	사립대설립인가, 공법인설립인가, 토지거래허가 ^{기출}, 하천사용권양도인가, 수도공급규정인가, 재단법인 정관변경 허가 ^{기출}, 사립학교법인의 임원에 대한 취임승인 ^{기출}, 자동차정비조합설립인가 ^{기출}

3. 강학상 허가

(1) 허가와 예외적 승인의 구별

구분	강학상 허가	예외적 승인
금지의 해제	예방적 금지의 해제	억제적 금지의 해제
행위기속성	기속행위	재량행위
행위대상	위험방지를 대상	사회적 유해, 바람직하지 않은 행위
예	「건축법」상 건축허가	개발제한구역 내 건축허가, 토지형질변경허가를 수반하는 건축허가

(2) 허가의 갱신

의의	허가의 갱신은 종전허가의 효력을 지속시키는 것
기한 전 갱신	① 허가의 갱신은 기한의 도래 전에 이루어져야 함. 기한의 도래 전에 갱신이 이루어지면, 갱신 전후의 행위는 동일성 유지 ② 갱신허가가 있은 후에도 갱신 전의 법위반 사실을 근거로 갱신허가취소 가능
기한 전 갱신 신청	기한 도래 전에 갱신신청을 하였으나, 도래 후에 갱신이 이루어진 경우 특별한 사정이 없는 한 기한의 도래 전에 이루어진 것과 동일하게 봄
기한 도래 후 갱신신청	기한 도래 후에 갱신신청을 하였고, 갱신이 이루어지면, 갱신 전후의 행위는 별개의 행위로 볼 것

지문식 판례◆

① 허가에 붙은 기한이 그 허가된 사업의 성질상 부당하게 짧은 경우에는 이를 그 허가 자체의 존속기간이 아니라 그 허가조건의 존속기간으로 보아 그 기한이 도래함으로써 그 조건의 개정을 고려한다는 뜻으로 해석할 수 있다. ^{기출}
② 다만 그 허가기간이 연장되기 위해서는 그 종기가 도래하기 전에 그 허가기간의 연장에 관한 신청이 있어야 하며, 만일 그러한 연장신청이 없는 상태에서 허가기간이 만료하였다면 그 허가의 효력은 상실된다.

(3) 인ㆍ허가 의제제도

① **다수법령에 의한 허가**: 원칙적으로 허가가 있으면 당해 허가의 대상이 된 행위에 대한 금지가 해제될 뿐 타법상의 금지까지 해제되는 것은 아니다. ^{기출}

② 「행정기본법」상 인ㆍ허가 의제

> **행정기본법**
> **제24조【인허가의제의 기준】** ② 인허가의제를 받으려면 주된 인허가를 신청할 때 관련 인허가에 필요한 서류를 함께 제출하여야 한다. 다만, 불가피한 사유로 함께 제출할 수 없는 경우에는 주된 인허가 행정청이 별도로 정하는 기한까지 제출할 수 있다. ^{기출}
> ③ 주된 인허가 행정청은 주된 인허가를 하기 전에 관련 인허가에 관하여 미리 관련 인허가 행정청과 협의하여야 한다. ^{기출}
> ④ 관련 인허가 행정청은 제3항에 따른 협의를 요청받으면 그 요청을 받은 날부터 20일 이내(제5항 단서에 따른 절차에 걸리는 기간은 제외한다)에 의견을 제출하여야 한다. 이 경우 전단에서 정한 기간(민원 처리 관련 법령에 따라 의견을 제출하여야 하는 기간을 연장한 경우에는 그 연장한 기간을 말한다) 내에 협의 여부에 관하여 의견을 제출하지 아니하면 협의가 된 것으로 본다.
> ⑤ 제3항에 따라 협의를 요청받은 관련 인허가 행정청은 해당 법령을 위반하여 협의에 응해서는 아니 된다. 다만, 관련 인허가에 필요한 심의, 의견 청취 등 절차에 관하여는 법률에 인허가의제 시에도 해당 절차를 거친다는 명시적인 규정이 있는 경우에만 이를 거친다. ^{기출}
> **제25조【인허가의제의 효과】** ① 제24조 제3항ㆍ제4항에 따라 협의가 된 사항에 대해서는 주된 인허가를 받았을 때 관련 인허가를 받은 것으로 본다. ^{기출}
> ② 인허가의제의 효과는 주된 인허가의 해당 법률에 규정된 관련 인허가에 한정된다. ^{기출}
> **제26조【인허가의제의 사후관리 등】** ① 인허가의제의 경우 관련 인허가 행정청은 관련 인허가를 직접 한 것으로 보아 관계 법령에 따른 관리ㆍ감독 등 필요한 조치를 하여야 한다. ^{기출}

관련 인허가 의제 제도는 사업시행자의 이익을 위하여 만들어진 것이므로, 사업시행자가 반드시 관련 인허가 의제 처리를 신청할 의무가 있는 것은 아니다(대판 2020. 7. 23. 2019두31839). ^{기출}

③ 의제되는 범위와 쟁송대상

의제되는 범위	㉠ 의제되는 인·허가의 절차는 생략할 수 있지만 실체적 요건에는 구속 ㉡ 의제되는 인·허가의 요건불비를 이유로 한 주된 인·허가신청에 대한 거부처분은 적법
소송대상	㉠ 행정청이 주된 인·허가를 한 경우 의제되는 인·허가를 분리시켜 소송으로 다툴 수 있음 ㉡ 행정청이 주된 인·허가를 불허하는 처분을 하면서, 주된 인·허가 사유와 의제되는 인·허가의 사유를 함께 제시한 경우, 주된 인·허가를 거부한 처분을 대상으로 쟁송을 제기해야 함

① 주택건설사업계획 승인처분에 따라 의제된 인허가가 위법함을 다투고자 하는 이해관계인은, 주택건설사업계획 승인처분의 취소를 구할 것이 아니라 의제된 인허가의 취소를 구하여야 하며, 의제된 인허가는 주택건설사업계획 승인처분과 별도로 항고소송의 대상이 되는 처분에 해당한다.
② 건축불허가처분을 하면서 그 처분사유로 건축불허가 사유뿐만 아니라 형질변경불허가 사유나 농지전용불허가 사유를 들고 있다고 하여 건축불허가처분 외에 형질변경불허가처분이나 농지전용불허가처분이 존재하는 것이 아니다.
③ 건축불허가처분을 하면서 처분사유로 건축불허가 사유뿐만 아니라 소방서장의 건축부동의 사유를 들고 있다고 하여 별개의 건축부동의처분이 존재하는 것은 아니다. ^{기출}

4. 강학상 인가

(1) 기본행위와 인가와의 관계

기본행위는 위법, 인가는 적법	① 기본행위 무효 또는 불성립 → 적법한 인가가 있더라도 무효 ^{기출} ② 기본행위 취소사유 → 하자가 치유되지 않고 적법한 인가 후라도 기본행위 취소 가능 ∴ 기본행위의 하자를 다투어야지 적법한 인가의 무효나 취소를 구할 법률상 이익 없음
기본행위는 적법, 인가는 위법	① 기본행위 유효 → 인가 무효하자 ⇒ 무인가 행위 ∴ 무효 ② 기본행위 유효 → 인가 취소하자 ⇒ 취소 전 유효, 취소 후 무효

⑵ 주택재개발조합설립인가

지문식 판례◆

조합설립인가

① 조합설립인가처분은 단순히 사인들의 조합설립행위에 대한 보충행위로서의 성질을 갖는 것에 그치는 것이 아니라 법령상 요건을 갖출 경우 「도시 및 주거환경정비법」상 주택재건축사업을 시행할 수 있는 권한을 갖는 행정주체(공법인)로서의 지위를 부여하는 일종의 설권적 처분(특허)의 성격을 갖는다. ^{기출}
② 조합설립결의에 하자가 있다면 그 하자를 이유로 직접 항고소송의 방법으로 조합설립인가처분의 취소 또는 무효확인을 구하여야 하고, 이와는 별도로 조합설립결의 부분만을 따로 떼어내어 그 효력 유무를 다투는 확인의 소를 제기할 수 없다.

관리처분계획

① 주택재건축정비사업조합을 상대로 관리처분계획안에 대한 조합 총회결의의 효력 등을 다투는 소송은 공법상 법률관계에 관한 것이므로 당사자소송에 의한다.
② 관리처분계획에 대하여 관할 행정청의 인가·고시까지 있게 되면 관리처분계획은 행정처분으로서 효력이 발생하게 된다.
③ 관리처분계획에 대한 총회결의의 하자를 이유로 행정처분의 효력을 다투는 항고소송으로 관리처분계획의 취소 또는 무효확인을 구하여야 하고, 그와 별도로 총회결의 부분만을 떼어내어 효력 유무를 다투는 확인의 소를 제기하는 것은 특별한 사정이 없는 한 허용되지 않는다.

주택재건축조합과 조합장 또는 임원 사이의 법률관계

「도시 및 주거환경정비법」상 재개발조합과 조합장 또는 조합임원 사이의 선임·해임을 둘러싼 법률관계의 성질은 사법상 법률관계로, 그 조합장 또는 조합임원의 지위를 다투는 소송은 민사소송에 의하여야 할 것이다.

제4절 준법률행위적 행정행위

확인	공증	통지	수리
① 다툼이 있는 사실 　→ 판단작용 ② 준사법적 행정행위 ③ 불가변력	① 다툼이 없는 사실 　→ 인식표시작용 ② 공적증거력 – 반증에 의한 　추정	특정한 사항을 알리는 행위	타인의 행위를 유효하다고 수령하는 행위
당선인**결정**, 국가시험합격자**결정**, 도로하천구역**결정**, 발**명특허** ^{기출}, 교과서검정(판례는 특허), 소득금액결정, 행정심판재결	**등기·등록**(각종 등기부·등록부) ^{기출}, **등재**(각종 명부·장부·원부) ^{기출}, **기재**(회의록·의사록), **증명서 발급·교부**(영수증·허가증), **발급**(여권·감찰), **검인·압날**	대집행 **계고**, 조세체납 **독촉**, 귀화고시, 특허출원 **공고**	수리를 요하는 신고 참조
판례	판례	판례	판례
[처분성 긍정] ① 감사원의 변상처분에 대한 재심판정 ② 친일반민족행위자재산조사위원회의 국가귀속결정 ③ 친일반민족행위자재산조사위원회의 재산조사개시 결정 ④ 세무조사결정 ⑤ 진실·화해를 위한 과거사정리위원회의 진실규명 결정 ⑥ 국가인권위원회의 진정에 대한 각하 및 기각결정	[처분성 긍정] ① 지목변경신청반려 ^{기출} ② 토지분할신청의 거부 ③ 토지대장 직권말소 ^{기출} ④ 특허청장의 상표사용권 등록설정 ⑤ 건축물용도변경신청반려 ^{기출} ⑥ 건축물대장상 작성신청 거부 ^{기출}	[처분성 긍정] ① 대집행 계고 ② 국·공립대학 임용기간 만료된 조교수에 대한 임용기간만료의 통지 ③ 농지처분의무통지 ④ 소득세원천징수자에 대한 소득금액변동 통지 ⑤ 과다지급된 연금환수통지	[처분성 긍정] 수리를 요하는 신고
[처분성 부정] 공장입지기준확인	[처분성 부정] ① 자동차운전면허대장에 등재 ② 토지대장상의 소유자명의 변경신청 거부 ^{기출}	[처분성 부정] ① 「국가공무원법」상 당연퇴직의 인사발령 ② 소득의 귀속자에 대한 소득금액변동통지 ③ 공무원연금관리공단의 법령개정사실과 퇴직연금수급정지대상자지정통보 ④ 상표권자인 법인에 대한 청산종결등기가 됐음을 이유로 한 상표권의 말소등록	[처분성 부정] 수리를 요하지 않는 신고

제5절 행정행위의 부관

1. 의의 및 법정부관과 구별

① 행정행위의 효과를 제한하거나 특별한 의무를 부과하거나 요건을 보충하기 위하여 주된 행위에 부가된 종된 규율이다.
② 법령에 의하여 직접 부가되는 법정부관과 구별된다.
③ 법정부관에 대하여는 행정행위에 부관을 붙일 수 있는 한계에 관한 일반원칙이 적용되지 않는다. ^{기출}

2. 부관의 종류

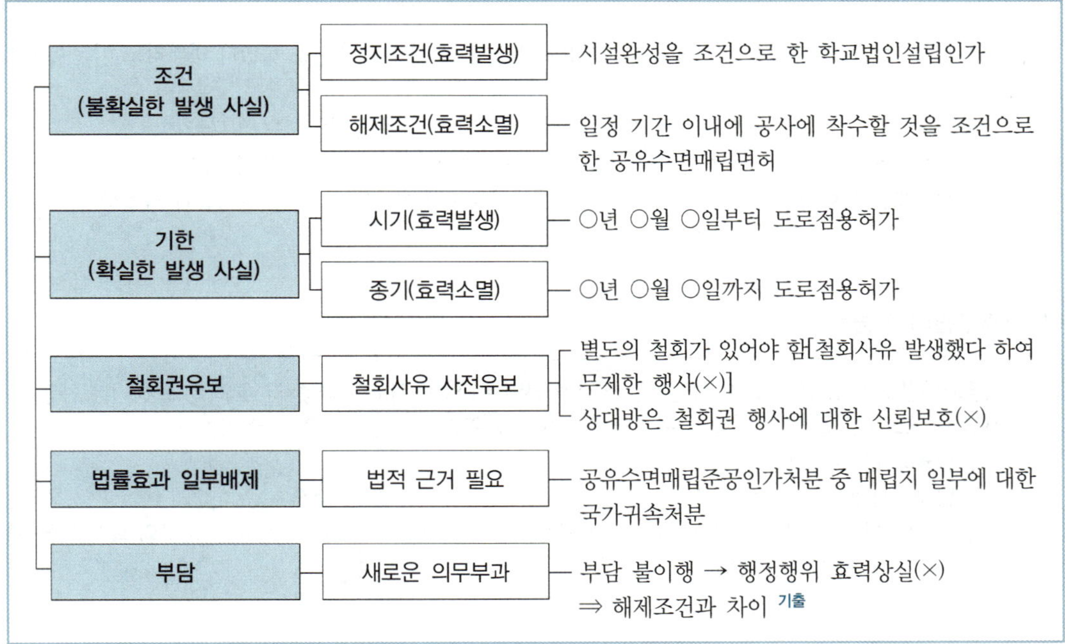

> **부담 정리**
> ① 부담부 행정행위의 경우에는 부담을 이행하여야 주된 행정행위의 효력이 발생하는 것은 아니다. ^{기출}
> ② 부담에 의해 부과된 의무를 상대방이 불이행할 경우 처분청은 주된 행정행위를 철회할 수 있으며 부담만을 강제집행하거나 이후의 단계적 조치를 거부할 수도 있다. ^{기출}
> ③ 부담인지 조건인지 구별이 불분명한 경우 상대방에게 유리한 부담으로 본다.
> ④ 미리 협약으로 부담의 내용을 정한 다음 행정행위 시에 부담을 부가하는 것도 허용된다. ^{기출}
> ⑤ 행정처분과 실체적 관련성이 없어 부관으로 붙일 수 없는 부담인 경우, 사법상 계약의 형식으로 처분의 상대방에게 그 부담을 부과할 수 없다. ^{기출}

3. 부관의 한계

(1) 부관의 가능성

> **행정기본법 제17조【부관】** ① 행정청은 처분에 재량이 있는 경우에는 부관(조건, 기한, 부담, 철회권의 유보 등을 말한다. 이하 이 조에서 같다)을 붙일 수 있다.
> ② 행정청은 처분에 재량이 없는 경우에는 법률에 근거가 있는 경우에 부관을 붙일 수 있다. ^{기출}
> ④ 부관은 다음 각 호의 요건에 적합하여야 한다.
>   1. 해당 처분의 목적에 위배되지 아니할 것 ^{기출}
>   2. 해당 처분과 실질적인 관련이 있을 것 ^{기출}
>   3. 해당 처분의 목적을 달성하기 위하여 필요한 최소한의 범위일 것 ^{기출}

지문식 판례◆

① 일반적으로 기속행위에는 법률의 근거 없이 부관을 붙일 수 없고 부관을 붙였다 하더라도 이는 무효이다. ^{기출}

② 재량행위에 있어서는 법령상의 근거가 없다고 하더라도 부관을 붙일 수 있다. ^{기출}

③ 포괄적인 신분관계를 설정하는 경우 효과 일부를 제한하는 부관을 붙일 수 없다.

④ 공법상 제한을 회피할 목적으로 행정처분과 실제적 관련성이 없는 부관을 상대방과 사법상 계약을 체결하는 형식으로 부가하는 것은 허용되지 않는다.

(2) 사후부관의 가능성

> **행정기본법 제17조【부관】** ③ 행정청은 부관을 붙일 수 있는 처분이 다음 각 호의 어느 하나에 해당하는 경우에는 그 처분을 한 후에도 부관을 새로 붙이거나 종전의 부관을 변경할 수 있다.
>   1. 법률에 근거가 있는 경우
>   2. 당사자의 동의가 있는 경우
>   3. 사정이 변경되어 부관을 새로 붙이거나 종전의 부관을 변경하지 아니하면 해당 처분의 목적을 달성할 수 없다고 인정되는 경우 ^{기출}

4. 하자 있는 부관과 행정행위

부관이 주된 행정행위의 본질적 요소인 경우 행정행위 전체가 위법하고, 본질적 요소가 아닌 경우 부관만 위법하다.

지문식 판례◆

① 도로점용허가의 점용기간은 행정행위의 본질적 요소이므로 점용기간을 정함에 위법이 있으면 도로점용허가 전부가 위법이 된다.

② 기부채납된 행정재산에 대한 사용·수익허가 기간은 행정행위의 본질적 요소에 해당, 부관인 허가기간에 위법사유가 있다면 이로써 이 사건 허가 전부가 위법하게 된다.

5. 하자 있는 부관에 대한 행정쟁송

부담만 독립하여 다툴 수 있고, 나머지 부관은 부관부행정행위를 전체로서 하나의 행정행위로 보아 취소소송을 제기해야 한다. ^{기출}

지문식 판례

① 공유수면매립준공인가 중 매립지 일부에 대한 국가귀속처분은 법률효과 일부배제에 해당하고 독립하여 행정소송의 대상이 될 수 없다. ^{기출}
② 어업면허처분 중 면허의 유효기간만 취소하여 달라는 소송을 제기하는 것은 허용될 수 없다. ^{기출}
③ 기부채납받은 행정재산에 대한 사용·수익허가에 있어서 공유재산 관리청이 정한 사용·수익허가의 기간은 독립하여 취소소송의 대상이 될 수 없다. ^{기출}
④ 개발제한구역 내 허가기간 연장신청 거부는 항고소송의 대상이 된다.

6. 하자 있는 부관의 이행으로 이루어진 사법행위의 효력

① 토지형질변경행위허가에 붙은 기부채납의 부관에 따라 토지를 국가나 지방자치단체에 기부(증여)한 경우 부관이 무효이거나 취소되지 않는 한 착오를 이유로 증여계약을 취소할 수 없다.
② 부관이 무효인 경우 그 이행으로 인한 사법행위까지 당연무효가 되는 것은 아니고 사법행위는 취소사유에 해당할 수 있다. ^{기출}
③ 부담이 제소기간이 경과한 경우(불가쟁력)라도 부담의 이행으로 하게 된 사법상 법률행위의 효력을 민사소송으로 다툴 수 있다.

제1절 행정행위의 의의와 분류

01 「행정기본법」상 처분에 대한 설명으로 옳은 것은?

① 행정청은 적법한 처분의 경우 당사자의 신청이 있는 경우에만 철회가 가능하다.

② 행정청은 처분에 재량이 있는 경우 법령이나 행정규칙이 정하는 바에 따라 완전히 자동화된 시스템으로 처분할 수 있다.

③ 당사자의 신청에 따른 처분은 다른 법령에 특별한 규정이 있는 경우를 제외하고는 신청 당시의 법령 등에 따른다.

④ 새로운 법령 등은 법령 등에 특별한 규정이 있는 경우를 제외하고는 그 법령 등의 효력 발생 전에 완성되거나 종결된 사실관계 또는 법률관계에 대해서는 적용되지 아니한다.

⑤ 행정청은 법령 등의 위반행위가 종료된 날부터 3년이 지나면 해당 위반행위에 대하여 제재처분을 할 수 없다.

> **해설** ④ 새로운 법령 등은 법령 등에 특별한 규정이 있는 경우를 제외하고는 그 법령 등의 효력 발생 전에 완성되거나 종결된 사실관계 또는 법률관계에 대해서는 적용되지 아니한다(「행정기본법」 제14조 제1항).
> ① 행정청은 적법한 처분의 경우 당사자의 신청이 없더라도 일정한 사유가 있는 경우 그 처분의 전부 또는 일부를 장래를 향하여 철회할 수 있다(「행정기본법」 제19조 제1항).
> ② 행정청은 법률로 정하는 바에 따라 완전히 자동화된 시스템(인공지능 기술을 적용한 시스템을 포함한다)으로 처분을 할 수 있다. 다만, 처분에 재량이 있는 경우는 그러하지 아니하다(「행정기본법」 제20조).
> ③ 당사자의 신청에 따른 처분은 다른 법령에 특별한 규정이 있는 경우를 제외하고는 처분 당시의 법령 등에 따른다(「행정기본법」 제14조 제2항).
> ⑤ 행정청은 법령 등의 위반행위가 종료된 날부터 5년이 지나면 해당 위반행위에 대하여 제재처분을 할 수 없다(「행정기본법」 제23조 제1항).

02 다음 중 행정행위에 관한 설명으로 옳지 않은 것은? (다툼이 있는 경우 판례에 의함)

① 공정거래위원회가 부당한 공동행위를 한 사업자에게 과징금 부과처분을 한 뒤 다시 자진신고 등을 이유로 과징금감면처분을 한 경우, 선행처분은 후행처분에 흡수되어 소멸하므로 선행처분의 취소를 구하는 소는 부적법하다.

② 다른 행정청의 동의를 얻어야 하는 행정행위에서 다른 행정청의 동의가 행정행위의 성립에 중요한 요소인 경우에는 그 자체도 행정행위로 보아야 한다.

③ 행정행위는 법적인 규율행위이나 사실행위라도 수인의무를 갖는 경우에는 그러한 한도에서 행정행위로 볼 수 있다.

④ 행정행위는 행정청이 우월적인 지위에서 행하는 것이지만, 상대방의 동의나 신청 등의 협력이 필요한 경우에도 역시 행정행위에 포함될 수 있다.

⑤ 구 「원자력법」상 원자로 및 관계 시설의 부지사전승인처분 후 건설허가처분까지 내려진 경우, 선행처분은 후행처분에 흡수되어 건설허가처분만이 행정쟁송의 대상이 된다.

해설 ② 행정행위는 국민을 대상으로 행하는 행위이므로 행정청 간의 동의는 기관 간의 행위가 되어 행정행위가 되지 못한다.

① 공정거래위원회가 부당한 공동행위를 행한 사업자로서 구 「독점규제 및 공정거래에 관한 법률」 제22조의2에서 정한 자진 신고자나 조사 협조자에 대하여 과징금 부과처분(이하 '선행처분'이라 한다)을 한 뒤, 「독점규제 및 공정거래에 관한 법률 시행령」 제35조 제3항에 따라 다시 자진 신고자 등에 대한 사건을 분리하여 자진 신고 등을 이유로 한 과징금 감면처분(이하 '후행처분'이라 한다)을 하였다면, 후행처분은 자진 신고 감면까지 포함하여 처분 상대방이 실제로 납부하여야 할 최종적인 과징금액을 결정하는 종국적 처분이고, 선행처분은 이러한 종국적 처분을 예정하고 있는 일종의 잠정적 처분으로서 후행처분이 있을 경우 선행처분은 후행처분에 흡수되어 소멸한다. 따라서 위와 같은 경우에 선행처분의 취소를 구하는 소는 이미 효력을 잃은 처분의 취소를 구하는 것으로 부적법하다(대판 2015. 2. 12. 2013두987).

Answer 1. ④ 2. ②

03 **다음 중 제3자효적 행정행위에 대해서 가장 잘못 설명하고 있는 것은?**

① 복효적 행정행위라 함은 해당 처분의 직접 상대방에게 이익 혹은 불이익이 되는 처분이 제3자에게는 반대로 불이익 또는 이익이 되는 처분을 말한다.

② 복효적 행정행위의 상대방에 대한 집행정지 결정은 제3자에 대해서도 그 효력이 미친다.

③ 복효적 행정행위의 제3자에 대해서도 일정한 요청을 갖춘 경우 재심청구가 인정된다.

④ 복효적 행정행위가 소송상 문제가 되는 영역은 주로 경업자소송이나 지역주민 간의 소송 등이다.

⑤ 복효적 행정행위인 인가·허가의 사업을 철회하는 경우에 수급상 균형이 깨져서 이해관계 있는 제3자가 이용상 혼란을 가져올 우려가 있는 경우라도 철회권은 제한되지 아니한다.

> **해설** ⑤ 복효적 행정행위로서 제3자에게도 효력이 발생하는 행정행위는 제3자의 정당한 이익도 고려해야 한다. 인·허가 사업을 철회하는 경우 제3자가 이용상 혼란을 가져올 우려가 있다면 이러한 사정을 고려하여 철회권이 제한될 수 있다.

04 **복효적 행정행위와 관련한 설명 중 타당한 것은?**

① 복효적 행정행위는 개인적 공권의 확대화 경향과 관련이 없다.

② 행정의 적극적인 조정기능이 증대되면서 복효적 행정행위는 점차 줄어들고 있다.

③ 행정심판위원회는 필요하다고 인정할 때에는 그 심판 결과에 대하여 이해관계가 있는 제3자에게 그 사건에 참가할 것을 요구할 수 있으며, 이 요구를 받은 제3자는 그 사건에 참가하여야 한다.

④ 현행 「행정절차법」에서는 제3자에 대한 통지가 행정청의 의무는 아니다.

⑤ 「행정소송법」은 제3자에 의한 재심청구에 대해 명문으로 규정하고 있지 않다.

> **해설** ① 복효적(제3자효적) 행정행위는 제3자의 원고적격 인정과 관련하여 성립된 개념으로, 제3자의 법률상 이익(공권) 확대 경향과 직접 관련이 있다.
> ② 사회가 복잡해지고 이해관계의 대립이 심화됨에 따라 복효적 행정행위가 점점 증대하고 있으며, 이에 따라 행정의 적극적인 조정기능이 매우 중요해지고 있다.
> ③ 참가요구를 받은 제3자는 참가 여부를 통지하여야 할 의무는 있으나, 반드시 참가하여야 하는 것은 아니다.
> ⑤ 명문으로 규정하고 있다.

제2절 재량행위

01 다음 중 판례에 의할 때 기속행위에 해당하는 것은?

① 운전면허
② 어업면허
③ 광업허가
④ 귀화허가
⑤ 공유수면매립면허

해설 ① 운전면허는 강학상 허가로서 기속행위에 해당한다.
②·③·④·⑤ 강학상 특허로서 원칙적으로 재량행위에 해당한다.

02 판례상 재량행위에 해당하는 것만을 모두 고르면?

> ㄱ 「여객자동차 운수사업법」상 개인택시운송사업면허
> ㄴ 구 「수도권대기환경특별법」상 대기오염물질 총량관리사업장 설치허가
> ㄷ 「국가공무원법」상 휴직 사유 소멸을 이유로 한 신청에 대한 복직명령
> ㄹ 「출입국관리법」상 체류자격 변경허가

① ㄱ, ㄹ
② ㄴ, ㄷ
③ ㄱ, ㄴ, ㄹ
④ ㄴ, ㄷ, ㄹ
⑤ ㄱ, ㄴ, ㄷ, ㄹ

해설 ㄱ·ㄴ·ㄹ은 재량행위이다.
ㄷ 휴직 기간 중 그 사유가 없어지면 30일 이내에 임용권자 또는 임용제청권자에게 신고하여야 하며, 임용권자는 지체 없이 복직을 명하여야 한다(「국가공무원법」 제73조 제2항).

Answer 1.① 2.③

03 **재량행위와 기속행위에 관한 설명으로 옳은 것은? (다툼이 있으면 판례에 따름)** 2021년 제9회

① 「공유수면 관리 및 매립에 관한 법률」상 공유수면 점용허가는 기속행위이다.

② 재외동포에 대한 사증발급과 관련한 재량권 불행사는 그 자체로 재량권 일탈·남용에 해당하지 않으므로 해당 처분을 취소하여야 할 위법사유가 되지 않는다.

③ 「국토의 계획 및 이용에 관한 법률」에 의하여 지정된 도시지역 안에서 토지의 형질변경 행위를 수반하는 건축허가의 법적 성질은 기속행위이다.

④ 법령상 감경사유가 있는 경우 이를 전혀 고려하지 않은 과징금 부과처분은 위법하다.

⑤ 행정청이 제재처분 양정을 하면서 이익형량을 하였다면 그 양정에 정당성·객관성이 결여된 경우라도 위법은 아니다.

해설 ④ 임의적 감경사유가 있음에도 이를 전혀 고려하지 않거나 감경사유에 해당하지 않는다고 오인하여 과징금을 감경하지 않은 경우, 그 처분은 재량권을 일탈·남용한 위법한 것이다(대판 2010. 7. 15. 2010두7031).

① 「공유수면 관리 및 매립에 관한 법률」에 따른 공유수면의 점용·사용허가는 특정인에게 공유수면 이용권이라는 독점적 권리를 설정하여 주는 처분으로서 처분 여부 및 내용의 결정은 원칙적으로 행정청의 재량에 속한다(대판 2017. 4. 28. 2017두30139).

② 처분의 근거 법령이 행정청에 처분의 요건과 효과 판단에 일정한 재량을 부여하였는데도, 행정청이 자신에게 재량권이 없다고 오인한 나머지 처분으로 달성하려는 공익과 그로써 처분상대방이 입게 되는 불이익의 내용과 정도를 전혀 비교형량 하지 않은 채 처분을 하였다면, 이는 재량권 불행사로서 그 자체로 재량권 일탈·남용으로 해당 처분을 취소하여야 할 위법사유가 된다(대판 2019. 7. 11. 2017두38874).

③ 일반적인 건축허가는 기속행위이나, 「국토의 계획 및 이용에 관한 법률」에 의하여 지정된 도시지역 안에서 토지의 형질변경행위를 수반하는 건축허가는 재량행위이다(대판 2005. 7. 14. 2004두6181).

⑤ 행정청이 제재처분 양정을 하면서 공익과 사익의 형량을 전혀 하지 않았거나 이익형량의 고려대상에 마땅히 포함하여야 할 사항을 누락한 경우 또는 이익형량을 하였으나 정당성·객관성이 결여된 경우에는 제재처분은 재량권을 일탈·남용한 것이라고 보아야 한다(대판 2020. 6. 25. 2019두52980).

04 **기속행위와 재량행위에 관한 설명으로 옳지 않은 것은? (다툼이 있으면 판례에 의함)**

① 대법원은 '일반적으로 기속행위나 기속적 재량행위에는 법률의 근거 없이 부관을 붙일 수 없고, 부관을 붙였다 하더라도 이는 취소사유인 것이다.'라고 판시하였다.

② 「행정소송법」 제27조는 '행정청의 재량에 속하는 처분이라도 재량권의 한계를 넘거나 그 남용이 있는 때에는 법원은 이를 취소할 수 있다.'라고 규정하고 있다.

③ 의제되는 인·허가가 재량행위인 경우에는 주된 인·허가가 기속행위인 경우에도 인·허가가 의제되는 한도 내에서 재량행위로 보아야 한다.

④ 재량처분에 대해 취소소송이 제기된 경우 재량행위라 하여 소송요건 흠결로 각하하여서는 안 되고, 본안에서 일탈·남용 여부를 판단하여야 한다.

⑤ 주택재건축사업시행의 인가는 상대방에게 권리나 이익을 부여하는 효과를 가진 이른바 수익적 행정처분으로서 법령에 행정처분의 요건에 관하여 일의적으로 규정되어 있지 아니한 이상 행정청의 재량행위에 속한다.

▶해설 ① 대법원은 기속행위나 기속적 재량행위는 법률에 근거 없이 부관을 붙일 수 없고 부관을 붙였다고 하더라도 무효라는 입장이다.
③ 기속행위에 재량행위의 요건이 추가되는 경우 전체적으로 재량행위가 되므로 인·허가가 의제되는 한도 내에서 재량행위로 보아야 한다.

05 **행정청의 판단여지와 관계없는 것은?**

① 비대체적 결정
② 구속적·가치평가적 결정
③ 미래예측적 결정
④ 형성적 결정
⑤ 법으로부터의 자유로운 행정결정

▶해설 판단여지가 인정되는 영역은 ⅰ) 비대체적 결정, ⅱ) 구속적 가치평가, ⅲ) 예측결정, ⅳ) 형성결정의 영역이다. 판단여지가 인정되는 경우 사법심사가 제한될 수는 있지만 그렇다고 법으로부터 자유로운 영역은 아니다. 판단여지도 논리칙상·경험칙상 명백히 판단을 잘못한 경우나 절차위법이 있는 경우 사법부에 의한 위법성 판단이 가능하다.

Answer　3.④　4.①　5.⑤

제3절 법률행위적 행정행위

01 의사표시를 구성요소로 하는가에 따라 행정행위를 분류할 때 성질이 다른 하나는?

2018년 제6회

① 면제
② 특허
③ 확인
④ 인가
⑤ 대리

▶해설 ③ 확인은 준법률행위적 행정행위에 해당한다.
① 면제, ② 특허, ④ 인가, ⑤ 대리 등은 법률행위적 행정행위에 해당한다.

02 하명에 관한 설명으로 틀린 것은?

① 명령적 행정행위이다.
② 하명은 언제나 구체적 처분의 형식으로만 행하여지고 법규형식의 하명은 인정되지 않는다.
③ 하명을 위반한 개인의 행위는 위법한 행위로 행정강제나 제재의 대상이 된다.
④ 하명은 원칙적으로 법규에 기하여 행하여지는 기속행위이다.
⑤ 하명의 대상은 사실행위인 경우가 일반적이나 법률행위를 대상으로 하는 경우도 있다.

▶해설 ② 하명은 행정처분의 형식으로도 가능하고 법규에 의한 일반적 하명도 가능하다. 예를 들어 법률규정에 의해 일정 장소가 흡연금지구역으로 설정되는 경우를 들 수 있다.

03 강학상 허가에 관한 설명으로 옳지 않은 것은? (다툼이 있으면 판례에 따름) 2019년 제7회

① 반드시 신청을 전제로 하는 것은 아니다.
② 건축허가는 대물적 성질을 갖는 것이어서 그 허가를 할 때에 인적 요소에 관해서는 형식적 심사만 한다.
③ 허가에 붙은 기한이 그 허가된 사업의 성질상 부당하게 짧은 경우에는 그 허가조건의 존속기간으로 보아야 한다.
④ 허가신청 후 처분 전에 관계법령이 개정되었다면 원칙적으로 개정된 법령에 따라 허가 여부를 결정하여야 한다.
⑤ 타법상의 인·허가가 의제되는 허가를 하는 경우, 행정청은 타법상의 인·허가 요건에 대한 심사 없이 허가처분을 할 수 있다.

해설 ⑤ 인·허가가 의제되는 허가를 하는 경우, 행정청은 타법상의 인·허가 요건에 대한 심사를 하여 허가 여부에 대한 처분을 할 수 있다.

① 허가는 신청을 전제로 하는 경우가 보통이나 통행금지 해제처럼 신청이 없는 허가도 허용된다.

② 건축허가는 건축을 위한 시설요건을 심사한 후 허가를 하고, 인적 요소는 형식적 심사에 그친다.

③ 허가에 붙은 기한이 그 허가된 사업의 성질상 부당하게 짧은 경우, 이는 그 허가 자체의 존속기간이 아니라 그 허가조건의 존속기간이다(대판 2004. 11. 25. 2004두7023).

04 허가에 관한 설명으로 옳은 것은? (다툼이 있으면 판례에 따름) 2015년 제3회

① 허가권자는 중대한 공익상의 필요가 없는데도 관계 법령에서 정한 제한사유 이외의 사유를 들어 적법한 건축허가 신청을 거부할 수 없다.

② 허가는 반드시 신청을 전제로 한다.

③ 허가의 취소사유가 발생하면 취소가 가능하지만 일부취소는 불가능하다.

④ 허가가 있으면 당해 허가의 대상이 된 행위에 대한 금지가 해제될 뿐만 아니라 타법에 의한 금지까지 해제된다.

⑤ 인·허가의제 효과를 수반하는 건축신고는 수리를 요하는 신고에 해당하지 않는다.

해설 ① 건축허가권자는 건축허가신청이 「건축법」, 「도시계획법」 등 관계 법규에서 정하는 어떠한 제한에 배치되지 않는 이상 당연히 건축허가를 하여야 하고, 중대한 공익상의 필요가 없음에도 불구하고 요건을 갖춘 자에 대한 허가를 관계 법령에서 정하는 제한사유 이외의 사유를 들어 거부할 수는 없다(대판 1992. 12. 11. 92누3038).

② 허가는 반드시 신청을 전제로 하지는 않는다.

③ 외형상 하나의 행정처분이라 하더라도 가분성이 있거나 그 처분대상의 일부가 특정될 수 있다면 그 일부만의 취소도 가능하다(대판 1995. 11. 16. 95누8850).

④ 허가가 있으면 특별한 규정이 없는 한 당해 허가의 대상이 된 행위에 대한 금지만 해제될 뿐 타법에 의한 금지까지 해제되는 것은 아니다.

⑤ 인·허가의제 효과를 수반하는 건축신고는 수리를 요하는 신고에 해당한다(대판 2011. 1. 20. 2010두14954).

Answer 1. ③ 2. ② 3. ⑤ 4. ①

05 **인·허가의제에 관한 설명으로 옳지 않은 것은? (다툼이 있으면 판례에 따름)**

① 주된 인·허가 행정청은 주된 인·허가를 하기 전에 관련 인·허가에 관하여 미리 관련 인·허가 행정청과 협의하여야 한다.

② 인·허가의제의 효과는 주된 인·허가의 해당 법률에 규정된 관련 인·허가에 한정된다.

③ 관련 인·허가에 필요한 심의, 의견 청취 등 절차에 관하여는 법률에 인·허가의제 시에도 해당 절차를 거친다는 명시적인 규정이 있는 경우에만 이를 거친다.

④ 주택건설사업계획 승인처분에 따라 의제된 인·허가가 위법함을 다투고자 하는 이해관계인은, 주택건설사업계획 승인처분의 취소를 구하여야 한다.

⑤ 건축불허가처분을 하면서 그 처분사유로 건축불허가 사유뿐만 아니라 형질변경불허가 사유나 농지전용불허가 사유를 들고 있다고 하여 그 건축불허가처분 외에 별개로 형질변경불허가처분이나 농지전용불허가처분이 존재하는 것이 아니다.

> **해설** ④ 주택건설사업계획 승인처분에 따라 의제된 인허가가 위법함을 다투고자 하는 이해관계인은, 주택건설사업계획 승인처분의 취소를 구할 것이 아니라 의제된 인허가의 취소를 구하여야 하며, 의제된 인허가는 주택건설사업계획 승인처분과 별도로 항고소송의 대상이 되는 처분에 해당한다.
> ⑤ 건축불허가처분을 하면서 그 처분사유로 건축불허가 사유뿐만 아니라 형질변경불허가 사유나 농지전용불허가 사유를 들고 있다고 하여 그 건축불허가처분 외에 별개로 형질변경불허가처분이나 농지전용불허가처분이 존재하는 것이 아니다. 건축불허가처분을 받은 사람은 그 건축불허가처분에 관한 쟁송에서 형질변경불허가 사유나 농지전용불허가 사유에 관하여도 다툴 수 있다.

06 **甲은 건축물을 신축하기 위하여 허가청인 A에게 건축허가(주된 허가)를 신청하였다. 甲은 건축허가를 신청하면서 산지전용허가도 받고자 하는데, 「건축법」상 甲이 건축허가를 받으면 「산지관리법」에 따른 산지전용허가(관련 허가)를 받은 것으로 의제된다. 이에 관한 설명으로 옳지 않은 것은? (단, 관련 허가의 허가청은 B임)** 2024년 제12회

① 甲은 건축허가를 A에게 신청하면서 산지전용허가에 필요한 서류를 함께 제출하여야 한다.

② A는 건축허가를 하기 전에 산지전용허가에 관하여 미리 B와 협의하여야 한다.

③ B는 산지전용허가에 관한 법령을 위반하여 협의에 응해서는 아니 된다.

④ A와 B 사이에 협의가 되면 건축허가와 산지전용허가를 모두 받은 것으로 본다.

⑤ 산지전용허가가 의제된 경우 B는 산지전용허가를 직접 한 것으로 보아 관계 법령에 따른 관리·감독 등 필요한 조치를 하여야 한다.

해설 ④ 협의가 된 사항에 대해서는 주된 인허가를 받았을 때 관련 인허가를 받은 것으로 본다(「행정기본법」 제25조 제1항).
① 인허가의제를 받으려면 주된 인허가를 신청할 때 관련 인허가에 필요한 서류를 함께 제출하여야 한다. 다만, 불가피한 사유로 함께 제출할 수 없는 경우에는 주된 인허가 행정청이 별도로 정하는 기한까지 제출할 수 있다(「행정기본법」 제24조 제2항).
② 주된 인허가 행정청은 주된 인허가를 하기 전에 관련 인허가에 관하여 미리 관련 인허가 행정청과 협의하여야 한다(「행정기본법」 제24조 제3항).
③ 협의를 요청받은 관련 인허가 행정청은 해당 법령을 위반하여 협의에 응해서는 아니 된다(「행정기본법」 제24조 제5항).
⑤ 인허가의제의 경우 관련 인허가 행정청은 관련 인허가를 직접 한 것으로 보아 관계 법령에 따른 관리·감독 등 필요한 조치를 하여야 한다(「행정기본법」 제26조 제1항).

07 허가의 갱신에 관한 설명 중 옳지 않은 것은? (다툼이 있는 경우 판례에 따름)

① 종전 허가의 유효기간이 지난 후에 한 기간연장 신청은 신규허가를 구하는 것이다.
② 허가처분에 정해진 기간이 부당히 짧은 경우 그 기간은 허가조건의 존속기간이고 따라서 종기가 도래하기 전에 반드시 연장신청이 있어야 하는 것은 아니다.
③ 허가의 갱신으로 인하여 갱신 전의 위법사유가 치유되는 것은 아니다.
④ 건설업면허의 갱신이 있으면 기존 면허의 효력은 동일성을 유지하면서 장래에 향하여 지속한다.
⑤ 건설업면허의 갱신이 있으면 갱신 전의 면허는 실효되고 새로운 면허가 부여된 것이라고 볼 수는 없다.

해설 ② 일반적으로 행정처분에 효력기간이 정하여져 있는 경우에는 그 기간의 경과로 그 행정처분의 효력은 상실되고, 다만 허가에 붙은 기한이 그 허가된 사업의 성질상 부당하게 짧은 경우에는 이를 그 허가 자체의 존속기간이 아니라 그 허가조건의 존속기간으로 보아 그 기한이 도래함으로써 그 조건의 개정을 고려한다는 뜻으로 해석할 수는 있지만, 그와 같은 경우라 하더라도 그 허가기간이 연장되기 위하여는 그 종기가 도래하기 전에 그 허가기간의 연장에 관한 신청이 있어야 하며, 만일 그러한 연장신청이 없는 상태에서 허가기간이 만료하였다면 그 허가의 효력은 상실된다(대판 2007. 10. 11. 2005두12404).

Answer 5.④ 6.④ 7.②

08 **형성적 행정행위에 해당하는 것을 모두 고른 것은?** 2019년 제7회

> ㉠ 사인에게 권리를 설정해 주는 행위
> ㉡ 작위의무를 명하는 행위
> ㉢ 포괄적 법률관계를 설정하는 행위
> ㉣ 행정청이 타인의 법률행위를 보충하여 그 효력을 완성시켜주는 행위
> ㉤ 제3자가 해야 할 행위를 행정기관이 대신하여 행함으로써 제3자가 행한 것과 같은 효
>   과를 발생시키는 행위

① ㉠, ㉡, ㉤ 　　　　　　② ㉠, ㉢, ㉣
③ ㉠, ㉢, ㉣, ㉤ 　　　　④ ㉡, ㉢, ㉣, ㉤
⑤ ㉠, ㉡, ㉢, ㉣, ㉤

▶해설 ㉠ 설권행위로서 특허에 해당하며 형성적 행정행위에 속한다.
㉢ 특허로서 형성적 행정행위에 해당한다.
㉣ 인가로서 형성적 행정행위에 해당한다.
㉤ 대리행위로서 형성적 행정행위에 해당한다.
㉡ 하명행위로서 명령적 행위에 해당한다.

09 **허가와 특허에 대한 설명 중 옳지 않은 것은?**

① 모두 공법적 효과만을 발생시킨다.
② 특허는 출원을 반드시 필요로 하나, 허가는 반드시 필요한 것은 아니다.
③ 허가로 인해서 누리는 이익은 반사적 이익이나, 특허로 인해 누리는 이익은 권리의
   성질을 갖는다.
④ 원칙적으로 허가는 기속행위이나, 특허는 재량행위에 속한다.
⑤ 허가는 불특정 다수인에 대해서도 행해질 수 있지만, 특허는 특정인에 대해서만 행해질
   수 있다.

▶해설 ① 강학상 허가는 공법상 금지의 해제라는 공법적 효과가 발생하고 그로 인한 이익은 반사적 이익에 불과하
다고 봐서 전통적 견해는 공법적 효과만이 발생한다고 봄이 일반적이다. 반면 특허로 인해 취득하는 권리는 공권이나
사권이 될 수 있으므로 공법적 효과 또는 사법적 효과가 발생할 수 있다.

10 甲은 「공유수면 관리 및 매립에 관한 법률」에 의거하여 관할 행정청으로부터 공유수면매립면허를 받으려고 한다. 공유수면매립면허와 관련된 설명으로 옳은 것은?

① 공유수면매립면허는 필수적으로 신청을 요하는 행정행위로 보는 것이 일반적 견해이다.

② 甲이 「공유수면 관리 및 매립에 관한 법률」에서 정한 소정의 요건을 갖춘 경우에 관할 행정청은 반드시 매립면허를 하여야 한다.

③ 甲의 공유수면매립면허 신청에 대한 면허거부처분이 재량권 일탈·남용에 해당하는 경우에도 법원은 이를 취소할 수 없다.

④ 관할 행정청은 甲에게 공유수면매립면허를 함에 있어서 부관을 붙일 수 없다.

⑤ 관할 행정청은 甲이 신청한 내용을 수정하여 공유수면매립면허가 가능하다.

> **해설** ①·② 공유수면매립면허는 설권행위로서 강학상 특허에 해당한다. 특허는 법률에 특별한 규정이 없는 한 재량행위로 보기 때문에 반드시 매립면허를 하여야 하는 것은 아니다. 특허는 상대방의 신청을 필수적 전제로 하므로 협력을 요하는 행정행위이다.
> ③ 재량행위가 일탈·남용에 해당하는 경우에는 법원은 이를 취소할 수 있다.
> ④ 재량행위에 대해서는 법률에 특별한 규정이 없다고 하더라도 부관을 붙일 수 있다는 것이 다수설과 판례이다.
> ⑤ 특허는 신청대로 인정되어야 하고 수정특허는 불허된다.

11 강학상 인가에 해당하는 것은? (다툼이 있으면 판례에 따름) 2022년 제10회

① 「부동산 거래신고 등에 관한 법률」상 외국인 등의 토지거래 허가

② 공유수면매립면허

③ 보세구역의 설영특허

④ 법무부장관의 공증 인가

⑤ 자동차운전면허대장상의 등재행위

> **해설** ① 토지거래허가는 토지거래계약의 효력을 보충적으로 완성하는 강학상 인가에 해당한다.
> ②·③·④ 강학상 특허
> ⑤ 강학상 공증

Answer 8. ③ 9. ① 10. ① 11. ①

12 인가에 관한 설명으로 옳은 것을 모두 고른 것은? (다툼이 있으면 판례에 따름) ^{2017년 제5회}

> ㉠ 행정청이 타인의 법률적 행위를 보충하여 그 법률적 효력을 완성시켜 주는 행정행위를 말한다.
> ㉡ 사립학교법인의 임원에 대한 취임승인행위는 인가에 해당한다.
> ㉢ 인가는 공법상의 행정처분이다.
> ㉣ 무효인 기본행위를 인가한 경우, 그 기본행위는 유효한 행위로 전환된다.

① ㉠, ㉡

② ㉢, ㉣

③ ㉠, ㉡, ㉢

④ ㉡, ㉢, ㉣

⑤ ㉠, ㉡, ㉢, ㉣

해설 ㉠ [○] 강학상 인가의 의의를 설명한 것으로 옳은 지문이다.
㉡ [○] 「사립학교법」에 의한 학교법인의 임원에 대한 감독청의 취임승인은 학교법인의 임원선임행위를 보충하여 그 법률상의 효력을 완성하게 하는 보충적 행정행위로서 인가이다(대판 2001. 5. 29. 99두7432).
㉢ [○] 인가는 공법상의 행정행위로서 행정처분이기도 하다.
㉣ [×] 인가는 기본행위의 하자를 치유하는 효력이 없으므로, 기본행위가 불성립 또는 무효인 경우에는 그에 대한 인가가 있더라도 기본행위가 유효로 되지 않으며 인가도 무효이다.

13 다음은 「도시 및 주거환경정비법」상의 재건축사업 등에 관한 서술이다. 타당하지 않은 것은? (다툼이 있으면 판례에 따름)

① 재개발조합설립인가처분은 행정주체로서의 지위를 설정하는 설권적 처분이다.

② 재개발조합의 관리처분계획에 대한 인가를 받고 난 이후에 관리처분계획을 다투기 위해서는 인가처분 자체를 취소소송으로 다투어야 한다.

③ 조합원의 자격 인정 여부에 관하여 다툼이 있는 경우에는 공법상의 당사자소송에 의하여 그 조합원 자격의 확인을 구할 수 있다.

④ 주택재개발정비사업조합과 조합장 또는 조합임원의 지위를 다투는 소송은 민사소송에 의하여야 한다.

⑤ 토지 등 소유자가 사업시행자인 경우 사업시행계획에 대한 인가는 강학상의 특허에 해당한다.

해설 ② 관리처분계획에 대해 행정청의 인가가 있는 경우 관리처분계획은 행정주체에 의한 처분이 되고 관리처분계획을 취소소송으로 다투어야 한다.
③ 조합원의 자격 인정 여부에 관하여 다툼은 공법상 법률관계에 해당하여 당사자소송에 의하지만, 조합과 조합장 또는 조합임원의 지위를 다투는 소송은 사법상 법률관계에 해당하여 민사소송에 의하여야 한다.

14 행정행위의 내용과 구체적 사례를 바르게 연결한 것은? (다툼이 있는 경우 판례에 의함)

> ㉠ 특정인에 대하여 새로운 권리·능력 또는 포괄적 법률관계를 설정하는 행위
> ㉡ 행정청이 타자의 법률행위를 동의로써 보충하여 그 행위의 효력을 완성시켜 주는 행위

> A. 「도시 및 주거환경정비법」상 주택재건축정비사업조합의 설립인가
> B. 「자동차관리법」상 사업자단체조합의 설립인가
> C. 「도시 및 주거환경정비법」상 도시환경정비사업조합이 수립한 사업시행계획인가
> D. 「도시 및 주거환경정비법」상 토지 등 소유자들이 조합을 따로 설립하지 않고 직접 시행하는 도시환경정비사업시행인가
> E. 「출입국관리법」상 체류자격 변경허가

① ㉠ - A, D, E   ② ㉡ - B, C, D
③ ㉠ - A, C, D   ④ ㉡ - B, D, E
⑤ ㉠ - A, B, D

해설 ㉠ 강학상 특허에 관한 설명이다. A, D, E를 판례는 설권적 처분으로서 강학상 특허로 보았다.
㉡ 강학상 인가에 관한 설명이다. B, C를 판례는 행정청의 보충행위로서 강학상 인가로 보았다.

제4절 준법률행위적 행정행위

01 **준법률행위적 행정행위에 해당하는 것은? (다툼이 있으면 판례에 따름)** 2017년 제5회

① 「도시 및 주거환경정비법」상 조합설립인가
② 「여객자동차운수사업법」상 개인택시운송사업면허
③ 선거인명부에의 등록
④ 불법광고물의 철거명령
⑤ 감독청에 의한 공법인의 임원 임명

> **해설** ③ 선거인명부에의 등록은 준법률행위적 행정행위 중 공증의 예에 해당한다.
> ① · ② 강학상 특허
> ④ 강학상 하명
> ⑤ 강학상 대리

02 **준법률행위적 행정행위에 대한 설명으로 옳은 것은?**

① 확인은 법률사실 또는 법률관계에 관하여 의문이나 다툼이 있는 경우 행정청이 이를 공적으로 판단 및 확정하는 행정행위이다.
② 공증은 특정한 사실 또는 법률관계의 존재를 공적으로 증명하는 행정행위로서 반증이 있더라도 행정청이 이를 승인하여야 증명력이 소멸된다.
③ 통지로서 공무원에 대한 당연퇴직의 인사발령은 처분성이 긍정된다.
④ 수리는 사인의 행위를 유효하다고 수령하는 행위로서 행정청이 수리 여부를 결정하는 것은 재량행위이다.
⑤ 공증은 의문이나 다툼이 있는 사항을 대상으로 행한다.

> **해설** ① · ⑤ 확인은 의문이나 다툼이 있는 사항을 대상으로 하는 행정청의 판단의 표시라는 점에서 의문이나 다툼이 없는 사항을 대상으로 하는 행정청의 인식의 표시를 행하는 공증과 구별된다.
> ② 공증의 일반적 효력은 공적 증거력이 발생한다는 점에서 반증에 의해 효력이 자동으로 번복되고 행정청의 별도의 승인을 요하는 것은 아니다.
> ③ 당연퇴직의 인사발령통보는 인사발령통보에 의해 퇴직의 효과가 발생하는 것이 아니라는 점에서 처분성이 부정된다.
> ④ 행정청의 수리 여부는 원칙적 기속행위라는 것이 다수설이다.

03 판례에 의할 때 항고소송의 대상이 되는 행정처분에 해당하는 것을 모두 고른 것은?

2023년 제11회

> ㉠ 지목변경신청 반려행위
> ㉡ 건축물 용도변경신청 거부행위
> ㉢ 건축물대장 작성신청 반려행위
> ㉣ 토지대장 직권말소행위
> ㉤ 토지대장상의 소유자명의변경신청 거부행위

① ㉠

② ㉡, ㉤

③ ㉢, ㉣, ㉤

④ ㉠, ㉡, ㉢, ㉣

⑤ ㉠, ㉡, ㉢, ㉣, ㉤

해설 ㉠ 지목은 토지소유권을 제대로 행사하기 위한 전제요건으로서 토지소유자의 실체적 권리관계에 밀접하게 관련되어 있으므로 지적공부 소관청의 지목변경신청 반려행위는 국민의 권리관계에 영향을 미치는 것으로서 항고소송의 대상이 되는 행정처분에 해당한다(대판 2004. 4. 22. 2003두9015).

㉡ 건축물대장의 용도는 건축물의 소유권을 제대로 행사하기 위한 전제요건으로서 건축물 소유자의 실체적 권리관계에 밀접하게 관련되어 있으므로, 건축물대장 소관청의 용도변경신청 거부행위는 국민의 권리관계에 영향을 미치는 것으로서 항고소송의 대상이 되는 행정처분에 해당한다(대판 2009. 1. 30. 2007두7277).

㉢ 건축물대장의 작성은 건축물의 소유권을 제대로 행사하기 위한 전제요건으로서 건축물 소유자의 실체적 권리관계에 밀접하게 관련되어 있으므로 건축물대장 소관청의 작성신청 반려행위는 국민의 권리관계에 영향을 미치는 것으로서 항고소송의 대상이 되는 행정처분에 해당한다(대판 2009. 2. 12. 2007두17359).

㉣ 토지대장은 토지의 소유권을 제대로 행사하기 위한 전제요건으로서 토지 소유자의 실체적 권리관계에 밀접하게 관련되어 있으므로, 이러한 토지대장을 직권으로 말소한 행위는 국민의 권리관계에 영향을 미치는 것으로서 항고소송의 대상이 되는 행정처분에 해당한다(대판 2013. 10. 24. 2011두13286).

㉤ 토지대장상의 소유자 명의가 변경된다고 하여도 이로 인하여 당해 토지에 대한 실체상의 권리관계에 변동을 가져올 수 없고 토지 소유권이 지적공부의 기재만에 의하여 증명되는 것도 아니다. 따라서 소관청이 토지대장상의 소유자명의변경신청을 거부한 행위는 이를 항고소송의 대상이 되는 행정처분이라고 할 수 없다(대판 2012. 1. 12. 2010두12354).

Answer 1.③ 2.① 3.④

제5절 행정행위의 부관

01 **행정행위의 부관에 관한 설명으로 옳은 것은? (다툼이 있으면 판례에 따름)** 2018년 제6회

① 전기공사 도중 도로를 훼손한 전기회사에 도로보수 공사비를 부담시키는 것은 행정행위의 부관이다.

② 부담인 부관이 무효인 경우에도 그 부담의 이행으로 한 사법(私法)상 법률행위가 당연히 무효가 되는 것은 아니다.

③ 재량행위에는 법령에 특별한 규정이 없다면 부관을 붙일 수 없다.

④ 부담부 행정행위의 경우에는 부담을 이행하여야 주된 행정행위의 효력이 발생한다.

⑤ 조건이 성취되어야 행정행위의 효력이 발생하는 부관은 해제조건이다.

> **해설** ② 행정처분에 부담인 부관을 붙인 경우 부관의 무효화에 의하여 본체인 행정처분 자체의 효력에도 영향이 있게 될 수는 있지만, 그 처분을 받은 사람이 부담의 이행으로 사법상 매매 등의 법률행위를 한 경우에는 그 부관은 특별한 사정이 없는 한 법률행위를 하게 된 동기 내지 연유로 작용하였을 뿐이므로 이는 법률행위의 취소사유가 될 수 있음은 별론으로 하고 그 법률행위 자체를 당연히 무효화하는 것은 아니다(대판 2009. 6. 25. 2006다18174).
> ① 전기공사 도중 도로를 훼손한 전기회사에 도로보수 공사비를 부담시키는 것은 행정행위의 부관이 아니고 손상자 부담금에 해당한다.
> ③ 재량행위에는 법령에 특별한 규정이 없어도 부관을 붙일 수 있다.
> ④ 부담부 행정행위의 경우에는 부담을 이행하지 않아도 주된 행정행위의 효력이 발생한다.
> ⑤ 조건이 성취되어야 행정행위의 효력이 발생하는 부관은 정지조건이다.

02 **행정행위의 부관에 관한 설명으로 옳지 않은 것은? (다툼이 있는 경우 판례에 의함)**
2023년 제11회

① 부담부 행정행위는 부담을 이행하여야 비로소 그 효력이 발생한다.

② 부담을 불이행한 것만으로는 주된 행정행위의 효력이 소멸하지 않는다.

③ 부담은 그 자체로서 행정쟁송의 대상이 될 수 있다.

④ 행정청은 처분에 재량이 없는 경우에는 법률에 근거가 있는 경우에 부관을 붙일 수 있다.

⑤ 어업면허처분 중 면허의 유효기간만 취소하여 달라는 소송을 제기하는 것은 허용될 수 없다.

> **해설** ①·② 부담부 행정행위는 처음부터 효력이 확정적으로 발생하고 부담을 이행하여야 비로소 그 효력이 발생하는 것은 아니다. 부담을 불이행한 경우 이를 이유로 철회할 수 있을 뿐이다.
> ③ 부담은 행정행위에 독립해서 의무를 부과하는 부관으로 그 자체로서 행정쟁송의 대상이 될 수 있다는 것이 판례이다.
> ④ 「행정기본법」 제17조 제2항
> ⑤ 면허의 유효기간은 유효기간만의 독립적 효력이 인정되지 않으므로 유효기간만 취소하여 달라는 소송을 제기하는 것은 허용될 수 없다.

03 행정행위의 부관에 관한 설명으로 옳은 것은? (다툼이 있으면 판례에 따름) 2024년 제12회

① 행정청은 처분에 재량이 없는 경우에는 법률에 근거가 있는 경우에 부관을 붙일 수 있다.

② 부관은 해당 처분과 실질적인 관련이 있어야 하지만, 해당 처분의 목적에는 구속되지 않는다.

③ 법률이 예정하는 행정행위의 효과를 일부 배제하는 부관은 독립하여 행정소송의 대상이 될 수 있다.

④ 행정처분에 붙인 부담인 부관이 무효가 되면 그 부담의 이행으로 한 사법상 법률행위도 당연히 무효가 된다.

⑤ 「하천법」상 하천부지 점용허가에는 그 성질상 부관을 붙일 수 없다.

해설 ① 「행정기본법」 제17조 제2항
② 부관은 해당 처분의 목적에 위배되지 않아야 한다(「행정기본법」 제17조 제4항 제1호).
③ 부담 외의 부관은 주된 행정처분과 독립해서 행정소송의 대상이 되지 않는다는 것이 판례이다.
④ 부담이 무효인 경우 이는 법률행위의 취소사유가 될 수 있음은 별론으로 하고 그 법률행위 자체를 당연히 무효화하는 것은 아니다(대판 2009. 6. 25. 2006다18174).
⑤ 「하천법」상 하천부지 점용허가는 행정청의 재량처분이므로 행정청은 공익상 필요에 의해 부관을 붙일 수 있다.

04 행정행위의 부관의 한계에 관한 설명으로 옳지 않은 것은? (다툼이 있으면 판례에 따름)
2017년 제5회

① 부관은 주된 행위와 실질적 관련성을 가져야 한다.

② 부관은 주된 행위의 본질적 목적에 반해서는 안 된다.

③ 부관의 사후변경은 사정변경으로 인하여 당초에 부가한 목적을 달성할 수 없게 된 경우에 그 목적달성에 필요한 범위 내일지라도 허용되지 않는다.

④ 부관의 내용은 비례의 원칙에 적합하여야 한다.

⑤ 부관의 내용은 적법하고 이행 가능하여야 한다.

해설 ③ 아래의 조항 참고

> **행정기본법 제17조【부관】** ③ 행정청은 부관을 붙일 수 있는 처분이 다음 각 호의 어느 하나에 해당하는 경우에는 그 처분을 한 후에도 부관을 새로 붙이거나 종전의 부관을 변경할 수 있다.
>   1. 법률에 근거가 있는 경우
>   2. 당사자의 동의가 있는 경우
>   3. 사정이 변경되어 부관을 새로 붙이거나 종전의 부관을 변경하지 아니하면 해당 처분의 목적을 달성할 수 없다고 인정되는 경우

Answer 1. ② 2. ① 3. ① 4. ③

05 행정행위의 부관에 관한 설명으로 옳지 않은 것은? (다툼이 있는 경우에는 판례에 의함)

2014년 제2회

① 행정행위의 부관 가운데 부담은 그 자체로 항고소송의 대상이 될 수 있다.

② 부관부 행정행위에 불복하는 경우 부관이 없는 행정행위를 발급해 줄 것을 구하는 항고소송도 가능하다.

③ 사정변경으로 인하여 당초에 부담을 부가한 목적을 달성할 수 없게 된 경우에는 그 목적달성에 필요한 범위에서 부담의 내용을 변경할 수 있다.

④ 법정부관에 대해서는 행정행위에 부관을 붙일 수 있는 한계에 관한 일반적인 원칙이 적용되지 않는다.

⑤ 일반적으로 기속행위에는 부관을 붙일 수 없고 부관을 붙였다 하더라도 이는 무효이다.

해설 ② 부관부 행정행위에 불복하는 경우 부관이 없는 행정행위를 발급해 줄 것을 구하는 항고소송은 이른바 의무이행소송에 해당하는 것으로 허용되지 아니한다(판례). 다만, 부관이 없는 행정행위를 발급해 줄 것을 행정청에 신청하고 그 신청이 거부되면 그 거부처분을 대상으로 한 취소소송은 가능하며, 다른 한편으로 부관부 행정행위 전체를 대상으로 하여 그 전체의 취소를 구하는 소송을 제기하는 것이 가능하다(판례).

06 행정행위의 부관에 관한 설명으로 옳지 않은 것은? (다툼이 있으면 판례에 따름) 2020년 제8회

① 법률의 근거 없이 기속행위에 그 효과를 제한하는 부관을 붙인 경우 그 부관은 무효이다.

② 사정변경으로 인하여 당초에 부담을 부가한 목적을 달성할 수 없게 된 경우 그 목적달성에 필요한 범위 내에서 부담의 사후변경이 허용된다.

③ 법률이 예정하는 행정행위의 효과를 일부 배제하는 부관도 인정된다.

④ 다른 부관과 달리 부담은 독립하여 행정소송의 대상이 될 수 있다.

⑤ 부담의 내용을 미리 협약의 형식으로 정한 다음 처분을 하면서 이를 부담으로 부가하는 것은 허용되지 않는다.

해설 ⑤ 부담은 행정청이 행정처분을 하면서 일방적으로 부가할 수도 있지만 부담을 부가하기 이전에 상대방과 협의하여 부담의 내용을 협약의 형식으로 미리 정한 다음 행정처분을 하면서 이를 부가할 수도 있다(대판 2009. 2. 12. 2005다65500).

07 행정행위의 부관에 관한 설명으로 옳은 것을 모두 고른 것은? (다툼이 있는 경우에는 판례에 의함) 2013년 제1회

> ㉠ 기부채납받은 행정재산에 대한 사용·수익허가에 있어서 공유재산 관리청이 정한 사용·수익허가의 기간은 독립하여 취소소송의 대상이 될 수 있다.
> ㉡ 부담은 상대방과 협의하여 협약의 형식으로 내용을 미리 정한 다음 행정처분을 하면서 부가할 수 있다.
> ㉢ 부담에 의해 부과된 의무를 상대방이 불이행할 경우 처분청은 주된 행정행위를 철회할 수 있다.
> ㉣ 행정처분과 실체적 관련성이 없어 부관으로 붙일 수 없는 부담이더라도 사법상 계약의 형식으로 처분의 상대방에게 그 부담을 부과할 수 있다.

① ㉠, ㉡
② ㉠, ㉢
③ ㉠, ㉣
④ ㉡, ㉢
⑤ ㉡, ㉣

해설 ㉡ [○] 부담은 행정청이 행정처분을 하면서 일방적으로 부가할 수도 있지만 부담을 부가하기 이전에 상대방과 협의하여 부담의 내용을 협약의 형식으로 미리 정한 다음 행정처분을 하면서 이를 부가할 수도 있다(대판 2009. 2. 12. 2005다65500).

㉢ [○] 부담에 의해 부과된 의무를 상대방이 불이행할 경우 처분청은 주된 행정행위를 철회할 수 있으며 부담만을 강제집행하거나 이후의 단계적 조치를 거부할 수도 있다.

㉠ [×] 기부채납 받은 행정재산에 대한 사용·수익허가에서 공유재산의 관리청이 정한 사용·수익허가의 기간은 그 허가의 효력을 제한하기 위한 행정행위의 부관으로서 이러한 사용·수익허가의 기간에 대해서는 독립하여 행정소송을 제기할 수 없다(대판 2001. 6. 15. 99두509).

㉣ [×] 행정처분과 실체적 관련성이 없어 부관으로 붙일 수 없는 부담인 경우, 사법상 계약의 형식으로 처분의 상대방에게 그 부담을 부과할 수 없다.

Answer 5.② 6.⑤ 7.④

08 2019. 2. 1. 행정청 甲은 乙에 대하여 2019. 3. 1.부터 2020. 4. 30.까지의 기간을 정하여 도로점용허가처분을 하면서, 매달 100만 원의 점용료를 납부할 의무를 명하는 부관을 부가하였다. 그리고 2019. 5. 1. 乙의 도로점용이 교통혼잡을 초래할 경우 도로점용허가를 취소할 수 있다는 부관을 부가하였다. 이 사례에 관한 설명으로 옳은 것은? (취소소송을 제기하는 경우 제소기간은 준수한 것으로 보며, 다툼이 있으면 판례에 따름) 2019년 제7회

① 매달 100만 원의 점용료를 납부하도록 하는 부관은 조건에 해당한다.

② 도로점용허가는 2020. 4. 30. 이후 행정청이 허가취소의 의사표시를 함으로써 효력이 소멸된다.

③ 2019. 3. 1.부터 2020. 4. 30.까지의 기간만의 취소를 구하는 乙의 소송에 대하여 법원은 기각판결을 해야 한다.

④ 매달 100만 원의 점용료를 납부하도록 하는 부관이 비례의 원칙에 위배되어 乙이 취소소송을 제기한 경우 법원은 이 부관만을 취소할 수 있다.

⑤ 2019. 5. 1. 甲이 부가한 부관은 乙의 동의가 있더라도 법령의 근거가 없으면 위법하다.

해설 ④ 도로점용허가에 붙여진 점용료 부과는 부관 중 부담으로서 부담에 하자가 있는 경우 독립하여 쟁송제기할 수 있으며 독립하여 취소될 수 있다는 것이 판례의 입장이다. 즉 부담에 대한 진정일부취소가 인정된다.
① 점용료를 납부하도록 한 부관은 조건이 아닌 부담에 해당한다.
② 점용허가에서 점용기간이 만료된 경우에는 행정청의 취소의 의사표시를 요하지 않고 효력이 당연히 소멸된다.
③ 기간만을 독립하여 쟁송대상으로 할 수 없으므로 각하판결을 하게 된다.
⑤ 부관은 재량행위에 붙일 수 있으며 이 경우 법령의 근거를 요하지 않는다.

09 A시장은 甲소유 토지의 일부를 기부채납하는 조건(강학상 부담으로 본다)으로 甲이 신청한 개발제한구역 내의 토지형질변경행위허가를 한 후 甲과 기부채납 이행을 위한 증여계약을 체결하였다. 이에 관한 설명으로 옳지 않은 것은? (다툼이 있으면 판례에 따름) 2021년 제9회

① 甲이 기부채납을 불이행할 경우, A시장은 토지형질변경행위허가를 철회할 수 있다.

② 甲은 기부채납의 부관만을 대상으로 하여 취소소송을 제기할 수 있다.

③ 기부채납의 부관이 당연무효이거나 취소되지 아니한 이상 甲은 위 부관으로 인한 증여계약의 중요부분의 착오를 이유로 증여계약을 취소할 수 없다.

④ 토지형질변경행위허가를 함에 있어 부관을 붙일 필요가 있는지의 유무 등을 판단함에 있어서는 A시장에게 재량의 여지가 있다.

⑤ A시장은 토지형질변경행위허가를 한 후에는 甲의 동의가 있는 경우라도 부관을 새로 붙일 수 없다.

해설 ⑤ 처분을 한 후에 상대방의 동의가 있는 경우에는 사후에 부관을 붙일 수 있다(「행정기본법」 제17조 제3항 제2호). 「행정기본법」은 동의가 있는 경우 사후부관을 붙일 수 있다고 규정하고 있고, 판례 역시 동의가 있는 경우 사후부관을 붙일 수 있다는 입장이다(대판 1997. 5. 30. 97누2627).

Answer 8. ④ 9. ⑤

제1절 행정행위의 효력발생요건

1. 성립요건과 효력발생요건

내부적 성립요건	주체	① 정당한 권한을 가진 행정청이, ② 그 권한 내의 사항에 관하여, ③ 정상적인 의사에 따른 행위를 해야 함
	내용	① 법률상·사실상 실현가능하고, ② 객관적으로 명확히 확정되어야 하며, ③ 적법·타당해야 함
	절차	개별법 절차 준수, 그 외 「행정절차법」상 절차 준수(독립적 위법사유)
	형식	원칙 – 서면, 예외 – 말 기타 방식
외부적 성립요건		외부에 표시, 표시되지 않은 경우 행정행위 부존재
효력발생요건		상대방에게 도달, 공고에 의한 경우 특별한 규정 없으면 14일 경과 후 효력발생

2. 송달

송달 종류	우편송달	① 보통우편 송달 도달 추정(×) ② 등기우편 송달 도달 추정(○)
	교부송달	① 수령확인서를 받고 문서 교부 ② 본인 외 관계자에 교부 가능 ③ 정당한 사유 없이 거부하는 경우 그 사실을 수령확인서에 적고 문서를 송달장소에 놓아 둘 수 있음
	정보통신망 송달	송달받을 자가 지정한 컴퓨터에 입력된 때 도달. 당사자 동의 필요 기출
공고	사유	① 송달받을 자의 주소 등을 통상적인 방법으로 확인할 수 없는 경우 ② 송달이 불가능한 경우
	방법	관보, 공보, 게시판, 일간신문 중 하나 이상에 공고하고 인터넷에도 공고하여야 함
	효력발생	공고일부터 14일이 지난 때, 긴급히 시행할 필요가 있는 경우 예외

제2절 행정행위의 일반적 효력

1. 공정력

(1) 의의

> **행정기본법 제15조【처분의 효력】** 처분은 권한이 있는 기관이 취소 또는 철회하거나 기간의 경과 등으로 소멸되기 전까지는 유효한 것으로 통용된다. 다만, 무효인 처분은 처음부터 그 효력이 발생하지 아니한다.
> ^{기출}

(2) 공정력의 한계

① 행정행위에서만 인정된다. ∴ 비권력적 사실행위 · 법규명령 · 사인의 공법행위는 공정력이 인정되지 않는다.

② 무효인 행정행위는 인정되지 않는다. ^{기출}

③ 소송법상 입증책임과 무관하다.

(3) 공정력과 선결문제

❖ 선결문제 정리

민사법원과 형사법원은 행정행위를 취소할 수 있는 권한 있는 기관이 아니므로 본안판단의 전제가 되는 행정행위의 효력을 부인할 수 있는지

행정행위의 효력 유무가 선결문제인 경우	
무효사유 → 선결적 무효판단 가능 ^{기출}	취소사유 → 선결적 취소 불가 ^{기출}

판례

① 과세처분의 하자가 단지 취소할 수 있는 정도에 불과할 때에는 과세관청이 이를 스스로 취소하거나 항고소송절차에서 취소되지 않는 한 그로 인한 조세의 납부가 부당이득이라 할 수 없다.

② 연령미달의 결격자가 타인명의 운전면허로 운전한 행위라도 면허가 취소되지 않는 한 무면허 운전이 아니다. ^{기출}

행정행위의 위법성 여부가 선결문제인 경우

행정행위의 위법성 판단은 행정행위의 효력을 부인하는 것이 아니므로 단순한 위법성 심사 가능 ^{기출}

판례

① 계고처분이 위법임을 이유로 배상을 청구하는 취지가 인정될 수 있는 사건에 있어, 미리 그 행정처분의 취소판결이 있어야만 그 위법임을 이유로 피고에게 배상을 청구할 수 있는 것은 아니다.

② 위법한 조치명령에 대해서는 조치명령 위반죄가 성립하지 않고, 형사법원은 시정명령이 당연무효가 아니라도 조치명령의 위법성을 심사할 수 있다.

2. 행정행위의 확정력(존속력)

(1) 불가쟁력(형식적 확정력)

① 의의

㉠ 쟁송기간이 경과하거나 쟁송수단을 모두 거친 행정행위일 때, 처분의 상대방 또는 이해관계인은 더 이상 그 행정행위의 효력을 다툴 수 없다. ^{기출}

㉡ 쟁송기간의 제한이 없는 무효인 행정행위에는 불가쟁력이 발생하지 않는다.

② 불가쟁력이 발생한 행정처분의 효과

취소쟁송제기	㉠ 취소쟁송제기 시 부적법 각하 ㉡ 취소쟁송으로 그 효력을 다툴 수 없음 ^{기출}
국가배상청구	위법성이 치유되는 것은 아니므로 국가배상청구는 가능
행정청의 직권취소	행정청이 직권취소 가능 ^{기출}
기판력 ^{기출}	㉠ 기판력 인정 안 됨 ㉡ 처분의 기초가 된 사실관계나 법률적 판단이 확정되는 것은 아님 ㉢ 당사자들이나 법원이 이에 기속되어 모순되는 주장이나 판단을 할 수 없게 되는 것은 아님

(2) 불가변력(실질적 존속력)

의의	① 행정행위에 하자나 사정변경이 있는 경우 원칙적으로 직권취소 또는 철회 가능 ② 예외적으로 준사법적 행정행위는 그 성질상 행정청 스스로 직권취소나 철회할 수 없음 ③ 무효인 행정행위는 불가변력이 발생하지 않음
인정되는 영역	불가변력은 모든 행정행위에 인정되는 것은 아니며, 준사법적 행정행위에만 인정됨 ^{기출}
한계	불가변력은 당해 행정행위에 대하여서만 인정되는 것이고, 동종의 행정행위라 하더라도 그 대상을 달리할 때에는 이를 인정할 수 없음 ^{기출}

(3) 불가쟁력과 불가변력의 관계

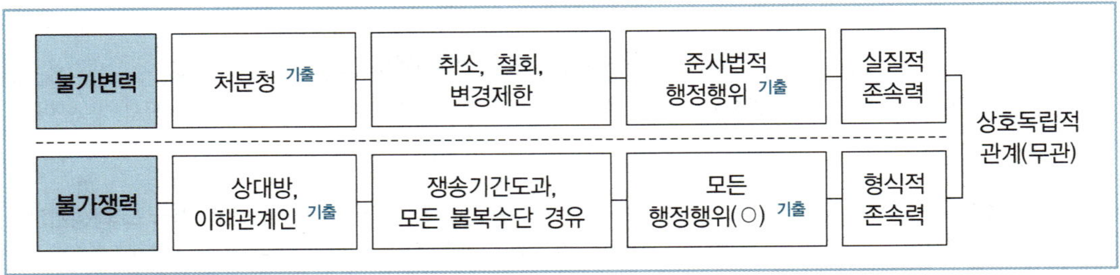

따라서, ① 불가쟁력이 발생한 행정행위라도 행정청은 직권취소(○)

② 불가변력이 있는 행정행위라도 상대방은 쟁송취소 제기(○) ^{기출}

제3절 행정행위의 하자

1. 무효와 취소의 구별

(1) 구별의 실익

구분	효력	선결문제	공정력	하자치유·전환	하자승계	쟁송방법	불가쟁력	사정판결
무효	처음부터 효력(×)	선결적 무효판단(○)	부정	하자전환	당연승계	확인쟁송	부정	부정
취소	취소 시까지 효력(○)	선결적 취소(×)	인정	하자치유	1개의 효과 완성하는 경우	취소쟁송	인정	인정

(2) 무효와 취소의 구별학설 – 중대·명백설

처분 당시 하자가 중대하고 명백하면 무효, 그 외는 취소사유 ^{기출}

(3) 무효사유와 취소사유

① 판례사안

무효판례	㉠ 문서에 의하지 않은 처분 ^{기출} ㉡ 행정재산의 착오에 의한 매각처분 ㉢ 특정되지 않은 계고처분 ㉣ 적법한 건축물에 대한 철거명령, 대집행 계고 ㉤ 환경영향평가를 거쳐야 할 대상사업에 대하여 환경영향평가를 거치지 않은 개발사업승인 ㉥ 필수적으로 거쳐야 할 과세전적부심사를 위반한 과세처분 ㉦ 의견진술을 듣지 않은 공무원에 대한 징계처분
취소사유 판례	㉠ 5급 이상의 국가정보원 직원에 대해 임면권자인 대통령이 아닌 국가정보원장이 행한 의원면직처분 ㉡ 청문절차를 위반한 처분 ㉢ 납세고지서에 기재사항이 누락된 처분 ㉣ 독촉절차 없는 압류처분 ㉤ 기업자의 과실로 인하여 토지소유자나 관계인을 알지 못하여 이들의 참가 없이 한 수용재결 ㉥ 금지행위 및 시설의 해제 여부에 관한 행정처분을 하면서 절차상 학교환경위생정화위원회의 심의를 누락한 경우

② 위헌법률에 근거한 처분

> **지문식 판례** ◆

① 처분 후 근거법률이 위헌결정이 난 경우 처분은 취소사유, 이미 위헌결정이 난 법률에 근거한 처분은 무효이다. ^{기출}
② 법률의 위헌결정의 소급효는 불가쟁력이 발생한 처분에는 인정되지 않는다.
③ 헌법재판소는 중대명백설을 취하되 예외적으로 중대한 하자이기만 한 경우에도 무효를 인정한다.

(4) 무효와 취소의 상대성

무효인 처분 → 취소소송 제기(○) → 무효선언의미 취소판결 ^{기출} → 제소기간 경과 시 → 각하판결
취소사유인 처분 → 무효확인소송 제기(○) ^{기출} → 취소판결 → 제소기간 경과 시 → 기각판결

2. 하자의 승계

(1) 의의

동일한 행정목적을 달성하기 위하여 둘 이상의 행정행위가 단계적인 일련의 절차로 연속하여 행하여지는 경우, 불가쟁력을 발생한 선행행위가 지닌 흠을 이유로 흠 없는 후행행위의 효력을 다툴 수 있는지를 의미한다.

(2) 논의의 전제 ^{기출}

① 선행행위와 후행행위 모두 항고소송의 대상이 될 것
② 선행행위에 취소사유 → 선행처분이 무효인 경우 후행처분은 당연무효
③ 후행행위 적법
④ 선행행위에 불가쟁력 발생

(3) 하자의 승계 인정 여부

① 판례상 판단기준

원칙	선행처분과 후행처분이 서로 동일한 법적 효과를 목적으로 결합한 경우 하자승계 긍정, 서로 별개의 법적 효과를 목적으로 결합한 경우 하자승계 부정
예외	서로 별개의 법적 효과를 목적으로 결합한 경우, 선행처분에 대한 예측가능성 유무와 수인한도론을 이유로 하자승계 예외적 인정

② 인정 여부 판례 정리

하자승계가 인정된 판례	㉠ 조세체납처분에서의 독촉·압류·매각·충당의 각 행위 ^{기출} ㉡ 행정대집행상의 계고·통지·실행·비용징수 간의 행위 ^{기출} ㉢ 암매장분묘개장명령과 계고처분 ㉣ 귀속재산의 임대처분과 매각처분 ㉤ 한지의사시험자격인정과 한지의사면허처분 ㉥ 안경사시험의 합격취소처분과 안경사면허취소처분 ^{기출} ㉦ 기준지가고시처분과 토지수용처분 ㉧ 개별공시지가결정과 과세처분(양도소득세 부과) ㉨ 개별공시지가결정과 개발부담금부과 ㉩ 표준지공시지가 결정과 수용(수용금)재결 ^{기출} ㉪ 친일반민족행위자 최종발표와 유가족 등에 대한 「독립유공자법」 적용배제결정 ^{기출}
하자승계가 부정된 판례	㉠ 건물철거명령과 대집행 계고 ^{기출} ㉡ 조세부과처분과 체납처분 ^{기출} ㉢ 공무원 직위해제처분과 면직처분 ^{기출} ㉣ 사업인정과 수용재결처분 ^{기출} ㉤ 택지개발승인과 수용재결처분 ㉥ 택지개발예정지구 지정과 택지개발계획 승인 ^{기출}

3. 하자의 치유

제한적 인정	행정처분의 하자치유는 원칙적 부정, 그러나 행정처분의 무용한 반복을 피하고 법적 안정성 차원에서 국민의 권리나 이익을 침해하지 않는 범위 내 예외적 인정
사유	① 흠결된 요건의 사후보완, ② 장기간의 방치로 인한 법률관계의 확정, ③ 공공복리에 의한 취소권 행사의 제한 등
무효처분	처분이 취소사유인 경우로서 경미한 하자의 경우 인정되고 무효인 처분은 하자치유 부정 기출
내용상 하자치유	내용상 하자의 치유 부정(판례)
가능 시기	① 소송단계에서 하자의 치유를 부정(판례) ② 과세처분에 대한 불복 여부의 결정 및 불복신청에 편의를 줄 수 있는 상당한 기간 내에 보정행위를 하여야 그 하자가 치유됨
효과	치유 시가 아닌 처음부터 적법한 행위와 같은 효과

제4절 행정행위의 효력소멸과 실효

1. 행정행위의 취소와 철회

(1) 직권취소와 철회

행정기본법
제18조【위법 또는 부당한 처분의 취소】 ① 행정청은 위법 또는 부당한 처분의 전부나 일부를 소급하여 취소할 수 있다. 다만, 당사자의 신뢰를 보호할 가치가 있는 등 정당한 사유가 있는 경우에는 장래를 향하여 취소할 수 있다. 기출
② 행정청은 제1항에 따라 당사자에게 권리나 이익을 부여하는 처분을 취소하려는 경우에는 취소로 인하여 당사자가 입게 될 불이익을 취소로 달성되는 공익과 비교·형량(衡量)하여야 한다. 다만, 다음 각 호의 어느 하나에 해당하는 경우에는 그러하지 아니하다.
　1. 거짓이나 그 밖의 부정한 방법으로 처분을 받은 경우
　2. 당사자가 처분의 위법성을 알고 있었거나 중대한 과실로 알지 못한 경우

제19조【적법한 처분의 철회】 ① 행정청은 적법한 처분이 다음 각 호의 어느 하나에 해당하는 경우에는 그 처분의 전부 또는 일부를 장래를 향하여 철회할 수 있다. 기출
　1. 법률에서 정한 철회 사유에 해당하게 된 경우
　2. 법령등의 변경이나 사정변경으로 처분을 더 이상 존속시킬 필요가 없게 된 경우 기출
　3. 중대한 공익을 위하여 필요한 경우
② 행정청은 제1항에 따라 처분을 철회하려는 경우에는 철회로 인하여 당사자가 입게 될 불이익을 철회로 달성되는 공익과 비교·형량하여야 한다. 기출

① 처분에 하자가 있는 경우 원칙적 별도의 법적 근거가 없더라도 행정청은 스스로 이를 직권으로 취소할 수 있다. ^{기출}
② 직권취소를 할 수 있다는 사정만으로 이해관계인에게 처분청에 대하여 그 취소를 요구할 신청권이 부여된 것으로 볼 수는 없다.
③ 행정청은 그 처분 당시에 별다른 하자가 없었고, 별도의 법적 근거가 없더라도 원래 처분을 존속시킬 필요가 없게 된 사정변경이나 중대한 공익상 필요가 발생한 경우 철회할 수 있다.
④ 상대방 등에게 행정행위의 철회, 변경을 요구할 신청권까지 부여한 것은 아니다.
⑤ 취소소송이 진행 중이라도 그 부과권자로서는 위법한 처분을 스스로 취소하고 그 하자를 보완하여 다시 적법한 부과처분을 할 수도 있다. ^{기출}
⑥ 수익적 처분의 직권취소 필요성에 관한 증명책임은 행정청에 있다. ^{기출}
⑦ 「산업재해보상보험법」상 연금지급결정을 취소하는 처분이 적법하다고 하여 그에 터 잡은 징수처분이 반드시 적법한 것은 아니다. ^{기출}

⑵ 행정행위의 취소(철회)의 취소

침익적 처분의 취소의 취소는 부정되고, 취소하더라도 원처분은 부활하지 않는다. 수익적 처분의 취소의 취소는 긍정되고, 중간에 새로운 이해관계인이 없다면 원처분은 부활·유지된다. ^{기출}

침익적 처분의 취소의 취소
① 과세관청은 부과의 취소를 다시 취소함으로써 원부과처분을 소생시킬 수는 없고, 납세의무자에게 종전의 과세대상에 대한 납부의무를 지우려면 다시 법률에서 정한 부과절차에 좇아 동일한 내용의 새로운 처분을 하는 수밖에 없다.
② 종전의 병역처분의 효력이 취소 또는 철회되고 그 후 새로운 병역처분의 성립에 하자가 있었음을 이유로 하여 이를 취소한다고 하더라도 종전의 병역처분의 효력이 되살아난다고 할 수 없다.

수익적 처분의 취소의 취소
① 행정청이 의료법인의 이사에 대한 이사취임승인취소처분(제1처분)을 직권으로 취소(제2처분)한 경우에는 그로 인하여 이사가 소급하여 이사로서의 지위를 회복하게 된다.
② 영업허가취소처분이 행정쟁송절차에 의하여 취소되었다면 그 영업허가취소처분 이후의 영업행위를 무허가영업이라고 볼 수는 없다.

2. 행정행위의 실효

실효사유	
① 해제조건의 성취, 종기의 도래	② 행정행위의 대상 소멸
③ 목적의 달성 또는 불가능	④ 예식장영업허가를 받은 자가 자진폐업
⑤ 유기장영업허가를 받은 자가 유기시설을 철거	⑥ 실효 후 영업재개는 무허가영업

지문식 판례

① 유기장영업허가를 받은 자가 영업장소를 명도하고 유기시설을 모두 매각함으로써 유기장업을 폐업한 경우 그 영업허가취소처분의 취소를 구할 소의 이익이 없다.

② 종전의 결혼예식장영업을 자진폐업한 이상 다시 예식장영업허가신청을 하였더라도 이는 전혀 새로운 영업허가의 신청이므로 소멸한 종전의 영업허가권이 당연히 되살아나는 것은 아니다.

제1절 행정행위의 효력발생요건

01 **다음 중 행정행위의 효력발생 요건에 관한 설명이 타당하지 않은 것은?**

① 등기우편 등의 방법에 의한 송달의 경우 특별한 사정이 없는 한 상대방에게 도달이 추정된다.

② 우편물이 등기취급의 방법으로 발송된 경우 수취인이 주민등록지에 실제로 거주하지 아니하는 경우에는 우편물이 수취인에게 도달하였다고 추정할 수 없다.

③ 송달받을 자의 주소 등을 통상적으로 확인할 수 없는 경우 송달받을 자가 알기 쉽도록 관보, 공보, 게시판, 일간신문, 인터넷 중 하나 이상에 공고하여야 한다.

④ 교부에 의한 송달은 송달받을 자로부터 수령확인서를 받고 문서를 교부함으로써 효력이 발생한다.

⑤ 송달은 다른 법령 등에 특별한 규정이 있는 경우를 제외하고는 송달받을 자에게 도달함으로써 그 효력이 발생한다.

해설 ③ 송달받을 자의 주소 등을 통상적인 방법으로 확인할 수 없는 경우 또는 송달이 불가능한 경우에는 송달받을 자가 알기 쉽도록 관보, 공보, 게시판, 일간신문 중 하나 이상에 공고하고 인터넷에도 공고하여야 한다(「행정절차법」 제14조 제4항).

02 「행정절차법」상 송달 및 기간·기한에 관한 설명으로 옳은 것은? 2023년 제11회

① 정보통신망을 이용한 송달은 송달받을 자의 동의 여부와 상관없이 언제든지 가능하다.

② 행정청은 송달하는 문서의 명칭과 송달받는 자의 성명을 확인할 수 있는 기록을 보존하지 않아도 된다.

③ 송달은 다른 법령등에 특별한 규정이 있는 경우를 제외하고는 해당 문서를 발신한 때 그 효력이 발생한다.

④ 천재지변으로 기한을 지킬 수 없는 경우에는 그 사유가 끝나는 날이 속하는 주말까지 기간의 진행이 정지된다.

⑤ 외국에 거주하거나 체류하는 자에 대한 기간 및 기한은 행정청이 그 우편이나 통신에 걸리는 일수를 고려하여 정하여야 한다.

해설 ⑤ 「행정절차법」 제16조 제2항

① 정보통신망을 이용한 송달은 송달받을 자가 동의하는 경우에만 한다. 이 경우 송달받을 자는 송달받을 전자우편 주소 등을 지정하여야 한다(「행정절차법」 제14조 제3항).

② 행정청은 송달하는 문서의 명칭, 송달받는 자의 성명 또는 명칭, 발송방법 및 발송 연월일을 확인할수 있는 기록을 보존하여야 한다(「행정절차법」 제14조 제6항).

③ 송달은 다른 법령등에 특별한 규정이 있는 경우를 제외하고는 해당 문서가 송달받을 자에게 도달됨으로써 그 효력이 발생한다(「행정절차법」 제15조 제1항).

④ 천재지변이나 그 밖에 당사자등에게 책임이 없는 사유로 기간 및 기한을 지킬 수 없는 경우에는 그 사유가 끝나는 날까지 기간의 진행이 정지된다(「행정절차법」 제16조 제1항).

Answer 1. ③ 2. ⑤

제2절 행정행위의 일반적 효력

01 행정행위의 공정력에 관한 설명으로 옳은 것은? (다툼이 있으면 판례에 따름) 2017년 제5회

① 「행정소송법」은 공정력의 실정법적 근거를 명시적으로 인정하고 있다.

② 공정력은 행정행위가 무효인 경우에도 인정된다.

③ 공정력은 행정행위뿐만 아니라 행정의 사실행위에도 인정되는 효력이다.

④ 공정력이란 행정행위가 위법하더라도 취소되지 않는 한 유효한 것으로 통용되는 효력을 의미한다.

⑤ 어떠한 행정행위에 공정력이 발생하면 그 처분을 한 행정청이라도 공정력을 부정하지 못한다.

해설 ④ 행정행위의 공정력이라 함은 행정행위에 하자가 있더라도 당연무효가 아닌 한 권한 있는 기관에 의하여 취소될 때까지는 잠정적으로 유효한 것으로 통용되는 효력에 지나지 아니하는 것이므로, 행정행위가 취소되지 아니하여 공정력이 인정된다고 하더라도 그 상대방이나 이해관계인은 언제든지 그 행정행위가 위법한 것임을 주장할 수 있다(대판 1993. 11. 9. 93누14271).
① 「행정소송법」은 공정력에 관하여 규정을 하고 있지 않고, 현행 「행정기본법」 제15조가 공정력에 관한 명시적인 규정을 두고 있다.
② 공정력은 행정행위가 부존재이거나 무효인 경우에는 인정되지 않는다.
③ 공정력은 법적 효과가 발생하지 않는 사실행위에는 인정되지 않는다.
⑤ 처분을 행한 행정청은 그 처분을 직권취소하여 효력을 소멸시킬 수 있다.

02 甲은 과세처분에 따라 부과된 금액을 납부하였으나, 그 과세처분에 하자가 있음을 발견하고 이미 납부한 금액을 반환받고자 한다. 이에 관한 설명으로 옳지 않은 것은? (다툼이 있으면 판례에 따름) 2018년 제6회

① 과세처분에 취소사유가 있고 불가쟁력이 발생한 경우, 甲은 이미 납부한 금액을 부당이득반환청구소송을 통해 반환받을 수 없다.

② 과세처분에 불가쟁력이 발생한 경우, 甲이 국가배상청구소송을 제기하더라도 법원은 과세처분의 위법 여부를 판단할 수 없다.

③ 과세처분이 취소소송을 통해 취소된 경우, 甲은 이미 납부한 금액을 부당이득반환청구소송을 통해 반환받을 수 있다.

④ 과세처분이 무효인 경우, 甲은 이미 납부한 금액을 반환받기 위하여 무효확인소송을 제기할 수 있다.

⑤ 과세처분이 무효인 경우, 甲은 이미 납부한 금액을 부당이득반환청구소송을 통해 반환받을 수 있다.

해설 ② 과세처분에 불가쟁력이 발생한 경우에도 甲이 국가배상청구소송을 제기하였다면 국가배상 인정 여부를 결정하기 위해서 법원은 과세처분의 위법 여부를 판단할 수 있다.
① 과세처분에 취소사유가 있고 불가쟁력이 발생한 경우라면 이에 대한 취소소송을 제기할 수 없으므로 甲은 이미 납부한 금액을 부당이득반환청구소송을 통해 반환받을 수 없다.
④ 과세처분이 무효인 경우에는 당연히 부당이득이 인정되므로 甲은 이미 납부한 금액을 반환받기 위하여 무효확인소송을 제기할 수 있다.

03 행정행위의 공정력과 관련된 설명으로 옳지 않은 것은? (다툼이 있는 경우 판례에 의함)

① 「건축법」상 위법건축물에 내려진 시정명령을 이행하지 않아 명령위반죄로 기소된 경우 형사법원은 시정명령의 위법성을 판단할 수 있다.

② 판례에 의하면 연령을 속여 발급받은 운전면허를 가지고 운전하였다고 하더라도 취소되지 않는 한 무면허운전행위는 아니다.

③ 위법한 행정대집행이 완료되면 그 처분의 무효확인 또는 취소를 구할 소익은 없다 하더라도, 미리 그 행정처분의 취소판결이 있어야만 그 행정처분이 위법임을 이유로 한 손해배상청구를 할 수 있는 것은 아니다.

④ 행정처분이 당연무효임을 전제로 하여 민사소송을 제기하였을 때 민사법원은 그 행정처분의 하자가 중대·명백하여 당연무효라고 인정될 때에는 이를 전제로 판단할 수 있다.

⑤ 조세과오납에 따른 부당이득반환청구사안에서 민사법원은 사전통지 및 의견제출절차를 거치지 않은 하자를 이유로 행정행위의 효력을 부인할 수 있다.

해설 ⑤ 사전통지 및 의견제출절차를 거치지 않은 과세처분은 취소사유에 해당하므로 조세과오납에 따른 부당이득반환청구사안에서 민사법원은 사전통지 및 의견제출절차를 거치지 않은 하자를 이유로 행정행위의 효력을 부인할 수 없다.
③ 위법한 대집행에 대한 취소판결이 없더라도 민사법원은 대집행의 위법을 이유로 한 손해배상판결을 할 수 있다.

Answer 1. ④ 2. ② 3. ⑤

04 행정행위의 불가변력과 불가쟁력에 관한 설명으로 옳은 것은? (다툼이 있는 경우 판례에 따름) 2023년 제11회

① 불가변력은 행정행위의 상대방이나 이해관계인을 구속하는 효력이고 불가쟁력은 행정청을 구속하는 효력이다.

② 불가변력은 모든 행정행위에 다 인정되지만, 불가쟁력은 예외적으로 일부 행정행위의 경우에만 인정된다.

③ 불가변력은 당해 행정행위에 대하여서만 인정되는 것이고, 동종의 행정행위라 하더라도 그 대상을 달리할 때에는 이를 인정할 수 없다.

④ 행정처분이 불복기간의 경과로 인하여 확정된 경우 처분의 기초가 된 사실관계나 법률적 판단이 확정되고, 당사자들이나 법원이 이에 기속되어 모순되는 주장이나 판단을 할 수 없게 된다.

⑤ 행정심판의 재결은 준사법적 행위로서 불가쟁력이 인정되므로 행정심판 청구인은 제소기간의 경과 여부를 불문하고 그 재결의 효력을 다툴 수 없게 된다.

▶해설 ③ 특정한 행위에 대하여는 행정청이라 하여도 이것을 자유로이 취소, 변경 및 철회할 수 없다는 행정행위의 불가변력은 당해 행정행위에 대하여서만 인정되는 것이고, 동종의 행정행위라 하더라도 그 대상을 달리할 때에는 이를 인정할 수 없다(대판 1974. 12. 10. 73누129).
① 불가변력은 행정청을 구속하는 효력이고, 불가쟁력은 행정행위의 상대방이나 이해관계인을 구속하는 효력이다.
② 불가변력은 준사법적 행정행위에만 인정되지만, 불가쟁력은 항고소송의 대상되는 모든 행정행위에 인정되는 효력이다.
④ 행정처분이 불복기간의 경과로 인하여 확정될 경우 그 확정력은, 처분으로 인하여 법률상 이익을 침해받은 자가 해당 처분이나 재결의 효력을 더 이상 다툴 수 없다는 의미일 뿐, 더 나아가 판결에 있어서와 같은 기판력이 인정되는 것은 아니어서 처분의 기초가 된 사실관계나 법률적 판단이 확정되고 당사자들이나 법원이 이에 기속되어 모순되는 주장이나 판단을 할 수 없게 되는 것은 아니다(대판 2019. 10. 17. 2018두104).
⑤ 행정심판의 재결 자체에 고유한 위법이 있는 경우 제소기간이 경과하지 않았다면 이를 항고소송으로 다툴 수 있다.

05 **행정행위의 효력에 관한 설명으로 옳지 않은 것은? (다툼이 있으면 판례에 따름)** 2019년 제7회

① 내용상 구속력은 행정행위의 실체법상 효력으로 관계인도 구속한다.

② 행정행위에 불가쟁력이 발생하면 판결에서와 같은 기판력이 발생하여 그 처분의 기초가 된 사실관계나 법률적 판단은 확정된다.

③ 행정행위가 당연무효가 아닌 한 권한 있는 기관에 의해 취소되기 전까지 누구도 그 효력을 부인할 수 없는 것은 공정력 때문이다.

④ 행정행위의 위법여부가 민사소송에서 선결문제가 된 경우 민사법원은 그 행정행위의 위법여부를 판단할 수 있다.

⑤ 행정행위의 불가변력은 모든 행정행위에서 발생하는 효력은 아니다.

해설 ② 행정처분이나 행정심판재결이 불복기간의 경과로 인하여 확정될 경우 확정력은 처분으로 인하여 법률상 이익을 침해받은 자가 처분이나 재결의 효력을 더 이상 다툴 수 없다는 의미일 뿐, 판결에 있어서와 같은 기판력이 인정되는 것은 아니어서 처분의 기초가 된 사실관계나 법률적 판단이 확정되고 당사자들이나 법원이 이에 기속되어 모순되는 주장이나 판단을 할 수 없게 되는 것은 아니다(대판 1993. 4. 13. 92누17181).

06 **행정행위의 효력에 관한 판례의 내용으로 옳지 않은 것은?** 2024년 제12회

① 행정행위는 불가쟁력의 효력이 있어 법령에 의한 불복기간이 경과한 경우에는 당사자는 그 행정처분의 효력을 다툴 수 없다.

② 연령미달의 결격자가 타인의 이름으로 운전면허시험에 응시, 합격하여 교부받은 운전면허는 당연무효는 아니다.

③ 민사소송에 있어서 어느 행정처분의 당연무효 여부가 선결문제로 되는 때에는 민사법원은 이를 판단하여 당연무효임을 전제로 판결할 수 있다.

④ 행정처분이 불복기간의 경과로 인하여 확정될 경우, 그 처분의 기초가 된 사실관계나 법률적 판단이 확정된다.

⑤ 구 「원자력법」에 따른 원자로 시설의 부지사전승인처분은 그 자체로서 독립한 행정처분이다.

해설 ④·① 행정처분이나 행정심판재결이 불복기간의 경과로 인하여 확정될 경우 확정력은 처분으로 인하여 법률상 이익을 침해받은 자가 처분이나 재결의 효력을 더 이상 다툴 수 없다는 의미일 뿐, 판결에 있어서와 같은 기판력이 인정되는 것은 아니어서 처분의 기초가 된 사실관계나 법률적 판단이 확정되고 당사자들이나 법원이 이에 기속되어 모순되는 주장이나 판단을 할 수 없게 되는 것은 아니다(대판 1993. 4. 13. 92누17181).

Answer 4.③ 5.② 6.④

07 **행정행위의 불가쟁력과 관련한 설명으로 옳지 않은 것은? (다툼이 있는 경우 판례에 의함)**

① 위법한 침익적 행정행위에 불가쟁력이 발생한 경우에는 처분행정청이라 할지라도 직권으로 취소하거나 철회할 수 없다.

② 행정처분에 불가쟁력이 발생되었다고 해서 그 처분의 기초가 된 사실관계나 법률적 판단이 확정되고 당사자들이나 법원이 이에 기속되는 것은 아니다.

③ 불가쟁력이 발생한 행정행위라도 관계법령에서 해석상 상대방에게 처분에 대한 변경신청권이 인정될 수 있는 경우 행정청에게 직권취소나 철회를 신청할 수 있다.

④ 불가쟁력이 발생한 행정행위에서 해당 처분이 취소되지 않아도 국가는 손해를 배상할 책임이 있다.

⑤ 불가변력이 발생한 행정행위라도 불가쟁력이 발생하지 않은 행정행위는 상대방이 행정쟁송을 제기하여 다툴 수 있다.

해설 ① · ③ 불가쟁력은 쟁송절차상 처분의 상대방이나 이해관계인에 대한 효력일 뿐이므로 불가쟁력이 발생한 행정행위라도 처분청은 이를 스스로 취소 또는 변경할 수 있다. 일반적으로는 처분의 상대방이나 이해관계인에게 처분에 대한 변경신청권이 인정되지 않지만 관계법령에서 행정행위의 변경에 대한 사인의 신청권이 인정되는 경우 상대방은 처분의 직권취소나 철회를 행정청에 신청할 수 있다.

Answer 7.①

제3절 행정행위의 하자

01 **행정행위의 무효와 취소에 관한 설명으로 옳은 것은? (다툼이 있는 경우에는 판례에 의함)**

2013년 제1회

① 무효인 행정행위에는 공정력이 인정되지 아니한다.

② 「행정절차법」상 처분의 직권취소는 처분 등이 있음을 안 날로부터 1년, 처분 등이 있은 날로부터 2년 이내에 하여야 한다.

③ 취소소송의 진행 중에는 처분청은 계쟁처분을 직권취소할 수 없다.

④ 행정사건을 선결문제로 하는 민사소송에서 법원은 무효인 행정행위의 효력을 확인할 수는 없지만, 취소할 수 있는 행정행위의 효력을 부인할 수는 있다.

⑤ 행정행위에 대한 무효확인소송에서도 제소기간을 준수하여야 한다.

해설 ① 공정력은 취소사유 있는 행정행위에서 인정되며, 행정행위가 부존재이거나 무효인 경우는 인정되지 않는다.

② 「행정절차법」에는 처분청이 하자 있는 처분을 직권으로 취소할 수 있는 기간에 대하여 별도의 명문의 규정이 없다.

③ 취소소송의 진행 중에도 처분청은 계쟁처분을 직권취소할 수 있다(대판 2006. 2. 10. 2003두5686).

④ 행정사건을 선결문제로 하는 민사소송에서 법원은 무효인 행정행위의 효력을 확인할 수는 있지만, 취소할 수 있는 행정행위는 공정력이 있으므로 행정행위의 취소권이 없는 민사법원은 그 효력을 부인할 수 없다.

⑤ 「행정소송법」상 행정행위에 대한 무효확인소송에는 취소소송의 제소기간이 준용되지 않으므로, 행정행위에 대한 무효확인소송에는 제소기간의 제한이 없다.

Answer 1. ①

02 행정행위의 무효와 취소에 관한 설명으로 옳은 것은? (다툼이 있으면 판례에 따름)

2019년 제7회

① 하자의 치유는 무효인 행정행위에서만 인정된다.

② 행정심판의 필요적 전치주의가 적용되는 경우 무효확인소송을 제기하려면 무효확인 심판의 재결을 거쳐야 한다.

③ 당연무효를 선언하는 의미에서의 취소소송을 제기할 때에는 취소소송의 제소기간을 준수해야 한다.

④ 헌법재판소에 의해 위헌으로 결정된 법률에 근거한 행정행위는 위헌결정이 있기 전에 발령된 행정행위라도 무효이다.

⑤ 불가쟁력이 발생한 과세처분의 근거법률이 후에 위헌으로 결정되었더라도 위헌결정 이후에 행한 그 과세처분에 따른 체납처분은 효력이 있다.

해설 ③ 행정처분의 당연무효를 선언하는 의미에서 그 취소를 구하는 행정소송을 제기하는 경우에는 전치절차와 그 제소기간의 준수 등 취소소송의 제소요건을 갖추어야 한다(대판 1987. 6. 9. 87누219).
① 하자의 치유는 취소할 수 있는 행정행위에 인정된다.
② 행정심판이 필요적 전치주의가 적용된다고 하더라도 무효확인소송에서는 전치주의를 거칠 필요가 없다.
④ 행정처분이 있은 후 사후에 헌법재판소에서 그 법령에 대하여 위헌결정을 한 경우 위헌결정 전에 행하여진 행정 처분은 취소사유에 해당한다(대판 2002. 11. 8. 2001두3181).
⑤ 과세처분의 근거법률이 후에 위헌으로 결정된 경우 이후에 이루어진 과세처분은 무효사유가 된다는 것이 판례의 입장이다(대판 2002. 6. 28. 2001두1925).

03 법률의 집행 후 근거법률이 위헌결정된 경우와 관련한 판례의 태도로 옳지 않은 것은?

① 대법원은 처분이 있은 후에 근거법률이 위헌으로 결정된 경우, 그 처분은 특별한 사정이 없는 한 원칙적으로 취소할 수 있는 행위에 그친다고 보았다.

② 대법원은 처분이 있은 후에 근거법률이 위헌으로 결정된 경우, 그 처분의 집행이나 집행력을 유지하기 위한 행위는 위헌결정의 기속력에 위반되어 허용되지 않는다고 보았다.

③ 대법원은 처분이 있은 후에 근거법률이 위헌으로 결정된 경우, 그 처분은 불가쟁력이 발생하였다 하더라도 위헌결정의 소급효가 미친다고 보았다.

④ 헌법재판소는 처분이 있은 후에 근거법률이 위헌으로 결정된 경우, 그 법률을 적용한 공무원에게 고의 또는 과실이 있었다고 단정할 수 없다고 보았다.

⑤ 이미 위헌결정이 내려진 법률을 집행한 행정행위는 무효라는 것이 대법원과 헌법재판 소의 입장이다.

해설 ③ 위헌결정의 효력은 그 결정 이후에 해당 법률이 재판의 전제가 되었음을 이유로 법원에 제소된 일반사건에도 미치지만 이미 취소소송의 제기기간이 경과하여 확정력이 발생한 행정처분의 경우에는 위헌결정의 소급효가 미치지 않는다는 것이 판례이다.

①·④ 처분 당시에는 처분의 근거법령이 위헌이 될 것인가가 명백하지 않으므로 이를 근거로 한 처분은 취소사유가 되고 위헌법률을 집행한 공무원의 행위가 고의 또는 과실이 있는 행위라고 단정할 수 없다는 것이 판례이다.

②·⑤ 헌법재판소의 위헌결정은 모든 국가기관을 기속하므로 근거법률이 위헌으로 결정된 이후 그 처분의 집행이나 집행력을 유지하기 위한 행위는 허용되지 않는다.

04 **행정행위의 무효와 취소에 관한 설명으로 옳은 것은? (다툼이 있는 경우 판례에 따름)**

① 적법한 권한 위임 없이 세관출장소장에 의하여 행하여진 관세부과처분은 그 하자가 중대하고 명백하여 당연무효라 할 것이다.

② 필수적으로 거쳐야 할 과세전적부심사를 위반한 과세처분은 취소사유에 해당한다.

③ 입지선정위원회의 구성방법과 절차가 주민대표나 주민대표 추천에 의한 전문가의 참여 없이 이루어지는 등 위법한 경우 그에 터 잡아 이루어진 폐기물처리시설 입지결정처분은 하자가 중대하지만 명백하지 않으므로 당연무효는 아니다.

④ 환경영향평가를 거쳐야 할 대상사업에 대하여 환경영향평가를 거치지 아니하였음에도 불구하고 승인 등 처분이 이루어졌다면 이러한 행정행위는 당연무효이다.

⑤ 장관이 택지개발계획을 승인함에 있어서 구 「토지수용법」에 의한 이해관계자의 의견을 듣지 아니하였거나, 토지소유자에 대한 통지를 하지 아니하고 사업인정을 한 것은 무효이다.

해설 ④ 대법원은 법령상의 환경영향평가를 거치지 않고 이루어진 사업승인은 무효라고 본다.

① 적법한 권한 위임 없이 세관출장소장에 의하여 행하여진 관세부과처분은 그 하자가 중대하지만 명백하다고 볼 수 없어 당연무효는 아니라는 것이 판례이다.

② 과세예고 통지 후 과세전적부심사청구나 그에 대한 결정이 있기도 전에 과세처분을 하는 것은 원칙적으로 납세자의 절차적 권리를 침해하는 것으로서 절차상 하자가 중대하고도 명백하여 무효이다(대판 2016. 12. 27. 2016두49228).

③ 입지선정위원회의 구성방법과 절차가 주민대표나 주민대표 추천에 의한 전문가의 참여 없이 이루어지는 등 위법한 경우 그에 터잡아 이루어진 폐기물처리시설 입지결정처분은 하자가 중대하고 명백하므로 당연무효라는 것이 판례이다.

⑤ 절차상 하자로 위법하지만 당연무효는 아니라는 것이 판례이다.

Answer　2.③　3.③　4.④

05 **행정행위의 하자승계 논의의 전제에 관한 설명으로 옳지 않은 것은? (다툼이 있으면 판례에 따름)** 2022년 제10회

① 선행행위와 후행행위가 모두 항고소송의 대상인 행정처분이어야 한다.
② 선행행위에는 취소사유인 하자가 존재해야 한다.
③ 후행행위는 하자가 없이 적법해야 한다.
④ 선행행위에 불가쟁력이 발생해야 한다.
⑤ 후행행위에 불가변력이 발생해야 한다.

해설 ⑤ 하자의 승계는 선행정행위와 후행정행위가 모두 행정행위에 해당하고 선행처분에 무효가 아닌 취소사유에 해당하는 하자가 존재하고 그 선행정행위에 불가쟁력이 발생하였음에도 후행정행위가 정상적인 처분인 경우에 선행처분을 후행정행위에서 다툴 수 있는가에 대하여 논의하는 것이다. 후행행위의 불가변력 여부는 하자승계 논의의 전제가 되지 않는다.

06 **판례에 의할 때 선행처분에 취소사유가 있음을 들어 후행처분의 위법을 주장할 수 있는 경우는? (단, 선행처분에 불가쟁력이 발생하였고, 후행처분에는 고유의 위법이 없음)** 2013년 제1회

① 조세부과처분 − 체납처분
② 표준지공시지가결정 − 수용재결
③ 공무원 직위해제처분 − 공무원 면직처분
④ 택지개발예정지구 지정 − 택지개발계획 승인
⑤ 건물철거명령 − 대집행계고처분

해설 ② 표준지공시지가결정과 수용재결은 서로 별개의 법적 효과를 목적으로 하는 사이이지만 판례는 선행처분에 대한 예측가능성과 수인한도론을 근거로 예외적으로 하자의 승계를 인정하였다(대판 2008. 8. 21. 2007두13845).
① 조세부과처분 − 체납처분 사이는 서로 독립하여 별개의 법률효과를 목적으로 하는 것이란 이유로 하자의 승계가 부정되었다(대판 1977. 7. 12. 76누51; 대판 2001. 11. 27. 98두9530).
③ 공무원 직위해제처분 − 공무원 면직처분 사이는 서로 독립하여 별개의 법률효과를 목적으로 하는 것이란 이유로 하자의 승계가 부정되었다(대판 1984. 9. 1. 84누191).
④ 택지개발예정지구 지정 − 택지개발계획 승인 사이는 서로 독립하여 별개의 법률효과를 목적으로 하는 것이란 이유로 하자의 승계가 부정되었다(대판 2000. 10. 13. 99두653).
⑤ 건물철거명령 − 대집행계고처분 사이는 서로 독립하여 별개의 법률효과를 목적으로 하는 것이란 이유로 하자의 승계가 부정되었다(대판 1998. 9. 8. 97누20502).

07 판례에 의할 때, 선행처분에 취소사유가 있음을 들어 후행처분의 위법을 주장할 수 없는 경우는? 2016년 제4회

선행처분	후행처분
① 사업인정처분	수용재결처분
② 대집행 계고처분	대집행영장발부 통보처분
③ 대집행 계고처분	대집행비용납부 명령처분
④ 안경사시험합격 무효처분	안경사면허취소처분
⑤ 친일반민족행위자 결정처분	「독립유공자 예우에 관한 법률」 적용배제자 결정처분

▶해설 ① 사업인정처분 자체의 위법은 사업인정단계에서 다투어야 하고 이미 그 쟁송기간이 도과한 수용재결단계에서는 사업인정처분이 당연무효라고 볼 만한 특단의 사정이 없는 한 그 위법을 이유로 재결의 취소를 구할 수는 없다(대판 1992. 3. 13. 91누4324).

②·③ 대집행이라는 동일한 행정목적을 달성하기 위한 일련의 절차로 하자승계를 인정한 사안이다(대판 1996. 2. 9. 95누12507; 대판 1993. 11. 9. 93누14271).

④ 합격무효처분과 면허취소처분은 동일한 행정목적을 달성하기 위하여 단계적인 일련의 절차로 연속하여 행하여지는 행정처분으로서 하자승계를 인정하였다(대판 1993. 2. 9. 92누4567).

⑤ 서로 별개의 법적 효과를 발생하는 처분이지만 예외적으로 하자승계를 긍정한 판례이다(대판 2013. 3. 14. 2012두6964).

08 다음 보기 중 하자승계를 인정한 것은 모두 몇 개인가? (다툼이 있는 경우에는 판례에 따름)

> ㉠ 암매장분묘개장명령과 후행계고처분
> ㉡ 기준지가고시처분과 토지수용처분
> ㉢ 안경사시험 합격무효처분과 안경사면허취소처분
> ㉣ 재개발사업시행인가처분과 토지수용재결처분
> ㉤ 수강거부처분과 수료처분
> ㉥ 표준지공시지가 결정과 수용재결처분
> ㉦ 보충역 편입처분과 공익근무요원소집처분

① 2개   ② 3개   ③ 4개
④ 5개   ⑤ 6개

▶해설 ③ ㉠·㉡·㉢·㉥은 판례상 하자승계가 인정된 사안이다.
㉣·㉤·㉦은 각각 별개 목적의 행정행위들로 하자승계가 부정된 사안이다.

Answer 5.⑤ 6.② 7.① 8.③

09 하자 있는 행정행위의 치유와 전환에 대한 설명으로 옳지 않은 것은? (다툼이 있는 경우에는 판례에 따름)

① 무효인 행정행위에서는 하자의 치유가 인정되지 않고 전환이 인정될 수 있다.

② 하자 있는 행정행위의 치유는 예외적으로 허용되며 이를 허용하는 때에도 국민의 권리나 이익을 침해하지 않는 범위에서 인정되어야 한다.

③ 과세처분의 하자의 치유를 허용하려면 늦어도 과세처분에 대한 불복 여부의 결정 및 불복신청에 편의를 줄 수 있는 상당한 기간 내에 하여야 한다.

④ 세액산출근거의 기재사항이 누락된 납세고지의 하자는 납세의무자가 그 산출근거를 알고 있다면 치유된다.

⑤ 하자의 치유가 인정되면 행정행위가 소급적으로 적법한 행정행위의 효력을 유지하게 된다.

▶해설 ④ 세액산출근거의 기재사항이 누락된 납세고지의 하자는 납세의무자가 그 산출근거를 사실상 알고 있다는 사실만으로 치유되지 않는다(대판 2002. 11. 13. 2001두1543).
① 무효인 행정행위는 어떠한 효력도 발생하지 않으므로 치유가 인정될 수 없고, 행정행위의 전환요건을 갖춘 경우 전환이 인정될 수 있다.
③ 하자의 치유는 상대방이 그 하자를 이유로 불복제기하기 전까지 가능하다는 것이 판례이다.
⑤ 하자가 치유된 행정행위는 소급적으로 적법한 행정행위로 인정된다.

Answer 9. ④

제4절 ▎ 행정행위의 효력소멸과 실효

01 「행정기본법」상 행정행위의 취소·철회에 관한 설명으로 옳은 것은? 2024년 제12회

① 위법한 처분의 일부에 대해 취소할 수 없다.

② 부당한 처분에 대해서는 취소할 수 없다.

③ 당사자의 신뢰를 보호할 가치가 있는 경우에는 위법한 처분에 대해 장래를 향하여 취소할 수 있다.

④ 적법한 처분은 중대한 공익을 위하여 필요한 경우에도 그 처분의 전부를 철회할 수 없다.

⑤ 적법한 처분을 철회하는 경우에는 철회로 인하여 당사자가 입게 될 불이익을 철회로 달성되는 공익과 비교·형량할 필요는 없다.

> **해설** ③·①·② 행정청은 위법 또는 부당한 처분의 전부나 일부를 소급하여 취소할 수 있다. 다만, 당사자의 신뢰를 보호할 가치가 있는 등 정당한 사유가 있는 경우에는 장래를 향하여 취소할 수 있다(「행정기본법」 제18조 제1항).
> ④ 행정청은 적법한 처분이 중대한 공익을 위하여 필요한 경우 그 처분의 전부 또는 일부를 장래를 향하여 철회할 수 있다(「행정기본법」 제19조 제1항 제3호).
> ⑤ 행정청은 처분을 철회하려는 경우에는 철회로 인하여 당사자가 입게 될 불이익을 철회로 달성되는 공익과 비교·형량하여야 한다(「행정기본법」 제19조 제2항).

02 행정행위의 직권취소에 관한 설명으로 옳지 않은 것은? (다툼이 있으면 판례에 따름)
2020년 제8회

① 직권취소는 별도의 법적 근거가 없어도 가능하다.

② 직권취소는 당해 처분의 취소소송 계속 중에도 할 수 있다.

③ 수익적 행정행위의 직권취소에 대한 직권취소는 인정되지 않는다.

④ 수익적 행정행위의 직권취소는 제한될 수 있다.

⑤ 수익적 행정행위의 직권취소의 소급효는 제한될 수 있다.

> **해설** ③ 수익적 행정행위에 대한 직권취소를 다시 취소하여 원처분을 소생시킬 수 있다. 따라서 수익적 행정행위의 직권취소에 대한 직권취소는 인정된다.
> ① 판례는 직권취소는 법적 근거 없이 할 수 있다는 입장이다.
> ② 변상금부과처분에 대한 취소소송이 진행 중이라도 그 부과권자로서는 위법한 처분을 스스로 취소하고 그 하자를 보완하여 다시 적법한 부과처분을 할 수도 있는 것이다(대판 2006. 2. 10. 2003두5686).

Answer 1. ③ 2. ③

03 처분의 취소 또는 변경에 관한 설명으로 옳은 것은? (다툼이 있으면 판례에 따름) 2021년 제9회

① 처분의 위법은 직권취소의 사유가 되지만, 처분의 부당은 직권취소의 사유가 되지 않는다.
② 수익적 처분의 직권취소 필요성에 관한 증명책임은 처분의 상대방에 있다.
③ 수익적 처분에 대한 직권취소의 경우에는 「행정절차법」상 사전통지가 필요하지 않다.
④ 행정청은 행정소송이 계속되고 있는 때에는 직권으로 해당 처분을 변경할 수 없다.
⑤ 「산업재해보상보험법」상 연금지급결정을 취소하는 처분이 적법하다고 하여 그에 터 잡은 징수처분이 반드시 적법한 것은 아니다.

해설 ⑤ 보험급여 지급결정을 취소하는 것과 이를 징수하는 처분은 서로 별개의 처분으로, 보험급여 지급결정을 변경 또는 취소하는 처분이 적법한 경우, 그에 터 잡은 징수처분도 반드시 적법하다고 판단해야 하는 것은 아니다 (대판 2014. 7. 24. 2013두27159).
① 직권취소는 처분을 행한 행정청에 의해서 이루어지므로 위법사유뿐만 아니라 부당한 사유도 직권취소의 대상이 된다.
② 국민에게 일정한 이익과 권리를 취득하게 한 종전 행정처분을 직권으로 취소하는 행정처분을 할 수 있는 경우 및 종전 행정처분의 하자나 취소해야 할 필요성에 관한 증명책임의 소재는 행정청에게 있다(대판 2017. 6. 15. 2014 두46843).
③ 수익적 행위를 직권취소하는 것은 부담적 효과를 가져오므로 「행정절차법」상 사전통지가 필요하다.
④ 취소소송 계속 중에도 행정청은 취소소송의 대상되는 처분을 직권취소할 수 있다(대판 2006. 2. 10. 2003두5686).

04 행정행위의 직권취소와 철회에 관한 설명으로 옳은 것만을 모두 고른 것은? (다툼이 있으면 판례에 따름) 2016년 제4회

> ㉠ 행정행위의 취소사유는 행정행위의 성립 당시에 존재하였던 하자를 말하고, 철회사유는 행정행위의 성립 이후에 새로이 발생한 것으로서 행정행위의 효력을 존속시킬 수 없는 사유를 말한다.
> ㉡ 행정행위를 한 행정청은, 별도의 명시적인 법적 근거가 없다면, 행정행위의 성립에 하자가 있더라도 직권으로 이를 취소할 수 없다.
> ㉢ 행정행위를 한 행정청은, 별도의 명시적인 법적 근거가 없다면, 원래의 행정행위를 그대로 존속시킬 필요가 없게 된 사정변경이 생겼더라도 이를 철회할 수 없다.

① ㉠
② ㉡
③ ㉢
④ ㉠, ㉡
⑤ ㉡, ㉢

해설 ㉠ [O] 행정행위의 취소사유는 행정행위의 성립 당시에 존재하였던 하자를 말하고, 철회사유는 행정행위가 성립된 이후에 새로이 발생한 것으로서 행정행위의 효력을 존속시킬 수 없는 사유를 말한다(대판 2003. 5. 30. 2003다6422).
㉡·㉢ [×] 행정행위의 직권취소와 철회는 모두 별도의 명시적 법적 근거가 없더라도 가능하다.

05 행정행위의 취소 및 철회에 관한 설명으로 옳지 않은 것은? (다툼이 있는 경우에는 판례에 의함) 2014년 제2회

① 쟁송취소의 효과는 당연히 소급한다.

② 직권취소의 경우에는 실권의 경우를 제외하고는 취소기간의 제한이 없다.

③ 상급행정청은 하급행정청에 대한 감독권 행사의 일환으로 하급행정청이 한 행정행위를 직접 철회할 수 있다.

④ 취소사유는 행정행위의 성립 당시에 존재하였던 하자이고, 철회사유는 행정행위가 성립된 이후에 새로이 발생한 것으로서 행정행위의 효력을 존속시킬 수 없는 사유이다.

⑤ 철회사유가 존재하는 경우, 별도의 법적 근거가 없더라도 철회할 수 있다.

▶해설 ③ 철회권자는 당해 행정행위를 행했던 처분청이며, 감독청은 특별한 규정이 없는 한 철회권자가 될 수 없다.
① 쟁송취소의 효과는 처분 당시로 소급하여 처분이 처음부터 효력이 상실된다.
② 현행 「행정절차법」에 처분청이 하자 있는 처분을 직권으로 취소할 수 있는 기간에 대하여 명시적 규정을 두고 있지 않다.

06 행정행위의 직권취소에 관한 설명으로 옳지 않은 것은? (다툼이 있으면 판례에 따름)
2025년 제13회

① 행정행위의 취소사유가 있는 경우에는 신뢰보호의 원칙 등을 고려할 필요가 없다.

② 처분청은 그 처분의 성립에 하자가 있는 경우 이를 취소할 별도의 법적 근거가 없다고 하더라도 직권으로 이를 취소할 수 있다.

③ 행정청의 행정행위 취소가 있더라도 취소사유의 내용, 경위 기타 제반 사정을 종합하여 행정행위의 효력을 장래에 향해 소멸시키는 행정행위의 철회에 해당하는지 살펴보아야 한다.

④ 행정행위의 취소는 일단 유효하게 성립한 행정행위를 성립 당시 존재하던 하자를 사유로 소급하여 효력을 소멸시키는 행정처분이다.

⑤ 취소사유로는 위법이 있는 경우만이 아니라 부당한 경우도 포함한다.

▶해설 ① · ⑤ 행정청은 위법 또는 부당한 처분의 전부나 일부를 소급하여 취소할 수 있다. 다만, 당사자의 신뢰를 보호할 가치가 있는 등 정당한 사유가 있는 경우에는 장래를 향하여 취소할 수 있다(「행정기본법」 제18조 제1항).
③ 개별 실정법에서는 취소와 철회를 구별하여 규정하고 있지 않다. 일반적으로 취소로 규정되는 경우가 많다. 행정청이 행정행위를 취소하는 경우 직권취소인지 아니면 철회인지를 제반 사정을 종합하여 살펴봐야 한다(대판 2022. 9. 29. 2022마118).

Answer 3. ⑤ 4. ① 5. ③ 6. ①

07 **행정행위의 취소에 대한 설명으로 옳지 않은 것은? (다툼이 있는 경우에는 판례에 의함)**

① 운전면허취소처분에 대한 취소소송에서 취소판결이 확정되었다면 운전면허취소처분 이후의 운전행위를 무면허운전이라 할 수는 없다.

② 행정처분을 한 처분청은 그 처분에 하자가 있는 경우에는 원칙적으로 별도의 법적 근거가 없더라도 스스로 이를 직권으로 취소할 수 있고, 이러한 경우 일반적으로 이해관계인에게는 처분청에 대하여 그 취소를 요구할 신청권이 부여된 것으로 볼 수 없다.

③ 변상금 부과처분에 대한 취소소송이 진행 중이라도 그 부과권자는 위법한 처분을 스스로 취소하고 그 하자를 보완하여 다시 적법한 부과처분을 할 수도 있다.

④ 행정청이 의료법인의 이사에 대한 이사취임승인취소처분을 직권으로 취소하면 이사의 지위가 소급하여 회복된다.

⑤ 과세관청은 과세부과처분의 취소에 당연무효가 아닌 위법사유가 있는 경우에 이를 다시 취소함으로써 원부과처분을 소생시킬 수 있다.

해설 ⑤ 과세처분의 취소를 취소함으로써 원부과처분을 소생시킬 수 없고, 납세의무자에게 종전의 과세대상에 대한 납부의무를 지우려면 다시 법률에서 정한 부과절차에 좇아 동일한 내용의 새로운 처분을 하는 수밖에 없다(대판 1995. 3. 10. 94누7027).
④ 행정청이 의료법인의 이사에 대한 이사취임승인취소처분(제1처분)을 직권으로 취소(제2처분)한 경우에는 그로 인하여 이사가 소급하여 이사로서의 지위를 회복하게 된다(대판 1997. 1. 21. 96누3401).

08 행정행위의 실효에 관한 설명으로 옳지 않은 것은?

① 신청에 의한 허가처분을 받은 자가 그 영업을 폐업한 경우에는 그 허가도 당연히 실효된다고 할 것이고, 이 경우 허가행정청의 허가취소처분은 허가가 실효되었음을 확인하는 것에 불과하다.

② 행정행위에 그 성립상의 중대·명백한 하자가 존재한다면 이는 실효사유로서 그 효력이 소멸한다.

③ 행정행위의 직권취소는 별개의 행정행위에 의하여 원행정행위의 효력을 소멸시키는 것인 데 반하여, 행정행위의 실효는 일정한 사유의 발생에 따라 당연히 기존의 행정행위의 효력이 소멸하는 것이다.

④ 해제조건부 행정행위에 있어서 조건의 성취, 종기부 행정행위에 있어서 종기의 도래는 행정행위의 실효사유이다.

⑤ 유기장영업허가를 받은 자가 영업장소를 명도하고 유기시설을 모두 철거하여 매각함으로써 유기장업을 폐업하였다면 영업허가취소처분의 취소를 구할 소의 이익이 없다.

해설 ② 행정행위의 실효는 하자 없이 성립한 행정행위가 일정한 사실의 발생에 의하여 당연히 그 효력이 소멸되는 것을 말하며, 성립상의 중대·명백한 하자는 처음부터 무효사유인 점에서 서로 구별된다.

Answer 7. ⑤ 8. ②

그 밖의 행정작용

제1절 행정행위의 확약

1. 구별개념

예비(사전)결정 기출	• 예비결정 : 한정된 사항에 대한 것이기는 하지만 종국적 결정 • 확약 : 종국적 결정을 하겠다는 약속
가행정행위	• 가행정행위 : 잠정적이기는 하지만 확정적인 효력 인정 • 확약 : 약속에 불과하여 확정적 효력이 발생하지 않음
부분허가	• 부분허가 : 부분허가 범위 내 허가의 법적효과 발생 • 확약 : 확약 자체에 대한 확정적 법적 효과 부정
공법상 계약 기출	• 공법상 계약 : 복수당사자의 의사의 합치 • 확약 : 행정청의 일방적인 행위

지문식 판례

부분허가

원자로 및 관계시설의 부지사전승인처분은 그 자체로 독립적인 행정처분이지만, 나중에 건설허가처분이 있게 되면 건설허가처분에 흡수되어 독립된 존재가치를 상실하여 건설허가처분만이 쟁송의 대상이 된다. 기출

예비결정

① 「폐기물관리법」 규정에 의한 폐기물처리업사업계획에 대한 적정·부적정통보는 행정처분에 해당한다.
② 정부 간 잠정협정에 의한 운수권배분은 처분이다.

확약

① 어업권면허에 선행하는 우선순위결정은 강학상 확약이고 행정처분이 아니므로 공정력이나 불가쟁력이 발생하지 않는다. 기출
② 확약 후 사실적·법률적 상태가 변경되었다면, 행정청의 별다른 의사표시를 기다리지 않고 실효된다.
기출
③ 내인가를 한 후 그 본인가 신청이 있음에도 내인가를 취소함으로써 다시 본인가에 대하여 따로 인가 여부의 처분을 한다는 사정이 보이지 않는 경우 내인가취소를 인가신청거부처분으로 볼 수 있다.

2. 확약의 근거와 한계

행정절차법 제40조의2 【확약】 ① 법령등에서 당사자가 신청할 수 있는 처분을 규정하고 있는 경우 행정청은 당사자의 신청에 따라 장래에 어떤 처분을 하거나 하지 아니할 것을 내용으로 하는 의사표시(이하 "확약"이라 한다)를 할 수 있다.
② 확약은 문서로 하여야 한다.
③ 행정청은 다른 행정청과의 협의 등의 절차를 거쳐야 하는 처분에 대하여 확약을 하려는 경우에는 확약을 하기 전에 그 절차를 거쳐야 한다.
④ 행정청은 다음 각 호의 어느 하나에 해당하는 경우에는 확약에 기속되지 아니한다.
  1. 확약을 한 후에 확약의 내용을 이행할 수 없을 정도로 법령등이나 사정이 변경된 경우
  2. 확약이 위법한 경우
⑤ 행정청은 확약이 제4항 각 호의 어느 하나에 해당하여 확약을 이행할 수 없는 경우에는 지체 없이 당사자에게 그 사실을 통지하여야 한다.

법적 근거	법령이 행정청에 대해 본 행정행위를 할 수 있는 권한을 부여한 이상 확약의 권한도 아울러 주어진 것으로 볼 수 있음(본처분포함설) ∴ 별도의 법적 근거 불요
한계	① 확약의 대상 처분: 기속행위, 재량행위 모두 가능 ② 본 처분요건 구비 후: 확약 가능(준비이익, 기대이익)

3. 확약의 효과

확약의 구속력	행정청은 확약된 내용을 이행할 의무가 있고, 상대방에게는 확약된 내용의 이행을 청구할 권리를 가짐
확약의 취소·철회	직권취소·철회의 제한법리가 그대로 적용(이익형량에 따른 제한)
사정변경과 확약의 실효	확약 후 사실적 법률적 상태가 변경되었다면 그와 같은 확약은 행정청의 별다른 의사표시를 기다리지 않고 실효됨

제2절 행정계획

1. 행정계획의 법적 성질

구분	처분성 인정 여부(개별적 검토설)
처분성 인정판례	① 도시·군관리계획결정 기출 ② 「도시재개발법」상의 관리처분계획 ③ 택지개발예정지구의 지정·고시 ④ 개발제한구역의 지정·고시 기출
처분성 부정판례	① 각종 기본계획 또는 종합계획 기출 ② 환지계획

2. 행정계획의 법적 근거

작용법적 근거	구속적 행정계획은 작용법적 근거가 필요하나 비구속적 행정계획은 필요하지 않음
절차법적 근거	현행 「행정절차법」상 행정계획 수립에 관한 일반절차나 국민의 재산상 손실의 보상에 관한 규정을 두고 있지 않음 기출

3. 행정계획의 효력

지문식 판례♦

① 관보에 게재하여 고시하지 아니한 도시계획결정은 대외적으로 아무런 효력도 발생하지 아니한다. 기출
② 후행 도시계획에 선행 도시계획과 서로 양립할 수 없는 내용이 포함되어 있다면 특별한 사정이 없는 한 선행 도시계획은 후행 도시계획과 같은 내용으로 변경된다. 기출
③ 후행 도시계획의 결정을 하는 행정청이 선행 도시계획의 결정·변경 등에 관한 권한을 가지고 있지 아니한 경우에는 선행 도시계획과 양립할 수 없는 내용이 포함된 후행 도시계획결정의 효력은 무효이다.

4. 계획재량과 행정재량의 비교

행정절차법 제40조의4 【행정계획】 행정청은 행정청이 수립하는 계획 중 국민의 권리·의무에 직접 영향을 미치는 계획을 수립하거나 변경·폐지할 때에는 관련된 여러 이익을 정당하게 형량하여야 한다.

지문식 판례♦

① 행정주체는 구체적인 행정계획을 입안, 결정함에 있어서 광범위한 형성의 자유를 가진다. 기출
② 행정주체가 행정계획을 입안, 결정함에 있어서 이익형량을 전혀 행하지 아니하거나 이익형량의 고려 대상에 마땅히 포함시켜야 할 사항을 누락한 경우 또는 이익형량을 하였으나 정당성, 객관성이 결여된 경우에는 그 행정계획결정은 재량권을 일탈, 남용한 것으로서 위법하다. 기출

5. 행정계획청구권

지문식 판례◆

① 도시계획이 일단 확정된 후에 어떤 사정의 변동이 있다고 하여 지역주민에게 일일이 그 계획의 변경 또는 폐지를 청구할 권리를 인정해 줄 수 없다(원칙적 계획변경청구권은 인정되지 않는다). **기출**

② 장래 일정 기간 내에 관계법령이 규정하는 시설 등을 갖추어 일정한 행정처분을 구하는 신청을 할 수 있는 법률상 지위에 있는 자에게 국토이용계획변경을 신청할 권리가 인정된다.

③ 도시계획구역 내 토지 등을 소유하고 있는 주민으로서는 입안권자에게 도시계획입안을 요구할 법규상 조리상의 신청권이 있고 이러한 신청에 대한 거부행위는 항고소송의 대상이 되는 행정처분에 해당한다. **기출**

④ 문화재보호구역 내 토지소유자의 문화재보호구역 지정해제신청에 대한 행정청의 거부는 항고소송의 대상되는 처분에 해당한다. **기출**

⑤ 도시계획시설부지로 지정하고 장기간 도시계획사업을 시행하지 않은 경우 다양한 보상가능성을 통해 보상을 하여야 한다.

제3절 공법상 계약

1. 공법상 계약의 법적 근거

원칙적 법률유보 적용(×), 법률우위의 원칙 적용(○) **기출**

> **행정기본법 제27조 【공법상 계약의 체결】** ① 행정청은 법령등을 위반하지 아니하는 범위에서 행정목적을 달성하기 위하여 필요한 경우에는 공법상 법률관계에 관한 계약(이하 "공법상 계약"이라 한다)을 체결할 수 있다. 이 경우 계약의 목적 및 내용을 명확하게 적은 계약서를 작성하여야 한다. **기출**
> ② 행정청은 공법상 계약의 상대방을 선정하고 계약 내용을 정할 때 공법상 계약의 공공성과 제3자의 이해관계를 고려하여야 한다. **기출**
>
> **행정기본법 시행령 제6조 【공법상 계약】** 행정청은 법 제27조에 따라 공법상 법률관계에 관한 계약을 체결할 때 법령등에 따른 관계 행정청의 동의, 승인 또는 협의 등이 필요한 경우에는 이를 모두 거쳐야 한다. **기출**

2. 공법상 계약의 특질

구분	행정행위	공법상 계약	사법상 계약
성립상의 특징	행정청의 권력작용	① 성립상 감독청의 승인·보고를 요하는 경우가 많음 ② 계약 내용의 획일·정형화	계약자유의 원칙
효력상의 특징	공정력·확정력·자력집행력 (○)	① 공정력·확정력·자력집행력(×) ② 공익상 필요에 의한 행정청의 일방적 해지(가능)	사정변경만으로 해지제한
의무강제수단	행정청의 자력집행력의 인정	법원에 의한 강제집행	법원에 의한 강제집행
쟁송절차	행정소송 중 항고소송	행정소송 중 당사자소송 **기출**	민사소송

지문식 판례 ◆
① 계약직공무원 채용계약해지의 의사표시는 일반공무원에 대한 징계처분이 아니어서 항고소송의 대상인 처분이 아니므로 당사자소송으로 분쟁을 해결한다.
② 계약직공무원 채용계약해지의 의사표시는 행정처분이 아니므로 「행정절차법」상 근거와 이유를 제시하여야 하는 것은 아니다.
③ 지방계약직공무원에 대하여 「지방공무원법」 등에 정한 징계절차에 의하지 않고 보수를 삭감할 수 없다.

3. 판례상 공법상 계약 여부

지문식 판례 ◆
① 「국가를 당사자로 하는 계약에 관한 법률」이나 「공공기관의 운영에 관한 법률」에 따른 국가나 공기업이 일방당사자가 되는 계약은 사법상 계약과 다를 바가 없다. 기출
② 중소기업 정보화지원사업에 따른 지원금 출연을 위하여 중소기업청장이 체결하는 협약은 공법상 계약이고 협약의 해지 및 그에 따른 환수통보는 공권력 행사로서 처분에 해당한다고 볼 수 없다.
③ 「사회기반시설에 대한 민간투자법」상 민간투자사업의 사업시행자 지정은 행정처분으로 항고소송의 대상이 된다.
④ 지방자치단체 등이 허가권자인 다른 지방자치단체의 장과 건축협의를 하던 중에 한 건축협의 취소는 항고소송의 대상되는 처분에 해당한다.
⑤ 재단법인 한국연구재단이 갑 대학교 총장에게 연구개발비의 부당집행을 이유로 2단계 두뇌한국(BK21) 사업협약을 해지하는 것은 항고소송의 대상되는 행정처분에 해당한다.
⑥ 전문직 공무원채용계약의 해지의 의사표시는 행정처분이 아니므로 「행정절차법」에 의하여 근거와 이유를 제시하여야 하는 것은 아니다. 기출
⑦ 지방계약직공무원에 대하여 「지방공무원법」 등에 정한 징계절차에 의하지 않고 보수를 삭감할 수 없다.

제4절 행정지도

1. 「행정절차법」 규정

의의	비권력적 사실행위	① 행정기관이 일정한 행위를 하거나 하지 아니하도록 지도, 권고, 조언 등을 하는 행정작용 ② 법적 효과의 발생을 목적으로 하는 행정청의 의사표시(×) 기출
기본원칙	비례원칙	행정지도는 그 목적 달성에 필요한 최소한도에 그쳐야 함 기출
	임의성원칙	지도받는 자의 의사에 반하여 부당하게 강요하여서는 안 됨 기출
	불이익조치금지	행정기관은 상대방이 행정지도에 따르지 아니하였다는 것을 이유로 불이익한 조치를 하여서는 안 됨 기출

행정지도의 방식	실명제	행정지도를 하는 자는 상대방에게 당해 행정지도의 취지·내용 및 신분을 밝혀야 함 기출
	서면교부	행정지도가 말로 이루어지는 경우에 상대방이 서면의 교부를 요구하면 직무수행에 특별한 지장이 없으면 이를 교부해야 함
	공통사항 공표	행정기관이 같은 목적을 실현하기 위하여 다수의 상대방에게 행정지도를 하고자 하는 경우에는 특별한 사정이 없으면 행정지도에 공통적인 내용이 되는 사항을 공표해야 함 기출
	의견제출	행정지도의 상대방은 해당 행정지도의 방식·내용 등에 대하여 행정기관에 의견제출을 할 수 있음 기출

2. 행정지도의 한계와 권리구제

법적 한계	법률유보	① 원칙적 작용법적 근거 불요 기출 ② 규제적 지도의 경우 작용법적 근거가 필요
	법률우위	법률우위의 원칙 적용 기출
권리구제	위법성 조각	위법한 관행에 따라 허위신고행위에 이르렀다고 하여 그 범법행위가 정당화되지 않음(판례). 위법성 조각(×) 기출
	국가배상	공무원의 직무행위에는 포함되나, 인과관계나 위법성 인정이 곤란함. 판례는 인정하는 경우가 있음 기출
	항고소송	원칙 부정, 예외 인정
	헌법소원	원칙 부정, 예외 인정

지문식 판례

① 주류거래를 일정 기간 중지하여 줄 것을 요청한 행위는 권고 내지 협조를 요청하는 권고적 성격의 행위로 원고의 법률상의 지위에 직접적인 법률상의 변동을 초래하는 행정처분이라 볼 수 없다.

② 소속 장관의 서면에 의한 경고는 항고소송의 대상이 되는 처분에 해당하지 않는다.

③ 행정규칙에 의한 '불문경고조치'는 처분에 해당한다. 기출

④ 금융기관의 임원에 대한 금융감독원장의 문책경고는 처분에 해당한다.

⑤ 문책경고장을 보내는 행위는 행정처분에 해당하지 않는다.

⑥ 시정조치에 대한 결과를 증빙서를 첨부한 문서로 보고하도록 하는 것은 행정처분에 해당한다.

⑦ 국가인권위원회의 성희롱결정 및 시정조치권고는 처분에 해당한다.

⑧ 교육인적자원부장관의 국·공립대학총장들에 대한 학칙시정요구는 규제적·구속적 성격을 상당히 강하게 갖는 것으로서 헌법소원의 대상이 된다. 기출

⑨ 서울대학교의 "94학년도 대학입학고사 주요요강"은 헌법소원의 대상이 된다.

⑩ 한계를 일탈하지 않은 행정지도에 의한 손해는 배상책임이 없으나 한계를 일탈한 위법한 행정지도는 불법행위를 구성한다.

제1절 행정행위의 확약

01 **확약에 관한 설명으로 옳지 않은 것은? (다툼이 있으면 판례에 따름)** 2022년 제10회

① 확약은 일방적 행위라는 점에서 복수당사자의 의사의 합치인 공법상 계약과는 구분된다.

② 확약은 종국적 규율이 아니라는 점에서 종국적 규율을 하는 사전결정이나 부분허가와 구분된다.

③ 어업권면허에 선행하는 우선순위결정은 강학상 확약에 불과하고 행정처분은 아니다.

④ 확약 이후에 사실상태 또는 법적 상태가 변경된 경우에도 확약의 구속성이 상실되기 위해서는 행정청의 별도의 의사표시가 있어야 한다.

⑤ 확약은 정당한 권한을 가진 행정청에 의해서 그 권한의 범위 내에서만 발해질 수 있다.

▶해설 ④ 확약 이후에 사실상태 또는 법적 상태가 변경된 경우에는 행정청의 별도의 의사표시가 없더라도 그 확약은 실효된다는 것이 판례이다(대판 1996. 8. 20. 95누10877).
③ 판례는 확약의 처분성을 인정하지 않는다는 입장에서 어업권면허에 선행하는 우선순위결정은 강학상 확약에 불과하고 행정처분이 아니라고 본다(대판 1995. 1. 20. 94누6529).

02 **「행정절차법」상 확약에 대한 설명으로 옳지 않은 것은?**

① 법령 등에서 당사자가 신청할 수 있는 처분을 규정하고 있는 경우 행정청은 당사자의 신청에 따라 장래에 어떤 처분을 하거나 하지 아니할 것을 내용으로 하는 의사표시를 할 수 있다.

② 확약은 문서뿐만 아니라 구술로도 가능하다.

③ 행정청은 다른 행정청과의 협의 등의 절차를 거쳐야 하는 처분에 대하여 확약을 하려는 경우에는 확약을 하기 전에 그 절차를 거쳐야 한다.

④ 확약을 한 후에 확약의 내용을 이행할 수 없을 정도로 법령 등이나 사정이 변경된 경우 행정청은 확약에 기속되지 않는다.

⑤ 행정청은 확약을 이행할 수 없는 경우에는 지체 없이 당사자에게 그 사실을 통지하여야 한다.

▶해설 ② 확약은 문서로 하여야 한다(「행정절차법」 제40조의2 제2항).
① 「행정절차법」 제40조의2 제1항, ③ 「행정절차법」 제40조의2 제3항, ④ 「행정절차법」 제40조의2 제4항, ⑤ 「행정절차법」 제40조의2 제5항

03 다단계 행정결정 등에 관한 판례의 태도와 일치하지 않는 것은?

① 어업권면허에 선행하는 우선순위 결정은 강학상 확약에 불과하고 행정처분으로 볼 수 없으므로, 공정력이나 불가쟁력은 인정될 수 없다.

② 행정청이 상대방에게 어떤 처분을 하겠다고 확약을 한 후 사실적·법률적 상태가 변경되었다면 그 확약은 행정청의 별다른 의사표시 없이도 실효된다.

③ 폐기물처리업의 허가에 앞서 행하는 사업계획서에 대한 적정·부적정 통보는 행정처분에 해당하고, 나중에 허가단계에서는 나머지 허가요건만을 심사한다.

④ 「원자력법」 제11조 제3항에 따른 원자로 및 관계시설의 부지사전승인처분은 건설부지를 확정하고 사전공사를 허용하는 법률효과를 지닌 독립한 행정처분이다.

⑤ 원자로부지사전승인처분 후에 원자로 등의 건설허가처분이 있다 하더라도, 사전적 부분건설허가로서 원자로부지사전승인처분은 독립하여 취소소송의 대상이 된다.

해설 ⑤ 원자로 및 관계시설의 부지사전승인처분은 사전적 부분건설허가처분의 성격을 갖고 있는 것이어서 나중에 건설허가처분이 있게 되면 그 건설허가처분에 흡수되어 독립된 존재가치를 상실함으로써 그 건설허가처분만이 쟁송의 대상이 되고, 부지사전승인처분의 취소를 구하는 소는 소의 이익을 잃게 된다는 것이 판례이다.

Answer 1.④ 2.② 3.⑤

제2절 행정계획

01 **행정계획에 관한 설명으로 옳은 것은? (다툼이 있으면 판례에 따름)** 2018년 제6회

① 행정계획은 헌법소원의 대상이 될 수 없다.

② 서로 양립할 수 없는 내용의 도시·군관리계획이 중복되어 결정·고시되었다면 특별한 사정이 없는 한 선행 계획은 후행 계획과 같은 내용으로 적법하게 변경된 것으로 보아야 한다.

③ 「행정절차법」은 행정계획의 수립절차에 대하여 규정하고 있다.

④ 「국토의 계획 및 이용에 관한 법률」에 따른 개발제한구역의 지정·고시는 처분성이 없다.

⑤ 행정청은 행정계획을 수립함에 있어 광범위한 형성의 자유를 가지나, 이를 변경함에 있어서는 형성의 자유가 인정되지 않는다.

해설 ② 후행 도시계획에 선행 도시계획과 서로 양립할 수 없는 내용이 포함되어 있다면, 특별한 사정이 없는 한 선행 도시계획은 후행 도시계획과 같은 내용으로 적법하게 변경되었다고 할 것이다(대판 1997. 6. 24. 96누1313).
① 구속적 행정계획은 헌법소원의 대상이 될 수 있다(헌재결 2000. 6. 1. 99헌마538 전합).
③ 「행정절차법」에는 행정청이 행정계획을 수립할 때 이익형량의 의무와 사전예고를 규정하고 있지만 행정계획을 수립하는 절차규정이 없다.
④ 개발제한구역의 지정·고시는 다른 집행행위의 매개 없이 그 자체로서 직접 국민의 구체적인 권리의무나 법률관계를 규율하는 성격을 가질 때에는 행정처분에 해당한다(대판 2006. 9. 22. 2005두2506).
⑤ 행정청은 행정계획을 수립하는 경우뿐만 아니라 이를 변경하는 경우에도 형성의 자유가 인정된다. 다만, 이익형량을 하여야 하는 제한이 붙는다.

02 **행정계획에 관한 설명으로 옳지 않은 것은? (다툼이 있으면 판례에 따름)** 2015년 제3회

① 행정청이 이미 도시계획이 결정·고시된 지역에 대하여 다른 도시계획을 결정·고시한 경우, 특별한 사정이 없는 한 선행 도시계획은 후행 도시계획과 같은 내용으로 적법하게 변경되었다고 할 것이다.

② 행정주체가 행정계획을 입안·결정하는 데에는 광범위한 계획재량을 가지더라도, 행정계획에 관련된 자들의 이익을 공익 상호 간과 사익 상호 간까지 비교·교량하여야 할 필요는 없다.

③ 국토이용계획은 계획의 확정 후에 어떤 사정의 변동이 있다고 하여 지역주민이나 일반 이해관계인에게 일일이 그 계획의 변경을 신청할 권리를 인정하여 줄 수 없음이 원칙이다.

④ 도시계획구역 내 토지 등을 소유하고 있는 주민은 입안권자에게 도시계획입안을 요구할 수 있는 법규상 또는 조리상의 신청권이 있다.

⑤ 택지개발 예정지구 지정처분은 광범위한 재량행위라고 할 것이므로 그 재량권의 일탈·남용이 없는 이상 그 처분을 위법하다고 할 수 없다.

해설 ② 행정주체는 구체적인 행정계획을 입안, 결정함에 있어서 비교적 광범위한 형성의 자유를 가진다고 할 것이지만, 행정주체가 가지는 이와 같은 형성의 자유는 무제한적인 것이 아니라 그 행정계획에 관련되는 자들의 이익을 공익과 사익 사이에서는 물론이고 공익 상호 간과 사익 상호 간에도 정당하게 비교·교량하여야 한다는 제한이 있다(대판 1996. 11. 29. 96누8567).
① 이미 도시계획이 결정·고시된 지역에 대하여 다른 내용의 도시계획을 결정·고시한 경우는 특별한 사정이 없는 한 선행 도시계획은 후행 도시계획과 같은 내용으로 변경되는 것이 원칙이다(대판 2000. 9. 8. 99두11257).

Answer 1. ② 2. ②

03 행정계획에 관한 설명으로 옳지 않은 것은? (다툼이 있는 경우에는 판례에 의함) 2014년 제2회

① 행정주체는 구체적인 행정계획을 입안·결정함에 있어서 비교적 광범위한 형성의 자유를 가진다.

② 형량명령이란 행정계획을 입안·결정함에 있어서 관련된 이익을 정당하게 형량하여야 한다는 원칙을 말한다.

③ 행정계획의 확정·변경 또는 실효로 인한 국민의 재산상 손실의 보상에 관해서는 「행정절차법」에 일반적 규정을 두고 있다.

④ 도시·군관리계획은 국민의 권익에 직접 구체적인 영향을 미치는 점에서 항고소송의 대상이 된다.

⑤ 주민은 도시·군관리계획의 입안권자에게 지구단위계획구역의 변경에 관한 도시·군관리계획의 입안을 제안할 수 있다.

해설 ③ 행정계획의 확정·변경 또는 실효로 인한 국민의 재산상 손실의 보상에 관해 현행 「행정절차법」에서는 아무런 규정을 두고 있지 않다.
④ 고시된 도시·군관리계획의 결정은 특정 개인의 권리 내지 법률상의 이익을 개별적이고 구체적으로 규제하는 효과를 가져오게 하는 행정청의 처분이라 할 것이고 이는 행정소송의 대상이 된다(대판 1982. 3. 9. 80누105).
⑤ 「국토의 계획 및 이용에 관한 법률」 제26조 제1항

04 행정계획에 관한 설명으로 옳지 않은 것은? (다툼이 있으면 판례에 따름) 2025년 제13회

① 행정계획이란 특정한 행정목표를 달성하기 위하여 서로 관련되는 행정수단을 종합·조정함으로써 장래의 일정한 시점에 일정한 질서를 실현하기 위한 활동기준으로 설정된 것이다.

② 행정주체는 구체적인 행정계획을 입안·결정하면서 비교적 광범위한 형성의 자유를 가진다.

③ 행정주체가 기반시설을 조성하기 위하여 도시·군계획시설결정을 할 때 행사하는 재량권에는 한계가 있다.

④ 자연환경 보호 등을 목적으로 하는 도시관리계획결정은 행정청의 재량적 판단으로서, 그 내용이 현저히 합리성을 결여하거나 형평이나 비례의 원칙에 뚜렷하게 반하는 등의 사정이 없는 한 폭넓게 존중되어야 한다.

⑤ 구 「도시계획법」상 도시기본계획은 일반 국민에 대한 직접적인 구속력이 있다.

해설 ⑤ 도시기본계획이라는 것은 도시의 장기적 개발방향과 미래상을 제시하는 도시계획 입안의 지침이 되는 장기적·종합적인 개발계획으로서 직접적인 구속력은 없다(대판 1998. 11. 27. 96누13927).
③ 도시·군계획시설결정이 재량행위라 하더라도 이익형량상의 한계가 있다.
④ 도시관리계획결정은 행정청의 재량적 판단에 대해 폭넓게 존중되어야 한다(대판 2017. 3. 15. 2016두55490).

05 행정계획에 관한 다음 설명 중 옳지 않은 것은? (다툼이 있는 경우에는 판례에 의함)

① 도시관리계획구역 내 토지 등을 소유하고 있는 주민으로서는 입안권자에게 도시관리계획 입안을 요구할 수 있는 법규상 또는 조리상의 신청권이 있다고 할 것이고, 이러한 신청에 대한 거부행위는 항고소송의 대상이 되는 행정처분에 해당한다.

② 정부가 발표한 '4대강 살리기 마스터플랜'은 행정기관 내부에서 사업의 기본방향을 제시하는 것일 뿐 국민의 권리의무에 직접 영향을 미치는 것이 아니어서 행정처분에 해당하지 않는다.

③ 주택재건축정비사업조합이 법에 기초하여 수립한 사업시행계획이 인가·고시를 통해 확정되면 그 사업시행계획은 이해관계인에 대한 구속적 행정계획으로서 독립된 행정처분에 해당한다.

④ 도시계획시설의 지정으로 말미암아 당해 토지의 이용가능성이 배제되거나 또는 토지소유자가 토지를 종래 허용된 용도대로도 사용할 수 없기 때문에 이로 인하여 현저한 재산적 손실이 발생하는 경우에는, 원칙적으로 국가 등은 이에 대한 보상을 해야 한다.

⑤ 후행 도시계획의 결정을 하는 행정청이 선행 도시계획의 결정·변경 등에 관한 권한을 가지고 있지 아니한 경우, 선행 도시계획과 양립할 수 없는 내용이 포함된 후행 도시계획결정은 취소사유가 된다.

해설 ⑤ 도시계획의 결정·변경 등에 관한 권한을 가진 행정청은 이미 도시계획이 결정·고시된 지역에 대하여도 다른 내용의 도시계획을 결정·고시할 수 있고, 이때에 후행 도시계획에 선행 도시계획과 서로 양립할 수 없는 내용이 포함되어 있다면, 특별한 사정이 없는 한 선행 도시계획은 후행 도시계획과 같은 내용으로 변경되는 것이나, 후행 도시계획의 결정을 하는 행정청이 선행 도시계획의 결정·변경 등에 관한 권한을 가지고 있지 아니한 경우에 선행 도시계획과 서로 양립할 수 없는 내용이 포함된 후행 도시계획결정을 하는 것은 아무런 권한 없이 선행 도시계획결정을 폐지하고, 양립할 수 없는 새로운 내용이 포함된 후행 도시계획결정을 하는 것으로서, 선행 도시계획결정의 폐지 부분은 권한 없는 자에 의하여 행해진 것으로서 무효이다(대판 2000. 9. 8. 99두11257).

Answer 3. ③ 4. ⑤ 5. ⑤

제3절 공법상 계약

01 공법상 계약에 관한 설명으로 옳은 것은? 2023년 제11회

① 「행정절차법」은 공법상 계약의 절차에 관한 일반법이다.

② 행정청은 공법상 계약의 상대방을 선정하고 계약 내용을 정할 때 공법상 계약의 공공성만을 고려하여야 하고 제3자의 이해관계를 고려하여서는 아니 된다.

③ 행정청이 공법상 계약을 체결하는 경우 계약의 목적 및 내용을 명확하게 적은 계약서를 작성하여야 한다.

④ 공법상 계약에는 법률우위의 원칙이 적용되지 않는다.

⑤ 행정청이 공법상 계약을 체결할 때 법령등에 따른 관계 행정청의 동의, 승인 등이 필요하다고 하여 이를 모두 거쳐야 하는 것은 아니다.

▶해설 ③ 「행정기본법」 제27조 제1항
① 「행정절차법」에는 공법상 계약의 절차에 관한 일반적 규정이 존재하지 않는다.
② 행정청은 공법상 계약의 상대방을 선정하고 계약 내용을 정할 때 공법상 계약의 공공성과 제3자의 이해관계를 고려하여야 한다(「행정기본법」 제27조 제2항).
④ 공법상 계약에는 법률유보원칙이 적용되지 않지만 법률우위의 원칙은 적용된다.
⑤ 행정청이 공법상 계약을 체결할 때 법령 등에 따른 관계 행정청의 동의, 승인 등이 필요하다면 이를 모두 거쳐야 한다.

02 공법상 계약의 특질에 관한 다음 설명 중 옳지 않은 것은?

① 위법한 공법상 계약은 「민법」에서와 같이 원칙상 무효이다.

② 공법상 계약에는 공정력이 인정되지 않는다.

③ 서울특별시 시립무용단원의 위촉은 공법상 계약이고, 그 단원의 해촉에 대하여는 취소소송으로 다툴 수 있다는 것이 판례의 입장이다.

④ 계약의 일방 당사자인 행정주체는 공익상의 사유가 있는 경우, 일방적으로 계약을 해제 또는 변경할 수 있다.

⑤ 상대방의 의무불이행의 경우 행정주체는 법적 근거가 없는 경우에는 행정상 강제집행을 할 수 없다.

▶해설 ③ 서울특별시 시립무용단원의 위촉은 공법상 계약이고, 그 단원의 해촉에 대해서는 당사자소송으로 무효확인을 청구할 수 있다는 것이 판례이다.

03 **공법상 계약에 관한 설명으로 옳지 않은 것은? (다툼이 있으면 판례에 따름)** 2024년 제12회

① 공법상 계약에는 법률우위의 원칙이 적용된다.

② 공법상 계약의 체결 시 계약의 목적 및 내용을 명확하게 적은 계약서를 작성하여야 한다.

③ 공법상 계약에 따른 권리·의무의 확인 소송은 공법상 당사자소송에 의한다.

④ 확약은 일방적 행위라는 점에서 복수당사자의 의사의 합치인 공법상 계약과는 구분된다.

⑤ 「국가를 당사자로 하는 계약에 관한 법률」에 따라 국가가 당사자가 되는 공공계약은 공법상 계약에 해당한다.

▶해설 ⑤ 국가를 당사자로 하는 계약이나 공공기관의 운영에 관한 법률의 적용 대상인 공기업이 일방 당사자가 되는 계약(이하 편의상 '공공계약'이라 한다)은 국가 또는 공기업이 사경제의 주체로서 상대방과 대등한 지위에서 체결하는 사법상의 계약으로서 본질적인 내용은 사인 간의 계약과 다를 바가 없다(대판 2017. 12. 21. 2012다74076).
① 공법상 계약도 법률우위의 원칙의 적용을 받아 법령 등을 위반하지 않는 범위에서 체결되어야 한다.
② 「행정기본법」 제27조 제1항
③ 공법상 계약에 따른 권리·의무의 확인 소송은 공법상 법률관계에 관한 소송이므로 공법상 당사자소송에 의한다.
④ 확약은 행정청의 행정행위에 대한 일방적 의사표시로서 약속이라는 점에서 복수당사자의 의사의 합치인 공법상 계약과는 구분된다.

04 **A시는 조례에 근거하여 甲회사와 생활폐기물수집·운반대행위탁계약을 체결하였다. 이 계약에 관한 설명으로 옳은 것은? (다툼이 있으면 판례에 따름)** 2021년 제9회

① 사법상 계약으로 계약자유의 원칙이 적용된다.

② 「국가를 당사자로 하는 계약에 관한 법률」이 적용된다.

③ 계약의 체결에 관한 다툼은 공법상 당사자소송에 의한다.

④ 계약절차에는 「행정절차법」이 적용된다.

⑤ 계약의 해지 통보에 관한 다툼은 취소소송에 의한다.

▶해설 ① 음식물류 폐기물의 수집·운반, 가로 청소, 재활용품의 수집·운반 업무의 대행을 위탁하고 그에 대한 대행료를 지급하는 것을 내용으로 하는 용역계약으로서 이 사건 변경계약에 따른 대행료 정산의무의 존부는 민사 법률관계에 해당하므로 이를 소송물로 다투는 소송은 민사소송에 해당하는 것으로 보아야 한다(대판 2018. 2. 13. 2014두11328). 사법상 계약의 성질을 갖는다면 사법상의 계약자유의 원칙이 적용된다.
② 지방자치단체가 한쪽 당사자이므로 「지방자치단체를 당사자로 하는 계약에 관한 법률」이 적용된다.
③ 사법관계에 해당하므로 공법상 당사자소송이 아니라 민사소송에 의하게 된다.
④ 「행정절차법」은 공법관계의 내용에 적용되므로 사법관계에는 「행정절차법」이 적용되지 않는다.
⑤ 사법관계이므로 민사소송에 의하게 되며 취소소송에 의하지 않는다.

Answer 1.③ 2.③ 3.⑤ 4.①

05 **행정작용에 관한 설명으로 옳은 것은? (다툼이 있으면 판례에 따름)** 2022년 제10회

① 행정계획은 사인의 신뢰보호를 위해 일반적으로 계획존속청구권이 인정된다.

② 행정사법작용에는 사적자치의 원칙이 통용되므로 공법적 제한을 받지 않는다.

③ 사실행위는 법적 효과의 제거대상이 될 수 없으므로, 권력적인지 비권력적인지를 불문하고 항고소송의 대상인 처분성이 인정되지 않는다.

④ 계약직공무원에 대한 채용계약해지를 함에 있어서는 「행정절차법」에 의하여 그 근거와 이유를 제시할 필요가 없다.

⑤ 행정지도는 상대방의 임의적인 협력을 구하는 것이므로, 법률우위의 원칙은 적용되지 않는다.

> **해설** ④ 계약직공무원 채용계약해지의 의사표시는 일반공무원에 대한 징계처분과는 달라서 항고소송의 대상이 되는 처분 등의 성격을 가진 것으로 인정되지 아니하고, 일정한 사유가 있을 때에 국가 또는 지방자치단체가 채용계약 관계의 한쪽 당사자로서 대등한 지위에서 행하는 의사표시로 취급되는 것으로 이해되므로, 이를 징계해고 등에서와 같이 그 징계사유에 한하여 효력 유무를 판단하여야 하거나, 행정처분과 같이 「행정절차법」에 의하여 근거와 이유를 제시하여야 하는 것은 아니다(대판 2002. 11. 26. 2002두5948).
> ① 행정계획에 대한 계획존속청구권은 일반적으로 인정되지 않고 행정계획에 직접적 이해관계를 갖는 사람에게만 인정된다.
> ② 행정사법작용에는 사적자치의 원칙이 통용되지만 일정한 공익을 위해 공법적 제한을 받는다.
> ③ 비권력적 사실행위는 항고소송의 대상되는 처분성이 인정되지 않지만 권력적 사실행위는 항고소송의 대상되는 처분성이 인정된다.
> ⑤ 행정지도는 원칙적 법률유보의 대상이 아니지만 법률우위의 원칙은 적용된다.

Answer 5. ④

제4절 행정지도

01 **행정지도에 관한 설명으로 옳지 않은 것은? (다툼이 있으면 판례에 따름)** 2018년 제6회

① 「주택법」에 따라 시장이 사업주체가 건설할 주택을 공업화주택으로 건설하도록 사업주체에게 권고한 것은 행정지도에 해당한다.

② 「행정절차법」은 행정지도에 법적 근거가 요구되는지에 대하여 규정하고 있지 않다.

③ 행정기관은 조직법상 주어진 권한의 범위 밖에서도 행정지도를 할 수 있다.

④ 행정지도에는 개별법상 명시적 규정의 유무를 불문하고 행정법의 일반원칙이 적용된다.

⑤ 사인의 행위가 위법한 행정지도에 따른 것이라는 사유만으로는 위법성이 조각되지 않는다.

해설 ③ 행정지도는 비권력적 사실행위의 성질을 가지고 있으므로 작용법적 근거는 요하지 않지만 조직법적 근거는 필요하다. 따라서 주어진 권한의 범위 밖에서는 행정지도를 할 수 없다.

① 권고와 권유 등은 지도, 조언 등과 함께 상대방의 임의적 협력을 전제로 하는 비권력적 사실행위에 해당하는 것으로서 행정지도에 해당한다.

② 「행정절차법」은 행정지도의 원칙과 방식 등에 대해서는 규정하고 있지만 법적 근거가 요구되는지에 대하여는 규정하고 있지 않다(「행정절차법」 제48조 내지 제51조).

④ 행정지도는 비권력적 사실행위이지만 개별법상 명시적 규정의 유무를 불문하고 행정법의 일반원칙은 당연히 적용되며, 현행 「행정절차법」 제48조에 비례원칙 등 일반원칙이 규정되어 있다.

⑤ 행정지도는 비권력적 사실행위이지만 법률우위의 원칙이 적용되므로 사인의 행위가 위법한 행정지도에 따른 것이라면 위법성이 인정된다.

Answer 1. ③

02 행정지도에 관한 설명으로 옳지 않은 것은? (다툼이 있으면 판례에 따름) 2020년 제8회

① 행정지도는 상대방의 협력을 전제로 법적 효과의 발생을 목적으로 하는 행정청의 의사표시이다.

② 행정지도의 상대방은 해당 행정지도의 방식·내용에 관하여 행정기관에 의견제출을 할 수 있다.

③ 행정기관은 상대방이 행정지도에 따르지 않았다는 이유로 불이익한 조치를 하여서는 아니 된다.

④ 행정지도를 하는 자는 상대방에게 행정지도의 취지 및 내용과 신분을 밝혀야 한다.

⑤ 행정지도는 「국가배상법」 제2조의 직무행위에 해당된다.

> **해설** ① 행정지도는 상대방의 협력을 전제로 하는 비권력적 사실행위이다. 법적 효과를 발생하게 하는 법적 행위가 아니다.
> ② 행정지도의 상대방은 당해 행정지도의 방식·내용 등에 관하여 행정기관에 의견제출을 할 수 있다(「행정절차법」 제50조).
> ③ 행정기관은 행정지도의 상대방이 행정지도를 따르지 아니하였다는 것을 이유로 불이익한 조치를 하여서는 아니 된다(「행정절차법」 제48조 제2항).
> ④ 행정지도를 하는 자는 그 상대방에게 행정지도의 취지·내용 및 신분을 밝혀야 한다(「행정절차법」 제49조 제1항).
> ⑤ 「국가배상법」상 공무원의 직무행위는 권력적 작용과 비권력적인 행정지도를 포함한다.

03 세무서장 甲은 乙회사에 대한 세무조사를 하면서 乙회사의 주요 거래처인 丙회사에게 乙회사와의 거래를 일정기간 중지하여 줄 것을 요청하였다(이하, '이 사건 요청행위'라고 한다). 이로 인하여 乙회사는 경제적인 불이익을 입게 되었다. 이에 관한 설명으로 옳지 않은 것은? (다툼이 있으면 판례에 따름) 2017년 제5회

① 이 사건 요청행위는 권고 내지 협조를 구하는 권고적 성격의 행위로서 丙의 법률상의 지위에 직접적인 변동을 가져오는 행정처분은 아니다.

② 이 사건 요청행위가 규제적·구속적 성격을 상당히 강하게 가지게 될 경우 헌법소원의 대상이 될 수도 있다.

③ 이 사건 요청행위는 乙의 「국가배상법」상 손해배상청구 요건인 공무원의 직무에 해당하지 않는다.

④ 이 사건 요청행위를 할 때 甲은 그 목적 달성에 필요한 최소한도 내에서 하여야 한다.

⑤ 이 사건 요청행위를 할 때 甲은 丙에게 요청행위의 취지 및 내용과 신분을 밝혀야 한다.

해설 ③ 「국가배상법」이 정한 배상청구의 요건인 '공무원의 직무'에는 권력적 작용만이 아니라 행정지도와 같은 비권력적 작용도 포함되며 단지 행정주체가 사경제주체로서 하는 활동만 제외된다(대판 1998. 7. 10. 96다38971).
① 세무당국이 주류제조회사에게 특정 주류판매업자와의 주류거래를 일정기간 중지하여 줄 것을 요청한 행위는 권고 내지 협조를 요청하는 권고적 성격의 행위로서 주류제조회사나 원고인 주류판매업자의 법률상의 지위에 직접적인 법률상의 변동을 가져오는 행정처분이라고 볼 수 없는 것이므로 항고소송의 대상이 될 수 없다(대판 1980. 10. 27. 80누395).
② 행정지도가 단순한 행정지도로서의 한계를 넘어 규제적·구속적 성격을 상당히 강하게 갖는 경우는 헌법소원의 대상이 되는 공권력의 행사라고 볼 수 있다는 것이 헌법재판소의 입장이다(헌재 2003. 6. 26. 2002헌마337).
④ 「행정절차법」 제48조 제1항, ⑤ 「행정절차법」 제49조 제1항

04 행정지도에 관한 설명으로 옳지 않은 것은? (다툼이 있으면 판례에 따름) 2015년 제3회

① 행정지도의 상대방은 해당 행정지도의 방식·내용 등에 관하여 행정기관에 의견 제출을 할 수 있다.

② 행정기관은 행정지도의 상대방이 행정지도에 따르지 아니하였다는 것을 이유로 불이익한 조치를 하여서는 안 된다.

③ 행정지도는 일정한 법적 효과의 발생을 목적으로 하는 처분이다.

④ 법치주의의 붕괴, 책임소재의 불분명으로 인한 책임행정의 이탈 등은 행정지도의 문제점에 해당된다.

⑤ 주무부처 장관의 대학총장들에 대한 학칙시정요구는 규제적·구속적 성격이 강하기 때문에 헌법소원의 대상이 된다.

해설 ③ 행정지도는 비권력적 사실행위로서 지도의 상대방에게 권리를 제한하거나 의무를 직접적으로 부담시키는 효과를 갖는 법적 행위가 아니므로 처분에 해당하지 않는 것이 원칙이다.
① 「행정절차법」 제50조, ② 「행정절차법」 제48조 제2항
⑤ 교육인적자원부장관의 대학총장들에 대한 학칙시정요구는 행정지도의 일종이지만, 그에 따르지 않을 경우 일정한 불이익조치를 예정하고 있어 사실상 상대방에게 그에 따를 의무를 부과하는 것과 다를 바 없으므로 단순한 행정지도로서의 한계를 넘어 규제적·구속적 성격을 상당히 강하게 갖는 것으로서 헌법소원의 대상이 되는 공권력의 행사라고 볼 수 있다(헌재 2003. 6. 26. 2002헌마337).

Answer 2.① 3.③ 4.③

05 「행정절차법」상 행정지도에 관한 설명으로 옳지 않은 것은? 2013년 제1회

① 행정지도는 상대방의 의사에 반하여 부당하게 강요하여서는 아니 된다.

② 행정기관은 행정지도의 상대방이 행정지도에 따르지 아니하였다는 것을 이유로 불이익한 조치를 하여서는 아니 된다.

③ 행정지도는 법적 행위가 아니라 비권력적 사실행위에 불과하므로 비례원칙이 적용되지 아니한다.

④ 행정지도의 상대방은 해당 행정지도의 방식·내용 등에 관하여 행정기관에 의견제출을 할 수 있다.

⑤ 행정지도를 하는 자는 그 상대방에게 그 행정지도의 취지 및 내용과 신분을 밝혀야 한다.

> **해설** ③ 「행정절차법」은 행정지도는 그 목적 달성에 필요한 최소한에 그쳐야 한다고 비례원칙을 명시적으로 규정하고 있으며(제48조 제1항), 모든 행정작용은 당연히 비례원칙의 구속을 받는다.
> ① 「행정절차법」 제48조 제1항, ② 「행정절차법」 제48조 제2항, ④ 「행정절차법」 제50조, ⑤ 「행정절차법」 제49조 제1항

06 행정지도에 관한 설명으로 옳지 않은 것은? 2023년 제11회

① 행정지도를 반드시 서면으로 해야 하는 것은 아니다.

② 행정기관은 행정지도의 상대방이 행정지도에 따르지 아니하였다는 것을 이유로 불이익한 조치를 하여서는 아니 된다.

③ 행정기관이 같은 행정목적을 실현하기 위하여 많은 상대방에게 행정지도를 하려는 경우에는 특별한 사정이 없으면 행정지도에 공통적인 내용이 되는 사항을 공표하여야 한다.

④ 행정지도의 상대방은 해당 행정지도의 내용뿐만 아니라 행정지도의 방식에 관해서도 행정기관에 의견제출을 할 수 있다.

⑤ 「행정기본법」은 임의성의 원칙 등 행정지도의 원칙에 관하여 규정하고 있다.

> **해설** ⑤ 「행정절차법」은 임의성의 원칙 등 행정지도의 원칙에 관하여 규정하고 있다.
> ① 행정지도가 말로 이루어지는 경우에 상대방이 서면의 교부를 요구하면 그 행정지도를 하는 자는 직무수행에 특별한 지장이 없으면 이를 교부하여야 한다(「행정절차법」 제49조 제2항).
> ② 「행정절차법」 제48조 제2항, ③ 「행정절차법」 제51조, ④ 「행정절차법」 제50조

07 **행정지도에 관한 설명으로 옳지 않은 것은? (다툼이 있으면 판례에 따름)** 2025년 제13회

① 행정지도를 하는 자는 그 상대방에게 그 행정지도의 취지 및 내용과 신분을 밝혀야 한다.

② 행정기관은 행정지도의 상대방이 행정지도에 따르지 아니하였다는 것을 이유로 불이익한 조치를 하여서는 아니 된다.

③ 「국가배상법」이 정한 배상청구의 요건인 공무원의 직무에는 행정지도와 같은 비권력적 작용은 포함되지 않는다.

④ 행정지도의 상대방은 해당 행정지도의 방식·내용 등에 관하여 행정기관에 의견제출을 할 수 있다.

⑤ 행정지도는 그 목적 달성에 필요한 최소한도에 그쳐야 하며, 행정지도의 상대방의 의사에 반하여 부당하게 강요하여서는 아니 된다.

해설 ③ 「국가배상법」이 정한 배상청구의 요건인 '공무원의 직무'에는 권력적 작용만이 아니라 행정지도와 같은 비권력적 작용도 포함되며 단지 행정주체가 사경제주체로서 하는 활동만 제외된다(대판 1998. 7. 10. 96다38971). ① 「행정절차법」 제49조 제1항, ② 「행정절차법」 제48조 제2항, ④ 「행정절차법」 제50조, ⑤ 「행정절차법」 제48조 제1항

Chapter 05

행정절차와 정보제도

제1절 행정절차

1. 서론

(1) 「행정절차법」의 구조와 특징

특징	① 총칙, 처분, 신고, 확약, 위반사실의 공표, 행정계획, 행정상 입법예고, 행정예고, 행정지도 규정, 국민의 행정참여, 보칙으로 구성 ② 절차적 규정이 중심이나, 신의성실·신뢰보호의 원칙, 투명성의 원칙, 행정지도의 원칙 등 실체적 규정도 있음
문제점	절차규정이 규정만 되어 있고 절차상 하자 있는 처분의 효력과 치유 등의 규정이 없음 ^{기출}

(2) 「행정절차법」 적용 배제

① 국회 또는 지방의회의 의결을 거치거나 동의 또는 승인을 얻어 행하는 사항 ^{기출}

② 법원 또는 군사법원의 재판에 의하거나 그 집행으로 행하는 사항

③ 헌법재판소의 심판을 거쳐 행하는 사항

④ 각급 선거관리위원회의 의결을 거쳐 행하는 사항

⑤ 감사원이 감사위원회의의 결정을 거쳐 행하는 사항 ^{기출}

⑥ 형사·행형 및 보안처분 관계 법령에 의하여 행하는 사항

⑦ 국가안전보장·국방·외교 또는 통일에 관한 사항 중 행정절차를 거칠 경우 국가의 중대한 이익을 현저히 해할 우려가 있는 사항 ^{기출}

⑧ 심사청구, 해양안전심판, 조세심판, 특허심판, 행정심판 기타 불복절차에 의한 사항 ^{기출}

⑨ 「병역법」에 의한 징집·소집, 외국인의 출입국·난민인정·귀화, 공무원 인사 관계 법령에 의한 징계 기타 처분 또는 이해 조정을 목적으로 하는 법령에 의한 알선·조정·중재·재정 기타 처분 등 당해 행정작용의 성질상 행정절차를 거치기 곤란하거나 불필요하다고 인정되는 사항과 행정절차에 준하는 절차를 거친 사항으로서 대통령령으로 정하는 사항

지문식 판례

① 공정거래위원회의 시정조치 및 과징금 납부명령에 대해서는 「행정절차법」을 적용하여 의견청취절차를 생략할 수 없다(「행정절차법」 적용 배제).
② 산업기능요원 편입취소처분은 「병역법」상 소집에 관한 사항이 아니므로 「행정절차법」이 적용된다.
③ 군인사법령에 의하여 진급예정자명단에 포함된 자에 대하여 진급선발을 취소하는 경우 「행정절차법」을 적용하여야 한다.
④ 대통령의 한국방송공사 사장 해임에 「행정절차법」이 적용된다.
⑤ 「출입국관리법」 규정은 난민인정 거부처분의 이유제시에 관한 「행정절차법」 중 이유제시에 대한 배제 조항이다.
⑥ 공무원에 대한 직위해제처분은 성질상 행정절차를 거치기 곤란하거나 불필요하다고 인정되는 사항 또는 행정절차에 준하는 절차를 거친 사항에 해당한다(「행정절차법」 적용 배제). 기출
⑦ 외국인의 사증발급 신청에 대한 거부처분은 성질상 「행정절차법」 제24조에서 정한 '처분서 작성·교부'를 할 필요가 없거나 곤란하다고 일률적으로 단정하기 어렵다.

2. 총칙편

(I) 일반

행정절차의 원칙	① 행정청은 직무를 수행할 때 신의(信義)에 따라 성실히 해야 함 ② 행정청은 법령 등의 해석 또는 행정청의 관행이 일반적으로 국민들에게 받아들여졌을 때에는 공익 또는 제3자의 정당한 이익을 현저히 해칠 우려가 있는 경우를 제외하고는 새로운 해석 또는 관행에 따라 소급하여 불리하게 처리하여서는 안 됨 ③ 행정청이 행하는 행정작용은 그 내용이 구체적이고 명확하여야 하며, 행정작용의 근거가 되는 법령 등의 내용이 명확하지 아니한 경우 상대방은 해당 행정청에 그 해석을 요청할 수 있음
관할	① 관할에 속하지 않거나 관할이 변경된 사안을 접수 → 관할 행정청에 이송 기출 ② 관할이 분명하지 않은 경우 → 해당 행정청을 공통으로 감독하는 상급행정청이 그 관할을 결정, 공통으로 감독하는 상급행정청이 없는 경우 각 상급행정청이 협의하여 결정 기출
행정응원	① 행정응원을 위하여 파견된 직원은 응원을 요청한 행정청의 지휘·감독을 받음 ② 행정응원에 드는 비용은 응원을 요청한 행정청이 부담하며, 그 부담금액 및 방법은 응원을 요청한 행정청과 응원을 하는 행정청이 협의로 결정 기출 ③ 행정응원을 요청받은 행정청은 응원을 거부하는 경우 그 사유를 응원을 요청한 행정청에 통지해야 함 기출
기간	**기간의 정지** — 천재지변이나 그 밖에 당사자 등에게 책임이 없는 사유로 기간 및 기한을 지킬 수 없는 경우에는 그 사유가 끝나는 날까지 기간의 진행이 정지 기출 **외국에 대한 기한** — 외국에 거주하거나 체류하는 자에 대한 기간 및 기한은 행정청이 그 우편이나 통신에 걸리는 일수를 고려하여 정해야 함 기출

⑵ 당사자 등

① 행정청의 처분에 대하여 직접 그 상대가 되는 당사자(자연인, 법인, 법인이 아닌 사단 또는 재단 ^{기출}, 그 밖에 권리·의무의 주체가 될 수 있는 자)
② 행정청이 직권으로 또는 신청에 따라 행정절차에 참여하게 한 이해관계인 ^{기출}

⑶ 대표자

당사자 등에 의한 선정	다수의 당사자 등이 공동으로 행정절차에 관한 행위를 하는 경우
행정청에 의한 선정	① 당사자 등이 대표자를 선정하지 아니하거나 대표자가 지나치게 많아 행정절차가 지연될 우려가 있는 경우 ② 3인 이내의 대표자를 선정할 것을 요청 → 선정(×) → 행정청이 직접 대표자 선정 ☑ 행정심판은 행정심판위원회의 직접 선정이 없음

3. 처분절차

⑴ 공통 절차

처분의 방식	원칙	문서, 전자문서 - 당사자 등의 동의 필요(문서에 의하지 않은 처분은 무효) ^{기출}
	예외	신속히 처리, 경미한 사안 - 말 또는 그 밖의 방법 but 요청 시 문서교부 ^{기출}
처분기준 설정·공표	원칙	처분의 성질에 비추어 되도록 구체적으로 정하여 공표
	생략	처분의 성질상 현저히 곤란하거나 공공의 안전 또는 복리를 현저히 해치는 것으로 인정될 만한 상당한 이유가 있는 경우 ^{기출}
이유제시	상대방	행정청은 처분을 할 때에는 <u>당사자</u>에게 그 근거와 이유를 제시, 이해관계인(×) ^{기출}
	생략사유	① 신청 내용을 모두 그대로 인정하는 처분인 경우 ^{기출} ② 단순·반복적인 처분 또는 경미한 처분으로서 당사자가 그 이유를 명백히 알 수 있는 경우 ^{기출} ③ 긴급히 처분을 할 필요가 있는 경우 ☑ ②, ③의 경우 당사자가 요청하는 경우 이유제시, but ①은 요청 시에도 그럴 필요 없음
	이유제시 정도	상당한 이유제시가 된 경우 처분의 구체적 조항 및 내용까지 명시할 필요 없음
처분의 정정		처분에 오기, 오산 또는 그 밖에 이에 준하는 명백한 잘못이 있을 때 정정 통지 ^{기출}
고지		① 행정심판 및 행정소송에 관한 사항 통지 ② 고지절차에 관한 규정을 위반하였다고 하여 그러한 이유만으로 처분이 위법하게 되는 것은 아님(판례) ^{기출}

> **지문식 판례**
>
> ① 「행정절차법」 제20조 제1항의 처분기준 사전공표 의무를 위반하여 미리 공표하지 아니한 기준을 적용하여 처분을 하였다고 하더라도, 그러한 사정만으로 곧바로 해당 처분에 취소사유에 이를 정도의 흠이 존재한다고 볼 수는 없다.
>
> ② 하나의 납세고지서에 의하여 복수의 과세처분을 함께 하는 경우 과세처분별로 그 세액과 산출근거 등을 구분하여 기재하여야 한다.

(2) 신청에 대한 처분

처분의 신청	신청 방식	① 원칙 : 문서 ② 예외 : 다른 법령 등에 특별한 규정이 있는 경우 또는 행정청이 미리 다른 방법을 정하여 공시한 경우
	전자문서 신청	행정청의 컴퓨터에 입력된 때에 신청한 것으로 봄 ^{기출}
	구비서류 흠결	보완을 요구하여야 함(기속) → 보완하지 않은 경우 반려
	다른 행정청 접수	신청인의 편의를 위해 다른 행정청에 신청을 접수하게 할 수 있음 ^{기출}
처리기간 설정·공표		① 신청인의 편의를 위해 처분의 처리기간을 종류별로 미리 정하여 공표 ② 기간 내 처리가 곤란한 경우 처리기간 범위 내 한 번만 연장 가능

(3) 의견청취절차

대상처분		행정청의 직권에 의한 불이익처분[수익적 처분(×), 신청에 대한 거부처분(×)]
공통적 생략사유 (사전통지, 의견제출, 청문, 공청회)		① 공공의 안전 또는 복리를 위하여 긴급히 처분을 할 필요가 있는 경우 ② 법령 등에서 요구된 자격이 없거나 없어지게 되면 반드시 일정한 처분을 하여야 하는 경우에 그 자격이 없거나 없어지게 된 사실이 법원의 재판 등에 의하여 객관적으로 증명된 경우 ③ 해당 처분의 성질상 의견청취가 현저히 곤란하거나 명백히 불필요하다고 인정될 만한 상당한 이유가 있는 경우 ^{기출} ✎ 의견청취 : 당사자가 의견진술 기회를 포기한다는 뜻을 명백히 표시한 경우 추가 ^{기출}
의견의 반영 (공통)		① 조문상 - 상당한 이유가 있다고 인정하는 경우에 반영하여야 함 ② 어느 정도 의견 반영할 것인지는 행정청의 재량. 의견에 행정청 기속 안 됨
의견제출		① 주재자(×), 청문 또는 공청회를 거친 경우 생략, 거치지 않은 경우에는 최소한 필수적 거쳐야 함(청문, 공청회에 보충적 but 필수적) ② 사전통지는 10일 이상 기간을 두고 통지
문서의 열람복사청구		당사자 등은 의견제출의 경우에는 처분의 사전통지가 있는 날부터 의견제출기한까지, 청문의 경우에는 청문의 통지가 있는 날부터 청문이 끝날 때까지 행정청에 해당 사안의 조사결과에 관한 문서와 그 밖에 해당 처분과 관련되는 문서의 열람 또는 복사를 요청할 수 있음 ^{기출}
공청회	개최사유	① 다른 법령 등에서 공청회를 개최하도록 규정하고 있는 경우 ② 널리 의견을 수렴할 필요가 있다고 행정청이 인정하는 경우 ^{기출} ③ 대통령령으로 정하는 일정 수 이상의 요구가 있는 경우
	절차개시	개최 14일 전까지 통지 ^{기출}, 일반인에 공고
	주재자	행정청이 선정
	발표자	① 1차 : 신청자 중 선정 ② 2차 : 신청자가 없는 경우 또는 공정성확보를 위해 필요한 경우 행정청이 지명·위촉

	온라인 공청회	일반 공청회와 병행하여서만 가능
		[단독 개최] ① 국민의 생명·신체·재산의 보호 등 국민의 안전 또는 권익보호 등의 이유로 제38조에 따른 공청회를 개최하기 어려운 경우 ② 제38조에 따른 공청회가 행정청이 책임질 수 없는 사유로 개최되지 못하거나 개최는 되었으나 정상적으로 진행되지 못하고 무산된 횟수가 3회 이상인 경우 ③ 행정청이 널리 의견을 수렴하기 위하여 온라인공청회를 단독으로 개최할 필요가 있다고 인정하는 경우
청문	개최사유	① 다른 법령 등에서 청문을 하도록 규정하고 있는 경우 ② 행정청이 필요하다고 인정하는 경우 ^{기출} ③ 다음 각 목의 처분을 하는 경우 　가. 인허가 등의 취소 ^{기출} 　나. 신분·자격의 박탈 　다. 법인이나 조합 등의 설립허가의 취소 ^{기출}
	절차개시	개최 10일 전까지 통지
	주재자	① 행정청이 (소속 직원 또는 대통령령으로 정하는 자격을 가진 사람 중에서) 선정하는 사람 ② 다수 국민의 이해가 상충되는 처분을 하려는 경우에는 청문 주재자를 2명 이상으로 선정 가능 ③ 행정청은 청문 시작 7일 전까지 주재자에게 청문과 관련된 필요한 자료를 미리 통지
	증거조사	① 주재자의 직권 또는 당사자 신청에 따라 조사 ② 당사자 등이 주장하지 않은 사실도 조사할 수 있음 ^{기출}
	청문의 공개	① 비공개 원칙, 당사자의 신청 또는 주재자 직권으로 공개 가능 ② 단, 공익 또는 제3자의 정당한 이익을 현저히 해할 우려가 있는 경우 공개 불가
	청문의 병합·분리	행정청은 직권으로 또는 당사자의 신청에 따라 여러 개의 사안을 병합하거나 분리하여 청문을 할 수 있음[당사자 등(×)] ^{기출}

지문식 판례

① 수익적 행정행위의 신청에 대한 거부처분은 사전통지와 의견제출의 대상이 아니다. ^{기출}
② 도로구역변경고시는 사전통지나 의견청취의 대상이 되는 처분이 아니다.
③ 고시의 방법으로 불특정 다수인을 상대로 권익을 제한하는 처분을 하는 경우 의견제출의 기회를 줄 처분에 해당하지 않는다. ^{기출}
④ 사인과의 협약으로 법령상 요구되는 청문을 배제할 수 없다. ^{기출}
⑤ 상대방이 청문에 불출석했다는 사유만으로 청문의 생략사유가 되지 않는다. ^{기출}
⑥ 서울특별시, 비영리법인, 일반 기업 등이 공동발족한 협의체인 추모공원건립협의회는 행정청이 아니므로 「행정절차법」상 공청회 절차를 거쳐야 하는 것은 아니다.

4. 그 밖의 절차

(1) 입법예고

예고사유	법령 등을 제정·개정·폐지하려는 경우 원칙적으로 해당 입법안 예고
생략사유	① 신속한 국민의 권리 보호 또는 예측 곤란한 특별한 사정의 발생 등으로 입법이 긴급을 요하는 경우 ② 상위 법령 등의 단순한 집행을 위한 경우 **기출** ③ 입법내용이 국민의 권리·의무 또는 일상생활과 관련이 없는 경우 **기출** ④ 단순한 표현·자구를 변경하는 경우 등 입법내용의 성질상 예고의 필요가 없거나 곤란하다고 판단되는 경우 ⑤ 예고함이 공공의 안전 또는 복리를 현저히 해칠 우려가 있는 경우
예고기간	특별한 사정이 없으면 40일 이상, 자치법규는 20일 이상 **기출**
전문 열람·복사	예고된 입법안의 전문에 대한 열람 또는 복사를 요청받았을 때에는 특별한 사유가 없으면 그 요청에 따라야 함 **기출**
의견제출	누구든지 예고된 입법안에 대하여 의견을 제출할 수 있음 **기출**

(2) 행정예고

예고사유	정책, 제도, 계획을 수립·시행·변경하는 경우 원칙적으로 예고
생략사유	① 신속하게 국민의 권리를 보호하여야 하거나 예측이 어려운 특별한 사정이 발생하는 등 긴급한 사유로 예고가 현저히 곤란한 경우 ② 법령 등의 단순한 집행을 위한 경우 ③ 정책 등의 내용이 국민의 권리·의무 또는 일상생활과 관련이 없는 경우 ④ 정책 등의 예고가 공공의 안전 또는 복리를 현저히 해칠 우려가 상당한 경우
예고기간	20일 이상
입법예고로 갈음	법령 등의 입법을 포함하는 행정예고는 입법예고로 갈음

제2절 정보제도

1. 정보공개

(1) 정보공개청구절차 흐름도

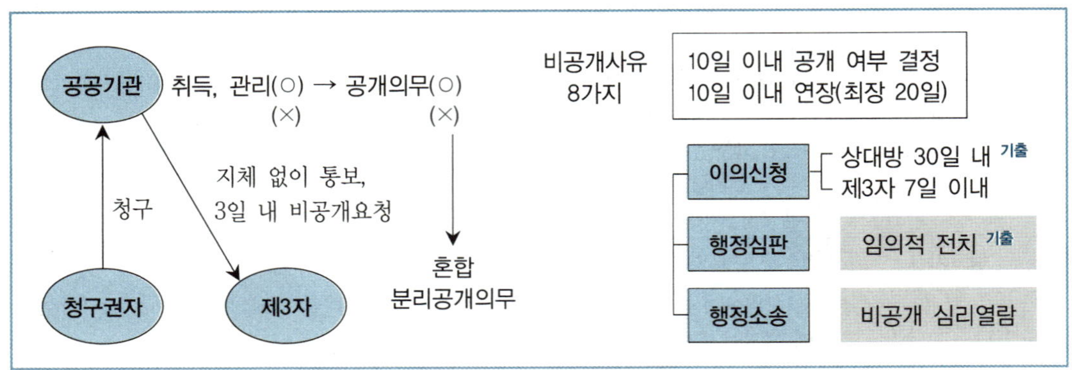

(2) 정보공개청구절차

법적 근거		「헌법」상 표현의 자유 → 알 권리 → 정보공개청구권(법률 없이 인정)
공공기관		① 국가기관, 지방자치단체, 공공기관 모두 대상 ② 대통령령으로 정하는 공공기관(각급 학교) 기출
청구권자		① 모든 국민 기출 ② 국내 일정한 주소를 두고 거주하거나 학술·연구를 목적으로 일시체류하는 외국인(법인은 국내에 사무소가 있어야 함) 기출
청구방법		정보공개청구서 제출 또는 말로 청구 기출
비용부담		실비의 범위에서 청구인이 부담 기출
공개 여부 결정	결정기간	① 원칙 − 10일 내, 예외 − 부득이한 경우 10일 내 연장 가능 ② 20일 내 결정 없는 경우 → 불복제기[비공개결정으로 봄(×)]
	제3자 통지	공공기관은 지체 없이 통지 기출 → 제3자는 3일 내 비공개요청
전자적 공개	전자적 형태로 보유·관리(○)	전자적 형태로 공개청구 → 청구인의 요청에 <u>따라야 함</u>
	전자적 형태로 보유·관리(×)	전자적 형태로 공개청구 → 변환하여 <u>공개할 수 있음</u>
이의신청	사유	비공개결정, 부분공개결정, 20일이 지나도 결정 없는 경우
	기간	① 청구권자 : 30일 내 기출 ② 제3자 : 7일 내
	소송관계	임의적 전치, 이의신청을 거치지 않고 행정심판이나 행정소송 제기 가능 기출

지문식 판례

① 형사재판확정기록의 공개에 관하여는 「공공기관의 정보공개에 관한 법률」에 의한 공개청구가 허용되지 않는다.

② 공무원 또는 공무원이었던 사람이 그 직무와 관련하여 보관하거나 가지고 있는 문서의 공개에 관하여는 「민사소송법」이 아닌 「공공기관의 정보공개에 관한 법률」에서 정한 절차와 방법에 의한다.

③ 사립대학교가 국비의 지원을 받는 범위 내에서만 공공기관의 성격을 가지는 것은 아니다. ^{기출}

④ 한국방송공사는 「정보공개법」에 따라 정보를 공개할 의무가 있는 '특별법에 의하여 설립된 특수법인'에 해당한다. ^{기출}

⑤ '한국증권업협회'는 「공공기관의 정보공개에 관한 법률 시행령」 제2조 제4호의 '특별법에 의하여 설립된 특수법인'에 해당한다고 보기 어렵다. ^{기출}

⑥ 국민에는 자연인은 물론 법인, 권리능력 없는 사단·재단도 포함되고, 법인, 권리능력 없는 사단·재단 등의 경우에는 설립목적도 불문한다. ^{기출}

⑦ 정보공개청구권은 법률상 보호되는 구체적인 권리이므로 청구인이 공공기관에 대하여 정보공개를 청구하였다가 거부처분을 받은 것 자체가 법률상 이익의 침해에 해당한다. ^{기출}

⑧ 정보공개를 청구한 목적이 손해배상소송에 제출할 증거자료를 획득하기 위한 것이었고 그 소송이 이미 종결되었다고 하더라도 정보공개청구가 권리남용에 해당하지 않는다. ^{기출}

⑨ 공공기관이 그 정보를 보유·관리하고 있지 않은 경우 특별한 사정이 없는 한 정보공개거부처분의 취소를 구할 법률상 이익이 없다. ^{기출}

⑩ 당해 정보를 공공기관이 보유·관리하고 있을 상당한 개연성이 있다는 점에 대한 증명책임은 공개청구권자, 그 정보를 더 이상 보유·관리하고 있지 않다는 점에 대한 증명책임은 공공기관에 있다. ^{기출}

⑪ 정보공개청구가 없었던 경우 정보공개의 의무는 인정되지 않는다.

⑫ 비공개대상정보와 공개대상정보가 분리될 수 있는 경우 공개가 가능한 부분을 특정하고 판결주문에 공개가 가능한 부분만 취소한다고 표시하여야 한다. ^{기출}

⑬ 이미 다른 사람에게 공개되어 널리 알려져 있다거나 인터넷 등을 통하여 공개되어 인터넷 검색 등을 통하여 쉽게 알 수 있는 경우에도 정보공개청구가 가능하다. ^{기출}

⑭ 정보공개방법에 대해서는 청구권자가 선택한 공개방법에 따라 공개해야 하며, 공공기관에게 재량이 인정되지 않는다.

⑮ 공개청구대상정보는 반드시 원본일 필요는 없다. ^{기출}

⑯ 청구권자가 청구한 공개방법이 아닌 방법으로 공개결정한 경우 정보공개청구에 대한 일부거부가 된다(항고소송제기 가능). ^{기출}

⑰ 정보공개를 요구받은 공공기관이 공개를 거부하는 경우에는 비공개사유에 해당하는지를 주장·입증하지 아니한 채 개괄적인 사유만을 들어 공개를 거부할 수 없다. ^{기출}

⑱ '진행 중인 재판에 관련된 정보'에 해당한다는 사유로 정보공개를 거부하기 위하여는 반드시 그 정보가 진행 중인 재판의 소송기록 자체에 포함된 내용일 필요는 없다. ^{기출}

(3) 공개 / 비공개 판례

비공개 대상 정보	공개 대상 정보
① 의사결정과정에 제공된 회의관련자료나 의사결정과정이 기록된 회의록 등은 의사결정과정에 있는 사항에 준하는 사항으로서 비공개대상정보에 포함될 수 있음 ^{기출} ② 독립유공자서훈 공적심사위원회의 심의·의결 과정 및 그 내용을 기재한 회의록 ③ 「보안관찰법」 소정의 보안관찰 관련 통계자료 ④ 시험문항에 대한 채점위원별 채점결과 ⑤ 문제은행 출제방식을 채택하고 있는 치과의사 국가시험의 문제지와 정답지 ⑥ 지방자치단체의 업무추진비 세부항목별 집행내역 및 그에 관한 증빙서류에 포함된 개인에 관한 정보 ⑦ 법인 등이 거래하는 금융기관의 계좌번호 ^{기출} ⑧ 국방부의 한국형 다목적 헬기(KMH) 도입사업에 대한 감사원장의 감사결과보고서 ⑨ 학교폭력대책자치위원회의 회의록 ^{기출} ⑩ 한국방송공사의 프로그램 편성과정상의 정보 ^{기출}	① 「교육공무원 승진규정」은 법률이 위임한 명령에 해당하지 아니하므로 위 규정을 근거로 정보공개청구를 거부하는 것은 위법(교육공무원 근무평정자료) ② 「검찰보존사무규칙(법무부령)」은 "다른 법률 또는 법률에 의한 명령에 의하여 비공개사항으로 규정"된 경우에 해당하지 않음 ③ 대한주택공사의 아파트분양원가 산출내역에 관한 정보 ④ 2002학년도부터 2005학년도까지의 대학수학능력시험 원데이터 ⑤ 아파트재건축주택조합의 조합원들에게 제공될 무상보상평수의 사업수익성을 검토한 자료

2. 「개인정보 보호법」 주요 내용

(1) 특징

① 살아 있는 개인에 관한 정보에 한정되므로 사인(死人)의 정보 또는 법인의 정보의 경우에는 적용되지 않는다. ^{기출}

② 수작업에 의한 정보도 포함된다.

> **🔷 「개인정보 보호법」 정의조항**
>
> ① 개인정보 : 살아 있는 개인에 관한 정보로서 ㉠ 개인을 알아볼 수 있는 정보, ㉡ 다른 정보와 쉽게 결합하여 알아볼 수 있는 정보, ㉢ 가명처리함으로써 원래의 상태로 복원하기 위한 추가정보의 사용·결합 없이는 특정 개인을 알아볼 수 없는 정보
> ② 개인정보처리자 : 업무를 목적으로 개인정보파일을 운용하기 위하여 스스로 또는 다른 사람을 통하여 개인정보를 처리하는 공공기관, 법인, 단체 및 개인 등

(2) 개인정보 보호의 원칙과 정보주체의 권리

개인정보 보호의 원칙	① 개인정보처리자는 개인정보의 처리 목적을 명확하게 해야 하고 그 목적에 필요한 범위에서 최소한의 개인정보만을 적법하고 정당하게 수집해야 함 ② 개인정보처리자는 개인정보의 처리 목적에 필요한 범위에서 적합하게 개인정보를 처리해야 하며, 그 목적 외의 용도로 활용해서는 안 됨 **기출** ③ 개인정보처리자는 개인정보의 처리 목적에 필요한 범위에서 개인정보의 정확성, 완전성 및 최신성이 보장되도록 해야 함 **기출** ④ 개인정보처리자는 개인정보의 처리 방법 및 종류 등에 따라 정보주체의 권리가 침해받을 가능성과 그 위험 정도를 고려하여 개인정보를 안전하게 관리해야 함 ⑤ 개인정보처리자는 개인정보 처리방침 등 개인정보의 처리에 관한 사항을 공개해야 하며, 열람청구권 등 정보주체의 권리를 보장해야 함 **기출** ⑥ 개인정보처리자는 정보주체의 사생활 침해를 최소화하는 방법으로 개인정보를 처리해야 함 **기출** ⑦ 개인정보처리자는 개인정보를 익명 또는 가명으로 처리해도 개인정보 수집목적을 달성할 수 있는 경우 익명처리가 가능한 경우에는 익명에 의하여, 익명처리로 목적을 달성할 수 없는 경우에는 가명에 의하여 처리될 수 있도록 해야 함 **기출** ⑧ 개인정보처리자는 이 법 및 관계법령에서 규정하고 있는 책임과 의무를 준수하고 실천함으로써 정보주체의 신뢰를 얻기 위하여 노력해야 함
정보주체의 권리	① 개인정보의 처리에 관한 정보를 제공받을 권리 **기출** ② 개인정보의 처리에 관한 동의 여부, 동의 범위 등을 선택하고 결정할 권리 **기출** ③ 개인정보의 처리 여부를 확인하고 개인정보에 대한 열람(사본의 발급을 포함한다. 이하 같다) 및 전송을 요구할 권리 **기출** ④ 개인정보의 처리 정지, 정정·삭제 및 파기를 요구할 권리 **기출** ⑤ 개인정보의 처리로 인하여 발생한 피해를 신속하고 공정한 절차에 따라 구제받을 권리 ⑥ 완전히 자동화된 개인정보 처리에 따른 결정을 거부하거나 그에 대한 설명 등을 요구할 권리

(3) 개인정보의 수집과 이용

개인정보 수집·이용	① 정보주체의 동의를 받은 경우 ② 법률에 특별한 규정이 있거나 법령상 의무를 준수하기 위하여 불가피한 경우 ③ 공공기관이 법령 등에서 정하는 소관 업무의 수행을 위하여 불가피한 경우 ④ 정보주체와 체결한 계약을 이행하거나 계약을 체결하는 과정에서 정보주체의 요청에 따른 조치를 이행하기 위하여 필요한 경우 **기출** ⑤ 명백히 정보주체 또는 제3자의 급박한 생명, 신체, 재산의 이익을 위하여 필요하다고 인정되는 경우 ⑥ 개인정보처리자의 정당한 이익을 달성하기 위하여 필요한 경우로서 명백하게 정보주체의 권리보다 우선하는 경우. 이 경우 개인정보처리자의 정당한 이익과 상당한 관련이 있고 합리적인 범위를 초과하지 아니하는 경우에 한함 ⑦ 공중위생 등 공공의 안전과 안녕을 위하여 긴급히 필요한 경우

⑷ 민감정보, 고유식별정보, 주민등록번호 처리

민감정보와 고유식별정보	원칙	처리 금지
	허용	① 별도의 동의 ② 법령에서 요구하거나 허용
주민등록번호	원칙	처리 금지
	허용	① 법률·대통령령·국회규칙·대법원규칙·헌법재판소규칙·중앙선거관리위원회규칙 및 감사원규칙에서 구체적으로 주민등록번호의 처리를 요구하거나 허용한 경우 ② 정보주체 또는 제3자의 급박한 생명, 신체, 재산의 이익을 위하여 명백히 필요하다고 인정되는 경우 ③ 제1호 및 제2호에 준하여 주민등록번호 처리가 불가피한 경우로서 보호위원회가 고시로 정하는 경우 ☑ 별도의 동의(×) ④ 개인정보처리자는 주민등록번호를 처리하는 경우에도 정보주체가 인터넷 홈페이지를 통하여 회원으로 가입하는 단계에서는 주민등록번호를 사용하지 아니하고도 회원으로 가입할 수 있는 방법을 제공해야 함

⑸ 영상정보처리기기의 설치·운영 제한

		일정한 공간에 설치되어 지속적 또는 주기적으로 사람 또는 사물의 영상 등을 촬영하거나 이를 유·무선망을 통하여 전송하는 장치로서 대통령령으로 정하는 장치
고정형 영상정보 처리기기	원칙	누구든지 공개된 장소에 고정형 영상정보처리기기를 설치·운영해서는 안 됨
	허용	① 법령에서 구체적으로 허용하고 있는 경우 ^{기출} ② 범죄의 예방 및 수사를 위하여 필요한 경우 ③ 시설의 안전 및 관리, 화재 예방을 위하여 정당한 권한을 가진 자가 설치·운영하는 경우 ^{기출} ④ 교통단속을 위하여 정당한 권한을 가진 자가 설치·운영하는 경우 ^{기출} ⑤ 교통정보의 수집·분석 및 제공을 위하여 정당한 권한을 가진 자가 설치·운영하는 경우 ⑥ 촬영된 영상정보를 저장하지 아니하는 경우로서 대통령령으로 정하는 경우 ^{기출}
	임의조작 금지	고정형 영상정보처리기기의 설치 목적과 다른 목적으로 고정형 영상정보처리기기를 임의로 조작하거나 다른 곳을 비춰서는 안 되며, 녹음기능은 사용할 수 없음
이동형 영상정보 처리기기	원칙	업무를 목적으로 이동형 영상정보처리기기를 운영하려는 자는 공개된 장소에서 이동형 영상정보처리기기로 사람 또는 그 사람과 관련된 사물의 영상(개인정보에 해당하는 경우로 한정한다)을 촬영해서는 안 됨
	허용	① 개인정보의 수집·이용에 해당하는 경우 ② 촬영 사실을 명확히 표시하여 정보주체가 촬영 사실을 알 수 있도록 했음에도 불구하고 촬영 거부 의사를 밝히지 않은 경우. 이 경우 정보주체의 권리를 부당하게 침해할 우려가 없고 합리적인 범위를 초과하지 않는 경우로 한정함 ^{기출}

⑹ **가명정보**

① 개인정보처리자는 통계작성, 과학적 연구, 공익적 기록보존 등을 위하여 정보주체의 <u>동의 없이</u> 가명정보를 처리할 수 있다. ^{기출}

② 가명정보를 제3자에게 제공하는 경우에는 특정 개인을 알아보기 위하여 사용될 수 있는 정보를 포함해서는 아니 된다.

⑺ **손해배상책임**

정보주체는 개인정보처리자가 이 법을 위반한 행위로 손해를 입으면 개인정보처리자에게 손해배상을 청구할 수 있다. 이 경우 그 <u>개인정보처리자</u>는 고의 또는 과실이 없음을 입증하지 아니하면 책임을 면할 수 없다.

⑻ **단체소송**

소송대상		① 정보처리자가 집단분쟁조정을 거부하거나 집단분쟁조정의 결과를 수락하지 않는 경우 ② 법원의 허가 ^{기출}
단체	소비자단체	① 공정거래위원회에 등록 ② 정관에 따라 상시적으로 정보주체의 권익증진을 주된 목적으로 하는 단체일 것 ③ 단체의 정회원수가 1천명 이상일 것 ④ 「소비자기본법」 제29조에 따른 등록 후 3년이 경과하였을 것
	비영리 민간단체	① 법률상 또는 사실상 동일한 침해를 입은 100명 이상의 정보주체로부터 단체소송의 제기를 요청받을 것 ② 정관에 개인정보 보호를 단체의 목적으로 명시한 후 최근 3년 이상 이를 위한 활동실적이 있을 것 ③ 단체의 상시 구성원수가 5천명 이상일 것 ④ 중앙행정기관에 등록되어 있을 것
소송대리인		반드시 변호사를 소송대리인으로 선임
확정판결의 효력	원칙	원고 청구를 기각하는 판결로 확정된 경우 다른 단체는 단체소송 제기(×)
	허용사유	① 판결이 확정된 후 그 사안과 관련하여 국가·지방자치단체 또는 국가·지방자치단체가 설립한 기관에 의하여 새로운 증거가 나타난 경우 ② 기각판결이 원고의 고의로 인한 것임이 밝혀진 경우
「민사소송법」 준용		「개인정보 보호법」에 특별한 규정이 없으면 「민사소송법」을 적용

제1절 행정절차

01 「행정절차법」이 정하고 있는 적용제외 대상이 아닌 것은? 2021년 제9회

① 국가안전보장·국방·외교 또는 통일에 관한 사항 중 행정절차를 거칠 경우 국가의 중대한 이익을 현저히 해칠 우려가 있는 사항

② 감사원이 감사위원회의의 결정을 거쳐 행하는 사항

③ 심사청구, 해양안전심판, 조세심판, 특허심판, 행정심판, 그 밖의 불복절차에 따른 사항

④ 국회 또는 지방의회의 의결을 거치거나 동의 또는 승인을 받아 행하는 사항

⑤ 처분의 전제가 되는 사실이 경찰의 수사에 의하여 객관적으로 증명된 사항

해설 ⑤ 「행정절차법」 제3조 제2항의 예외사항에 해당하지 않는다.
①·②·③·④ 「행정절차법」 제3조 제2항의 예외사항에 해당한다.

02 다음 중 「행정절차법」이 규정하고 있지 않은 것은?

① 신고절차

② 행정지도 절차

③ 행정예고 절차

④ 절차를 위반한 처분의 효력

⑤ 행정상 입법예고

해설 ④ 현행 「행정절차법」은 처분에 관한 절차가 규정되어 있을 뿐 이를 위반한 경우 처분이 무효인지 취소사유인지는 규정되어 있지 않다.

03 행정절차에 관한 설명으로 옳은 것은? (다툼이 있으면 판례에 따름) 2018년 제6회

① 신청에 대한 거부처분은 사전통지의 대상이 된다.

② 「국가공무원법」상 직위해제처분에는 의견청취에 관한 「행정절차법」의 규정이 적용된다.

③ 「행정절차법」상 의견제출을 할 수 있는 이해관계인은 행정청이 직권으로 행정절차에 참여하게 한 자에 한정된다.

④ 「국가공무원법」상 소청심사위원회가 소청사건을 심사하면서 소청인 또는 대리인에게 진술의 기회를 주지 아니하고 한 결정은 무효이다.

⑤ 무효사유인 절차상 하자는 판결 시까지 치유할 수 있다.

해설 ④ 「국가공무원법」 제13조 제2항
① 신청에 대한 거부처분은 「행정절차법」 제21조 제1항 소정의 사전통지의 대상이 된다고 할 수 없다(대판 2003. 11. 28. 2003두674).
② 「국가공무원법」상 직위해제처분은 당해 행정작용의 성질상 행정절차를 거치기 곤란하거나 불필요하다고 인정되는 사항 또는 행정절차에 준하는 절차를 거친 사항에 해당하므로, 처분의 사전통지 및 의견청취 등에 관한 「행정절차법」의 규정이 별도로 적용되지 않는다(대판 2014. 5. 16. 2012두26180).
③ 행정청이 직권으로 또는 신청에 따라 행정절차에 참여하게 한 이해관계인은 의견제출할 수 있다(「행정절차법」 제27조 제1항).
⑤ 무효사유인 절차상 하자는 치유 대상이 되지 않는다.

04 「행정절차법」상 행정청의 관할 및 협조에 관한 설명으로 옳지 않은 것은? 2023년 제11회

① 행정청이 그 관할에 속하지 아니하는 사안을 접수한 경우 지체 없이 이를 관할 행정청에 이송하여야 하고 그 사실을 신청인에게 통지하여야 한다.

② 행정응원에 드는 비용은 응원을 하는 행정청이 부담한다.

③ 행정청은 행정의 원활한 수행을 위하여 서로 협조하여야 한다.

④ 행정응원을 요청받은 행정청은 응원을 거부하는 경우 그 사유를 응원을 요청한 행정청에 통지하여야 한다.

⑤ 행정청의 관할이 분명하지 아니한 경우이지만 공통으로 감독하는 상급 행정청이 없는 경우에는 각 상급 행정청이 협의하여 그 관할을 결정한다.

해설 ② 행정응원에 드는 비용은 응원을 요청한 행정청이 부담하며, 그 부담금액 및 부담방법은 응원을 요청한 행정청과 응원을 하는 행정청이 협의하여 결정한다(「행정절차법」 제8조 제6항).
① 「행정절차법」 제6조 제1항, ③ 「행정절차법」 제7조 제1항, ④ 「행정절차법」 제8조 제4항, ⑤ 「행정절차법」 제6조 제2항

Answer   1. ⑤   2. ④   3. ④   4. ②

05 「행정절차법」상 행정응원을 요청할 수 있는 경우로 명시된 경우가 아닌 것은? 2025년 제13회

① 법령등의 이유로 독자적인 직무수행이 어려운 경우

② 행정서비스에 대한 국민의 만족도를 높이기 위하여 필요한 경우

③ 다른 행정청의 응원을 받아 처리하는 것이 보다 능률적이고 경제적인 경우

④ 다른 행정청에 소속되어 있는 전문기관의 협조가 필요한 경우

⑤ 인원·장비의 부족 등 사실상의 이유로 독자적인 직무 수행이 어려운 경우

▶해설 ② 「행정절차법」상 행정응원을 요청할 수 있는 사유로 명시되어 있지 않다.

> **행정절차법 제8조 【행정응원】** ① 행정청은 다음 각 호의 어느 하나에 해당하는 경우에는 다른 행정청에 행정응원(行政應援)을 요청할 수 있다.
> 1. 법령등의 이유로 독자적인 직무 수행이 어려운 경우
> 2. 인원·장비의 부족 등 사실상의 이유로 독자적인 직무 수행이 어려운 경우
> 3. 다른 행정청에 소속되어 있는 전문기관의 협조가 필요한 경우
> 4. 다른 행정청이 관리하고 있는 문서(전자문서를 포함한다. 이하 같다)·통계 등 행정자료가 직무 수행을 위하여 필요한 경우
> 5. 다른 행정청의 응원을 받아 처리하는 것이 보다 능률적이고 경제적인 경우

06 행정절차에 관한 설명으로 옳지 않은 것은? 2014년 제2회

① 지방의회의 승인을 받아 행하는 사항에 대해서는 「행정절차법」이 적용되지 않는다.

② 「행정절차법」은 행정계약절차를 규정하고 있지 않다.

③ 신청내용을 모두 그대로 인정하는 처분인 경우에는 「행정절차법」상 이유제시의무가 면제된다.

④ 법인은 「행정절차법」상 절차의 당사자가 될 수 있지만, 법인이 아닌 사단은 당사자가 될 수 없다.

⑤ 당사자가 의견진술의 기회를 포기한다는 뜻을 명백히 표시한 경우에는 「행정절차법」상 의견청취 절차를 거치지 아니할 수 있다.

▶해설 ④ 법인이 아닌 사단이나 재단도 행정절차의 당사자가 될 수 있다(「행정절차법」 제9조 제2호).
① 국회 또는 지방의회의 의결을 거치거나 동의 또는 승인을 받아 행하는 사항에 대해서는 「행정절차법」이 적용되지 않는다(「행정절차법」 제3조 제2항 제1호).
② 현행 「행정절차법」에는 행정계약(공법상 계약)에 관한 규정을 두고 있지 않다.
③ 이유제시의 생략사유에 해당한다.
⑤ 「행정절차법」 제22조 제4항

07 「행정절차법」의 내용에 관한 설명으로 옳은 것은? 2013년 제1회

① 행정청은 공청회를 개최하려는 경우에는 공청회 개최 20일 전까지 일시 및 장소 등의 사항을 당사자 등에게 통지하여야 한다.

② 판례에 의할 때 상대방의 신청에 대한 거부처분은 사전통지의 대상이다.

③ 「행정절차법」은 절차상 하자 있는 행정처분의 법적 효력에 관한 명문의 규정을 두고 있다.

④ 지방의회의 의결을 거쳐 행하는 사항에 대하여도 「행정절차법」이 적용된다.

⑤ 행정청은 직권으로 또는 당사자의 신청에 따라 여러 개의 사안을 병합하거나 분리하여 청문을 할 수 있다.

> **해설** ⑤ 「행정절차법」 제32조
> ① 행정청은 공청회를 개최하려는 경우에는 공청회 개최 14일 전까지 일정한 사항을 당사자 등에게 통지하고 관보, 공보, 인터넷 홈페이지 또는 일간신문 등에 공고하는 등의 방법으로 널리 알려야 한다(「행정절차법」 제38조).
> ② 신청에 대한 거부처분이 여기에서 말하는 '당사자의 권익을 제한하는 처분'에 해당한다고 할 수 없는 것이어서 처분의 사전통지대상이 된다고 할 수 없다(대판 2003. 11. 28. 2003두674).
> ③ 「행정절차법」은 처분의 절차에 관하여 규정하고 있지만 절차상 하자 있는 행정처분의 법적 효력에 관하여는 명문의 규정을 두고 있지 않다.
> ④ 국회 또는 지방의회의 의결을 거치거나 동의 또는 승인을 받아 행하는 사항에 대해서는 「행정절차법」의 적용이 배제된다(「행정절차법」 제3조 제2항 제1호).

08 다음 중 「행정절차법」상 대표자에 대한 설명으로 옳지 않은 것은?

① 다수의 당사자 등이 공동으로 행정절차에 관한 행위를 할 때에는 대표자를 선정할 수 있다.

② 대표자가 있는 경우에는 당사자 등은 그 대표자를 통하여서만 행정절차에 관한 행위를 할 수 있다.

③ 대표자는 행정절차를 끝맺는 행위를 포함한 모든 행위를 당사자의 동의 없이 할 수 있다.

④ 다수의 대표자가 있는 경우 그중 1인에 대한 행정청의 행위는 모든 당사자 등에게 효력이 있다.

⑤ 다수의 대표자가 있는 경우 행정청의 통지는 대표자 모두에게 하여야 그 효력이 있다.

> **해설** ③ 대표자는 각자 그를 대표자로 선정한 당사자 등을 위하여 행정절차에 관한 모든 행위를 할 수 있다. 다만, 행정절차를 끝맺는 행위에 대하여는 당사자 등의 동의를 받아야 한다(「행정절차법」 제11조 제4항).

Answer　5.② 6.④ 7.⑤ 8.③

09 「행정절차법」상 처분절차에 대한 설명 중 틀린 것은?

① 당사자 등은 공표된 처분기준이 불명확한 경우에는 해당 행정청에 대하여 그 해석 또는 설명을 요청할 수 있다.

② 처분을 하는 문서에는 그 처분 행정청과 담당자의 소속·성명 및 전화번호를 기재하여야 한다.

③ 행정청은 처리기간을 종류별로 정하여 미리 공표하여야 한다.

④ 처분에 대한 이유제시는 신청에 의한 처분이든 불이익처분이든 공통된 처분절차이다.

⑤ 행정청은 처분에 오기·오산 기타 이에 준하는 명백한 잘못이 있는 때에는 상대방의 신청에 의해 정정할 수 있으나 직권으로는 정정할 수 없다.

해설 ⑤ 행정청은 처분에 오기(誤記), 오산(誤算) 또는 그 밖에 이에 준하는 명백한 잘못이 있을 때에는 직권으로 또는 신청에 따라 지체 없이 정정하고 그 사실을 당사자에게 통지하여야 한다(「행정절차법」 제25조).

10 「행정절차법」상 행정처분의 사전통지에 대한 설명으로 옳은 것은? (다툼이 있는 경우 판례에 의함)

① 신청에 대한 거부처분도 사전통지의 대상이 된다.

② 행정청이 침해적 행정처분을 할 경우에는 사전통지를 반드시 하여야 한다.

③ 법령에서 요구된 자격이 없어지게 되면 반드시 일정한 처분을 하여야 하는 경우에 그 자격이 없어지게 된 사실이 법원의 재판에 의하여 객관적으로 증명된 경우에는 행정청의 사전통지 의무가 면제될 수 있다.

④ 행정청은 행정처분으로 인하여 권익을 침해받게 되는 제3자에 대하여 처분의 원인이 되는 사실과 처분의 내용 및 법적 근거를 미리 통지하여야 한다.

⑤ 수익적 처분도 사전통지의 대상이 된다.

해설 ① 거부처분은 특별한 사정이 없는 한 사전통지의 대상이 아니다.
② 행정청은 침해적 행정처분을 할 경우 사전통지를 하여야 한다. 단, 사전통지를 생략할 수 있는 경우도 인정된다. 즉, 침익적 처분을 하는 경우 행정청은 원칙적으로 사전통지를 하여야 하는 것이지 반드시 사전통지를 하여야 하는 것은 아니다.
④ 행정청이 침익적 영향을 받는 제3자에 대해 사전통지를 해 줄 수도 있다. 그러나 「행정절차법」이 침익적 영향을 받는 제3자에 대해 사전통지를 하도록 규정하고 있지는 않다.
⑤ 수익적 처분은 사전통지의 대상이 아니다. 침익적 처분이 사전통지의 대상이 된다.

11 「행정절차법」상 의견청취에 관한 설명으로 옳지 않은 것은? (다툼이 있으면 판례에 따름)

① 고시의 방법으로 불특정 다수인을 상대로 권익을 제한하는 처분을 하는 경우, 행정청은 상대방에게 의견제출의 기회를 주어야 한다.

② 행정청은 법령상 다른 규정이 없는 한, 사인과의 협약을 통해 법령상 요구되는 청문을 생략할 수 없다.

③ 행정청은 법인이나 조합 등의 설립허가의 취소처분을 하는 경우 청문을 한다.

④ 당사자 등은 청문의 통지가 있는 날부터 청문이 끝날 때까지 행정청에 해당 사안의 조사 결과에 관한 문서의 복사를 요청할 수 있다.

⑤ 청문 주재자는 당사자 등이 주장하지 아니한 사실에 대하여도 증거조사를 할 수 있다.

해설 ① '고시'의 방법으로 불특정 다수인을 상대로 의무를 부과하거나 권익을 제한하는 처분은 성질상 의견제출의 기회를 주어야 하는 상대방을 특정할 수 없으므로, 그 상대방에게 의견제출의 기회를 주어야 한다고 해석할 것은 아니다(대판 2014. 10. 27. 2012두7745).

② 이러한 협약이 체결되었다고 하여 청문의 실시에 관한 규정의 적용이 배제된다거나 청문을 실시하지 않아도 되는 예외적인 경우에 해당한다고 할 수 없다(대판 2004. 7. 8. 2002두8350).

③ 「행정절차법」 제22조 제1항 3호

④ 당사자등은 의견제출의 경우에는 처분의 사전 통지가 있는 날부터 의견제출기한까지, 청문의 경우에는 청문의 통지가 있는 날부터 청문이 끝날 때까지 행정청에 해당 사안의 조사결과에 관한 문서와 그 밖에 해당 처분과 관련되는 문서의 열람 또는 복사를 요청할 수 있다(「행정절차법」 제37조 제1항).

⑤ 청문 주재자는 직권으로 또는 당사자의 신청에 따라 필요한 조사를 할 수 있으며, 당사자 등이 주장하지 아니한 사실에 대하여도 조사할 수 있다(「행정절차법」 제33조 제1항).

Answer 9. ⑤ 10. ③ 11. ①

12 「**행정절차법**」**의 내용으로 옳지 않은 것은?** 2017년 제5회

① 행정청에 전자문서로 처분을 신청하는 경우에는 행정청의 컴퓨터 등에 입력한 이후, 입력 내용을 문서로 제출한 때 신청한 것으로 본다.

② 상위법령 등의 단순한 집행을 위한 경우에는 입법예고를 하지 아니할 수 있다.

③ 행정상 입법예고기간은 예고할 때 정하되, 특별한 사정이 없으면 40일(자치법규는 20일) 이상으로 한다.

④ 예고된 입법안에 대하여 누구든지 의견을 제출할 수 있다.

⑤ 청문이란 행정청이 어떠한 처분을 하기 전에 당사자등의 의견을 직접 듣고 증거를 조사하는 절차를 말한다.

> **해설** ① 처분을 신청할 때 전자문서로 하는 경우에는 행정청의 컴퓨터 등에 입력된 때에 신청한 것으로 본다(「행정절차법」 제17조 제2항).
> ② 「행정절차법」 제41조 제1항 제2호, ③ 「행정절차법」 제43조, ④ 「행정절차법」 제44조 제1항, ⑤ 「행정절차법」 제2조 제5호

13 **행정절차에 관한 설명으로 옳지 않은 것은? (다툼이 있으면 판례에 따름)**

① 행정청이 처분을 할 때에는 신청내용을 모두 그대로 인정하는 경우에도 당사자에게 그 근거와 이유를 제시하여야 한다.

② 행정청은 해당 처분의 성질상 의견청취가 현저히 곤란하거나 명백히 불필요하다고 인정될 만한 상당한 이유가 있는 경우에는 처분의 사전통지를 하지 않을 수도 있다.

③ 「국가공무원법」상 직위해제처분의 경우에는 처분의 사전통지 및 의견청취 등에 관한 「행정절차법」상의 규정이 별도로 적용되지 않는다.

④ 법령상 청문이 요구되는 경우에, 행정처분의 상대방이 청문일시에 불출석하였다는 이유로 청문을 실시하지 아니하고 한 침해적 행정처분은 위법하다.

⑤ 행정청이 처분을 할 때에는 다른 법령등에 특별한 규정이 있는 경우를 제외하고는 문서로 하여야 하며, 일정한 경우 전자문서로 할 수 있다.

> **해설** ① 행정청이 처분을 할 때에는 신청내용을 모두 그대로 인정하는 경우에는 당사자에게 그 근거와 이유제시를 생략할 수 있다(「행정절차법」 제23조 제1항 제1호).
> ② 「행정절차법」 제21조 제4항 제3호
> ③ 「국가공무원법」상 직위해제처분은 성질상 행정절차를 거치기 곤란하거나 불필요하다고 인정되는 사항 또는 행정절차에 준하는 절차를 거친 사항에 해당하므로, 처분의 사전통지 및 의견청취 등에 관한 「행정절차법」의 규정이 별도로 적용되지 않는다(대판 2014. 5. 16. 2012두26180).
> ④ 행정처분의 상대방에 대한 청문통지서가 반송되었다거나, 행정처분의 상대방이 청문일시에 불출석하였다는 이유로 청문을 실시하지 아니하고 한 침해적 행정처분은 위법하다(대판 2001. 4. 13. 2000두3337).
> ⑤ 「행정절차법」 제24조 제1항

14 행정절차에 관한 설명으로 옳은 것은? (다툼이 있으면 판례에 따름) 2020년 제8회

① 행정청은 신청 내용을 모두 그대로 인정하는 처분을 하는 경우에도 당사자에게 이유제시를 하여야 한다.

② 행정청과 당사자가 청문절차를 배제하기로 협약을 체결하였다면 청문절차를 거치지 않아도 되는 예외적 경우에 해당한다.

③ 행정처분에 실제적 위법이 없는 한 절차적 하자만으로 독립된 취소사유가 되지 못한다.

④ 이유제시의 하자는 치유의 대상이 될 수 없다.

⑤ 「행정절차법」상 불복방법에 대한 고지절차에 관한 규정을 위반하였다고 하여 그러한 이유만으로 처분이 위법하게 되는 것은 아니다.

해설 ⑤ 「행정절차법」 제26조에 따른 불복방법을 고지하지 않았더라도 제소기간 내에 소를 제기한 이상 그 하자가 치유된 것으로 볼 수 있다면 행정처분이 위법하다고 볼 수 없다(대판 2018. 7. 11. 2014두2119).
① 신청내용을 모두 인정하는 처분의 경우에는 이유부기를 하지 않아도 되는 예외사유에 해당한다.
② 불이익처분을 하면서 행정청과 당사자 사이의 합의에 의해 청문절차를 배제하기로 하였더라도 청문을 실시하지 않아도 되는 예외사유에 해당하지 아니한다(대판 2004. 7. 8. 2002두8350).
③ 행정처분에 실체적 위법사유가 없다고 하더라도 절차하자만으로도 독립된 취소사유가 될 수 있다는 것이 판례의 입장이다.
④ 이유제시의 하자는 절차하자로서 제한적으로 치유될 수 있다는 것이 판례의 입장이다.

15 행정절차에 관한 설명으로 옳은 것은? (다툼이 있으면 판례에 따름) 2022년 제10회

① 행정절차에 관하여 다른 법률에 특별한 규정이 있는 경우에도 「행정절차법」이 우선한다.

② 행정청은 청문이 필요하다고 인정하는 경우에도 법령등에서 청문을 하도록 규정한 경우가 아니면 청문을 할 수 없다.

③ 신청에 대한 거부처분은 사전통지대상이다.

④ 행정청은 신청 내용을 모두 그대로 인정하는 처분을 하는 경우 처분의 근거와 이유를 제시하지 않아도 된다.

⑤ 「행정절차법」에는 행정지도에 관한 규정을 두고 있지 않다.

해설 ④ 「행정절차법」상 이유제시 생략사유에 해당한다(「행정절차법」 제23조 제1항 제1호).
① 다른 법률에 특별한 규정이 있는 경우를 제외하고는 「행정절차법」에서 정하는 바에 따른다(「행정절차법」 제3조 제1항).
② 행정청은 법령등에서 청문을 하도록 하는 규정이 없는 경우라도 필요하다고 인정하는 경우 청문을 한다(「행정절차법」 제22조 제1항 제2호).
③ 판례는 신청에 대한 거부처분은 그 자체가 상대방의 권익을 제한하거나 의무를 부과하는 처분이 아니어서 의견청취나 사전통지의 대상이 아니라고 본다.
⑤ 「행정절차법」 제48조부터 제51조에서 행정지도를 규정하고 있다.

Answer 12. ① 13. ① 14. ⑤ 15. ④

16 「행정절차법」상 처분절차에 관한 설명으로 옳은 것은? 2024년 제12회

① 행정청은 처분을 할 때에는 단순·반복적인 처분으로서 당사자가 그 이유를 명백히 알 수 있는 경우에도 당사자에게 그 근거와 이유를 사전에 제시하여야 한다.

② 행정청은 처분에 오기(誤記)가 있어서 직권으로 이를 정정한 경우에는 그 사실을 당사자에게 통지할 필요는 없다.

③ 행정청은 행정청의 편의를 위하여 신청인이 다른 행정청에 처분을 구하는 신청을 접수하게 할 수 있다.

④ 행정청은 다수의 행정청이 관여하는 처분을 구하는 신청을 접수한 경우에는 관계 행정청과의 신속한 협조를 통하여 그 처분이 지연되지 아니하도록 하여야 한다.

⑤ 행정청은 필요한 처분기준을 정하여 공표하는 것이 해당 처분의 성질상 현저히 곤란한 경우라도 그 처분기준을 공표하여야 한다.

> 해설 ④ 「행정절차법」 제18조
> ① 행정청은 처분을 할 때에는 단순·반복적인 처분으로서 당사자가 그 이유를 명백히 알 수 있는 경우에는 당사자에게 그 근거와 이유를 사전에 제시하지 않을 수 있다(「행정절차법」 제23조 제1항 제2호).
> ② 행정청은 처분에 오기(誤記), 오산(誤算) 또는 그 밖에 이에 준하는 명백한 잘못이 있을 때에는 직권으로 또는 신청에 따라 지체 없이 정정하고 그 사실을 당사자에게 통지하여야 한다(「행정절차법」 제25조).
> ③ 행정청은 신청인의 편의를 위하여 다른 행정청에 신청을 접수하게 할 수 있다(「행정절차법」 제17조 제7항).
> ⑤ 처분기준을 공표하는 것이 해당 처분의 성질상 현저히 곤란하거나 공공의 안전 또는 복리를 현저히 해치는 것으로 인정될 만한 상당한 이유가 있는 경우에는 처분기준을 공표하지 아니할 수 있다(「행정절차법」 제20조 제3항).

17 「행정절차법」상 청문에 관한 설명으로 옳지 않은 것은? 2024년 제12회

① 행정청은 다수 국민의 이해가 상충되는 처분을 하려는 경우에는 청문 주재자를 2명 이상으로 선정할 수 있다.

② 청문은 당사자가 공개를 신청하더라도 제3자의 정당한 이익을 현저히 해칠 우려가 있는 경우에는 공개하여서는 아니 된다.

③ 청문 주재자는 직권으로 당사자등이 주장한 사실에 한하여 필요한 조사를 하여야 한다.

④ 청문 주재자는 필요하다고 인정할 때에는 관계 행정청에 필요한 문서의 제출을 요구할 수 있다.

⑤ 누구든지 청문을 통하여 알게 된 경영상의 비밀을 정당한 이유 없이 누설하여서는 아니 된다.

> 해설 ③ 청문 주재자는 직권으로 또는 당사자의 신청에 따라 필요한 조사를 할 수 있으며, 당사자등이 주장하지 아니한 사실에 대하여도 조사할 수 있다(「행정절차법」 제33조 제1항).
> ① 「행정절차법」 제28조 제2항 제1호
> ② 청문은 당사자가 공개를 신청하거나 청문 주재자가 필요하다고 인정하는 경우 공개할 수 있다. 다만, 공익 또는 제3자의 정당한 이익을 현저히 해칠 우려가 있는 경우에는 공개하여서는 아니 된다(「행정절차법」 제30조).
> ④ 「행정절차법」 제33조 제3항, ⑤ 「행정절차법」 제37조 제6항

18 현행 「행정절차법」상 공청회에 대한 설명으로 옳지 않은 것은?

① 행정청은 공청회를 개최하려는 경우에는 공청회 개최 14일 전까지 당사자 등에게 통지하고 관보, 공보, 인터넷 홈페이지 또는 일간신문 등에 공고하는 등의 방법으로 널리 알려야 한다.

② 행정청은 일반공청회와 병행하여서만 정보통신망을 이용한 공청회를 실시할 수 있다.

③ 국민의 생명·신체·재산의 보호 등 국민의 안전 또는 권익보호 등의 이유로 일반공청회를 개최하기 어려운 경우 온라인공청회를 단독으로 개최할 수 있다.

④ 공청회가 행정청이 책임질 수 없는 사유로 개최되지 못하거나 개최는 되었으나 정상적으로 진행되지 못하고 무산된 횟수가 5회 이상인 경우 온라인공청회를 단독으로 개최할 수 있다.

⑤ 행정청은 처분을 할 때에 공청회, 온라인공청회 및 정보통신망 등을 통하여 제시된 사실 및 의견이 상당한 이유가 있다고 인정하는 경우에는 이를 반영하여야 한다.

▶해설 ④ 공청회가 행정청이 책임질 수 없는 사유로 개최되지 못하거나 개최는 되었으나 정상적으로 진행되지 못하고 무산된 횟수가 3회 이상인 경우 온라인공청회를 단독으로 개최할 수 있다(「행정절차법」 제38조의2 제2항 제2호).

19 「행정절차법」상 처분절차에 관한 설명으로 옳지 않은 것은?

① 처분을 할 때 해당 처분의 영향이 광범위하여 널리 의견을 수렴할 필요가 있다고 행정청이 인정하는 경우에는 공청회를 개최한다.

② 행정청은 인허가 등의 취소처분을 할 때 청문을 한다.

③ 청문·공청회 또는 의견제출을 거쳤을 때에는 신속히 처분하여 해당 처분이 지연되지 아니하도록 하여야 한다.

④ 행정청은 처분을 할 때에는 이해관계인에게 그 근거와 이유를 제시하여야 한다.

⑤ 행정청은 처분을 신속히 처리할 필요가 있거나 사안이 경미한 경우에는 말 또는 그 밖의 방법으로 할 수 있다.

▶해설 ④ 행정청은 처분을 할 때에는 당사자에게 그 근거와 이유를 제시하여야 한다(「행정절차법」 제23조 제1항). 즉, 「행정절차법」상 이유제시는 이해관계인이 아닌 당사자에게 이유제시를 하도록 하고 있다.
① 「행정절차법」 제22조 제2항 제2호, ② 「행정절차법」 제22조 제1항 제3호, ③ 「행정절차법」 제22조 제5항, ⑤ 「행정절차법」 제24조 제2항

Answer 16. ④ 17. ③ 18. ④ 19. ④

20 「행정절차법」상 행정상 입법예고에 관한 내용으로 옳은 것을 모두 고른 것은? 2015년 제3회

> ㉠ 입법예고의 기준·절차 등에 관하여 필요한 사항은 대통령령으로 정한다.
> ㉡ 입법내용이 국민의 권리·의무 또는 일상생활과 관련이 없는 경우에도 예고를 하여야한다.
> ㉢ 입법예고기간은 예고할 때 정하되, 특별한 사정이 없으면 40일(자치법규는 20일) 이상으로 한다.
> ㉣ 행정청은 예고된 입법안의 전문에 대한 열람 또는 복사를 요청받았을 때에는 특별한 사유가 없으면 그 요청에 따라야 한다.

① ㉠, ㉡   ② ㉡, ㉢

③ ㉢, ㉣   ④ ㉠, ㉢, ㉣

⑤ ㉡, ㉢, ㉣

해설 ㉠ [○] 「행정절차법」 제41조 제5항
㉢ [○] 「행정절차법」 제43조
㉣ [○] 「행정절차법」 제42조 제5항
㉡ [×] 「행정절차법」 제41조 제1항에는 입법예고를 하지 않을 수 있는 예외사유 5가지가 규정되어 있다. 이에 따르면 입법내용이 국민의 권리·의무 또는 일상생활과 관련이 없는 경우는 예고를 하지 않을 수 있다.

21 「행정절차법」상 행정입법예고와 행정예고에 대한 설명으로 옳지 않은 것은?

① 현행 「행정절차법」은 행정입법예고와 행정예고에 대해 일정한 사유가 있는 경우에 이를 하도록 하고 있다.

② 국민의 권리·의무 또는 일상생활과 관련이 없는 경우에는 행정입법예고와 행정예고를 하지 아니할 수 있다.

③ 행정예고기간은 예고 내용의 성격 등을 고려하여 정하되, 20일 이상으로 한다.

④ 예고된 입법안에 대하여 의견을 제출한 경우 행정청은 의견을 제출한 자에게 그 제출된 의견의 처리결과를 통지하여야 한다.

⑤ 행정청은 대통령령을 입법예고하는 경우 국회 소관 상임위원회에 이를 제출하여야 한다.

해설 ① 현행 「행정절차법」은 행정입법안과 정책 등의 행정예고는 원칙적 예고사항으로 되어 있고 일정한 사유가 있는 경우 예고하지 아니할 수 있는 예외적인 경우를 인정하는 형태로 규정되어 있다(「행정절차법」 제41조, 제46조).

Answer 20. ④ 21. ①

제2절 | 정보제도

01 「공공기관의 정보공개에 관한 법률」상 공공기관에 해당하지 않는 것은? 2017년 제5회

① 국회

② 지방자치단체

③ 한국방송공사

④ 「지방공기업법」에 따른 지방공사

⑤ 한국증권업협회

해설 ⑤ '한국증권업협회'는 그 업무가 공공성을 갖는다고 볼 수 없으므로 「공공기관의 정보공개에 관한 법률 시행령」 제2조 제4호의 '특별법에 의하여 설립된 특수법인'에 해당한다고 보기 어렵다(대판 2010. 4. 29. 2008두5643).
①·②·④ 공공기관에 해당한다.
③ 「방송법」이라는 특별법에 의하여 설립·운영되는 특수법인인 한국방송공사는 「정보공개법 시행령」 제2조 제4호의 '특별법에 의하여 설립된 특수법인'으로서 정보공개의무가 있는 공공기관에 해당한다(대판 2010. 12. 23. 2008두13101).

02 「공공기관의 정보공개에 관한 법률」에 따른 행정정보 공개에 관한 설명으로 옳지 않은 것은?

① 판례는 정보공개청구권의 「헌법」상 근거조항을 표현의 자유에서 찾고 있다.

② 판례는 청구인이 공공기관에 대하여 정보공개를 청구하였다가 거부처분을 받은 것 자체가 법률상 이익의 침해에 해당한다고 보았다.

③ 판례는 시민단체 등에 의한 행정감시 목적의 정보공개청구도 가능하다고 보았다.

④ 국내에 학술 또는 연구 목적으로 일시 체류하는 외국인도 정보공개청구권을 가진다.

⑤ 정보공개를 청구한 날부터 20일 이내에 공공기관이 공개 여부를 결정하지 아니한 때에는 비공개의 결정이 있는 것으로 본다.

해설 ⑤ 정보공개를 청구한 날부터 20일 이내에 공공기관이 공개 여부를 결정하지 아니한 때에는 이의신청 또는 행정심판, 행정소송의 대상이 된다(「공공기관의 정보공개에 관한 법률」 제18조 제1항, 제19조 제1항, 제20조 제1항).

Answer 1. ⑤ 2. ⑤

03 「공공기관의 정보공개에 관한 법률」의 내용 중 (   )에 들어갈 숫자가 옳게 연결된 것은?

2018년 제6회

> • 공개 대상 정보로서 자신과 관련된 정보에 대하여 공개 청구된 사실을 통지받은 제3자는 그 통지를 받은 날부터 (㉠)일 이내에 해당 공공기관에 대하여 자신과 관련된 정보를 공개하지 아니할 것을 요청할 수 있다.
> • 공개 대상 정보로서 자신과 관련된 정보의 비공개 요청에도 불구하고 공공기관이 공개 결정을 한 때에는 제3자는 공개 결정 이유와 공개 실시일의 통지를 받은 날부터 (㉡)일 이내에 해당 공공기관에 이의신청을 할 수 있다.

① ㉠: 3, ㉡: 7   ② ㉠: 3, ㉡: 10

③ ㉠: 7, ㉡: 7   ④ ㉠: 7, ㉡: 10

⑤ ㉠: 7, ㉡: 15

해설 ① 「공공기관의 정보공개에 관한 법률」 제21조(제3자의 비공개 요청 등) 제1항·제2항
②·③·④·⑤ 「공공기관의 정보공개에 관한 법률」에서 '7일'은 제18조(이의신청) 제3항, 제21조(제3자의 비공개 요청 등) 제2항에서 언급되며, '10일'은 제11조(정보공개 여부의 결정) 제1항 및 제2항에서 언급된다.

04 공공기관의 정보공개에 관한 법률상 이의신청에 관한 내용이다. (   )에 알맞은 숫자는?

2025년 제13회

> • 청구인이 정보공개와 관련한 공공기관의 비공개 결정 또는 부분 공개 결정에 대하여 불복이 있거나 정보공개 청구 후 (㉠)일이 경과하도록 정보공개 결정이 없는 때에는 공공기관으로부터 정보공개 여부의 결정 통지를 받은 날 또는 정보공개 청구 후 (㉠)일이 경과한 날부터 (㉡)일 이내에 해당 공공기관에 문서로 이의신청을 할 수 있다.
> • 공공기관은 이의신청을 받은 날부터 (㉢)일 이내에 그 이의신청에 대하여 결정하고 그 결과를 청구인에게 지체 없이 문서로 통지하여야 한다.

① ㉠: 7, ㉡: 10, ㉢: 20   ② ㉠: 10, ㉡: 20, ㉢: 10

③ ㉠: 10, ㉡: 20, ㉢: 30   ④ ㉠: 20, ㉡: 30, ㉢: 7

⑤ ㉠: 20, ㉡: 30, ㉢: 10

해설 「공공기관의 정보공개에 관한 법률」 제18조(이의신청) 제1항·제3항

05 「공공기관의 정보공개에 관한 법률」에 관한 설명으로 옳지 않은 것은? (다툼이 있으면 판례에 따름) 2019년 제7회

① 정보공개청구의 대상이 되는 문서는 원본이어야 한다.

② 권리능력 없는 사단은 그 설립목적을 불문하고 이 법에 의한 정보공개청구권을 갖는다.

③ 이미 다른 사람에게 공개되어 널리 알려져 있는 정보도 공개청구의 대상이 될 수 있다.

④ 공공기관이 정보공개청구인이 신청한 공개방법 이외의 방법으로 정보를 공개하기로 결정하였다면, 그 결정에 대하여 항고소송으로 다툴 수 있다.

⑤ 「고등교육법」에 따른 대학은 정보공개의무를 지는 공공기관이다.

해설 ① 「공공기관의 정보공개에 관한 법률」상 공개청구의 대상이 되는 정보란 공공기관이 직무상 작성 또는 취득하여 현재 보유·관리하고 있는 문서에 한정되는 것이기는 하나, 그 문서가 반드시 원본일 필요는 없다(대판 2006. 5. 25. 2006두3049).

② 정보공개를 청구할 수 있는 국민에는 자연인은 물론 법인, 권리능력 없는 사단·재단도 포함되고, 법인, 권리능력 없는 사단·재단 등의 경우에는 설립목적을 불문한다(대판 2003. 12. 12. 2003두8050).

③ 공개청구의 대상이 되는 정보가 이미 다른 사람에게 공개되어 널리 알려져 있다거나 인터넷 등을 통하여 공개되어 인터넷검색 등을 통하여 쉽게 알 수 있는 경우에도 소의 이익이 없다거나 그 비공개결정이 정당화될 수 없다(대판 2010. 12. 23. 2008두13101).

④ 공공기관이 공개청구의 대상이 된 정보를 청구인이 신청한 공개방법 이외의 방법으로 공개하기로 하는 결정을 한 경우, 정보공개방법에 관한 부분에 대하여 일부 거부처분을 한 것이고, 이에 대하여 항고소송으로 다툴 수 있다(대판 2016. 11. 10. 2016두44674).

⑤ 각급 학교는 대통령령에 의해 정보공개의무를 부담하는 공공기관에 해당한다.

Answer 3. ① 4. ④ 5. ①

06 「공공기관의 정보공개에 관한 법률」에 의거하여, 甲은 A대학교에 대하여 재학 중인 체육특기생들의 일정기간 동안의 출석 및 성적 관리에 관한 정보공개를 청구하였다. 이에 관한 설명으로 옳은 것은? (다툼이 있으면 판례에 따름) 2017년 제5회

① 甲은 A대학교와 체육특기생들과는 아무런 이해관계가 없으므로 정보공개청구권을 가지지 아니한다.

② A대학교가 사립대학교라면 정보공개의무를 지는 공공기관에 해당하지 않는다.

③ 甲의 청구에 대하여 A대학교가 제3자의 권리침해를 이유로 하여 비공개 결정을 하였다면 이에 대한 甲의 불복절차는 없다.

④ A대학교 체육특기생 乙이 자신의 정보를 공개하지 아니할 것을 요청한 경우에도, A대학교는 乙에 대한 정보의 공개를 결정할 수 있다.

⑤ 甲의 A대학교에 대한 정보공개청구의 비용은 공익적 차원에서 A대학교가 부담한다.

▶**해설** ④ 제3자의 비공개 요청에도 불구하고 공공기관은 공개 결정을 할 수 있다(「공공기관의 정보공개에 관한 법률」 제21조).

① 특정 정보에 대해 정보공개청구를 하는 경우 청구인에게 그 정보와 특정 이해관계가 있을 것을 요하지 아니하므로 甲은 정보공개청구권을 가진다.

② 사립대학교도 정보공개의무를 지는 공공기관에 해당한다(「공공기관의 정보공개에 관한 법률 시행령」 제2조 제1호).

③ 공개청구된 사실을 통지받은 제3자는 그 통지를 받은 날부터 3일 이내에 해당 공공기관에 대하여 자신과 관련된 정보를 공개하지 아니할 것을 요청할 수 있고, 비공개 요청에도 불구하고 공공기관이 공개 결정을 한 경우 제3자는 해당 공공기관에 문서로 이의신청을 하거나 행정심판 또는 행정소송을 제기할 수 있다(「공공기관의 정보공개에 관한 법률」 제21조 제1항·제2항).

⑤ 정보의 공개 및 우송 등에 드는 비용은 실비의 범위에서 청구인이 부담한다(「공공기관의 정보공개에 관한 법률」 제17조 제1항).

07 공공기관의 정보공개에 관한 법령상 정보공개에 관한 설명으로 옳지 않은 것은? (다툼이 있으면 판례에 따름) 2016년 제4회

① 사립대학교도 정보공개 의무기관인 공공기관에 해당된다.

② 모든 국민은 정보의 공개를 청구할 권리를 가진다.

③ 정보공개청구권자에 해당하는 국민에는 자연인은 물론 법인, 권리능력 없는 사단 또는 재단도 포함된다.

④ 정보공개청구는 정보공개청구서를 제출하는 것 외에 말로써도 할 수 있다.

⑤ 정보공개청구자는 공개를 구하는 정보를 공공기관이 보유·관리하고 있을 가능성이 전혀 없지 않다는 점만 입증하면 족하고, 공공기관은 그 정보를 폐기하여 더 이상 보유·관리하고 있지 않다는 항변을 할 수 없다.

해설 ⑤ 공개를 구하는 정보를 공공기관이 한때 보유·관리하였으나 후에 그 정보가 담긴 문서들이 폐기되어 존재하지 않게 된 것이라면 그 정보를 더 이상 보유·관리하고 있지 않다는 점에 대한 증명책임은 공공기관에 있다(대판 2013. 1. 24. 2010두18918).
① 「공공기관의 정보공개에 관한 법률 시행령」 제2조 제1호, ② 「공공기관의 정보공개에 관한 법률」 제5조 제1항
③ 정보공개청구권자에 해당하는 국민에는 자연인은 물론 법인, 권리능력 없는 사단·재단도 포함되고, 법인과 권리능력 없는 사단·재단 등의 경우에는 설립목적을 불문한다(대판 2003. 12. 12. 2003두8050).
④ 정보의 공개를 청구하는 자는 해당 정보를 보유하거나 관리하고 있는 공공기관에 일정한 사항을 적은 정보공개청구서를 제출하거나 말로써 정보의 공개를 청구할 수 있다(「공공기관의 정보공개에 관한 법률」 제10조 제1항).

08 공공기관의 정보공개에 관한 법령상 정보공개에 관한 설명으로 옳은 것은? (다툼이 있으면 판례에 따름) 2015년 제3회

① 공개청구의 대상이 되는 정보는 그 문서가 반드시 원본이어야 한다.

② 권리능력 없는 사단은 정보공개청구권자에 해당하지 않는다.

③ 정보공개청구제도는 행정의 투명성과 적법성을 위한 것이므로 국민의 정보공개청구는 권리의 남용에 해당할 여지가 없다.

④ 외국인은 정보공개청구권이 인정되지 않는다.

⑤ 공공기관이 그 정보를 보유·관리하고 있지 아니한 경우에는 특별한 사정이 없는 한 정보공개 거부처분의 취소를 구할 법률상의 이익이 없다.

해설 ⑤ 공공기관이 보유·관리하고 있지 않은 정보는 공공기관에 공개의무가 없으므로 정보공개청구의 거부를 다툴 법률상 이익이 인정되지 않는다(대판 2014. 6. 12. 2013두4309).
③ 실제 해당 정보를 취득 또는 활용할 의사가 전혀 없이 정보공개제도를 이용하여 사회통념상 용인될 수 없는 부당한 이득을 얻으려 하거나, 오로지 공공기관의 담당공무원을 괴롭힐 목적으로 정보공개청구를 하는 경우처럼 권리의 남용에 해당하는 것이 명백한 경우에는 정보공개청구권의 행사를 허용하지 아니하는 것이 옳다(대판 2014. 12. 24. 2014두9349).
④ 외국인 중 국내에 일정한 주소를 두고 거주하거나 학술·연구를 위하여 일시적으로 체류하는 사람이나 국내에 사무소를 두고 있는 법인 또는 단체는 정보공개를 청구할 수 있다(「공공기관의 정보공개에 관한 법률 시행령」 제3조).

Answer 6. ④ 7. ⑤ 8. ⑤

09 공공기관의 정보공개에 관한 법령상 정보공개제도에 관한 설명으로 옳은 것은? (다툼이 있는 경우에는 판례에 의함) 2014년 제2회

① 정보공개청구권은 자연인에 대해서 인정되며, 법인에게는 인정되지 않는다.

② 자신과 이해관계가 없는 정보를 공익을 위해 공개청구하는 것은 허용되지 않는다.

③ 정보공개거부결정에 대해서는 행정심판을 거치지 아니하고 행정소송을 제기할 수 있다.

④ 정보공개청구의 대상이 되는 문서는 원본이어야 한다.

⑤ 공공기관이 정보공개청구를 받은 날부터 20일이 경과하도록 공개 여부를 결정하지 않은 때에는 정보공개 결정이 있는 것으로 본다.

해설 ③ 「공공기관의 정보공개에 관한 법률」상 이의신청과 행정심판은 임의적 전치절차이므로 행정심판 없이 바로 행정소송을 제기할 수 있다.

② 일반국민 누구나 국가에 대하여 보유·관리하고 있는 정보의 공개를 청구할 수 있는 이른바 일반적인 정보공개청구권이 포함된다(대판 1999. 9. 21. 97누5114).

⑤ 공공기관이 정보공개청구를 받은 날부터 20일이 경과하도록 공개 여부를 결정하지 않은 때에는 정보공개 결정도 비공개 결정도 아닌 아무런 결정이 없는 것(부작위)으로 보게 된다. 이에 대해서는 이의신청이나 행정심판 또는 행정소송을 제기할 수 있다.

10 「공공기관의 정보공개에 관한 법률」에 관한 설명으로 옳은 것은? (다툼이 있으면 판례에 따름) 2021년 제9회

① 국내에 학술·연구를 위하여 일시적으로 체류하는 외국인은 정보공개를 청구할 권리가 없다.

② 공개 청구한 정보가 비공개대상인 부분과 공개 가능한 부분이 혼합되어 있는 경우 부분공개는 할 수 없다.

③ 사립대학교는 정보공개의무를 지는 공공기관에 해당하지 않는다.

④ 정보공개를 요구받은 공공기관이 공개를 거부하는 경우에는 비공개사유에 해당하는지를 주장·입증하지 아니한 채 개괄적인 사유만을 들어 공개를 거부할 수 없다.

⑤ 청구인은 공공기관의 비공개 결정에 대하여 불복이 있는 경우 이의신청 절차를 거치지 아니하고는 행정심판을 청구할 수 없다.

해설 ④ 정보공개를 요구받은 공공기관이 「공공기관의 정보공개에 관한 법률」 제9조 제1항 몇 호 소정의 비공개 사유에 해당하는지를 주장·입증하지 아니한 채 개괄적인 사유만을 들어 그 공개를 거부할 수 없다(대판 2003. 12. 11. 2001두8827).

① 외국인 중 국내에 일정한 주소를 두고 거주하거나 학술·연구를 위하여 일시적으로 체류하는 사람이나 국내에 사무소를 두고 있는 법인 또는 단체는 정보공개를 청구할 수 있다(「공공기관의 정보공개에 관한 법률 시행령」 제3조).

② 공개청구한 정보가 비공개대상정보인 부분과 공개가 가능한 부분이 혼합되어 있는 경우, 공개 청구의 취지에 어긋나지 아니하는 범위 안에서 두 부분을 분리할 수 있는 경우에는 비공개대상정보에 해당하는 부분을 제외하고 공개하여야 한다(「공공기관의 정보공개에 관한 법률」 제14조).

⑤ 청구인은 제18조에 따른 이의신청 절차를 거치지 아니하고 행정심판을 청구할 수 있다(「공공기관의 정보공개에 관한 법률」 제19조 제2항).

11 정보공개제도에 관한 판례의 입장이 아닌 것은? 2013년 제1회

① 정보공개청구권자로서의 국민에는 자연인은 물론 법인, 권리능력 없는 사단·재단도 포함되고, 법인, 권리능력 없는 사단·재단 등의 경우에는 설립목적을 불문한다.

② 공개청구의 대상이 되는 정보가 이미 다른 사람에게 공개되어 널리 알려져 있다거나 인터넷 등을 통하여 공개되어 인터넷검색 등을 통하여 쉽게 알 수 있다는 사정만으로는 소의 이익이 없다거나 비공개결정이 정당화될 수 없다.

③ 진행 중인 재판에 관련된 정보로서 정보공개를 거부하기 위해서는 그 정보가 재판과 관련된 것으로서 반드시 진행 중인 재판의 소송기록 자체에 포함된 내용일 것을 요한다.

④ 정보공개청구권은 법률상 보호되는 구체적인 권리이므로 청구인이 공공기관에 대하여 정보공개를 청구하였다가 거부처분을 받은 것 자체가 법률상 이익의 침해에 해당한다.

⑤ 정보의 부분 공개가 허용되는 경우란 그 정보의 공개방법 및 절차에 비추어 당해 정보에서 비공개대상정보에 관련된 기술 등을 제외 혹은 삭제하고 나머지 정보만을 공개하는 것이 가능하고 나머지 부분의 정보만으로도 공개의 가치가 있는 경우를 의미한다.

해설 ③ 진행 중인 재판에 관련된 정보로서 정보공개를 거부하기 위해서는 그 정보가 재판과 관련된 것으로서 반드시 그 정보가 진행 중인 재판의 소송기록 그 자체에 포함된 내용의 정보일 필요는 없으나, 재판에 관련된 일체의 정보가 그에 해당하는 것은 아니고 진행 중인 재판의 심리 또는 재판결과에 구체적으로 영향을 미칠 위험이 있는 정보에 한정된다(대판 2012. 4. 12. 2010두24913).

②·④ 국민의 정보공개청구권은 법률상 보호되는 구체적인 권리이므로, 공공기관에 대하여 정보의 공개를 청구하였다가 공개거부처분을 받은 청구인은 행정소송을 통하여 그 공개거부처분의 취소를 구할 법률상의 이익이 있고, 공개청구의 대상이 되는 정보가 이미 다른 사람에게 공개하여 널리 알려져 있다거나 인터넷이나 관보 등을 통하여 공개하여 인터넷검색이나 도서관에서의 열람 등을 통하여 쉽게 알 수 있다는 사정만으로는 소의 이익이 없다거나 비공개결정이 정당화될 수는 없다(대판 2007. 7. 13. 2005두8733; 대판 2008. 11. 27. 2005두15694).

⑤ 정보의 부분 공개가 허용되는 경우란 그 정보의 공개방법 및 절차에 비추어 당해 정보에서 비공개대상정보에 관련된 기술 등을 제외 혹은 삭제하고 나머지 정보만을 공개하는 것이 가능하고 나머지 부분의 정보만으로도 공개의 가치가 있는 경우를 의미한다(대판 2009. 12. 10. 2009두12785).

Answer 9. ③ 10. ④ 11. ③

12 「공공기관의 정보공개에 관한 법률」에 따른 정보공개제도에 관한 설명으로 옳지 않은 것은? (다툼이 있으면 판례에 따름) 2020년 제8회

① 공개를 청구하는 정보는 사회일반인의 관점에서 청구대상정보의 내용과 범위를 알 수 있을 정도로 특정되어야 한다.

② 공개청구한 정보를 공공기관이 보유·관리하고 있지 않은 경우에는 특별한 사정이 없는 한 해당 정보에 대한 공개거부처분의 취소를 구할 법률상의 이익이 없다.

③ 정보공개청구의 목적이 오로지 담당공무원을 괴롭힐 목적인 경우처럼 권리의 남용이 명백한 경우에는 정보공개청구권의 행사가 허용되지 않는다.

④ 비공개결정에 대해 이의신청을 거친 경우에는 행정심판을 제기할 수 없다.

⑤ 청구인이 신청한 공개방법 이외의 방법으로 정보를 공개하기로 결정한 경우 청구인은 그에 대하여 항고소송으로 다툴 수 있다.

> **해설** ④ 「공공기관의 정보공개에 관한 법률」상 이의신청은 행정심판이 아니므로 이의신청을 거친 후에도 행정심판을 청구할 수 있다(「공공기관의 정보공개에 관한 법률」 제19조).
> ① 청구대상정보를 기재함에 있어서는 사회일반인의 관점에서 청구대상정보의 내용과 범위를 확정할 수 있을 정도로 특정함을 요한다(대판 2007. 6. 1. 2007두2555).
> ② 공공기관이 그 정보를 보유·관리하고 있지 아니한 경우에는 공개의무가 없으므로, 특별한 사정이 없는 한 정보공개거부처분의 취소를 구할 법률상 이익이 없다(대판 2006. 1. 13. 2003두9459).
> ③ 해당 정보를 취득 또는 활용할 의사가 전혀 없이 정보공개 제도를 이용하여 사회통념상 용인될 수 없는 부당한 이득을 얻으려 하거나, 오로지 공공기관의 담당공무원을 괴롭힐 목적으로 정보공개청구를 하는 경우처럼 권리의 남용에 해당하는 것이 명백한 경우에는 정보공개청구권의 행사를 허용하지 아니하는 것이 옳다(대판 2014. 12. 24. 2014두9349).

13 공공기관의 정보공개에 관한 법령상 정보공개에 관한 설명으로 옳지 않은 것은? (다툼이 있으면 판례에 따름) 2022년 제10회

① 공개청구의 대상이 되는 정보는 공공기관이 보유·관리하고 있는 정보에 한정된다.

② 일정한 요건을 갖춘 외국인은 정보공개 청구를 할 수 있다.

③ 정보공개 청구권자의 권리구제 가능성이 없는 경우에는 비공개 대상 정보에 해당하지 않는 정보라도 공개하지 않을 수 있다.

④ 정보공개청구에 대한 공공기관의 비공개결정에 대한 불복절차로 이의신청, 행정심판, 행정소송이 있다.

⑤ 법인이 거래하는 금융기관의 계좌번호에 관한 정보는 법인의 영업상 비밀에 관한 사항으로서 비공개 대상 정보에 해당한다.

해설 ③ 정보공개 청구권자의 권리구제 가능성 여부는 비공개사유에 해당하지 않으므로 이를 이유로 비공개하는 것은 허용되지 않는다.

① 공공기관이 보유·관리하고 있지 않은 정보는 공개의무가 없다는 것이 판례이다.

② 외국인도 대통령령으로 정하는 일정한 요건을 갖춘 경우 정보공개청구권이 예외적으로 인정된다.

④ 「공공기관의 정보공개에 관한 법률」 제18조, 제19조, 제20조

⑤ 법인등이 거래하는 금융기관의 계좌번호에 관한 정보는 법인등의 영업상 비밀에 관한 사항으로서 공개될 경우 법인등의 정당한 이익을 현저히 해할 우려가 있다고 인정되는 정보에 해당한다(대판 2004. 8. 20. 2003두8302).

14 판례에 의할 때 「공공기관의 정보공개에 관한 법률」에 관한 설명으로 옳은 것을 모두 고른 것은? 2021년 제9회

> ㉠ 학교폭력대책자치위원회의 회의록은 '공개될 경우 업무의 공정한 수행에 현저한 지장을 초래한다고 인정할 만한 상당한 이유가 있는 정보'에 해당한다.
>
> ㉡ 의사결정과정에 제공된 회의관련자료나 의사결정과정이 기록된 회의록은 의사가 결정되거나 의사가 집행된 경우에는 더 이상 의사결정과정에 있는 사항 그 자체라고는 할 수 없으나, 의사결정과정에 있는 사항에 준하는 사항으로서 비공개대상정보에 포함될 수 있다.
>
> ㉢ '진행 중인 재판에 관련된 정보'에 해당한다는 사유로 정보공개를 거부하기 위하여는 반드시 그 정보가 진행 중인 재판의 소송기록 자체에 포함되어야 한다.

① ㉠

② ㉡

③ ㉠, ㉡

④ ㉡, ㉢

⑤ ㉠, ㉡, ㉢

해설 ㉠ [○] '학교폭력대책자치위원회의 회의록'은 「공공기관의 정보공개에 관한 법률」 제9조 제1항 제5호의 '공개될 경우 업무의 공정한 수행에 현저한 지장을 초래한다고 인정할 만한 상당한 이유가 있는 정보(비공개정보)'에 해당한다(대판 2010. 6. 10. 2010두2913).

㉡ [○] 의사결정과정에 제공된 회의관련자료나 의사결정과정이 기록된 회의록 등은 의사가 결정되거나 의사가 집행된 경우에는 더 이상 의사결정과정에 있는 사항 그 자체라고는 할 수 없으나, 의사결정과정에 있는 사항에 준하는 사항으로서 비공개대상정보에 포함될 수 있다(대판 2003. 8. 22. 2002두12946).

㉢ [×] '진행 중인 재판에 관련된 정보'에 해당한다는 사유로 정보공개를 거부하기 위해서는 반드시 그 정보가 진행 중인 재판의 소송기록 그 자체에 포함된 내용의 정보일 필요는 없으나, 재판에 관련된 일체의 정보가 그에 해당하는 것은 아니고 진행 중인 재판의 심리 또는 재판결과에 구체적으로 영향을 미칠 위험이 있는 정보에 한정된다(대판 2011. 11. 24. 2009두19021).

Answer 12. ④ 13. ③ 14. ③

15 「공공기관의 정보공개에 관한 법률」의 내용으로 옳지 않은 것은? 2024년 제12회

① 공개될 경우 부동산 투기, 매점매석 등으로 특정인에게 이익 또는 불이익을 줄 우려가 있다고 인정되는 정보라도 공공기관이 보유·관리하는 정보라면 이를 공개하여야 한다.

② 공공기관은 부득이한 사유가 없다면 정보공개의 청구를 받은 날부터 10일 이내에 공개 여부를 결정하여야 한다.

③ 공공기관은 공개 청구된 공개 대상 정보의 일부가 제3자와 관련이 있다고 인정할 때에는 그 사실을 제3자에게 지체 없이 통지하여야 한다.

④ 공공기관은 정보의 공개를 결정한 경우 해당 청구인이 사본의 교부를 원하는 때에는 이를 교부하여야 한다.

⑤ 정보공개청구는 말로써 할 수 있다.

해설 ① 공개될 경우 부동산 투기, 매점매석 등으로 특정인에게 이익 또는 불이익을 줄 우려가 있다고 인정되는 정보는 공개하지 아니할 수 있다(「공공기관의 정보공개에 관한 법률」 제9조 제1항 제8호).
② 「공공기관의 정보공개에 관한 법률」 제11조 제1항·제2항, ③ 「공공기관의 정보공개에 관한 법률」 제11조 제3항
④ 공공기관은 청구인이 사본 또는 복제물의 교부를 원하는 경우에는 이를 교부하여야 한다(「공공기관의 정보공개에 관한 법률」 제13조 제2항).
⑤ 정보공개를 청구하는 자는 정보공개 청구서를 제출하거나 말로써 정보의 공개를 청구할 수 있다(「공공기관의 정보공개에 관한 법률」 제10조 제1항).

16 「개인정보 보호법」에 관한 설명으로 옳은 것은? 2019년 제7회

① 법인의 정보는 이 법의 보호대상이다.

② 사자(死者)의 정보는 이 법의 보호대상이다.

③ 정보처리자는 정보주체와의 계약의 체결을 위하여 불가피한 경우에는 정보주체의 동의 없이 개인정보를 제3자에게 제공할 수 있다.

④ 개인정보처리자가 이 법에 위반한 행위로 정보주체에게 손해를 입힌 경우, 개인정보처리자의 손해배상책임은 무과실책임이다.

⑤ 정보주체의 권리침해행위의 금지·중지를 구하는 단체소송을 제기하려면 법원의 허가를 받아야 한다.

해설 ⑤ 단체소송을 제기하는 단체는 법원의 허가를 받아야 한다(「개인정보 보호법」 제54조, 제55조).
① "개인정보"란 살아 있는 개인에 관한 정보를 의미하므로 법인의 정보는 「개인정보 보호법」의 보호대상이 아니다.
② 사자(死者)의 정보는 「개인정보 보호법」의 보호대상이 아니다.
③ 개인정보를 제3자에게 제공할 수 있는 경우인 「개인정보 보호법」 제18조의 내용에 해당하지 않는다.
④ 정보주체는 개인정보처리자가 이 법을 위반한 행위로 손해를 입으면 개인정보처리자에게 손해배상을 청구할 수 있다. 이 경우 그 개인정보처리자는 고의 또는 과실이 없음을 입증하지 아니하면 책임을 면할 수 없다(「개인정보 보호법」 제39조 제1항).

17 「개인정보 보호법」상 개인정보 보호 원칙에 관한 설명으로 옳지 않은 것은? 2023년 제11회

① 개인정보처리자는 개인정보의 처리 목적에 필요한 범위에서 적합하게 개인정보를 처리하여야 한다.

② 개인정보처리자는 개인정보의 처리 목적에 필요한 범위에서 개인정보의 정확성, 완전성 및 최신성이 보장되도록 하여야 한다.

③ 개인정보처리자는 정보주체의 사생활 침해를 최소화하는 방법으로 개인정보를 처리하여야 한다.

④ 개인정보처리자는 개인정보 처리방침 등 개인정보의 처리에 관한 사항을 공개하여야 한다.

⑤ 개인정보처리자는 개인정보를 익명 또는 가명으로 처리하여서는 아니 된다.

>해설 ⑤ 개인정보처리자는 개인정보를 익명 또는 가명으로 처리하여도 개인정보 수집목적을 달성할 수 있는 경우 익명처리가 가능한 경우에는 익명에 의하여, 익명처리로 목적을 달성할 수 없는 경우에는 가명에 의하여 처리될 수 있도록 하여야 한다(「개인정보 보호법」 제3조 제7항).
① 「개인정보 보호법」 제3조 제2항, ② 「개인정보 보호법」 제3조 제3항, ③ 「개인정보 보호법」 제3조 제6항, ④ 「개인정보 보호법」 제3조 제5항

18 「개인정보 보호법」상 정보주체가 자신의 개인정보 처리와 관련하여 가지는 권리가 아닌 것은? 2022년 제10회

① 개인정보의 처리에 관한 정보를 제공받을 권리

② 개인정보의 처리 정지를 요구할 권리

③ 개인정보의 처리 여부를 확인하고 개인정보에 대하여 사본의 발급을 요구할 권리

④ 개인정보의 처리에 관한 동의 여부, 동의 범위 등을 결정할 권리

⑤ 개인정보처리자의 가명정보 처리에 동의할 권리

>해설 ⑤ 「개인정보 보호법」상 정보주체의 권리로 규정되어 있지 않다(「개인정보 보호법」 제28조의2 제1항).
① 「개인정보 보호법」 제4조 제1호, ② 「개인정보 보호법」 제4조 제4호, ③ 「개인정보 보호법」 제4조 제3호, ④ 「개인정보 보호법」 제4조 제2호

Answer 15. ① 16. ⑤ 17. ⑤ 18. ⑤

19 「개인정보 보호법」에 대한 내용으로 옳지 않은 것은? (다툼이 있는 경우 판례에 의함)

① 개인정보 자기결정권의 보호대상이 되는 개인정보는 반드시 개인의 내밀한 영역이나 사사(私事)의 영역에 속하는 정보에 국한되지 않고 공적 생활에서 형성되었거나 이미 공개된 개인정보까지 포함한다.

② 「개인정보 보호법」은 공공기관에 의해 처리되는 정보뿐만 아니라 민간에 의해 처리되는 정보까지 보호대상으로 하고 있다.

③ 이미 공개된 개인정보를 정보주체의 동의가 있었다고 객관적으로 인정되는 범위 내에서 처리를 할 때는 정보주체의 별도의 동의는 불필요하다고 보아야 하고, 별도의 동의를 받지 아니하였다고 하여 「개인정보 보호법」을 위반한 것으로 볼 수 없다.

④ 정보주체는 자신의 개인정보 처리와 관련하여 개인정보의 처리 정지, 정정·삭제 및 파기를 요구할 권리를 가진다.

⑤ 개인정보의 '제3자 제공'은 본래의 개인정보 수집·이용 목적과 관련된 위탁자 본인의 업무 처리와 이익을 위하여 개인정보가 이전되는 경우를 의미한다.

해설 ⑤ 개인정보의 '제3자 제공'은 본래의 개인정보 수집·이용 목적의 범위를 넘어 정보를 제공받는 자의 업무 처리와 이익을 위하여 개인정보가 이전되는 경우이다(대판 2017. 4. 7. 2016도13263).

20 「개인정보 보호법」상 정보처리의 제한에 대한 내용으로 옳지 않은 것은? (다툼이 있는 경우 판례에 의함)

① 개인정보처리자는 정보주체의 사생활을 현저히 침해할 우려가 있는 개인정보로서 대통령령으로 정하는 민감정보를 처리하여서는 아니 된다.

② 개인정보처리자는 법령에서 구체적으로 고유식별정보의 처리를 요구하거나 허용하는 경우에는 고유식별정보를 처리할 수 있다.

③ 개인정보처리자는 정보주체의 별도의 동의가 있으면 주민등록번호를 처리할 수 있다.

④ 개인정보 보호위원회는 대통령령으로 정하는 전문기관으로 하여금 고유식별정보의 안전성 확보에 필요한 조치를 하였는지에 관하여 정기적으로 조사하여야 한다.

⑤ 개인정보처리자는 통계작성, 과학적 연구, 공익적 기록보존 등을 위하여 정보주체의 동의 없이 가명정보를 처리할 수 있다.

해설 ③ 개인정보처리자가 주민등록번호를 처리할 수 있는 예외적인 경우에 정보주체의 별도의 동의는 들어가지 않는다(「개인정보 보호법」 제24조의2 제1항).
① 「개인정보 보호법」 제23조 제1항, ② 「개인정보 보호법」 제24조 제1항 제2호, ④ 「개인정보 보호법」 제24조 제4항, ⑤ 「개인정보 보호법」 제28조의2 제1항

21 개인정보 보호법령상 고정형 영상정보처리기기를 설치·운영할 수 있는 경우로 명시된 경우가 아닌 것은? 2025년 제13회

① 범죄의 예방 및 수사를 위하여 필요한 경우

② 화재 예방을 위하여 정당한 권한을 가진 자가 설치·운영하는 경우

③ 교통단속을 위하여 정당한 권한을 가진 자가 설치·운영하는 경우

④ 촬영 사실을 명확히 표시하여 정보주체가 촬영 사실을 알 수 있도록 하였음에도 불구하고 촬영 거부 의사를 밝히지 아니한 경우

⑤ 촬영된 영상정보를 저장하지 아니하는 경우로서 출입자 수, 성별, 연령대 등 통계값 또는 통계적 특성값 산출을 위해 촬영된 영상정보를 일시적으로 처리하는 경우

해설 ④ 이동형 영상정보처리기기를 운영할 수 있는 사유이다(「개인정보 보호법」 제25조의2 제2호).
① 「개인정보 보호법」 제25조 제1항 제2호, ② 「개인정보 보호법」 제25조 제1항 제3호, ③ 「개인정보 보호법」 제25조 제1항 제4호, ④ 「개인정보 보호법」 제25조 제1항 제6호

22 현행 「개인정보 보호법」상의 단체소송의 내용으로 틀린 것은?

① 「개인정보 보호법」상 단체소송을 제기하기 위해서는 집단분쟁조정절차를 거쳐야 한다.

② 공정거래위원회에 등록한 소비자단체는 단체의 정회원 수가 1천 명 이상일 것을 요한다.

③ 단체소송의 원고는 변호사를 소송대리인으로 선임하여야 한다.

④ 단체소송에 대해 특별한 규정이 없는 경우 「민사소송법」을 적용한다.

⑤ 원고청구를 기각하는 확정판결의 경우에는 기각판결이 원고의 고의로 인한 것임이 밝혀진 경우에도 다른 단체는 단체소송을 제기할 수 없다.

해설 ⑤ 원고청구를 기각하는 판결이 확정된 경우에는 다른 단체는 단체소송을 제기할 수 없지만, ⅰ) 판결이 확정된 후 그 사안과 관련하여 국가·지방자치단체 또는 국가·지방자치단체가 설립한 기관에 의하여 새로운 증거가 나타난 경우, ⅱ) 기각판결이 원고의 고의로 인한 것임이 밝혀진 경우에는 예외가 인정된다.

Answer 19. ⑤ 20. ③ 21. ④ 22. ⑤

Chapter 01 **행정상 강제**

Chapter 02 **행정벌과 새로운 의무이행확보수단**

행정사
임병주 행정법

행정상 의무이행 확보수단

제1절 행정상 강제집행

1. 행정대집행

(1) 대집행의 주체

① 의무를 부과한 행정청과 대집행권한을 위임받은 수임청이 주체이다. ^{기출}
② 대집행을 실행만 하는 제3자는 대집행 주체가 아니다. ^{기출}

(2) 대집행 요건

① 대체적 작위의무의 불이행(불가쟁력을 요하지 않음) ^{기출}	
비대체적 의무 대집행 불가 ^{기출}	㉠ 장례식장 사용을 중지할 것과 이를 불이행할 경우 대집행 계고는 위법(부작위의무) ^{기출} ㉡ 건물에서 퇴거 및 명도의무는 대집행의 대상이 아님 ^{기출} ㉢ 철거의무가 주된 의무이고 퇴거의무는 부수적인 경우 대집행 가능 ^{기출} ㉣ 피수용자의 수용대상 토지의 인도의무는 「행정대집행법」상의 대집행의 대상이 될 수 없음 ^{기출}
사법상 의무 대집행 불가 ^{기출}	㉠ 토지의 협의취득 시 매매대상 건물에 대한 철거의무 약정은 행정대집행의 대상이 아님 (사법상의 의무) ㉡ 일반(잡종)재산을 포함한 모든 국유재산에 대해서는 철거의무가 공법상의 의무인 여부에 관계없이 대집행을 할 수 있음 ㉢ 「지방재정법」상 공유재산에 대해서도 동일함

② 다른 수단으로는 그 이행확보가 곤란할 것(보충성) ^{기출}

㉠ 행정대집행의 절차가 인정되는 경우에는 따로 민사소송의 방법으로 공작물의 철거를 구할 수 없음 ^{기출}
㉡ 행정청이 행정대집행을 실시하지 않는 경우, 그 국유재산에 대한 사용청구권을 가지고 있는 자가 국가를 대위하여 민사소송으로 그 시설물의 철거를 구할 수 있음

③ 그 불이행의 방치가 심히 공익을 해하는 것으로 인정될 것 ^{기출}

㉠ 도시미관, 주거환경, 교통소통에 지장이 없다는 사유가 있다 하더라도 불법건축물을 방치하는 것이 심히 공익을 해하는 것으로 인정될 수 있음(단속권 등의 무력화를 방지할 공익)
㉡ 불법증축부분이 합법화될 가능성이 있게 된 경우 철거의무를 방치하는 것이 심히 공익을 해하는 것이라고 볼 수 없음

(3) 대집행의 절차

계고 ⇒	영장에 의한 통지 ⇒	실행 ⇒	비용징수
① 항고소송의 대상(○)	① 항고소송의 대상(○) 기출	① 상대방의 수인의무	① 「국세징수법」에 의해 강제징수 기출
② 예외적 생략 가능 기출	② 대집행의 시기, 집행 책임자의 성명, 비용 견적액을 통지	② 야간실행 불가, 주간 착수 후 야간까지 진행은 가능 기출	② 사무비의 소속에 따라 국세에 다음가는 순위의 선취득권 기출
③ 문서에 의하지 않은 계고는 무효 기출	③ 예외적 생략 가능 기출		③ 사무비의 소속에 따라 국고 또는 지방자치단체의 수입 기출
④ 계고 시 대집행할 행위의 내용 및 범위가 특정되어 있을 것			
⑤ 상당한 이행기간을 정하여야 함 기출			

지문식 판례

① 대집행의 내용 및 범위가 반드시 대집행 계고서에 의하여만 특정되어야 하는 것은 아니다.
② 계고서라는 명칭의 1장의 문서로서 철거명령과 동시에 대집행할 뜻을 계고하는 것도 적법하다. 기출
③ 의무이행의 상당한 기간을 부여하지 않은 대집행 계고는 위법(영장에 의한 통지에서 대집행의 시기를 늦추었더라도 위법한 처분)이다.
④ 반복된 계고처분 중 제1차 계고처분 이후의 2차·3차 계고처분은 독립된 행정처분이라 할 수 없다. 기출
⑤ 후행처분인 대집행영장발부통보처분의 취소소송에서, 선행처분인 계고처분의 위법을 이유로 대집행영장발부통보처분이 위법하다는 주장을 할 수 있다. 기출

(4) 대집행에 대한 권리구제

행정심판 기출, 행정소송, 손해배상, 결과제거청구

2. 이행강제금

(1) 이행강제금의 의의

행정기본법 제31조【이행강제금의 부과】 ③ 행정청은 이행강제금을 부과하기 전에 미리 의무자에게 적절한 이행기간을 정하여 그 기한까지 행정상 의무를 이행하지 아니하면 이행강제금을 부과한다는 뜻을 문서로 계고(戒告)하여야 한다. 기출
④ 행정청은 의무자가 제3항에 따른 계고에서 정한 기한까지 행정상 의무를 이행하지 아니한 경우 이행강제금의 부과 금액·사유·시기를 문서로 명확하게 적어 의무자에게 통지하여야 한다.
⑤ 행정청은 의무자가 행정상 의무를 이행할 때까지 이행강제금을 반복하여 부과할 수 있다. 기출 다만, 의무자가 의무를 이행하면 새로운 이행강제금의 부과를 즉시 중지하되, 이미 부과한 이행강제금은 징수하여야 한다.
⑥ 행정청은 이행강제금을 부과받은 자가 납부기한까지 이행강제금을 내지 아니하면 국세강제징수의 예 또는 「지방행정제재·부과금의 징수 등에 관한 법률」에 따라 징수한다. 기출

구분	구별개념
행정벌	① 이행강제금은 장래 의무이행의 확보를 위한 강제수단, 형벌이나 과태료는 처벌의 성질을 갖는 것으로 성질을 달리함 ② 이행강제금은 과태료나 형벌과 병과될 수 있음 ^{기출}
대집행	① 대집행은 「행정대집행법」이라는 일반법이 있지만, 이행강제금은 일반법이 없음 ^{기출} ② 대체적 작위의무의 강제를 위해 대집행과 이행강제금 부과 가능 ^{기출} ③ 어느 것을 선택할 것인지는 행정청의 합리적 재량에 의해 선택적으로 활용될 수 있음

(2) 이행강제금의 성질

> **지문식 판례**

① 이행강제금 납부의무는 상속인 기타의 사람에게 승계될 수 없는 일신전속적인 성질의 것이다. ^{기출}
② 「건축법」상 시정기간이 경과하였더라도 이행강제금이 부과되기 전 시정이 된 경우 이행강제금을 부과할 수 없다.
③ 시정명령의 이행 기회가 제공되지 않았다가 뒤늦게 이행 기회가 제공된 경우라면 이행 기회가 제공되지 않은 과거의 기간에 대한 이행강제금까지 한꺼번에 부과할 수 없다.

(3) 이행강제금에 대한 불복

① 이행강제금 부과처분에 대한 불복방법이 개별법에 별도로 규정된 경우 항고소송의 대상되는 처분성이 부정된다. **예** 「농지법」상 이행강제금
② 개별 법률에 특별히 정함이 없다면, 「행정심판법」이나 「행정소송법」이 정하는 바에 따라 다툴 수 있다. **예** 「건축법」상 이행강제금 ^{기출}

3. 직접강제

행정기본법

제30조【행정상 강제】 ① 행정청은 행정목적을 달성하기 위하여 필요한 경우에는 법률로 정하는 바에 따라 필요한 최소한의 범위에서 다음 각 호의 어느 하나에 해당하는 조치를 할 수 있다.

  3. 직접강제 : 의무자가 행정상 의무를 이행하지 아니하는 경우 행정청이 의무자의 신체나 재산에 실력을 행사하여 그 행정상 의무의 이행이 있었던 것과 같은 상태를 실현하는 것 ^{기출}

제32조【직접강제】 ① 직접강제는 행정대집행이나 이행강제금 부과의 방법으로는 행정상 의무 이행을 확보할 수 없거나 그 실현이 불가능한 경우에 실시하여야 한다. ^{기출}

② 직접강제를 실시하기 위하여 현장에 파견되는 집행책임자는 그가 집행책임자임을 표시하는 증표를 보여 주어야 한다.

4. 강제징수

(1) 「국세징수법」상 강제징수의 절차

독촉	① 국세 등 금전채권의 소멸시효를 중단시키는 효과 [기출]
	② 항고소송의 대상(○)
	③ 문서에 의하지 않은 독촉은 무효
	④ 독촉절차 없이 행해진 압류처분은 취소사유(판례)

⇩

체납처분	압류	① 금전적 가치를 가진 양도성 있는 재산
		② 항고소송대상 처분(○)
	⇩	
	매각	① 원칙 – 공매, 예외 – 수의계약
		② 공매 법적 성질 – 공법상 대리[항고소송의 대상이 되는 행정처분(○)]
	⇩	
	청산	국세·가산세·체납처분비 기타 채권에 배분, 잔액은 체납자에게 지급

지문식 판례

① 체납자 아닌 제3자 소유물건에 대한 압류처분의 효력은 당연무효이다.

② 체납처분으로서 공매는 항고소송의 대상이 되는 처분이나, (재)공매결정·공매통지는 처분이 아니다. [기출]

③ 체납자는 공매처분취소소송에서 다른 권리자에 대한 공매통지의 하자를 이유로 공매처분의 취소를 구할 수 없다. [기출]

④ 성업공사(현 한국자산관리공사)의 공매는 성업공사가 피고이고 위임청인 세무서장은 피고적격이 없다.

⑤ 압류처분 후 과세처분의 근거법률이 위헌으로 결정된 경우에 체납자의 압류해제신청을 거부한 행정청의 행위는 위법하다. [기출]

(2) 조세징수에 대한 불복

임의적 전치	세무서장에 대한 이의신청
필수적 전치	① 국세청장에 대한 심사청구와 조세심판원에 대한 심판청구 중 어느 하나를 반드시 거친 후 항고소송제기
	② 둘 다 거칠 필요(×)

제2절 즉시강제와 행정조사

1. 즉시강제

> **행정기본법**
> **제30조【행정상 강제】** ① 행정청은 행정목적을 달성하기 위하여 필요한 경우에는 법률로 정하는 바에 따라 필요한 최소한의 범위에서 다음 각 호의 어느 하나에 해당하는 조치를 할 수 있다.
>   5. 즉시강제: 현재의 급박한 행정상의 장해를 제거하기 위한 경우로서 다음 각 목의 어느 하나에 해당하는 경우에 행정청이 곧바로 국민의 신체 또는 재산에 실력을 행사하여 행정목적을 달성하는 것
>   가. 행정청이 미리 행정상 의무 이행을 명할 시간적 여유가 없는 경우
>   나. 그 성질상 행정상 의무의 이행을 명하는 것만으로는 행정목적 달성이 곤란한 경우
> **제33조【즉시강제】** ① 즉시강제는 다른 수단으로는 행정목적을 달성할 수 없는 경우에만 허용되며, 이 경우에도 최소한으로만 실시하여야 한다.
> ② 즉시강제를 실시하기 위하여 현장에 파견되는 집행책임자는 그가 집행책임자임을 표시하는 증표를 보여주어야 하며, 즉시강제의 이유와 내용을 고지하여야 한다.

2. 행정조사

(1) 행정조사의 기본원칙

기본원칙	법령상의 내용(키워드)
조사범위의 최소화	조사목적 달성에 필요한 최소한의 범위
조사권 남용금지	다른 목적 등을 위하여 조사권을 남용하여서는 안 됨
조사목적의 적합성	조사목적에 적합하도록 조사대상자 선정
중복조사의 제한	유사하거나 동일한 사안에 대한 공동조사를 실시해야 함 기출
예방 위주의 행정조사	처벌보다는 법령 등을 준수하도록 유도하는 데 중점 기출
조사내용 공표 금지	조사의 내용을 공표 금지, 직무상 알게 된 비밀을 누설 금지
조사결과에 대한 이용제한	원래의 조사목적 이외의 용도로 이용제한, 타인에게 제공 금지

(2) 「행정조사기본법」의 내용

① 행정조사의 법적 근거

> **행정조사기본법 제5조【행정조사의 근거】** 행정기관은 법령등에서 행정조사를 규정하고 있는 경우에 한하여 행정조사를 실시할 수 있다. 다만, 조사대상자의 자발적인 협조를 얻어 실시하는 행정조사의 경우에는 그러하지 아니하다.

② 적용제외

> **행정조사기본법 제3조【적용범위】** ② 다음 각 호의 어느 하나에 해당하는 사항에 대하여는 이 법을 적용하지 아니한다.
>   (중략)
>   4. 「근로기준법」 제101조에 따른 근로감독관의 직무에 관한 사항
>   5. 조세·형사·행형 및 보안처분에 관한 사항
>   6. 금융감독기관의 감독·검사·조사 및 감리에 관한 사항
>   7. 법률에 따른 공정거래위원회의 법률위반행위 조사에 관한 사항
> ③ 제2항에도 불구하고 제4조(행정조사의 기본원칙), 제5조(행정조사의 근거) 및 제28조(정보통신수단을 통한 행정조사)는 제2항 각 호의 사항에 대하여 적용한다.

③ 정기조사의 원칙

연도별 조사운영계획의 수립	행정기관의 장은 매년 12월 말까지 다음 연도의 행정조사운영계획을 수립하여 국무조정실장에게 제출
예외적 수시조사	㉠ 법률에 규정하고 있는 경우 ㉡ 법령 등의 위반에 대한 혐의가 있는 경우 ㉢ 법령 등의 위반에 관한 혐의를 통보 또는 이첩받은 경우 ㉣ 법령 등의 위반에 대한 신고를 받거나 민원이 접수된 경우 ㉤ 그 밖에 조사의 필요성이 인정되는 사항(대통령령으로 정함)

④ 행정조사의 방법(조사개시 7일 전까지 서면으로 통지)

출석·진술요구	㉠ 출석요구서의 발송 ㉡ 원칙: 1회 출석으로 당해 조사를 종결 　예외: 출석요구서에 기재된 내용을 이행하지 아니하여 행정조사의 목적을 달성할 수 없는 경우
보고요구와 자료제출요구	각각 보고요구서, 자료제출요구서 발송
현장조사	㉠ 현장출입조사서 또는 법령상의 문서를 발송 ㉡ 원칙: 해 뜨기 전이나 해 진 뒤에는 할 수 없음 　예외: ⓐ 조사대상자의 동의, ⓑ 사업장의 업무시간에 행정조사를 실시하는 경우, ⓒ 조사목적달성의 불가 또는 증거인멸방지
시료채취와 손실보상	정상적인 경제활동을 방해하지 아니하는 범위에서 최소한도로 해야 함
자료 등 영치	㉠ 조사대상자 또는 그 대리인을 입회하에 영치 ㉡ 사진 촬영이나 사본을 작성하는 방법으로 영치에 갈음할 수 있음 ㉢ 영치조서의 작성 1부를 입회인에게 교부
공동조사	㉠ 당해 행정기관 내의 2 이상의 부서가 동일하거나 유사한 업무분야에 대해 동일한 조사대상자에게 행정조사를 실시하는 경우 ㉡ 서로 다른 행정기관이 동일한 조사대상자에게 행정조사를 실시하는 경우
중복조사의 제한	㉠ 정기조사 또는 수시조사를 실시한 행정기관의 장은 동일한 사안에 대해 동일한 조사대상자를 재조사해서는 안 됨 ㉡ 이미 조사를 받은 조사대상자에 대해 위법행위가 의심되는 새로운 증거를 확보한 경우 그러하지 않음

⑶ 자율관리체제의 구축

① **자율신고 · 관리체제 구축 지원** : 행정기관의 장은 법령 등에서 규정하고 있는 조사사항을 조사대 상자로 하여금 스스로 신고하도록 하는 제도를 운영할 수 있고, 조사대상자의 자율관리체제 구축을 지원하여야 한다. ^{기출}

② **행정상 지원** : 자율관리체제의 기준을 준수한 자에 대하여는 행정조사의 감면, 행정 · 세제상의 지원 등 필요한 혜택을 부여할 수 있다.

⑷ 위법한 행정조사와 행정처분의 관계

① 행정조사의 위법이 곧 행정처분을 위법하게 하는 것은 아니지만,

② 행정조사에 의해 수집된 정보나 자료 자체가 부당한 경우에는 그에 기초한 행정처분은 위법한 처분이 된다. ^{기출}

제1절 행정상 강제집행

01 다음 중 행정상 강제집행의 수단이 아닌 것은?

① 행정상 즉시강제 ② 행정상 강제징수
③ 대집행 ④ 직접강제
⑤ 이행강제금

해설 강제집행은 사전에 부과된 의무를 상대방이 불이행하는 경우에 신체나 재산에 실력을 행사하여 의무가 이행된 것과 같은 상태를 실현하는 작용으로서 대집행, 이행강제금, 직접강제, 행정상 강제징수가 있다. 즉시강제는 급박한 장해를 제거하기 위하여 의무의 존재 및 불이행을 전제하지 않고 즉시 국민의 신체나 재산에 실력을 행사하여 행정상 필요한 상태를 실현하는 작용으로, 강제집행과는 구별된다.

02 「행정기본법」상 의무자가 행정상 의무를 이행하지 아니하는 경우 행정청이 의무자의 신체나 재산에 실력을 행사하여 그 행정상 의무의 이행이 있었던 것과 같은 상태를 실현하는 것은?

2024년 제12회

① 행정대집행 ② 이행강제금의 부과
③ 직접강제 ④ 강제징수
⑤ 즉시강제

해설 ③ 행정상 강제 중 직접강제에 대한 설명이다(「행정기본법」 제30조 제1항 제3호).
① 행정대집행: 의무자가 행정상 의무로서 타인이 대신하여 행할 수 있는 의무를 이행하지 아니하는 경우 법률로 정하는 다른 수단으로는 그 이행을 확보하기 곤란하고 그 불이행을 방치하면 공익을 크게 해칠 것으로 인정될 때에 행정청이 의무자가 하여야 할 행위를 스스로 하거나 제3자에게 하게 하고 그 비용을 의무자로부터 징수하는 것(「행정기본법」 제30조 제1항 제1호)
② 이행강제금의 부과: 의무자가 행정상 의무를 이행하지 아니하는 경우 행정청이 적절한 이행기간을 부여하고, 그 기한까지 행정상 의무를 이행하지 아니하면 금전급부의무를 부과하는 것(「행정기본법」 제30조 제1항 제2호)
④ 강제징수: 의무자가 행정상 의무 중 금전급부의무를 이행하지 아니하는 경우 행정청이 의무자의 재산에 실력을 행사하여 그 행정상 의무가 실현된 것과 같은 상태를 실현하는 것(「행정기본법」 제30조 제1항 제4호)
⑤ 즉시강제: 현재의 급박한 행정상의 장해를 제거하기 위한 경우로서 다음 각 목의 어느 하나에 해당하는 경우에 행정청이 곧바로 국민의 신체 또는 재산에 실력을 행사하여 행정목적을 달성하는 것(「행정기본법」 제30조 제1항 제5호)

Answer 1. ① 2. ③

03 「행정대집행법」상 대집행에 관한 설명으로 옳지 않은 것은? 2017년 제5회

① 비대체적 작위의무의 불이행에 대해서는 대집행이 가능하지 않다.

② 대집행은 대체적 작위의무의 불이행이 있다고 하여 언제든지 인정되는 것은 아니다.

③ 대집행을 실제 수행하는 자는 당해 행정청이어야 하는 것은 아니다.

④ 대집행을 한다는 뜻의 계고는 문서로 하여야 한다.

⑤ 대집행에 대하여는 행정심판을 제기할 수 없다.

해설 ⑤ 대집행에 대하여는 행정심판을 제기할 수 있다(「행정대집행법」 제7조).
① 대집행은 대체적 작위의무의 불이행이 있는 경우가 그 대상이므로 비대체적 작위의무의 불이행에 대해서는 대집행이 가능하지 않다.
② 대집행은 ⅰ) 대체적 작위의무의 불이행이 있을 것, ⅱ) 다른 수단으로 의무이행확보가 곤란할 것, ⅲ) 의무불이행을 방치하는 것이 심히 공익을 해할 것을 요건으로 한다(「행정대집행법」 제2조).
③ 대집행을 실제 수행하는 자는 당해 행정청이어야만 하는 것은 아니며 제3자에게 실행하게 할 수도 있다.
④ 대집행을 한다는 뜻의 계고는 문서로 하여야 하며 말(구두)로 할 수 없다(「행정대집행법」 제3조 제1항).

04 「행정대집행법」상 대집행의 요건이 아닌 것은? 2020년 제8회

① 공법상 의무의 불이행이 있을 것

② 불이행된 의무를 타인이 대신하여 행할 수 있을 것

③ 의무를 명하는 처분에 불가쟁력이 발생하였을 것

④ 다른 수단으로써 의무 이행의 확보가 곤란할 것

⑤ 의무불이행을 방치하는 것이 심히 공익을 해할 것

해설 ③ 「행정대집행법」은 행정처분의 불가쟁력의 발생을 대집행실행의 전제로 하고 있지 않다. 상대방에 의무를 부가하는 처분에 있어 불가쟁력이 발생하기 전에도 대집행을 할 수 있다.
① 대집행이 가능한 대체적 작위의무의 위반은 원칙적 공법상 의무를 불이행하는 경우를 말한다.

05 「행정대집행법」상 대집행의 대상이 되는 의무는? (다툼이 있는 경우 판례에 의함)

① 관계 법령을 위반하여 장례식장 영업을 하고 있는 자의 장례식장 사용 중지의무
② 피수용자 등이 기업자에 대하여 부담하는 수용대상 토지의 인도의무
③ 공유재산 대부계약의 해지에 따라 원상회복을 위하여 실시하는 지상물 철거의무
④ 공원점용허가를 받아 설치한 매점의 소유자가 점용기간 만료 후에 그 매점으로부터 퇴거할 의무
⑤ 구 「공공용지의 취득 및 손실보상에 관한 특례법」에 따른 토지 등의 협의취득 시 건물 소유자가 매매대상건물에 대한 철거의무를 부담하겠다는 취지의 약정을 한 경우 그 철거의무

▶해설 ③ 공유재산에 대한 무단시설물은 공법상 의무위반인지 사법상 의무위반인지 구별하지 않고 대집행 방식으로 철거할 수 있다(「공유재산 및 물품관리법」 제83조 제2항).
① · ② · ④ 비대체적 의무로 대집행을 할 수 없는 의무이다.
⑤ 협의취득은 사법상 계약으로, 사법상 의무불이행은 원칙적으로 대집행의 대상이 되지 않는다.

06 「행정대집행법」상의 대집행에 관한 설명으로 옳지 않은 것은? (다툼이 있으면 판례에 따름)

2019년 제7회

① 대집행을 할 수 있는 권한을 가진 행정청은 대집행권한을 타인에게 위탁할 수 있다.
② 대집행을 하려는 경우 상당한 이행기한을 정하여 그 기한까지 이행되지 아니할 때에는 대집행을 한다는 뜻을 미리 문서로써 계고하여야 한다.
③ 관계 법령에 위반하여 장례식장 영업을 하고 있는 자의 장례식장 사용중지의무는 대집행의 대상이 아니다.
④ 토지 · 건물의 명도의무는 대집행의 대상이 될 수 있다.
⑤ 대집행에 요한 비용은 「국세징수법」의 예에 의하여 징수할 수 있다.

▶해설 ④ 토지 · 건물의 명도의무는 비대체적 작위의무이므로 「행정대집행법」에 의한 대집행의 대상이 되는 것은 아니다(대판 1998. 10. 23. 97누157).
① 대집행 권한은 권한의 위임 또는 위탁이 가능하다.
② 「행정대집행법」 제3조 제1항
③ 장례식장사용중지의무는 비대체적 부작위의무에 대한 것이므로, 「행정대집행법」 제2조의 규정에 의한 대집행의 대상이 아니다(대판 2005. 9. 28. 2005두7464).
⑤ 대집행에 소요된 비용은 의무자가 기일 내에 납부하지 않을 때에는 국세체납처분의 예에 의하여 강제징수할 수 있다(「행정대집행법」 제5조, 제6조 제1항).

Answer 3. ⑤ 4. ③ 5. ③ 6. ④

07 대집행에 관한 설명으로 옳지 않은 것은? (다툼이 있으면 판례에 따름) 2015년 제3회

① 행정대집행에 있어서 1차 계고에 이어 2차 계고를 행한 경우, 2차 계고는 새로운 행정처분이다.

② 대집행영장에 의한 통지는 비상시 등 그 절차를 취할 여유가 없는 경우 당해 수속을 거치지 아니하고 대집행을 할 수 있다.

③ 대집행을 실시하기 위하여 지출한 비용은 「국세징수법」의 예에 의하여 징수할 수 있다.

④ 행정상 의무이행확보수단으로 행정대집행의 절차가 인정되는 경우에는 따로 민사소송의 방법으로 의무이행을 구할 수는 없다.

⑤ 비대체적 부작위의무를 대상으로 하는 행정대집행명령은 위법하다.

해설 ① 행정대집행에 있어서 1차 계고에 이어 2차 계고를 행한 경우, 2차 계고는 새로운 행정처분이 아니므로 1차 계고만 항고소송의 대상되는 처분에 해당한다(대판 1994. 10. 28. 94누5144).
② 「행정대집행법」 제3조 제3항, ③ 「행정대집행법」 제6조 제1항
④ 공법상의 의무불이행에 대하여 행정대집행의 절차가 인정되는 경우에는 따로 민사소송의 방법으로 공작물의 철거·수거 등을 구할 수는 없다(대판 2000. 5. 12. 99다18909).
⑤ '장례식장 사용중지의무'가 '타인이 대신'할 수도 없고, 타인이 대신하여 '행할 수 있는 행위'라고도 할 수 없는 비대체적 부작위의무에 대한 것이므로, 대집행의 대상이 되지 않는다(대판 2005. 9. 28. 2005두7464).

08 행정대집행에 관한 설명으로 옳은 것은? (다툼이 있는 경우에는 판례에 의함) 2013년 제1회

① 대집행에 있어서 계고는 반드시 문서에 의하여야 하는 것은 아니므로 구두에 의한 계고도 가능하다.

② 행정청이 토지나 건물의 인도의무를 부과한 경우 이는 대체적 작위의무로서 「행정대집행법」상 대집행의 대상이다.

③ 대집행영장에 의한 통지는 준법률행위적 행정행위로서 취소소송의 대상이 될 수 없다.

④ 「행정대집행법」은 대체적 작위의무의 부과처분에 불가쟁력이 발생할 것을 대집행의 요건으로 규정하고 있다.

⑤ 위법건축물에 대한 철거명령 및 계고처분에 불응하여 행한 제2차, 제3차의 계고처분은 대집행 기한의 연기통지에 불과하므로 행정처분이 아니다.

해설 ⑤ 「행정대집행법」상의 건물철거의무는 제1차 철거명령 및 계고처분으로서 발생하였고 제2차, 제3차의 계고처분은 새로운 철거의무를 부과한 것이 아니고 다만 대집행기한의 연기통지에 불과하므로 행정처분이 아니다(대판 1994. 10. 28. 94누5144).
① 대집행을 한다는 뜻의 계고는 문서로 하여야 하며 말(구두)로 할 수 없다. 말(구두)로 한 계고는 무효이다.
② 토지나 건물의 인도의무는 비대체적 작위의무로서 대집행의 대상이 되지 않는다(대판 2005. 8. 19. 2004다2809).
③ 대집행영장의 통지는 준법률행위적 행정행위인 통지행위이며, 독립적인 처분으로서 행정쟁송의 대상이 된다.
④ 대체적 작위의무의 부과처분에 불가쟁력이 발생할 것은 「행정대집행법」상 대집행의 요건이 아니다.

09 「행정대집행법」상 대집행에 관한 설명으로 옳은 것은? (다툼이 있으면 판례에 따름)

2021년 제9회

① 철거대집행 계고처분 후 행한 제2차 계고는 대집행기한의 연기통지가 아니라 새로운 철거의무를 부과한 것이다.

② 철거명령과 계고처분은 계고서라는 명칭의 1장의 문서로 이루어질 수 있다.

③ 대집행은 처분청 스스로 하여야 하며, 대집행 권한을 제3자에게 위임·위탁할 수 없다.

④ 후행처분인 대집행영장발부통보처분의 취소소송에서, 선행처분인 계고처분의 위법을 이유로 대집행영장발부통보처분이 위법하다는 주장을 할 수 없다.

⑤ 행정청이 대집행의 방법으로 건물철거의무의 이행을 실현할 수 있는 경우, 건물철거대집행 과정에서 부수적으로 건물의 점유자들에 대한 퇴거 조치를 할 수 없다.

해설 ② 1장의 계고서에 철거명령과 계고가 함께 있다고 하더라도 위법은 아니라는 것이 판례이다(대판 1992. 6. 12. 91누13564).

① 제2차 계고와 같이 반복된 계고는 연기통지에 불과할 것이며 새로운 계고에 해당하지 않는다는 것이 판례의 입장이다(대판 2000. 2. 22. 98두4665).

③ 대집행 권한은 제3자에게 위임 또는 위탁이 가능하다.

④ 대집행 계고와 영장발부통보처분은 하자승계가 인정되므로 후행처분인 대집행영장발부통보처분의 취소청구소송에서 선행처분인 계고처분이 위법하다는 이유로 대집행영장발부통보처분도 위법한 것이라는 주장을 할 수 있다(대판 1996. 2. 9. 95누12507).

⑤ 건물의 점유자가 철거의무자일 때에는 건물철거의무에 퇴거의무도 포함되어 있는 것이어서 별도로 퇴거를 명하는 집행권원이 필요하지 않다(대판 2017. 4. 28. 2016다213916).

Answer 7.① 8.⑤ 9.②

10 행정대집행에 관한 설명으로 옳은 것을 모두 고른 것은? (다툼이 있으면 판례에 따름)

2022년 제10회

> ㉠ 대집행영장에 의한 통지는 취소소송의 대상이 된다.
> ㉡ 「행정대집행법」에서는 대집행에 대해 행정심판을 제기할 수 있음을 규정하고 있다.
> ㉢ 계고처분의 후속절차인 대집행에 위법이 있다고 하더라도, 그와 같은 후속절차에 위법성이 있다는 점을 들어 선행절차인 계고처분이 부적법하다는 사유로 삼을 수는 없다.
> ㉣ 대집행은 대집행의 대상이 되는 의무를 명하는 처분청이 그 주체가 되며 타인에게 위탁할 수 없다.

① ㉠
② ㉡, ㉢
③ ㉠, ㉡, ㉢
④ ㉡, ㉢, ㉣
⑤ ㉠, ㉡, ㉢, ㉣

해설 ㉠ [○] 대집행영장에 의한 통지는 준법률행위적 행정행위로서 항고소송의 대상되는 처분에 해당한다.
㉡ [○] 대집행에 대하여는 행정심판을 제기할 수 있다(「행정대집행법」 제7조).
㉢ [○] 계고처분의 후속절차인 대집행에 위법이 있다고 하더라도, 그와 같은 후속절차에 위법성이 있다는 점을 들어 선행절차인 계고처분이 부적법하다는 사유로 삼을 수는 없다(대판 1997. 2. 14. 96누15428).
㉣ [×] 행정대집행은 의무를 명하는 처분청이 직접 행할 수도 있고 실행을 제3자에게 위탁하여 행할 수도 있다.

11 「행정대집행법」의 내용에 관한 설명으로 옳은 것은? 2023년 제11회

① 의무자가 동의한 경우라도 행정청은 해가 뜨기 전에는 대집행을 착수할 수 없다.
② 해가 지기 전에 대집행을 착수한 경우라도 해가 진 후에는 행정청은 즉시 대집행을 중단해야 한다.
③ 대집행에 대하여는 행정심판을 제기할 수 없다.
④ 대집행에 요한 비용은 「민사집행법」의 예에 의하여 징수하여야 한다.
⑤ 대집행에 요한 비용에 대하여서는 행정청은 사무비의 소속에 따라 국세에 다음가는 순위의 선취득권을 가진다.

해설 ⑤ 「행정대집행법」 제6조 제2항
① 의무자가 동의한 경우에는 행정청은 해가 뜨기 전이나 해가 진 후에 대집행이 가능하다(「행정대집행법」 제4조 제1항 제1호).
② 해가 지기 전에 대집행을 착수한 경우에는 해가 진 후에도 행정청은 대집행이 가능하다(「행정대집행법」 제4조 제1항 제2호).
③ 대집행에 대하여는 행정심판을 제기할 수 있다(「행정대집행법」 제7조).
④ 대집행에 요한 비용은 「국세징수법」의 예에 의하여 징수할 수 있다(「행정대집행법」 제6조 제1항).

12 「행정대집행법」의 내용에 관한 설명으로 옳지 않은 것은? 2025년 제13회

① 행정청은 해가 지기 전에 대집행을 착수한 경우라도 해가 진 후에는 대집행을 하여서는 아니된다.

② 대집행에 요한 비용에 대하여서는 행정청은 사무비의 소속에 따라 국세에 다음가는 순위의 선취득권을 가진다.

③ 대집행에 대하여는 행정심판을 제기할 수 있다.

④ 대집행에 요한 비용은 「국세징수법」의 예에 의하여 징수할 수 있다.

⑤ 의무자가 동의한 경우 행정청은 해가 뜨기 전에 대집행을 할 수 있다.

해설 ① 해가 지기 전에 대집행을 착수한 경우에는 해가 진 후에도 행정청은 대집행이 가능하다(「행정대집행법」 제4조 제1항 제2호).
② 「행정대집행법」 제6조 제2항, ③ 「행정대집행법」 제7조, ④ 「행정대집행법」 제6조 제1항
⑤ 의무자가 동의한 경우에는 행정청은 해가 뜨기 전이나 해가 진 후에 대집행이 가능하다(「행정대집행법」 제4조 제1항 제1호).

13 이행강제금에 관한 설명으로 옳은 것은? (다툼이 있으면 판례에 따름) 2016년 제4회

① 이행강제금은 그에 관한 법적 근거가 없더라도 부과할 수 있다.

② 이행강제금에 관한 일반법으로는 「건축법」이 있다.

③ 「건축법」상 이행강제금은 반복하여 부과할 수 없다.

④ 이행강제금과 행정벌의 병과는 허용된다.

⑤ 이행강제금은 대체적 작위의무 위반에 대해서는 부과될 수 없다.

해설 ④ 이행강제금은 장래 의무이행을 확보하기 위한 강제집행의 수단으로 행정벌(과태료나 형벌)과는 목적과 성질이 다르므로 양자를 병과할 수 있다(판례).
① 이행강제금은 강제적으로 금전납부의무를 부과하는 것이므로 그에 관한 법적 근거가 있어야만 부과할 수 있다.
② 이행강제금에 관한 일반법은 없으며, 「건축법」 등 개별법들만 있다.
③ 「건축법」상 이행강제금은 최초의 시정명령이 있었던 날을 기준으로 하여 1년에 2회의 범위 내에서 그 시정명령이 이행될 때까지 반복하여 부과·징수할 수 있다(「건축법」 제80조 제5항).
⑤ 이행강제금은 대체적 작위의무의 위반에 대하여도 부과될 수 있다. 현행 「건축법」상 대집행과 이행강제금을 선택적으로 활용할 수 있으며, 합리적인 재량에 의해 선택하여 활용하는 이상 중첩적인 제재에 해당한다고 볼 수 없다(헌재 2004. 2. 26. 2001헌바80).

Answer 10. ③ 11. ⑤ 12. ① 13. ④

14 행정의 실효성 확보수단에 관한 설명으로 옳은 것은? (다툼이 있으면 판례에 따름)

2021년 제9회

① 「건축법」상 이행강제금 부과처분은 항고소송으로 다툴 수는 없다.
② 이행강제금은 대체적 작위의무의 위반에 대하여 부과될 수 없다.
③ 「건축법」상 이행강제금의 납부의무는 상속인에게 승계될 수 없는 일신전속적인 성질의 것이다.
④ 대집행에 요한 비용은 「국세징수법」의 예에 의하여 징수할 수 없다.
⑤ 병무청장이 「병역법」에 따라 병역의무 기피자의 인적사항을 인터넷 홈페이지에 공개하는 결정은 항고소송의 대상이 되는 행정처분이 아니다.

해설 ③ 구 「건축법」상의 이행강제금 납부의무는 상속인 기타의 사람에게 승계될 수 없는 일신전속적인 성질의 것이므로, 이행강제금을 부과받은 사람의 이의에 의하여 「비송사건절차법」에 의한 재판절차가 개시된 후에 그 이의한 사람이 사망한 때에는 사건 자체가 목적을 잃고 절차가 종료한다(대판 2006. 12. 8. 2006마470).
① 「건축법」상 이행강제금은 특별한 불복절차를 규정하고 있지 않으므로 항고소송으로 다툴 수 있다.
② 「건축법」상 이행강제금이 부과되면서 대체적 작위의무 위반에 대하여도 이행강제금을 부과할 수 있게 되었다.
④ 대집행에 요한 비용은 「국세징수법」의 예에 의하여 징수할 수 있다(「행정대집행법」 제6조 제1항).
⑤ 병무청장이 「병역법」에 따라 병역의무 기피자의 인적사항 등을 인터넷 홈페이지에 게시한 것이 항고소송의 대상인 행정처분에 해당한다(대판 2019. 6. 27. 2018두49130).

15 「행정기본법」상 행정상 강제에 관한 설명으로 옳지 않은 것은? 2025년 제13회

① 외국인의 출입국·난민인정에 관한 사항에 관하여는 「행정기본법」 제5절(행정상 강제)을 적용하지 아니한다.
② 직접강제는 다른 모든 수단으로는 행정목적을 달성할 수 없는 경우에만 허용되며, 이 경우에도 최소한으로만 실시하여야 한다.
③ 행정청은 이행강제금을 부과받은 자가 납부기한까지 이행강제금을 내지 아니하면 국세강제징수의 예 또는 「지방행정제재·부과금의 징수 등에 관한 법률」에 따라 징수한다.
④ 의무 불이행의 동기, 목적 및 결과는 이행강제금의 부과 금액을 가중하거나 감경할 수 있는 고려사항에 해당한다.
⑤ 행정청은 이행강제금을 부과하기 전에 미리 의무자에게 적절한 이행기간을 정하여 그 기한까지 행정상 의무를 이행하지 아니하면 이행강제금을 부과한다는 뜻을 문서로 계고하여야 한다.

해설 ② 직접강제는 행정대집행이나 이행강제금 부과의 방법으로는 행정상 의무 이행을 확보할 수 없거나 그 실현이 불가능한 경우에 실시하여야 한다(「행정기본법」 제32조 제1항).
① 형사(刑事), 행형(行刑) 및 보안처분 관계 법령에 따라 행하는 사항이나 외국인의 출입국·난민인정·귀화·국적회복에 관한 사항에 관하여는 이 절을 적용하지 아니한다(「행정기본법」 제30조 제3항).
③ 「행정기본법」 제31조 제6항
④ 행정청은 ⅰ) 의무 불이행의 동기, 목적 및 결과, ⅱ) 의무 불이행의 정도 및 상습성을 고려하여 이행강제금의 부과 금액을 가중하거나 감경할 수 있다(「행정기본법」 제31조 제2항).
⑤ 「행정기본법」 제31조 제3항

16 「행정기본법」상 이행강제금에 관한 설명으로 옳지 않은 것은? (다툼이 있으면 판례에 따름)

① 행정청은 이행강제금을 부과하기 전에 미리 의무자에게 적절한 이행기간을 정하여 그 기한까지 행정상 의무를 이행하지 아니하면 이행강제금을 부과한다는 뜻을 문서로 계고(戒告)하여야 한다.

② 행정청은 의무자가 계고에서 정한 기한까지 행정상 의무를 이행하지 아니한 경우 이행강제금의 부과 금액·사유·시기를 문서로 명확하게 적어 의무자에게 통지하여야 한다.

③ 행정청은 의무자가 행정상 의무를 이행할 때까지 이행강제금을 반복하여 부과할 수 있다.

④ 의무자가 의무를 이행하면 새로운 이행강제금의 부과를 즉시 중지하되, 이미 부과한 이행강제금은 징수하여서는 아니 된다.

⑤ 이행강제금 부과의 근거가 되는 법률에는 이행강제금에 관한 연간 부과 횟수나 횟수의 상한을 명확하게 규정하여야 한다.

해설 ④·③ 행정청은 의무자가 행정상 의무를 이행할 때까지 이행강제금을 반복하여 부과할 수 있다. 다만, 의무자가 의무를 이행하면 새로운 이행강제금의 부과를 즉시 중지하되, 이미 부과한 이행강제금은 징수하여야 한다(「행정기본법」 제31조 제5항).
⑤ 「행정기본법」 제31조 제1항 제5호

Answer 14. ③ 15. ② 16. ④

17 **행정상 강제징수에 관한 설명으로 옳지 않은 것은? (다툼이 있으면 판례에 따름)** ^{2018년 제6회}

① 체납자는 공매처분취소소송에서 다른 권리자에 대한 공매통지의 하자를 이유로 공매처분의 취소를 구할 수 있다.

② 한국자산관리공사가 압류재산을 인터넷을 통하여 재공매하기로 한 결정은 항고소송의 대상이 될 수 없다.

③ 압류처분과 공매처분 간에는 하자가 승계된다.

④ 압류처분 후 과세처분의 근거법률이 위헌으로 결정된 경우에 체납자의 압류해제신청을 거부한 행정청의 행위는 위법하다.

⑤ 세무서장이 독촉 또는 납부최고를 하면 국세징수권의 소멸시효는 중단된다.

▶해설 ① 체납자는 공매처분취소소송에서 다른 권리자에 대한 공매통지의 하자를 이유로 공매처분의 취소를 구할 수 없다(대판 2008. 11. 20. 2007두18154).
② 한국자산공사가 당해 부동산을 인터넷을 통하여 재공매(입찰)하기로 한 결정 자체는 내부적인 의사결정에 불과하여 항고소송의 대상이 되는 행정처분이라고 볼 수 없다(대판 2007. 7. 27. 2006두8464).
③ 강제징수절차상의 행위들(독촉 및 가산금부과 — 압류 — 매각 — 청산) 사이는 하자의 승계가 인정된다(대판 2011. 3. 24. 2010두25527).
④ 압류처분 후 과세처분의 근거법률이 위헌으로 결정된 경우에 체납자의 압류해제신청을 거부한 행정청의 행위는 위법하다(대판 2002. 8. 23. 2001두2959).
⑤ 납부고지, 독촉, 교부청구, 압류의 사유로 소멸시효가 중단된다(「국세기본법」 제28조 제1항).

Answer 17. ①

제2절 즉시강제와 행정조사

01 행정상 즉시강제에 대한 설명으로 옳지 않은 것은?

① 오늘날 실질적 법치주의하에서 행정상 즉시강제에도 당연히 법적 근거를 요한다는 것이 다수설이다.

② 즉시강제는 일반적 요건으로 장해가 급박하여 의무를 부과할 시간적 여유가 없거나 성질상 의무를 부과해서는 목적 달성이 곤란할 것이 요구된다.

③ 행정상 즉시강제를 하는 경우에도 사전영장 없이 물건을 수거하는 것은 허용되지 않는다는 것이 헌법재판소의 입장이다.

④ 행정상 즉시강제가 적법하게 이루어졌다고 하더라도 사인의 수인한도를 넘는 특별한 희생의 경우에는 손실보상이 이루어져야 한다.

⑤ 위법한 즉시강제가 종료된 경우 항소소송의 소의 이익이 부정되는 경우가 많다.

해설 ③ 국민의 신체와 재산에 공권력을 행사하는 경우 법관의 영장이 필요하지만 즉시강제는 급박한 상황에 대체하기 위한 것이므로 사전영장주의가 적용되지 않는다는 것이 헌법재판소의 입장이다.

02 즉시강제에 대한 설명으로 타당한 것은?

① 적법한 즉시강제일지라도 이로 인해 발생된 손실은 사회적 수인한도를 벗어나지 않은 경우라도 보상되어야 한다.

② 「소방기본법」상 화재건물 인근의 연소위험건물에 대한 강제처분은 즉시강제에 해당한다.

③ 즉시강제는 목전의 급박한 행정상 장해를 제거하는 것인 만큼 법률상의 근거가 없어도 허용된다.

④ 즉시강제는 보충성의 원칙이 적용되지 않는다.

⑤ 즉시강제가 비록 위법하더라도 공권력행사에 해당되기 때문에 이에 대한 정당방위는 인정되지 않는다.

해설 ② 「소방기본법」상 화재건물 인근의 연소위험건물에 대한 강제처분은 급박한 위험발생 방지를 목적으로 하는 것이므로 즉시강제에 해당한다.
① 사인의 손실이 사회적 수인한도를 벗어나지 않은 경우에는 이를 수인하여야 하므로 손실보상의 대상이 되지 않는다.
③ 즉시강제도 오늘날은 법적 근거를 요한다는 것이 다수설과 판례이다.
④ 즉시강제는 권력적 사실행위이므로 다른 수단으로 그 목적달성이 곤란한 경우에만 인정된다.
⑤ 위법한 즉시강제에 저항하는 것은 정당방위에 해당하므로 공무집행방해죄가 성립하지 않는다는 것이 판례이다.

Answer 1. ③ 2. ②

03 행정조사에 관한 설명으로 옳지 않은 것은? (다툼이 있으면 판례에 따름) ^{2015년 제3회}

① 행정기관의 장은 법령 등에서 규정하고 있는 조사사항을 조사대상자로 하여금 스스로 신고하도록 하는 제도를 운영할 수 있다.

② 행정조사는 법령 등의 위반에 대한 처벌보다는 법령 등을 준수하도록 유도하는 데 중점을 두어야 한다.

③ 행정기관은 유사하거나 동일한 사안에 대하여는 공동조사 등을 실시함으로써 행정조사가 중복되지 아니하도록 하여야 한다.

④ 조사대상자의 자발적인 협조를 얻어 행정조사를 실시하고자 하는 경우 조사대상자는 당해 행정조사를 거부할 수 있다.

⑤ 세무조사결정은 납세의무자의 권리·의무에 직접 영향을 미치는 공권력의 행사에 따른 행정작용이 아니므로 항고소송의 대상이 될 수 없다.

▶해설 ⑤ 세무조사결정이 있는 경우 납세의무자는 세무공무원의 과세자료 수집을 위한 질문에 대답하고 검사를 수인하여야 할 법적 의무를 부담하게 되는 점 등을 종합하면, 세무조사결정은 납세의무자의 권리·의무에 직접 영향을 미치는 공권력의 행사에 따른 행정작용으로서 항고소송의 대상이 된다(대판 2011. 3. 10. 2009두23617).
① 「행정조사기본법」 제25조 제1항, ② 「행정조사기본법」 제4조 제4항, ③ 「행정조사기본법」 제4조 제3항, ④ 「행정조사기본법」 제20조 제1항

04 「행정조사기본법」에서 규정하고 있는 내용으로 옳지 않은 것은?

① 행정기관은 법령 등에서 행정조사를 규정하고 있는 경우에 한하여 행정조사를 실시할 수 있다. 그러나 조사대상자의 자발적인 협조를 얻어 실시하는 행정조사의 경우에는 그러하지 아니하다.

② 현장조사는 조사대상자가 동의한 경우에는 해가 뜨기 전이나 해가 진 뒤에도 할 수 있다.

③ 행정조사를 실시하고자 하는 행정기관의 장은 출석요구서 등을 조사개시 7일 전까지 조사대상자에게 서면으로 통지하여야 한다.

④ 행정조사는 법령 등 또는 행정조사 운영계획으로 정하는 바에 따라 정기적으로 실시함을 원칙으로 한다.

⑤ 금융감독기관의 감독·검사·조사 및 감리에 관한 사항에는 「행정조사기본법」이 전면적으로 직접 적용된다.

▶해설 ⑤ 금융감독기관의 감독·검사·조사 및 감리에 관한 사항은 「행정조사기본법」이 적용되지 않는 적용제외 사항이다(「행정조사기본법」 제3조 제2항 제6호).

행정벌과 새로운 의무이행확보수단

핵심 summary

제1절 행정벌

1. 행정형벌

과실범 처벌	① 원칙: 고의범 처벌, 과실범은 별도의 처벌규정 있을 것 ② 예외: 과실범처벌의 명문의 규정이 없더라도 해석상 과실범을 처벌하는 것으로 명백히 인정되는 경우 처벌 ^{기출}
양벌규정	① 양벌규정에 의한 영업주의 처벌은 선임·감독상의 과실책임 ② 지방자치단체 − 자치사무를 처리하는 경우 양벌규정 적용, 기관위임사무를 처리하는 경우 양벌규정 부정 ^{기출}

지문식 판례

① 양벌규정에 의한 영업주의 처벌은 종업원의 처벌에 종속하는 것이 아니라 독립해서 그 자신의 종업원에 대한 선임감독상의 과실로 인하여 처벌되는 것이다.
② 영업주나 감독자를 처벌하는 경우 종업원의 범죄성립이나 처벌이 영업주 처벌의 전제조건이 될 필요는 없다. ^{기출}

2. 통고처분

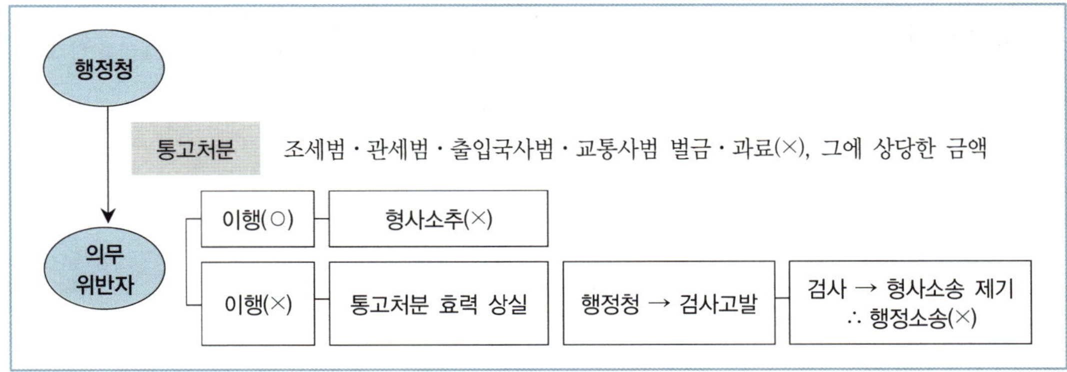

① 통고처분은 행정심판이나 행정소송의 대상이 되지 않는다. ^{기출}
② 통고처분권자의 고발 없이 검사는 공소제기할 수 없다.
③ 세무공무원의 고발 없이 공소제기된 후 세무공무원이 고발을 하여도 공소절차의 무효는 치유되지 않는다.
④ 고발 후에는 통고처분을 할 수 없고, 통고처분을 한 경우 이는 무효이다.
⑤ 통고처분 여부는 행정청의 재량이며 통고처분을 하지 아니한 채 검사에게 고발하였다 하여 그 고발 및 공소제기가 부적법하게 되는 것은 아니다.

3. 「질서위반행위규제법」상 과태료

(1) 질서위반행위의 의의

법률(조례 포함)상의 의무를 위반하여 과태료를 부과하는 행위이다.

(2) 「질서위반행위규제법」 적용제외

① 과태료의 부과·징수 등의 절차에 관한 다른 법률의 규정 중 「질서위반행위규제법」의 규정에 저촉되는 것은 「질서위반행위규제법」으로 정하는 바에 따른다. ^{기출}
② 대통령령으로 정하는 ㉠ 사법상·소송법상 의무위반, ㉡ 법률의 규정에 따른 징계사유에 해당하여 과태료를 부과하는 행위는 제외된다. ^{기출}

(3) 「질서위반행위규제법」 적용범위

시간적 범위	① 질서위반행위의 성립과 과태료 처분은 <u>행위 시</u>의 법률에 따름 ^{기출} ② 질서위반행위 후 법률이 변경되어 그 행위가 질서위반행위에 해당하지 아니하게 되거나 과태료가 변경되기 전의 법률보다 가볍게 된 때에는 법률에 특별한 규정이 없는 한 <u>변경된 법률</u>을 적용 ^{기출} ③ 행정청의 과태료 처분이나 법원의 과태료 재판이 확정된 후 법률이 변경되어 그 행위가 질서위반행위에 해당하지 아니하게 된 때에는 변경된 법률에 특별한 규정이 없는 한 과태료의 징수 또는 집행을 <u>면제</u>
장소적 범위	① 대한민국 영역 안에서 질서위반행위를 한 자에게 적용 ② 대한민국 영역 밖에서 질서위반행위를 한 대한민국의 국민에게 적용 ^{기출} ③ 대한민국 영역 밖에 있는 대한민국의 선박 또는 항공기 안에서 질서위반행위를 한 외국인에게 적용 ^{기출}

⑷ 「질서위반행위규제법」 주요 내용

질서위반 행위의 성립	법정주의	법률에 따르지 아니하고는 어떤 행위도 과태료를 부과하지 않음 **기출**
	구성요건	① 고의·과실이 없는 경우 과태료를 부과하지 않음(책임주의) **기출** ② 위법하지 않다고 오인한 경우 그 오인에 정당한 이유가 있는 때에 한하여 과태료를 부과하지 않음 ③ 14세 미만자의 질서위반행위에는 과태료를 부과하지 않음 **기출** ④ 심신상실자에는 과태료 부과 불가, 심신미약자에는 감경, 스스로 상태를 야기한 자에는 감면하지 않음
	법인처벌	대표자나 종업원 등의 개인의 의무위반행위에 대해 법인 또는 그 개인에게 과태료 부과, 「도로교통법」상 과태료 부과의 경우 예외 인정
	다수인 처벌	① 2인 이상이 가담한 때 각자가 질서위반행위를 한 것으로 봄 **기출** ② 신분 없는 자가 신분에 의해 성립하는 질서위반행위에 가담한 때에도 질서위반행위가 성립 **기출** ③ 신분에 의한 감경 또는 가중 사유는 신분이 없는 자에게는 미치지 않음
	다수법 위반	하나의 행위가 둘 이상의 질서위반행위에 해당하는 경우 가장 중한 과태료 부과 **기출**
행정청의 과태료 부과		① 부과 전 사전통지, 10일 이상의 의견제출 기회 제공, 지정된 기일까지 의견제출이 없는 경우 의견이 없는 것으로 봄 **기출** ② 의견제출절차를 마친 후 서면으로 과태료를 부과 ③ 과태료 부과통지를 받은 날부터 60일 이내에 서면으로 이의제기. 이의제기가 있는 경우 행정청의 과태료 부과처분은 효력을 상실 **기출** ④ 이의제기를 받은 행정청은 14일 이내에 관할법원에 통보 ⑤ 자진납부자에 대한 과태료를 감경할 수 있음 ⑥ 제척기간: 질서위반행위가 종료된 날부터 5년이 경과한 경우 과태료를 부과할 수 없음 ⑦ 소멸시효: 확정된 과태료에 대해 5년간 징수하지 않은 경우 시효로 소멸 **기출**
불복방법		행정심판이나 항고소송의 대상되는 처분(×) **기출**
가산금 징수		① 납부기한까지 과태료를 납부하지 아니한 때 3/100 가산금 ② 체납된 과태료를 납부하지 아니한 때 매 1개월 경과마다 12/1000 가산금
과태료재판		① 관할법원: 당사자의 주소지의 지방법원 ② 심문기일 지정 후 심문 ③ 결정: 과태료재판은 이유를 붙인 결정으로 함. 즉시항고 가능(집행정지) **기출** ④ 약식재판: 심문 없이 과태료재판 ⑤ 검사명령으로 과태료 집행[판사명령(×)] **기출**

과태료
체납자에
대한 조치
		① 관허사업의 정지 또는 허가 등의 취소: 3회 이상 체납하고 있고, 체납발생일부터 각 1년이 경과하였으며, 체납금액의 합계가 500만 원 이상인 체납자
		② 신용정보 등 제공: 신용정보업자에 대한 체납자료 제공, 당사자에 대해 미리 통지
		③ 고액상습체납자: 30일 이내 감치에 처할 수 있음, 동일위반행위로 재차 감치 불가
		    ㉠ 3회 이상 체납, 체납발생일로부터 1년 경과 체납금액합계 1천만 원 이상
		    ㉡ 과태료 납부능력이 있음에도 불구하고 정당한 사유 없이 체납한 경우

제2절 새로운 의무이행확보수단

구분			주요 내용
제재처분	제척기간	원칙	위반행위가 종료된 날부터 5년이 지나면 제재처분을 할 수 없음
		적용제외	① 거짓이나 그 밖의 부정한 방법으로 인허가를 받거나 신고를 한 경우 ② 당사자가 인허가나 신고의 위법성을 알고 있었거나 중대한 과실로 알지 못한 경우 ③ 정당한 사유 없이 행정청의 조사·출입·검사를 기피·방해·거부하여 제척기간이 지난 경우 ④ 제재처분을 하지 아니하면 국민의 안전·생명 또는 환경을 심각하게 해치거나 해칠 우려가 있는 경우
과징금	변형된 과징금		공공성이 강한 사업을 시행하는 자에 대해 영업정지나 인·허가 취소에 갈음하여 그 영업으로 인한 이익을 박탈하는 금전적 제재
	판례		① 과징금 채무는 부과받은 자가 사망한 경우 그 상속인에게 포괄승계 ② 과징금 부과처분과 별도로 감면신청에 대한 감면불인정 통지는 항고소송의 대상되는 처분 ③ 형사처벌과 아울러 과징금 병과가 예정되어 있다 하여 이중처벌금지원칙에 위반되지 않음 **기출** ④ 재량행위인 과징금 부과처분이 법정한도액을 초과한 경우 그 전부를 취소 ⑤ 과징금 감액처분에 의하여 감액된 부분에 대한 부과처분 취소청구는 부적법 ⑥ 과징금 부과처분을 취소한 재결에 대해 제3자는 취소를 구할 법률상 이익(×) ⑦ 과징금을 부과하면서 추후에 부과금 산정 기준이 되는 새로운 자료가 나올 경우에는 과징금액이 변경될 수도 있다고 유보(×), 실제로 추후에 새로운 자료가 나왔다고 하여 새로운 부과처분(×) ⑧ 법령으로 정한 '과징금을 부과하는 위반행위와 과징금의 금액'에 열거되지 않은 위반행위에 대해 사업정지처분을 갈음하여 과징금을 부과(×) **기출**
가산금과 가산세	가산금		금전급부의무 불이행에 대한 지연이자[제재처분(×)]
	가산세		세법에 규정하는 의무의 성실한 이행을 확보하기 위하여 그 세법에 의하여 산출한 세액에 가산하여 징수하는 금액
	판례		① 「국세징수법」상 가산금, 중가산금의 고지는 항고소송의 대상되는 처분이라 볼 수 없음 ② 가산세는 의무위반에 대해 고의·과실을 요하지 않음 ③ 가산세는 의무해태를 탓할 수 없는 정당한 사유가 있는 경우에는 가산세를 부과할 수 없음

제1절 | **행정벌**

01 다음은 행정법상의 양벌규정에 대한 설명이다. 타당하지 않은 것은? (다툼이 있으면 판례에 의함)

① 행정법규는 현실적인 행위자 외에 법인에 대해서도 재산형에 의한 처벌을 규정(양벌 규정)하는 예가 많다.

② 종업원이 무죄인 경우에는 양벌규정에 의해 영업주를 처벌할 수는 없다.

③ 지방자치단체 소속 공무원이 고유의 자치사무를 수행하다가 법규를 위반한 경우, 지방 자치단체는 양벌규정의 적용대상이 된다.

④ 기관위임사무의 경우 지방자치단체는 양벌규정에 의한 처벌대상이 되는 법인에 해당 한다고 볼 수 없다.

⑤ 종업원 등의 범죄행위와 관련하여 선임·감독상의 주의의무를 다하여 아무런 잘못이 없는 영업주도 처벌하도록 규정하고 있는 양벌규정은 책임주의 등에 반하여 위헌이다.

▶해설 ② 양벌규정에 의한 영업주의 처벌은 금지위반행위자인 종업원의 처벌에 종속하는 것이 아니라 독립하여 그 자신의 종업원에 대한 선임감독상의 과실로 인하여 처벌되는 것이므로 종업원의 범죄성립이나 처벌이 영업주 처벌의 전제조건이 될 필요는 없다(대판 2006. 2. 24. 2005도7673).

02 통고처분에 대한 다음 설명 중 옳지 않은 것은?

① 경찰서장이 범칙행위에 대하여 통고처분을 한 이상, 통고처분에서 정한 범칙금 납부 기간까지는 원칙적으로 경찰서장은 즉결심판을 청구할 수 없고, 검사도 동일한 범칙 행위에 대하여 공소를 제기할 수 없다.

② 통고처분에 대해서는 불복사유가 있더라도 그 취소를 구하는 행정쟁송을 제기할 수 없다.

③ 통고내용을 이행하면 일사부재리의 원칙이 적용된다.

④ 통고처분의 이행기간이 경과하여도 고발하기 전에는 상대방은 범칙금 납부가 가능하다.

⑤ 지방국세청장이 조세범칙행위에 대하여 고발을 한 후에 동일한 조세범칙행위에 대하여 통고처분을 하는 경우 조세범칙행위자가 이를 이행하였다면 일사부재리의 원칙이 적용 된다.

▶해설 ⑤ 조세범칙행위에 대하여 고발을 한 후에 동일한 조세범칙행위에 대하여 통고처분을 하였더라도 이는 무효 이고 조세범칙행위자가 이러한 통고처분을 이행하였더라도 일사부재리의 원칙이 적용될 수 없다(대판 2016. 9. 28. 2014도1078).

① 경찰서장이 범칙행위에 대하여 통고처분을 한 이상, 범칙자의 절차적 지위를 보장하기 위하여 통고처분에서 정 한 범칙금 납부기간까지는 원칙적으로 경찰서장은 즉결심판을 청구할 수 없고, 검사도 동일한 범칙행위에 대하여 공소를 제기할 수 없다고 보아야 한다(대판 2020. 4. 29. 2017도13409).

Answer 1. ② 2. ⑤

03 행정벌에 관한 설명으로 옳은 것은? (다툼이 있는 경우에는 판례에 의함) 2014년 제2회

① 명문의 규정이 있는 경우뿐만 아니라 관련 행정형벌 법규의 해석에 의하여 과실행위도 처벌한다는 뜻이 도출되는 경우에는 과실행위에 대해서 행정형벌을 부과할 수 있다.

② 양벌규정에 의한 영업주의 처벌은 금지위반행위자인 종업원의 처벌을 전제로 하는 것이므로 종업원이 무죄인 경우에는 영업주를 처벌할 수 없다.

③ 「도로교통법」상 경찰서장의 통고처분에 대해서는 행정소송을 통하여 불복할 수 있다.

④ 과태료는 행정벌의 일종이므로 그 과벌절차에는 「형사소송법」이 적용된다.

⑤ 과실에 의한 질서위반행위에 대해서는 과태료를 부과할 수 없다.

해설 ① 행정형벌에 있어서는 과실범은 「형법」과 달리 명문의 규정이 있는 경우뿐만 아니라 해석상 과실범을 처벌하려는 취지가 명확한 경우에는 처벌할 수 있다(대판 2010. 2. 11. 2009도9807).
② 양벌규정에 의한 영업주의 처벌은 금지위반행위자인 종업원의 처벌에 종속하는 것이 아니라 독립하여 그 자신의 종업원에 대한 선임감독상의 과실로 인하여 처벌되는 것이므로 종업원의 범죄성립이나 처벌이 영업주 처벌의 전제조건이 될 필요는 없다(대판 2006. 2. 24. 2005도7673).
③ 「도로교통법」에서 규정하는 경찰서장의 통고처분은 행정소송의 대상이 되는 행정처분이 아니므로 그 처분의 취소를 구하는 소송은 부적법하고, 통고처분에 따른 범칙금의 납부를 이행하지 아니함으로써 경찰서장의 즉결심판 청구에 의하여 법원의 심판을 받을 수 있게 될 뿐이다(대판 1995. 6. 29. 95누4674).
④ 과태료의 과벌절차에는 「형사소송법」이 아니라 「질서위반행위규제법」이 적용된다.
⑤ 고의 또는 과실이 없는 질서위반행위에 대해서는 과태료를 부과하지 아니한다(「질서위반행위규제법」 제7조). 따라서 질서위반행위에 과실이 있으면 과태료를 부과할 수 있다.

04 「질서위반행위규제법」상 과태료에 관한 설명으로 옳은 것은? (다툼이 있으면 판례에 따름)
2016년 제4회

① 과태료 부과에 대해서는 항고소송으로 다툴 수 있다.

② 과태료는 행정벌에 해당하므로 이에는 소멸시효가 인정되지 않는다.

③ 하나의 행위가 둘 이상의 질서위반행위에 해당하는 경우에는 각 질서위반행위에 대하여 정한 과태료를 모두 합산하여 부과한다.

④ 과태료의 부과대상인 질서위반행위에 대해 책임주의 원칙이 적용되고 있다.

⑤ 과태료의 부과·징수 등의 절차에 관해 「질서위반행위규제법」과 저촉되는 다른 법률의 규정이 있다면 「질서위반행위규제법」보다 그 법률의 규정이 우선 적용된다.

해설 ④ 고의 또는 과실이 없는 질서위반행위는 과태료를 부과하지 아니한다(「질서위반행위규제법」 제7조). 따라서 과태료의 부과대상인 질서위반행위에 대해 책임주의 원칙이 적용되고 있다.

① 행정청의 과태료부과처분은 「행정소송법」 외에 별도의 재판절차에 의하도록 되어 있으므로 행정소송의 대상이 되는 처분이 아니다(대판 1995. 7. 28. 95누2623).

② 과태료는 행정청의 과태료 부과처분이나 법원의 과태료 재판이 확정된 후 5년간 징수하지 아니하거나 집행하지 아니하면 시효로 인하여 소멸한다(「질서위반행위규제법」 제15조 제1항).

③ 하나의 행위가 2 이상의 질서위반행위에 해당하는 경우에는 각 질서위반행위에 대하여 정한 과태료 중 가장 중한 과태료를 부과한다(「질서위반행위규제법」 제13조 제1항).

⑤ 과태료의 부과·징수, 재판 및 집행 등의 절차에 관한 다른 법률의 규정 중 이 법의 규정에 저촉되는 것은 「질서위반행위규제법」으로 정하는 바에 따른다(「질서위반행위규제법」 제5조).

05 「질서위반행위규제법」의 내용에 관한 설명으로 옳지 않은 것은? 2013년 제1회

① 신분에 의하여 성립하는 '질서위반행위'에 신분이 없는 자가 가담한 경우 신분이 없는 자에 대하여는 '질서위반행위'가 성립하지 아니한다.

② 과태료는 행정청의 과태료 부과처분이나 법원의 과태료 재판이 확정된 후 5년간 징수하지 아니하거나 집행하지 아니하면 시효로 인하여 소멸한다.

③ 고의 또는 과실이 없는 '질서위반행위'는 과태료를 부과하지 아니한다.

④ 「질서위반행위규제법 시행령」으로 정하는 법률에 따른 징계사유에 해당하여 과태료를 부과하는 행위는 '질서위반행위'에 해당하지 않는다.

⑤ 당사자와 검사는 과태료 재판에 대하여 즉시항고를 할 수 있으며, 이 경우 항고는 집행정지의 효력이 있다.

해설 ① 신분에 의하여 성립하는 질서위반행위에 신분이 없는 자가 가담한 때에는 신분이 없는 자에 대하여도 질서위반행위가 성립한다(「질서위반행위규제법」 제12조 제2항).

② 「질서위반행위규제법」 제15조 제1항, ③ 「질서위반행위규제법」 제7조, ④ 「질서위반행위규제법」 제2조 제1호, ⑤ 「질서위반행위규제법」 제38조 제1항

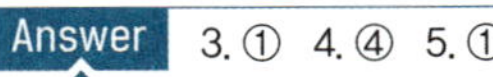

06 「질서위반행위규제법」의 내용으로 옳지 않은 것은? 2024년 제12회

① 과태료 재판은 검사의 명령으로써 집행한다.

② 신분에 의하여 성립하는 질서위반행위에 신분이 없는 자가 가담한 때에는 신분이 없는 자에 대하여는 질서위반행위가 성립하지 아니한다.

③ 질서위반행위 후 법률이 변경되어 그 행위가 질서위반행위에 해당하지 아니하게 된 때에는 법률에 특별한 규정이 없는 한 변경된 법률을 적용한다.

④ 「질서위반행위규제법」은 대한민국 영역 밖에서 질서위반행위를 한 대한민국의 국민에게 적용한다.

⑤ 하나의 행위가 2 이상의 질서위반행위에 해당하는 경우에는 각 질서위반행위에 대하여 정한 과태료 중 가장 중한 과태료를 부과한다.

> **해설** ② 신분에 의하여 성립하는 질서위반행위에 신분이 없는 자가 가담한 때에는 신분이 없는 자에 대하여도 질서위반행위가 성립한다(「질서위반행위규제법」 제12조 제2항).
> ① 「질서위반행위규제법」 제42조 제1항, ③ 「질서위반행위규제법」 제3조 제2항, ④ 「질서위반행위규제법」 제4조 제2항, ⑤ 「질서위반행위규제법」 제13조 제1항

07 「질서위반행위규제법」의 내용으로 옳지 않은 것은? 2020년 제8회

① 행정청이 부과한 과태료는 부과처분이 확정된 후 5년간 징수하지 아니하면 시효로 인하여 소멸한다.

② 질서위반행위의 성립과 과태료 처분은 처분 시의 법률에 따른다.

③ 고의 또는 과실이 없는 질서위반행위는 과태료를 부과하지 않는다.

④ 2인 이상이 질서위반행위에 가담한 때에는 각자가 질서위반행위를 한 것으로 본다.

⑤ 행정청의 과태료 부과에 대해 당사자의 이의제기가 있는 경우에는 행정청의 과태료 부과처분은 효력을 상실한다.

> **해설** ② 질서위반행위의 성립과 과태료 처분은 행위 시의 법률에 따른다(「질서위반행위규제법」 제3조 제1항).
> ① 과태료는 행정청의 과태료부과처분이나 법원의 과태료 재판이 확정된 후 5년간 징수하지 아니하거나 집행하지 아니하면 시효로 인하여 소멸한다(「질서위반행위규제법」 제15조 제1항).
> ③ 「질서위반행위규제법」 제7조, ④ 「질서위반행위규제법」 제12조 제1항
> ⑤ 행정청의 과태료부과에 불복하는 당사자는 과태료 부과 통지를 받은 날부터 60일 이내에 해당 행정청에 서면으로 이의제기를 할 수 있다. 이의제기가 있는 경우에는 행정청의 과태료부과처분은 그 효력을 상실한다(「질서위반행위규제법」 제20조 제1항·제2항).

08 **행정질서벌에 관한 설명으로 옳지 않은 것은?** 2019년 제7회

① 행정청이 질서위반행위에 대하여 과태료를 부과하고자 하는 때에는 당사자에게 사전 통지하고, 의견을 제출할 기회를 주어야 한다.

② 질서위반행위의 성립과 과태료 처분은 행위 시의 법률에 따른다.

③ 고의 또는 과실이 없는 질서위반행위는 과태료를 부과하지 아니한다.

④ 행정청의 과태료부과행위는 「행정소송법」상 항고소송의 대상이 된다.

⑤ 법률에 따르지 아니하고는 어떤 행위도 질서위반행위로 과태료를 부과하지 아니한다.

해설 ④ 과태료부과처분은 행정청을 피고로 하는 행정소송의 대상이 되는 행정처분이라고 볼 수 없다(대판 2012. 10. 11. 2011두19369).

① 행정청이 질서위반행위에 대하여 과태료를 부과하고자 하는 때에는 미리 당사자에게 10일 이상의 기간을 정하여 의견을 제출할 기회를 주어야 한다(「질서위반행위규제법」 제16조 제1항).

② 「질서위반행위규제법」 제3조 제1항, ③ 「질서위반행위규제법」 제7조, ⑤ 「질서위반행위규제법」 제6조

09 **「질서위반행위규제법」의 내용에 관한 설명으로 옳지 않은 것은?** 2023년 제11회

① 다른 법률에 특별한 규정이 없는 한 14세가 되지 아니한 자의 질서위반행위에 대해서도 과태료를 부과한다.

② 고의 또는 과실이 없는 질서위반행위는 과태료를 부과하지 아니한다.

③ 법률에 따르지 아니하고는 어떤 행위도 질서위반행위로 과태료를 부과하지 아니한다.

④ 대한민국 영역 밖에 있는 대한민국 선박 또는 항공기 안에서 질서위반행위를 한 외국인에게도 적용한다.

⑤ 대한민국 영역 밖에서 질서위반행위를 한 대한민국의 국민에게도 적용한다.

해설 ① 14세가 되지 아니한 자의 질서위반행위는 과태료를 부과하지 아니한다. 다만, 다른 법률에 특별한 규정이 있는 경우에는 그러하지 아니하다(「질서위반행위규제법」 제9조).

② 「질서위반행위규제법」 제7조, ③ 「질서위반행위규제법」 제6조, ④ 「질서위반행위규제법」 제4조 제3항, ⑤ 「질서위반행위규제법」 제4조 제2항

Answer 6. ② 7. ② 8. ④ 9. ①

10 다음 「질서위반행위규제법」의 규정 내용으로 적절하지 않은 것은?

① 질서위반행위가 종료된 날부터 5년이 경과한 경우에는 해당 질서위반행위에 대하여 과태료를 부과할 수 없다.

② 법원은 검사의 청구에 따라 결정으로 15일의 범위 이내에서 과태료의 납부가 있을 때까지 체납자를 감치(監置)에 처할 수 있다.

③ 당사자와 검사는 과태료 재판에 대하여 즉시항고를 할 수 있다. 이 경우 항고는 집행정지의 효력이 있다.

④ 당사자와 검사의 과태료 재판에 대한 즉시항고에는 집행정지의 효력이 있다.

⑤ 법원은 상당하다고 인정하는 때에는 심문 없이 과태료 재판을 할 수 있다.

해설 ② 법원은 15일의 범위 이내가 아니라 30일의 범위 이내에서 감치결정을 할 수 있다(「질서위반행위규제법」 제54조 제1항).

11 행정의 실효성 확보수단에 관한 설명으로 옳은 것을 모두 고른 것은? (다툼이 있으면 판례에 따름) 2018년 제6회

> ㉠ 이행강제금부과처분의 상대방이 사망하면 미납된 이행강제금의 납부의무는 상속인에게 승계된다.
> ㉡ 권원 없이 국유재산에 설치된 시설물에 대하여 대집행을 실시할 수 있는 경우 행정청은 민사소송의 방법으로 그 시설물의 철거를 구할 수 없다.
> ㉢ 「건축법」상 시정명령이 없으면 이행강제금을 부과할 수 없다.
> ㉣ 「질서위반행위규제법」상 과태료는 고의 또는 과실이 없는 질서위반행위에 대해서도 부과될 수 있다.

① ㉠, ㉡　　　　　　　　　② ㉠, ㉢

③ ㉠, ㉣　　　　　　　　　④ ㉡, ㉢

⑤ ㉢, ㉣

해설 ㉡ [○] 권원 없이 국유재산에 설치된 시설물에 대하여 대집행을 실시할 수 있는 경우 행정청은 민사소송의 방법으로 그 시설물의 철거를 구할 수 없다(대판 2009. 6. 11. 2009다1122).
㉢ [○] 「건축법」상 시정명령이 없으면 이행강제금을 부과할 수 없다(「건축법」 제80조).
㉠ [×] 이행강제금부과처분의 상대방이 사망하면 미납된 이행강제금의 납부의무는 상속인에게 승계되지 않는다(대결 2006. 12. 8. 2006마470).
㉣ [×] 「질서위반행위규제법」상 과태료는 고의 또는 과실이 없는 질서위반행위에 대해서는 부과될 수 없다(「질서위반행위규제법」 제7조).

12 행정의 실효성 확보수단에 관한 설명으로 옳은 것을 모두 고른 것은? (다툼이 있으면 판례에 따름) 2017년 제5회

> ㉠ 이행강제금과 행정벌의 병과는 허용된다.
> ㉡ 직접강제는 일반적으로 목전에 급박한 행정상 장해를 제거할 필요가 있는 경우에 미리 의무를 명할 시간적 여유가 없는 경우에 사용하는 수단이다.
> ㉢ 「질서위반행위규제법」상 질서위반행위의 성립과 과태료 처분은 처분 시의 법률에 따른다.
> ㉣ 「도로교통법」상 경찰서장의 통고처분은 행정소송의 대상이 되는 처분이 아니다.

① ㉠, ㉡　　　　　　　　　　　② ㉠, ㉣

③ ㉡, ㉢　　　　　　　　　　　④ ㉡, ㉣

⑤ ㉢, ㉣

해설 ㉠ [○] 이행강제금과 행정벌의 병과는 허용되므로 이중처벌에 해당한다고 할 수 없다(대판 2005. 8. 19. 2005마30).

㉣ [○] 「도로교통법」에서 규정하는 경찰서장의 통고처분은 행정소송의 대상이 되는 행정처분이 아니므로 그 처분의 취소를 구하는 소송은 부적법하고, 통고처분에 따른 범칙금의 납부를 이행하지 아니함으로써 경찰서장의 즉결심판청구에 의하여 법원의 심판을 받을 수 있게 될 뿐이다(대판 1995. 6. 29. 95누4674).

㉡ [×] 일반적으로 목전에 급박한 행정상 장해를 제거할 필요가 있는 경우에 미리 의무를 명할 시간적 여유가 없는 경우에 사용하는 수단은 즉시강제이다.

㉢ [×] 질서위반행위의 성립과 과태료 처분은 위반행위 시의 법률에 따른다(「질서위반행위규제법」 제3조 제1항).

Answer 10. ②　11. ④　12. ②

제2절 새로운 의무이행확보수단

01 **과징금에 관한 다음 설명 중 옳지 않은 것은?**

① 일정한 행정법상의 의무위반에 대하여 과하는 금전상의 제재이다.

② 의무위반행위에 대한 인·허가의 철회·정지에 갈음하여 부과되는 경우가 있다.

③ 과징금과 과태료는 병과할 수 있다.

④ 과징금의 부과에 대하여 불복이 있는 경우에는 「비송사건절차법」에 의하여 법원이 결정한다.

⑤ 과징금을 부과받은 자가 사망한 경우에는 과징금 채무는 상속인에게 승계된다는 것이 판례의 입장이다.

해설 ④ 과징금의 부과처분에 대하여 불복은 특별한 규정이 없는 한 「행정심판법」과 「행정소송법」에 의한 행정쟁송에 의한다.

02 **과징금에 관한 설명 중 옳지 않은 것은? (다툼이 있으면 판례에 의함)**

① 부과관청이 추후에 부과금 산정 기준이 되는 새로운 자료가 나올 경우 과징금액이 변경될 수도 있다고 유보하며 과징금을 부과했다면, 새로운 자료가 나온 것을 이유로 새로이 부과처분을 할 수 있다.

② 「부동산 실권리자명의 등기에 관한 법률」상 명의신탁자에 대한 과징금의 부과 여부는 행정청의 기속행위이다.

③ 행정청은 법령 등에 따른 의무를 위반한 자에 대하여 법률로 정하는 바에 따라 그 위반행위에 대한 제재로서 과징금을 부과할 수 있다.

④ 영업정지에 갈음하는 과징금을 변형된 과징금이라 하며 변형된 과징금제도는 일반 공중의 이용편의를 도모하기 위한 것이다.

⑤ 변형된 과징금의 경우 영업정지에 갈음하는 과징금을 부과할 것인가 영업정지처분을 내릴 것인가는 통상 행정청의 재량에 속한다.

해설 ① 과징금부과는 그 부과처분 당시까지 부과관청이 확인한 사실을 기초로 일의적으로 확정되어야 할 것이고, 그렇지 아니하고 부과관청이 과징금을 부과하면서 추후에 부과금 산정 기준이 되는 새로운 자료가 나올 경우에는 과징금액이 변경될 수도 있다고 유보한다든지, 실제로 추후에 새로운 자료가 나왔다고 하여 새로운 부과처분을 할 수는 없다(대판 1999. 5. 28. 99두1571).
② 「부동산 실권리자명의 등기에 관한 법률」 제3조 제1항, 제5조 제1항, 같은 법 시행령 제3조 제1항의 규정을 종합하면, 명의신탁자에 대하여 과징금을 부과할 것인지 여부는 기속행위에 해당하므로, 명의신탁이 조세를 포탈하거나 법령에 의한 제한을 회피할 목적이 아닌 경우에 한하여 그 과징금을 일정한 범위 내에서 감경할 수 있을 뿐이지 그에 대하여 과징금 부과처분을 하지 않거나 과징금을 전액 감면할 수 있는 것은 아니다(대판 2007. 7. 12. 2005두17287).

03 행정의 실효성 확보수단에 관한 설명으로 옳지 않은 것은? (다툼이 있는 경우에는 판례에 의함) 2014년 제2회

① 건축물 철거와 같은 대체적 작위의무의 위반이 있는 경우 행정청은 대집행과 이행강제금을 선택적으로 활용할 수 있다.

② 과징금은 행정상 의무위반에 대한 제재이므로 과징금부과처분에는 「행정절차법」이 적용되지 않는다.

③ 대집행에 있어 1차 계고처분 후에 동일한 내용으로 2차 계고처분을 한 경우, 2차 계고처분은 항고소송의 대상이 되는 행정처분이 아니다.

④ 불법건축물에 대하여 철거명령과 계고처분을 계고서라는 1장의 문서로써 동시에 행한 경우에도 「건축법」에 의한 철거명령과 「행정대집행법」에 의한 계고처분은 독립하여 존재하는 것으로 각각 그 요건을 충족한다.

⑤ 도시공원시설인 매점에 대해 점유자의 점유를 배제하고 그 점유를 이전받는 것은 대집행의 대상이 아니다.

해설 ② 과징금부과처분도 상대방에게 의무를 부과하는 침익적 처분이므로 「행정절차법」이 원칙적 적용된다.

① 현행 「건축법」상 위법건축물에 대한 이행강제수단으로 대집행과 이행강제금을 선택적으로 활용할 수 있으며, 합리적인 재량에 의해 선택하여 활용하는 이상 중첩적인 제재에 해당한다고 볼 수 없다(헌재 2004. 2. 26. 2001헌바80).

④ 계고서라는 명칭의 1장의 문서로써 일정기간 내에 위법건축물의 자진철거를 명함과 동시에 그 소정기한 내에 자진철거를 하지 아니할 때에는 대집행할 뜻을 미리 계고한 경우라도 위 「건축법」에 의한 철거명령과 「행정대집행법」에 의한 계고처분은 독립하여 있는 것으로서 각 그 요건이 충족되었다고 볼 것이다(대판 1992. 6. 12. 91누13564).

⑤ 도시공원시설인 매점의 관리청이 그 공동점유자 중의 1인에 대하여 소정의 기간 내에 위 매점으로부터 퇴거하고 이에 부수하여 그 판매시설물 및 상품을 반출하지 아니할 때에는 이를 대집행하겠다는 내용의 계고처분은 대체적 작위의무에 해당하는 것은 아니어서 「행정대집행법」에 의한 대집행의 대상이 되는 것은 아니다(대판 1998. 10. 23. 97누157).

Answer 1. ④ 2. ① 3. ②

04 **과징금에 관한 설명으로 옳지 않은 것은? (다툼이 있으면 판례에 따름)** 2022년 제10회

① 행정법규 위반에 대해 벌금 이외에 과징금을 부과하는 것은 이중처벌금지의 원칙에 반하지 않는다.

② 제재적 행정처분으로서의 과징금은 현실적인 행위자가 아닌 법령상 책임자에게 부과할 수 있다.

③ 제재적 행정처분으로서의 과징금은 원칙적으로 위반자의 고의 또는 과실을 요한다.

④ 과징금은 국가의 형벌권을 실행하는 과벌이 아니다.

⑤ 법령으로 정한 '과징금을 부과하는 위반행위와 과징금의 금액'에 열거되지 않은 위반행위에 대해 사업정지처분을 갈음하여 과징금을 부과할 수 없다.

해설 ③ 과징금은 형사처벌이 아니므로 위반행위에 대한 고의 또는 과실을 요하지 않는다.
① · ④ 과징금은 형사처벌이 아니므로 행정법규 위반에 대해 벌금 이외에 과징금을 부과한다고 해서 이중처벌금지의 원칙에 위반된다고 할 수 없다.
⑤ 대판 2020. 5. 28. 2017두73693

05 **여객자동차운송사업을 하는 甲은 관련법규 위반을 이유로 사업정지 처분에 갈음하는 과징금 부과처분을 받았다. 이에 대한 설명으로 옳지 않은 것은? (다툼이 있는 경우 판례에 의함)**

① 甲이 현실적인 위반행위자가 아닌 법령상 책임자인 경우에도 甲에게 과징금을 부과할 수 있다.

② 甲에게 고의 · 과실이 없는 경우에는 과징금을 부과할 수 없다.

③ 과징금 부과처분에 대해 甲은 취소소송을 제기하여 다툴 수 있다.

④ 甲에게 부과된 과징금이 법이 정한 한도액을 초과하여 위법한 경우, 법원은 그 초과부분에 대하여 일부 취소할 수 없고 그 전부를 취소하여야 한다.

⑤ 의무위반자의 의무해태를 탓할 수 없는 정당한 사유가 있는 경우에는 과징금을 부과할 수 없다.

해설 ② · ① 구 「여객자동차 운수사업법」 제88조 제1항의 과징금부과처분은 제재적 행정처분으로서 여객자동차 운수사업에 관한 질서를 확립하고 여객의 원활한 운송과 여객자동차 운수사업의 종합적인 발달을 도모하여 공공복리를 증진한다는 행정목적의 달성을 위하여 행정법규 위반이라는 객관적 사실에 착안하여 가하는 제재이므로 반드시 현실적인 행위자가 아니라도 법령상 책임자로 규정된 자에게 부과되고 원칙적으로 위반자의 고의 · 과실을 요하지 아니하나, 위반자의 의무 해태를 탓할 수 없는 정당한 사유가 있는 등의 특별한 사정이 있는 경우에는 이를 부과할 수 없다(대판 2014. 10. 15 2013두5005).

06 **행정의 실효성 확보수단에 대한 설명으로 옳지 않은 것은? (다툼이 있는 경우에는 판례에 의함)**

① 과징금 부과·징수에 하자가 있는 경우, 납부의무자는 행정쟁송절차에 따라 다툴 수 있다.

② 공정거래위원회의 과징금 부과는 재량행위적 성질을 가진다.

③ 세법상 가산세는 정당한 이유 없이 법에 규정된 신고·납세의무 등을 이행하지 않은 경우에 부과되는 행정상 제재로서 고의·과실 또한 중요한 고려요소가 된다.

④ 행정재산의 사용·수익 허가에 따른 사용료에 대하여는 가산금과 중가산금을 징수할 수 있고, 이는 미납분에 관한 지연이자의 의미로 부과되는 부대세의 일종이다.

⑤ 행정청이 위법건축물에 대한 시정명령을 한 뒤 이를 위반한 자가 있어 전기·전화 공급자에게 그 위법건축물에 대한 공급거부를 요청한 행위는 항고소송의 대상이 되는 처분성이 부정된다.

해설 ③ 세법상 가산세는 납세자의 고의·과실을 고려하지 않고 개별 세법이 정하는 바에 따라 부과된다.
④ 가산금과 중가산금은 위 사용료가 납부기한까지 납부되지 않은 경우 미납분에 관한 지연이자의 의미로 부과되는 부대세의 일종이다(대판 2006. 3. 9. 2004다31074).
⑤ 단순한 권고적 성격에 그치는 것으로 항고소송의 대상이 아니라는 것이 판례이다(대판 1996. 3. 22. 96누433).

Answer   4. ③   5. ②   6. ③

행정사
임병주 행정법

행정구제법

핵심 summary

제1절 공무원의 직무상 불법행위

1. 「국가배상법」 제2조 요건

> **국가배상법 제2조【배상책임】** ① 국가나 지방자치단체는 공무원 또는 공무를 위탁받은 사인(이하 "공무원"이라 한다)이 직무를 집행하면서 고의 또는 과실로 법령을 위반하여 타인에게 손해를 입히거나, 「자동차손해배상 보장법」에 따라 손해배상의 책임이 있을 때에는 이 법에 따라 그 손해를 배상하여야 한다. 다만, 군인·군무원·경찰공무원 또는 예비군대원이 전투·훈련 등 직무 집행과 관련하여 전사(戰死)·순직(殉職)하거나 공상(公傷)을 입은 경우에 본인이나 그 유족이 다른 법령에 따라 재해보상금·유족연금·상이연금 등의 보상을 지급받을 수 있을 때에는 이 법 및 「민법」에 따른 손해배상을 청구할 수 없다.
> ② 제1항 본문의 경우에 공무원에게 고의 또는 중대한 과실이 있으면 국가나 지방자치단체는 그 공무원에게 구상(求償)할 수 있다. ^{기출}

2. 성립요건

공무원	신분상 공무원 외에 널리 공무를 위탁받은 사인까지 포함 ^{기출}	
직무를 집행하면서	직무범위	① 사경제주체로서의 작용 제외 모든 국가작용 ^{기출} ② 비권력작용 포함 ③ 행정작용, 입법작용, 사법작용 모두 포함 ^{기출} ④ 사익보호성이 인정되는 직무일 것
	판단기준	외형설 - 공무원의 직무집행 의사(×), 객관적으로 직무행위의 외형을 갖추고 있는지 여부
	판례	① 공무원이 출근 중에 자가용으로 사고가 난 경우 → 직무관련성 부정 ② 공무원이 공무수행을 마치고 복귀하던 중에 자가용으로 사고가 난 경우 → 직무관련성 인정 ③ 인사업무 담당공무원이 다른 공무원의 공무원증 위조 → 직무관련성 인정 ^{기출}
법령위반	형식적 법령위반뿐만 아니라 당해 직무가 객관적 정당성을 결한 경우	
고의·과실	① 보통 일반의 (평균적) 공무원을 표준으로 하여 볼 때 객관적 주의의무를 결한 경우 ② 가해공무원이 특정되지 않더라도 국가조직 전체의 흠이 인정된다면 과실 인정 ③ 행정처분이 후에 항고소송에서 취소되었다고 할지라도 그 기판력에 의하여 당해 행정처분이 곧바로 공무원의 고의 또는 과실로 인한 것으로서 불법행위를 구성한다고 단정할 수는 없음 ^{기출}	

타인에게	① 가해자 및 가해자에 가세한 자 이외 모든 자(공무원도 포함) ② 외국인은 해당 국가와 상호 보증이 있을 때만 적용 ^{기출}
손해	재산적, 비재산적, 정신적 손해 모두 포함

지문식 판례

① 국회의원의 입법행위는 그 입법 내용이 헌법의 문언에 명백히 위반됨에도 불구하고 국회가 굳이 당해 입법을 한 것과 같은 특수한 경우가 아닌 한 국가배상법상 위법행위에 해당된다고 볼 수 없다(대판 1997. 6. 13. 96다56115).

② 법관의 재판에 법령의 규정을 따르지 아니한 잘못이 있다 하더라도 국가배상책임이 인정되려면 당해 법관이 위법 또는 부당한 목적을 가지고 재판을 하는 등 법관이 그에게 부여된 권한의 취지에 명백히 어긋나게 이를 행사하였다고 인정할 만한 특별한 사정이 있어야 한다(대판 2001. 4. 24. 2000다16114).

③ 헌법재판소의 재판관이 위법한 직무집행의 결과 잘못된 각하결정을 함으로써 청구인으로 하여금 본안 판단을 받을 기회를 상실하게 한 이상, … 그 침해로 인한 정신상 고통에 대하여는 위자료를 지급할 의무가 있다(대판 2003. 7. 11. 99다24218). ^{기출}

④ 공무원의 부작위에 의한 국가배상책임의 성립요건인 직무상 작위의무는 법령, 법률행위, 선행행위로 인한 경우는 물론, 신의성실의 원칙이나 사회상규 혹은 조리상 작위의무가 기대되는 경우에도 인정된다(대판 2015. 11. 12. 2015도6809). ^{기출}

3. 이중배상금지

이중배상금지	군인·군무원·경찰공무원 또는 예비군대원이 전투·훈련 등 직무 집행과 관련하여 전사·순직하거나 공상을 입은 경우에 본인이나 그 유족이 다른 법령에 따라 재해보상금·유족연금·상이연금 등의 <u>보상을 지급받을 수 있을 때</u>에는 이 법 및 「민법」에 따른 손해배상을 청구할 수 없음 ^{기출}
대상자	① 공익근무요원·경비교도대원 → 이중배상금지의 군인·경찰공무원(×) ^{기출} ② 전투경찰순경 → 경찰공무원(○) ③ 경찰서지서의 숙직실 → 이중배상금지의 전투·훈련에 관련된 시설(×)
직무집행 관련	일반 직무집행도 포함 ^{기출}
보상지급 거절금지	「국가배상법」에 따라 손해배상을 받았다는 사정을 들어 보상금 등 보훈급여금의 지급을 거부할 수 없음

민간인의 구상권	문제사안	민간인과 군인이 공동불법행위로 군인에게 피해를 입힌 경우
	헌법재판소	민간인이 군인의 부담부분에 관해 손해를 배상한 경우 국가에 구상권 행사 가능
	대법원	민간인은 자신의 부담부분에 한해 손해배상의무를 부담하고 군인의 부담부분에 관한 구상권을 행사할 수 없음 ^{기출}

4. 선택적 청구

공무원이 고의·중과실	공무원도 책임(민법상), 국가 등 외에 공무원에게도 선택청구 가능 ^{기출}
공무원이 경과실	공무원은 면책, 국가와 지방자치단체만 배상책임
경과실인 공무원이 배상한 경우	① 공무원이 국가에 대해 구상권 행사 ② 피해자에게 부당이득반환청구 불가(「민법」상 비채변제 해당)
「자동차손해배상 보장법」	공무원이 자신의 승용차로 사고를 낸 경우 「자동차손해배상 보장법」에 따라 운행자 책임이 있고 고의, 중과실, 경과실을 구별할 필요가 없음 ^{기출}

제2절 영조물의 하자책임

1. 「국가배상법」 제5조 (영조물 하자) 요건

> **국가배상법 제5조【공공시설 등의 하자로 인한 책임】** ① 도로·하천, 그 밖의 공공의 영조물의 설치나 관리에 하자가 있기 때문에 타인에게 손해를 발생하게 하였을 때에는 국가나 지방자치단체는 그 손해를 배상하여야 한다. 이 경우 제2조 제1항 단서, 제3조 및 제3조의2를 준용한다.
> ② 제1항을 적용할 때 손해의 원인에 대하여 책임을 질 자가 따로 있으면 국가나 지방자치단체는 그 자에게 구상할 수 있다.

「민법」상 공작물책임	둘 다 무과실책임. 대상에 있어 「민법」의 공작물보다 그 범위를 확대, 「민법」과 달리 점유자의 면책사유를 인정하지 않고 있음 ^{기출}
영조물	강학상 공물의 개념. 국·공유의 사물은 제외(일반재산), 철도운행과 관련된 사고(기관사 과실 = 「민법」상 책임, 철도시설물의 하자 = 「국가배상법」상 영조물책임)
설치·관리상의 하자	① 영조물이 통상적으로 갖추어야 할 안전성을 결하고 있는 것 ^{기출} ② 공공의 영조물의 설치·관리의 하자에는 물적 하자만이 아니라 기능적 하자 또는 이용상 하자도 포함 ^{기출}
타인에게 손해발생	하자와 손해의 발생 사이에 인과관계
불가항력으로 인한 면책	예산부족과 같은 재정적 사유는 안전성을 요구하는 데 대한 정도 문제로서 참작사유에는 해당할지언정 안전성을 결정지을 절대적 요건은 아님
제2조와 경합문제	피해자는 어느 규정에 의하여도 손해배상을 청구할 수 있음

지문식 판례

① 일반 공중의 이용에 제공되지 않고 있었던 이상 「국가배상법」 제5조 제1항 소정의 영조물에 해당한다고 할 수 없다.

② 사실상 군민의 통행에 제공되고 있던 도로는 「국가배상법」상 영조물에 해당하지 않는다.

③ 국유 일반재산은 「국가배상법」상 영조물에 해당하지 않는다.

④ 국가 또는 지방자치단체가 소유권, 임차권 그 밖의 권한에 기하여 관리하고 있는 경우뿐만 아니라 사실상 관리를 하고 있는 경우도 포함된다. 기출

⑤ 소음 등으로 인근주민들이 입은 피해는 사회통념상 수인한도를 넘는 경우 영조물에 하자가 있다.

⑥ 고속도로 관리상의 하자는 점유관리자가 손해방지에 필요한 주의를 해태하지 않았다는 것을 입증하여야 면책된다.

⑦ 계획홍수위를 초과하여 600년 또는 1,000년 발생빈도의 강우량에 의한 하천의 범람은 예측가능성 및 회피가능성이 없는 불가항력적인 재해로서 그 영조물의 관리청에 책임을 물을 수 없다.

⑧ 영조물이 완전무결한 상태에 있지 아니하고 그 기능상 어떠한 결함이 있다는 것만으로 영조물의 설치 또는 관리에 하자가 있다고 할 수 없는 것이고, 설치 관리자가 그 영조물의 위험성에 비례하여 사회통념상 일반적으로 요구되는 정도의 방호조치의무를 다하였는지 여부를 그 기준으로 삼아야 한다.

⑨ 가변차로에 설치된 두 개의 신호기에서 서로 모순되는 신호가 들어오는 고장을 예방할 방법이 없음에도 그와 같은 신호기를 설치하여 그와 같은 고장을 발생하게 한 것이라면 불가항력으로 볼 수 없고 면책되지 않는다. 기출

2. 비용부담자로서 배상책임자

> **국가배상법 제6조 【비용부담자 등의 책임】** ① 제2조·제3조 및 제5조에 따라 국가나 지방자치단체가 손해를 배상할 책임이 있는 경우에 공무원의 선임·감독 또는 영조물의 설치·관리를 맡은 자와 공무원의 봉급·급여, 그 밖의 비용 또는 영조물의 설치·관리 비용을 부담하는 자가 동일하지 아니하면 그 비용을 부담하는 자도 손해를 배상하여야 한다. 기출
> ② 제1항의 경우에 손해를 배상한 자는 내부관계에서 그 손해를 배상할 책임이 있는 자에게 구상할 수 있다.

3. 배상책임의 내용

배상책임자	① 「헌법」: 국가 또는 공공단체 ② 「국가배상법」: 국가 또는 지방자치단체(합헌)
배상범위	① 공무원의 상당인과관계가 있는 모든 손해 ② 「국가배상법」 제3조 및 제3조의2 예시규정 - 배상의 상한을 규정(×)
양도·압류금지	생명·신체의 침해로 인한 국가배상을 받을 권리는 양도하거나 압류하지 못함 기출
소멸시효	① 손해 및 가해자를 안 날로부터 3년 ② 불법행위를 한 날로부터 5년 기출
배상절차	배상심의회 배상심의회에 배상신청(임의적) 기출 법원의 재판 판례 - 소송실무상 민사소송

제1절 공무원의 직무상 불법행위

01 「국가배상법」 제2조에 관한 설명으로 옳지 않은 것은? (다툼이 있으면 판례에 따름)

2018년 제6회

① 공무원의 직무행위에는 입법작용이 포함된다.

② 헌법재판소 재판관이 청구기간 내에 제기된 헌법소원심판청구 사건에서 청구기간을 오인하여 각하결정을 한 경우 국가배상책임이 성립한다.

③ 중과실에 의한 직무상 불법행위가 있는 경우 가해 공무원의 배상책임이 인정된다.

④ 부작위에 의한 국가배상책임의 성립요건인 직무상 작위의무는 조리에 의해서도 성립할 수 있다.

⑤ 국가공무원이 자신의 승용차를 운전하여 공무수행 중 사람을 치어 사망케 했다면 국가는 「자동차손해배상 보장법」상 운행자로서 배상책임을 진다.

해설 ⑤ 국가공무원이 자신의 승용차를 운전한 경우 그 공무원은 「자동차손해배상 보장법」 제3조 소정의 '자기를 위하여 자동차를 운행하는 자'에 해당하고 「자동차손해배상 보장법」상의 손해배상책임을 부담한다(대판 1996. 3. 8. 94다23876).

① 공무원의 직무행위에는 입법작용이 포함된다(대판 1997. 6. 13. 96다56115).

② 헌법재판소 재판관이 청구기간 내에 제기된 헌법소원심판청구 사건에서 청구기간을 오인하여 각하결정을 한 경우 국가배상책임이 성립한다(대판 2003. 7. 11. 99다24218).

③ 중과실에 의한 직무상 불법행위가 있는 경우 가해 공무원의 배상책임이 인정된다(대판 1996. 2. 15. 95다38677 전합).

④ 부작위에 의한 국가배상책임의 성립요건인 직무상 작위의무는 법령, 법률행위, 선행행위로 인한 경우는 물론, 신의성실의 원칙이나 사회상규 혹은 조리상 작위의무가 기대되는 경우에도 인정된다(대판 2015. 11. 12. 2015도6809).

02 국가배상제도에 관한 설명으로 옳지 않은 것은? (다툼이 있는 경우에는 판례에 의함)

2014년 제2회

① 「국가배상법」상 공무원에는 신분상 공무원 외에 널리 공무를 위탁받아 실질적으로 공무에 종사하는 모든 자가 포함된다.

② 국회의 입법작용도 「국가배상법」상 직무행위에 포함된다.

③ 국가배상의 대상이 되는 손해는 적극적 손해인지 소극적 손해인지를 불문하나, 적어도 재산상의 손해이어야 하며 정신적 손해는 포함되지 않는다.

④ 「국가배상법」상 공공의 영조물에는 행정주체가 적법한 권원에 기하여 관리하고 있는 공물뿐 아니라 사실상 관리를 하고 있는 것도 포함된다.

⑤ 영조물의 설치·관리자와 비용부담자가 상이한 경우 비용부담자가 부담하는 책임은 「국가배상법」이 정한 자신의 고유한 배상책임이다.

▶해설 ③ 국가배상의 대상이 되는 손해는 위법한 국가작용으로 인해 발생한 손해이면 충분하고 적극적 손해인지 소극적 손해인지를 불문하며, 재산상의 손해인지 정신적 손해인지도 불문한다.
① 「국가배상법」 제2조 소정의 '공무원'이라 함은 공무원으로서의 신분을 가진 자에 국한하지 않고, 널리 공무를 위탁받아 실질적으로 공무에 종사하고 있는 일체의 자를 가리킨다(대판 2001. 1. 5. 98다39060).
② 「국가배상법」상 '공무원의 직무'에는 단순한 사경제의 주체로서 하는 작용을 제외한 모든 국가작용이 포함되므로 입법작용도 직무행위에 포함된다(대판 1998. 7. 10. 96다38971).
④ 「국가배상법」 제5조 제1항 소정의 '공공의 영조물'에는 국가 또는 지방자치단체가 소유권, 임차권, 그 밖의 권한에 기하여 관리하고 있는 경우뿐만 아니라 사실상의 관리를 하고 있는 경우도 포함한다(대판 1995. 1. 24. 94다45302).
⑤ 영조물의 설치·관리자와 비용부담자가 상이한 경우 비용부담자가 부담하는 책임은 「국가배상법」 제6조에서 정한 자신의 고유한 배상책임이다(판례).

03 국가배상에 관한 설명으로 옳지 않은 것은? (다툼이 있는 경우에는 판례에 의함) 2013년 제1회

① 국가가 국가배상책임을 이행한 경우 공무원에게 고의 또는 중과실이 있으면 국가는 그 공무원에게 구상할 수 있다.

② 행정규칙상의 처분기준에 따른 영업허가취소처분이 행정심판에서 재량하자를 이유로 취소되었다면 영업허가취소처분을 한 공무원에게 「국가배상법」상의 과실이 인정된다.

③ 지방자치단체로부터 공무를 위탁받아 공무에 종사하는 사인은 「국가배상법」 제2조 소정의 공무원에 해당한다.

④ 「국가배상법」 제2조에 의한 공무원의 직무에는 국가나 지방자치단체의 권력적 작용뿐만 아니라 비권력적 작용도 포함되지만 단순한 사경제의 주체로서 하는 작용은 포함되지 않는다.

⑤ 공무원의 경과실에 의한 위법행위로 인하여 국가배상책임이 성립하는 경우 가해 공무원 개인은 그로 인한 손해배상책임을 부담하지 아니한다.

▶해설 ② 행정처분이 나중에 행정심판에 의하여 재량권을 일탈한 위법한 처분임이 판명되어 취소되었다고 하더라도 행정규칙에 정해진 행정처분기준에 따른 것인 이상 그 처분이 공무원에게 직무집행상의 과실이 있다고 할 수는 없다(대판 1994. 11. 8. 94다26141).
① 국가가 국가배상책임을 이행한 경우 공무원에게 고의 또는 중과실이 있으면 국가는 그 공무원에게 구상할 수 있다(「국가배상법」 제2조 제2항).
③ 「국가배상법」 제2조 소정의 '공무원'은 공무원으로서의 신분을 가진 자에 국한하지 않고, 널리 공무를 위탁받아 실질적으로 공무에 종사하고 있는 일체의 자를 가리킨다(대판 2001. 1. 5. 98다39060).
④ 「국가배상법」이 정한 손해배상청구의 요건인 '공무원의 직무'에는 국가나 지방자치단체의 권력적 작용뿐만 아니라 행정지도와 같은 비권력적 작용도 포함되지만 단순한 사경제의 주체로서 하는 작용은 포함되지 않는다(대판 1998. 7. 10. 96다38971).
⑤ 공무원이 고의 또는 중과실에 의한 위법행위인 경우 공무원 개인도 책임을 지지만, 공무원이 경과실인 경우 배상책임을 지지 않는다(대판 1996. 2. 15. 95다38677).

Answer 1. ⑤ 2. ③ 3. ②

04 국가배상에 관한 설명으로 옳지 않은 것은? (다툼이 있으면 판례에 따름) 2023년 제11회

① 인사업무담당 공무원이 다른 공무원의 공무원증을 위조한 행위는 직무집행행위에 해당한다.

② 행정처분이 후에 항고소송에서 취소되면 그 기판력에 의하여 당해 행정처분은 공무원의 고의·과실 여부와 관계없이 곧바로 불법행위를 구성한다.

③ 생명·신체의 침해로 인한 국가배상을 받을 권리는 양도하지 못한다.

④ 경찰관이 범죄수사를 함에 있어 법규상 또는 조리상의 한계를 위반하였다면 이는 법령을 위반한 경우에 해당한다.

⑤ 영조물 설치·관리상의 하자는 공공의 목적에 공여된 영조물이 그 용도에 따라 통상 갖추어야 할 안전성을 갖추지 못한 상태에 있음을 말한다.

>**해설** ② 어떠한 행정처분이 후에 항고소송에서 취소되었다고 할지라도 그 기판력에 의하여 당해 행정처분이 곧바로 공무원의 고의 또는 과실로 인한 것으로서 불법행위를 구성한다고 단정할 수는 없다(대판 2000. 5. 12. 99다70600).
>① 인사업무담당 공무원이 다른 공무원의 공무원증 등을 위조한 행위는 외관상으로 「국가배상법」 제2조 제1항의 직무집행관련성을 인정한다(대판 2005. 1. 14. 2004다26805).
>③ 「국가배상법」 제4조
>④ 수사기관이 범죄수사를 하면서 지켜야 할 법규상 또는 조리상의 한계를 위반하였다면 이는 법령을 위반한 경우에 해당한다(대판 2020. 4. 29. 2015다224797).
>⑤ 「국가배상법」 제5조 제1항에 규정된 '영조물 설치·관리상의 하자'는 공공의 목적에 공여된 영조물이 그 용도에 따라 통상 갖추어야 할 안전성을 갖추지 못한 상태에 있음을 말한다(대판 2022. 7. 28. 2022다225910).

05 국가배상에 관한 설명으로 옳지 않은 것은? (다툼이 있으면 판례에 따름) 2020년 제8회

① 국가가 국가배상책임을 이행한 경우 공무원에게 경과실이 있으면 국가는 그 공무원에게 구상할 수 없다.

② 「국가배상법」 제5조에는 점유자에게 과실이 없는 경우 점유자의 책임이 면책되는 규정이 없다.

③ 국가배상청구소송은 배상심의회에 배상신청을 하지 아니하고도 제기할 수 있다.

④ 부작위에 의한 국가배상책임은 조리상 작위의무를 위반한 경우에는 성립하지 않는다.

⑤ 공무원의 고의·중과실에 의한 불법행위로 국가배상책임이 성립하는 경우 가해 공무원 개인은 그로 인한 손해배상책임을 부담한다.

해설 ④ 법령에 명시적으로 공무원의 작위의무가 규정되어 있지 않은 경우에도 공무원의 부작위로 인한 국가배상 책임을 인정할 수 있다는 것이 판례의 입장이다(대판 2001. 4. 24. 2000다57856).
① 공무원에게 구상하기 위해서는 가해 행위를 한 공무원에게 고의, 중과실이 있어야 한다(「국가배상법」 제2조 제2항). 따라서 경과실의 경우에는 구상할 수 없다.
② 「민법」에서의 공작물 책임은 점유자의 면책을 인정하고 있지만, 「국가배상법」 제5조의 영조물 하자책임에서는 점유자의 면책규정이 적용되지 않는다.
③ 국가배상심의회의 전치절차는 임의적 전치절차이다.
⑤ 공무원의 고의, 중과실의 경우에는 가해 공무원도 책임을 인정하여 피해자는 국가와 공무원에게 선택청구를 할 수 있다(대판 1996. 2. 15. 95다38677 전합).

06 국가배상에 관한 설명으로 옳지 않은 것은? (다툼이 있으면 판례에 따름) 2022년 제10회

① 공무를 위탁받은 사인의 직무집행행위에 대해서도 국가배상책임이 성립할 수 있다.
② 가해행위인 처분에 대해 취소판결이 확정된 경우에는 기판력에 의해 국가배상소송에서도 국가배상책임이 인정된다.
③ 생명·신체의 침해로 인한 국가배상을 받을 권리는 압류하지 못한다.
④ 피해자나 그 법정대리인이 손해 및 가해자를 알지 못한 경우 국가배상청구권의 소멸시효기간은 5년이다.
⑤ 외국인이 피해자인 경우에는 해당 국가와 상호 보증이 있을 때에만 「국가배상법」이 적용된다.

해설 ② 행정처분에 대한 취소소송에서 위법한 것으로 취소판결이 확정되었다고 하더라도 행정처분을 행한 공무원에게 고의 또는 과실이 있었다고 단정할 수 없으므로 곧바로 국가배상책임이 인정되는 것은 아니다(대판 2000. 5. 12. 99다70600).
① 「국가배상법」 제2조 제1항, ③ 「국가배상법」 제4조
④ 피해자나 그 법정대리인이 손해 및 가해자를 알지 못한 경우에는 「국가재정법」 제96조 제2항에 따라 5년간 이를 행사하지 아니하면 시효로 소멸한다.
⑤ 「국가배상법」 제7조

07 「국가배상법」 제2조 제1항 단서의 이중배상금지에 관한 설명으로 옳지 않은 것은? (다툼이 있으면 판례에 따름) 2021년 제9회

① 피해자가 군인·군무원·경찰공무원 또는 예비군대원이어야 한다.

② 「병역법」상 공익근무요원은 군인에 해당하여 이중배상이 금지되는 자에 속한다.

③ 전투·훈련 또는 이에 준하는 직무집행뿐만 아니라 일반 직무집행에 관하여도 적용된다.

④ 전투훈련 중 민간인이 군인과 공동불법행위를 한 경우 민간인은 자신의 부담 부분만을 피해 군인에게 배상하면 된다는 것이 대법원판례의 입장이다.

⑤ 전투·훈련 등 직무집행과 관련하여 전사·순직하거나 공상을 입은 손해에 한한다.

해설 ② 공익근무요원은 「병역법」상 이중배상금지가 적용되는 군인에 해당하지 않는다(대판 1997. 3. 28. 97다4036).

① 이중배상이 금지되는 공무원을 「국가배상법」 제2조 단서는 군인·군무원·경찰공무원 또는 예비군대원으로 규정하고 있다.

③ 경찰공무원의 일반 직무집행 중 사망에 대하여 대법원은 이중배상이 제한되는 경우로 해석하고 있다(대판 2011. 3. 10. 2010다85942).

④ 민간인과 군인의 공동불법행위의 경우 대법원은 공동불법행위의 일반적인 경우와 달리 예외적으로 민간인은 자신의 부담부분에 한하여 손해배상의무를 부담하고, 한편 국가 등에 대하여는 그 귀책부분의 구상을 청구할 수 없다고 해석하고 있다(대판 2001. 2. 15. 96다42420 전합).

⑤ 이중배상이 금지되는 직무집행은 전투·훈련 등 직무집행과 관련하여 전사·순직하거나 공상을 입은 손해로 규정하고 있다(「국가배상법」 제2조 단서).

08 「국가배상법」에 관한 설명으로 옳은 것은? (다툼이 있으면 판례에 따름) 2019년 제7회

① 「국가배상법」 제2조의 공무원이란 「국가공무원법」이나 「지방공무원법」에 의해 공무원으로서의 신분을 가진 자에 국한한다.

② 국가배상책임에 있어서 공무원에게 중과실이 있는 경우 국가나 지방자치단체는 그 공무원에게 구상할 수 없다.

③ 공공의 영조물의 설치·관리의 하자에는 물적 하자만이 아니라 기능적 하자 또는 이용상 하자도 포함된다.

④ 국가배상책임이 있는 경우에 공무원의 선임·감독을 맡은 자와 공무원의 봉급·급여를 부담하는 자가 동일하지 아니하면 선임·감독을 맡은 자만이 손해를 배상한다.

⑤ 생명·신체의 침해로 인한 국가배상을 받을 권리는 양도할 수 있지만, 압류할 수는 없다.

해설 ③ 영조물 하자는 물리적·외형적 흠결이나 불비로 인하여 그 이용자에게 위해를 끼칠 위험성이 있는 경우뿐만 아니라, 그 영조물이 공공의 목적에 이용됨에 있어 그 이용 상태 및 정도가 일정한 한도를 초과하여 제3자에게 사회통념상 수인할 것이 기대되는 한도를 넘는 피해를 입히는 경우까지 포함된다고 보아야 한다(대판 2005. 1. 27. 2003다49566).

① 「국가배상법」 제2조의 공무원은 공무원뿐만 아니라, 널리 공무를 위탁받아 실질적으로 그에 종사하는 공무수탁사인 등 모든 자가 포함된다.

② 공무원에게 고의 또는 중대한 과실이 있으면 국가나 지방자치단체는 그 공무원에게 구상할 수 있다(「국가배상법」 제2조 제2항).

④ 공무원의 선임·감독을 맡은 자와 공무원의 봉급·급여를 부담하는 자가 동일하지 아니하면 선임·감독을 맡은 자와 봉급·급여를 부담하는 자가 같이 손해를 배상한다(「국가배상법」 제6조 제1항).

⑤ 생명·신체의 침해로 인한 국가배상을 받을 권리는 양도하거나 압류하지 못한다(「국가배상법」 제4조).

09 **국가배상책임에 관한 설명으로 옳지 않은 것은? (다툼이 있으면 판례에 따름)** 2024년 제12회

① 「국가배상법」 제2조상의 직무행위에는 입법작용과 사법작용이 포함된다.

② 국가가 국가배상책임을 이행한 경우 공무원에게 경과실이 있으면 국가는 그 공무원에게 구상할 수 있다.

③ 「국가배상법」은 「민법」 제756조 제1항 단서상의 사용자 면책조항에 상응하는 규정을 두고 있지 않다.

④ 부작위에 의한 국가배상책임의 성립요건상 직무상 작위의무는 조리에 의해서도 성립할 수 있다.

⑤ 「국가배상법」 제5조상의 공공의 영조물에는 행정주체가 적법한 권한에 기하여 관리하고 있는 공물뿐만 아니라 사실상 관리하고 있는 공물도 포함된다.

해설 ② 공무원에게 고의 또는 중대한 과실이 있으면 국가나 지방자치단체는 그 공무원에게 구상할 수 있다(「국가배상법」 제2조 제2항).

① 「국가배상법」 제2조상의 직무행위에는 사경제 작용을 제외한 모든 국가작용이 포함되므로 입법작용과 사법작용도 포함된다.

③ 「국가배상법」에는 「민법」 제756조 제1항 단서상의 사용자 면책조항과 같은 규정이 없다.

④ 부작위에 의한 국가배상이 성립하기 위해서는 공무원에게 법률상 또는 일반원칙(조리)상의 작위의무가 인정되어야 한다.

⑤ 「국가배상법」 제5조 제1항 소정의 '공공의 영조물'에는 국가 또는 지방자치단체가 소유권, 임차권 그 밖의 권한에 기하여 관리하고 있는 경우뿐만 아니라 사실상의 관리를 하고 있는 경우도 포함된다(대판 1998. 10. 23. 98다17381).

Answer 7. ② 8. ③ 9. ②

10 행정상 손해배상에 관한 설명으로 옳지 않은 것은 몇 개인가? (다툼이 있는 경우 판례에 의함)

> ㉠ 법령해석에 여러 견해가 있어 관계 공무원이 신중한 태도로 어느 일설을 취하여 처분한 경우, 위법한 것으로 판명되었다 하더라도 그것만으로 배상책임을 인정할 수 없다.
> ㉡ 법령에 명시적으로 공무원의 작위의무가 규정되어 있지 않은 경우라 할지라도 공무원의 부작위로 인한 국가배상을 인정할 수 있다.
> ㉢ 실질적으로 직무행위가 아니거나 또는 직무행위를 수행한다는 행위자의 주관적 의사가 없는 공무원의 행위는 「국가배상법」상 공무원의 직무행위가 될 수 없다.
> ㉣ 「국가배상법」상 과실을 판단할 경우 보통 일반의 공무원을 그 표준으로 하고 반드시 누구의 행위인지 가해공무원을 특정하여야 한다.
> ㉤ 재판행위로 인한 국가배상에 있어서 위법은 판결 자체의 위법이 아니라 법관의 공정한 재판을 위한 직무수행상 의무의 위반으로서의 위법이다.
> ㉥ 헌법재판소 재판관이 청구기간 내에 제기된 헌법소원심판청구 사건에서 청구기간을 오인하여 각하결정을 한 경우, 이에 대한 불복절차 내지 시정절차가 없는 때에는 국가배상책임을 인정할 수 있다.

① 2개
② 3개
③ 4개
④ 5개
⑤ 6개

해설 ① 틀린 지문은 ㉢·㉣이다.
㉢ [×] 직무행위는 객관적·외형적으로 판단하므로 실질적으로 직무행위가 아니거나 가해자인 공무원에게 직무집행의사가 없더라도 「국가배상법」상 공무원의 직무행위가 될 수 있다.
㉣ [×] 가해공무원이 누구인지가 판명되지 않더라도 손해의 발생상황으로 보아 공무원의 행위에 의한 것이 인정되면 국가는 배상책임을 지게 된다. 과실을 증명함에 있어 가해공무원의 특정이 필수적인 것은 아니다.

Answer 10. ①

제2절 영조물의 하자책임

01 「국가배상법」 제5조의 손해배상책임에 관한 설명으로 옳지 않은 것은? (다툼이 있는 경우에는 판례에 의함)

① 영조물의 설치·관리의 하자라 함은 공공의 영조물이 일반적으로 갖추어야 할 안전성을 결한 상태를 말한다.

② 공공의 영조물이라 함은 국가 또는 지방자치단체에 의하여 특정 공공의 목적에 공여된 유체물 내지 물적 설비를 말하며, 국가 또는 지방자치단체가 소유권, 임차권 그 밖의 권한에 기하여 관리하고 있는 경우뿐만 아니라 사실상 관리하고 있는 경우도 포함된다.

③ 「국가배상법」 제5조의 손해배상책임은 동법 제2조의 책임과 같이 과실책임주의로 규정되어 있다.

④ 불가항력 등 영조물 책임의 감면사유가 있는 경우에도 공무원의 과실로 피해가 확대된 경우에는 그 한도 내에서 「국가배상법」 제2조의 배상책임이 인정된다.

⑤ 영조물의 하자로 인한 손해의 원인에 대하여 책임을 질 자가 따로 있을 때에는 국가 또는 지방자치단체는 그 자에 대하여 구상할 수 있다.

해설 ③ 「국가배상법」 제5조의 손해배상책임은 동법 제2조의 책임과 달리 영조물관리자의 고의 또는 과실을 요건으로 하고 있지 않으므로 무과실책임주의로 규정되어 있다(통설 및 판례). 다만, 판례는 영조물의 결함이 영조물의 설치 또는 관리자의 관리행위가 미칠 수 없는 상황 아래에 있었던 경우 그 하자를 인정할 수 없다고 보고 있다.

Answer 1. ③

02 다음 중 「국가배상법」상 영조물의 하자로 인한 배상책임에 관한 판례의 태도와 부합하지 않는 것은?

① 공물 자체에 있는 물리적 · 외형적 흠결이나 불비로 인하여 그 이용자에게 위해를 끼칠 위험성이 있는 경우뿐만 아니라 그 영조물이 공공의 목적에 이용됨에 있어 그 이용상태 및 정도가 일정한 한도를 초과하여 제3자에게 사회통념상 참을 수 없는 피해를 입히는 경우까지 포함된다.

② 재정사정은 참작사유에는 해당할지언정 안전성을 결정지을 절대적 요건에는 해당되지 않는다.

③ 집중호우로 제방도로가 유실되면서 그곳을 걸어가던 보행자가 강물에 휩쓸려 익사한 경우, 사고 당일의 집중호우가 50년 빈도의 최대강우량에 해당한다면 불가항력에 기인한 것으로 볼 수 있다.

④ 안전성의 구비 여부를 판단함에 있어서는 제반사정을 종합적으로 고려하여 설치 · 관리자가 그 영조물의 위험성에 비례하여 사회통념상 일반적으로 요구되는 정도의 방호조치 의무를 다하였는지 여부를 그 기준으로 삼아야 한다.

⑤ 가변차로에 설치된 2개의 신호등에서 서로 모순된 신호가 들어오는 오작동이 발생하였고 그 고장이 현재의 기술수준상 부득이하다는 사정만으로 영조물의 하자가 면책되는 것은 아니다.

해설 ③ 집중호우로 제방도로가 유실되면서 그곳을 걸어가던 보행자가 강물에 휩쓸려 익사한 경우, 사고 당일의 집중호우가 50년 빈도의 최대강우량에 해당한다는 사실만으로 불가항력에 기인한 것으로 볼 수 없으므로 제방도로의 설치 · 관리상의 하자를 인정해야 한다(대판 2000. 5. 26. 99다53247).
⑤ 가변차로에 설치된 두 개의 신호기에서 서로 모순되는 신호가 들어오는 고장을 예방할 방법이 없음에도 그와 같은 신호기를 설치하여 그와 같은 고장을 발생하게 한 것이라면 면책되지 않는다(대판 2001. 7. 27. 2000다56822).

03 국가배상책임에 관한 설명으로 옳은 것은?

① 「국가배상법」이 정하는 배상기준의 성격에 대하여 판례는 한정액설을 취함으로써 「국가배상법」이 정하는 배상금액 이상의 배상을 인정하지 아니한다.

② 피해자가 손해를 입은 동시에 이익을 얻은 경우 이를 공제할 수 없으며, 이것은 「국가배상법」이 가지는 생계보장적 성격에서 타당하다.

③ 사실상 군민의 통행에 제공되고 있던 도로는 「국가배상법」 소정의 공공의 영조물에 해당하지 않는다.

④ 국가배상청구권의 소멸시효기간은 피해자나 그 법정대리인이 손해 및 가해자를 안 날로부터 10년이다.

⑤ 판례에 따르면 「국가배상법」상 배상심의회에 의한 배상결정은 항고소송의 대상이 되는 행정처분에 해당한다.

해설 ③ 사실상 군민의 통행에 제공되던 도로는 노선인정 기타 공용개시가 없었으면 이를 「국가배상법」상 영조물이라 할 수 없다(대판 1981. 7. 7. 80다2478).

① 「국가배상법」이 정하는 배상기준의 성격에 대해서는 기준액설에 따라 「국가배상법」이 정하는 배상금액 이상의 배상을 인정할 수 있다는 것이 판례이다.

② 피해자가 손해를 입은 동시에 이익을 얻은 경우에는 손해배상액에서 그 이익에 상당하는 금액을 빼야 한다(「국가배상법」 제3조의2 제1항).

④ 국가배상청구권의 소멸시효는 「민법」 규정을 준용하여 피해자나 그 법정대리인이 손해 및 가해자를 안 날로부터 3년이면 소멸시효가 완성된다(「국가배상법」 제8조, 「민법」 제766조 제1항).

⑤ 판례는 배상심의회의 결정은 당사자를 구속하는 법적 효과가 없으므로 행정소송의 대상이 되는 행정처분이 될 수 없다고 한다.

Answer 2. ③ 3. ③

손실보상제도

핵심 summary

제1절 손실보상

1. 「공익사업을 위한 토지 등의 취득 및 보상에 관한 법률」상 보상 원칙

사업시행자보상의 원칙	사업시행자가 보상해야 함 기출
사전보상의 원칙	① 원칙: 당해 공익사업을 위한 공사에 착수하기 이전에 보상 ② 예외: 천재지변 시의 토지의 사용과 시급을 요하는 토지의 사용 또는 토지소유자 및 관계인의 승낙이 있는 때 사후보상(지연이자 포함)
금전보상의 원칙	① 원칙: 현금으로 전액보상 기출 ② 예외: 채권보상, 현물보상, 매수보상, 대토보상
개인별 보상의 원칙	물건별 보상(×) 기출
일괄보상	동일한 사업지역 안에 보상시기를 달리하는 동일인 소유의 토지 등이 여러 개 있는 경우 토지소유자의 요구가 있으면 일괄하여 보상 기출
사업시행이익과 상계금지	사업시행자는 당해 공익사업의 시행으로 인하여 잔여지의 가격이 증가하거나 그 밖의 이익이 발생한 때도 그 이익을 그 취득 또는 사용으로 인한 손실과 상계할 수 없음
시가보상의 원칙	① 협의에 의한 경우 – 협의성립 당시의 가격 기준, 재결에 의한 경우 – 재결 당시의 가격 기준 기출 ② 보상액의 산정에 있어서 당해 공익사업으로 인하여 토지 등의 가격에 변동이 있는 때에는 이를 고려하지 않음 기출

2. 손실보상액결정에 대한 불복

(1) 이의신청(행정심판에 해당 기출)

지방토지수용위원회의 재결에 대하여 불복이 있는 자는 중앙토지수용위원회에, 중앙토지수용위원회의 재결에 불복이 있는 자는 중앙토지수용위원회에 그 재결서의 정본을 받은 날로부터 30일 이내에 이의신청을 할 수 있다. 기출

⑵ 행정소송절차

토지수용위원회 재결에 대한 불복	① 재결서를 받은 날로부터 90일 이내 행정소송을 제기 ② 이의신청을 거친 경우 이의신청에 대한 재결서를 받은 날로부터 60일 이내에 각각 행정소송을 제기(이의신청 임의적) **기출**
수용재결에 관한 소송	수용재결에 대해 이의재결을 거쳐 취소소송을 제기하는 경우 수용재결을 소송의 대상으로 하여야 함(이의재결은 재결자체 고유한 위법이 있는 경우에 한함) **기출**
보상금증감에 관한 소송인 경우	소송을 제기하는 자가 토지소유자 또는 관계인일 때에는 사업시행자를, 사업시행자일 때에는 토지소유자 또는 관계인을 각각 피고로 함(형식적 당사자소송) **기출**
수용재결을 다투는 경우	토지수용위원회를 피고로 항고소송(집행부정지원칙) **기출**

제2절 결과제거청구권

1. 공법상 결과제거청구권의 요건

공행정작용으로 인한 침해	국가 등의 사법적 작용으로 인한 침해는 제외(민법상 규율)
타인의 법률상 이익의 침해	법률상 이익은 재산적 가치뿐만 아니라 명예·신용 등 비재산적 가치도 포함
위법한 상태의 존재	① 사실심변론종결시를 기준으로 위법한 상태가 현재 존재하고 있어야 함 ② 가해행위자의 고의·과실은 요하지 않음 ③ 위법한 상태의 원인된 행위가 사후에 합법화된 경우 인정되지 않음
결과제거의 가능성	원상회복이 불가능한 경우 인정되지 않음

2. 결과제거청구권의 내용

원상회복청구권	① 행정작용으로 인해 야기된 위법한 결과적 상태를 제거하여 원상회복을 청구할 수 있음(토지반환청구권, 정정보도청구권 등) ② 공행정작용으로 인한 직접적인 결과의 제거를 그 내용으로 하므로, 간접적인 결과로 인한 제거를 주장할 수 없음 ㆍ예 행정청의 위법한 입주결정으로 타인의 주택에 무주택자가 입주하고 그 입주자가 주택을 손상한 경우, 주택의 소유자는 당해 입주자의 퇴거를 요구할 수 있음에 그치고 손상된 주택의 원상회복을 청구할 수 없다.
국가배상청구권과의 경합	국가배상청구권과 경합적 청구가 가능

제1절 손실보상

01 행정상 손실보상에 대한 설명으로 옳은 것은? (다툼이 있는 경우에는 판례에 의함)

① 「헌법」은 손실보상청구권의 근거만 규정하고 있고 보상의 기준과 방법에 관해서는 법률에 유보하고 있다.

② 하천구역 편입토지에 대한 손실보상청구권은 사법상의 권리라는 것이 판례의 입장이다.

③ 개발제한구역의 지정으로 인한 지가의 하락은 토지소유자가 수인해야 하는 사회적 제약의 한계를 넘는 것으로, 아무런 보상 없이 이를 감수하도록 하고 있는 한, 「헌법」에 위반된다.

④ 손실보상은 금전(현금)보상을 원칙으로 하고 채권보상은 인정되지 않는다.

⑤ 정당한 보상에서 개발이익은 배제되며, 당해 공공사업과 무관한 다른 사업의 시행으로 인한 개발이익도 배제된다.

> **해설** ① 공공필요에 의한 재산권의 수용·사용 또는 제한 및 그에 대한 보상은 법률로써 하되, 정당한 보상을 지급하여야 한다(「헌법」 제23조 제3항).
> ② 하천구역 편입토지에 대한 손실보상청구권은 「하천구역 편입토지 보상에 관한 특별조치법」상 인정되는 권리이고, 공법상 권리라는 것이 판례이다.
> ③ 개발제한구역의 지정으로 인한 지가의 하락은 토지소유자가 수인해야 하는 사회적 제약 범위 내의 침해이므로, 보상규정이 없다 해서 곧바로 「헌법」에 위반되지 않는다.
> ④ 손실보상은 금전(현금)보상을 원칙으로 하되 예외적 채권보상도 인정하고 있다. 채권보상의 경우 5년 내에 상환하여야 한다.
> ⑤ 해당 공익사업으로 인한 개발이익은 배제되나 해당 공공사업과 무관한 다른 사업의 시행으로 인한 개발이익은 배제되지 않는다.

02 「공익사업을 위한 토지 등의 취득 및 보상에 관한 법률」상 손실보상의 원칙에 관한 설명으로 옳지 않은 것은? 2014년 제2회

① 공익사업에 필요한 토지 등의 취득 또는 사용으로 인하여 토지소유자나 관계인이 입은 손실은 사업시행자가 보상하여야 한다.

② 손실보상은 개인별로 보상액을 산정할 수 있는 경우에는 토지소유자나 관계인에게 개인별로 하여야 한다.

③ 사업시행자는 동일한 사업지역에 보상시기를 달리하는 동일인 소유의 토지 등이 여러 개 있는 경우 토지소유자나 관계인이 요구할 때에는 한꺼번에 보상금을 지급하도록 하여야 한다.

④ 보상액의 산정은 협의에 의한 경우에는 협의 성립 당시의 가격을, 재결에 의한 경우에는 수용 또는 사용의 재결 당시의 가격을 기준으로 한다.

⑤ 보상액을 산정할 경우에 해당 공익사업으로 인하여 토지 등의 가격이 변동되었을 때에는 이를 고려한다.

해설 ⑤ 보상액을 산정할 경우에 해당 공익사업으로 인하여 토지 등의 가격이 변동되었을 때에는 이를 고려하지 아니한다(「공익사업을 위한 토지 등의 취득 및 보상에 관한 법률」 제67조 제2항).
① 「공익사업을 위한 토지 등의 취득 및 보상에 관한 법률」 제61조, ② 「공익사업을 위한 토지 등의 취득 및 보상에 관한 법률」 제64조, ③ 「공익사업을 위한 토지 등의 취득 및 보상에 관한 법률」 제65조, ④ 「공익사업을 위한 토지 등의 취득 및 보상에 관한 법률」 제67조 제1항

03 「공익사업을 위한 토지 등의 취득 및 보상에 관한 법률」에 관한 설명으로 옳지 않은 것은? (다툼이 있으면 판례에 따름) 2021년 제9회

① 사업인정처분이 당연무효이면 그것이 유효함을 전제로 이루어진 수용재결도 무효이다.
② 수용재결에 대한 이의신청은 행정소송을 하기 위한 필수적인 전심절차이다.
③ 수용재결에 대한 취소소송의 제기는 사업의 진행 및 토지의 수용 또는 사용을 정지시키지 아니한다.
④ 토지소유자가 보상금 증액청구소송을 제기할 경우 사업시행자를 피고로 하여야 한다.
⑤ 보상금증감청구소송의 제기기간은 이의신청을 거친 경우 이의신청에 대한 재결서를 받은 날부터 60일 이내이다.

해설 ② 수용재결에 대한 이의신청 절차는 필수가 아닌 임의절차이다.
① 선행처분이 무효이면 후행처분도 무효에 해당한다(하자의 승계). 따라서 사업인정처분이 무효이면 수용재결도 당연히 무효가 된다.
③ 「공익사업을 위한 토지 등의 취득 및 보상에 관한 법률」 제88조
④ 보상금의 증감청구 소송은 형식적 당사자소송으로서 소유자가 보상금의 증액청구소송을 제기하는 경우에는 행정주체인 사업시행자를 피고로 하여야 한다(「공익사업을 위한 토지 등의 취득 및 보상에 관한 법률」 제85조 제2항).
⑤ 사업시행자, 토지소유자 또는 관계인이 제34조에 따른 재결에 불복할 때에는 재결서를 받은 날부터 90일 이내에 이의신청을 거쳤을 시, 이의신청에 대한 재결서를 받은 날부터 60일 이내에 각각 행정소송을 제기할 수 있다(「공익사업을 위한 토지 등의 취득 및 보상에 관한 법률」 제85조 제1항).

Answer 1.① 2.⑤ 3.②

04 「공익사업을 위한 토지 등의 취득 및 보상에 관한 법률」에 관한 내용이다. (   ) 안에 들어갈 것으로 옳은 것은? 2013년 제1회

> 토지수용위원회의 재결에서 정한 보상금에 대하여 사업시행자 또는 토지소유자가 그 증감을 다투는 행정소송을 제기하는 경우, 그 소송을 제기하는 자가 토지소유자일 때에는 (㉠)을/를, 사업시행자일 때에는 (㉡)을/를 피고로 한다.

① ㉠ : 토지수용위원회　　　　　　㉡ : 국토교통부장관
② ㉠ : 국토교통부장관　　　　　　㉡ : 토지수용위원회
③ ㉠ : 토지수용위원회　　　　　　㉡ : 토지소유자
④ ㉠ : 사업시행자　　　　　　　　㉡ : 토지소유자
⑤ ㉠ : 사업시행자　　　　　　　　㉡ : 토지수용위원회

해설 토지수용위원회의 재결에서 정한 보상금에 대하여 사업시행자 또는 토지소유자가 그 증감을 다투는 행정소송을 제기하는 경우, 그 소송을 제기하는 자가 토지소유자일 때에는 사업시행자를, 사업시행자일 때에는 토지소유자를 피고로 한다(「공익사업을 위한 토지 등의 취득 및 보상에 관한 법률」 제85조 제2항).

05 「공익사업을 위한 토지 등의 취득 및 보상에 관한 법률」에 따른 손실보상에 관한 설명으로 옳지 않은 것은? 2019년 제7회

① 손실보상은 다른 법률에 특별한 규정이 있는 경우를 제외하고는 현금지급을 원칙으로 한다.

② 토지소유자가 토지수용위원회의 재결에 불복하여 제기하려는 행정소송이 보상금의 증감(增減)에 관한 소송인 경우 토지수용위원회를 피고로 한다.

③ 공익사업에 필요한 토지 등의 취득으로 인하여 토지소유자가 입은 손실은 사업시행자가 보상하여야 한다.

④ 지방토지수용위원회의 재결에 이의가 있는 자는 해당 지방토지수용위원회를 거쳐 중앙토지수용위원회에 이의를 신청할 수 있다.

⑤ 보상액의 산정은 협의에 의한 경우에는 협의 성립 당시의 가격을, 재결에 의한 경우에는 수용 또는 사용의 재결 당시의 가격을 기준으로 한다.

▶해설 ② 토지소유자가 토지수용위원회의 재결에 불복하여 제기하려는 행정소송이 보상금의 증감에 관한 소송인 경우, 그 소송을 제기하는 자가 토지소유자 또는 관계인일 때에는 사업시행자를, 사업시행자일 때에는 토지소유자 또는 관계인을 각각 피고로 한다(「공익사업을 위한 토지 등의 취득 및 보상에 관한 법률」 제85조 제2항).
① 손실보상은 다른 법률에 특별한 규정이 있는 경우를 제외하고는 현금으로 지급하여야 한다(「공익사업을 위한 토지 등의 취득 및 보상에 관한 법률」 제63조 제1항).
③ 공익사업에 필요한 토지 등의 취득 또는 사용으로 인하여 토지소유자 또는 관계인이 입은 손실은 사업시행자가 이를 보상하여야 한다(「공익사업을 위한 토지 등의 취득 및 보상에 관한 법률」 제61조).
④ 「공익사업을 위한 토지 등의 취득 및 보상에 관한 법률」 제83조 제2항, ⑤ 「공익사업을 위한 토지 등의 취득 및 보상에 관한 법률」 제67조 제1항

06 「공익사업을 위한 토지 등의 취득 및 보상에 관한 법률」의 내용에 관한 설명으로 옳은 것은? (다툼이 있으면 판례에 따름) 2020년 제8회

① 수용재결 신청 전 협의에 의한 취득은 사법상의 법률행위에 해당한다.

② 사업인정은 고시된 날로부터 7일이 경과한 날에 효력을 발생한다.

③ 수용재결은 행정심판 재결의 일종으로서 「행정심판법」상 재결의 기속력 규정이 준용된다.

④ 수용재결에 대해 이의재결을 거쳐 취소소송을 제기하는 경우 이의재결을 소송의 대상으로 하여야 한다.

⑤ 보상금액에 불복하여 사업시행자가 제기하는 보상금감액청구소송은 민사소송에 해당하므로 토지소유자 또는 관계인을 피고로 한다.

▶해설 ① 협의취득 또는 보상합의는 공공기관이 사경제주체로서 행하는 사법상 매매 내지 사법상 계약의 실질을 가진다(대판 2004. 9. 24. 2002다68713).
② 사업인정은 고시한 날부터 그 효력이 발생한다(「공익사업을 위한 토지 등의 취득 및 보상에 관한 법률」 제22조 제3항).
③ 수용재결이 아닌 이의재결에 「행정심판법」의 규정이 적용된다(대법원 1992. 6. 9. 92누565).
④ 토지소유자 등이 수용재결에 불복하여 이의신청을 거친 후 취소소송을 제기하는 경우 피고적격은 수용재결을 한 토지수용위원회이며 소송의 대상은 수용재결이다(대판 2010. 1. 28. 2008두1504).
⑤ 보상금액에 불복하여 사업시행자가 제기하는 보상금감액청구소송은 형식적 당사자소송으로서 토지소유자를 피고로 하여야 한다(「공익사업을 위한 토지 등의 취득 및 보상에 관한 법률」 제85조 제2항).

Answer   4. ④   5. ②   6. ①

07 「공익사업을 위한 토지 등의 취득 및 보상에 관한 법률」에 따른 토지수용에 대한 이의신청 및 행정소송에 관한 설명으로 옳지 않은 것은? (다툼이 있는 경우에는 판례에 의함)

2014년 제2회

① 이의신청은 행정심판으로서의 성질을 가지며, 이에 관한 규정은 「행정심판법」에 대한 특별규정이다.

② 수용재결에 불복하여 취소소송을 제기하는 때에는 이의신청을 거친 경우에도 수용재결의 취소를 구하여야 한다.

③ 보상금증감청구소송은 공법상 당사자소송에 해당한다.

④ 보상금증감청구소송을 제기하는 자가 토지소유자일 때에는 사업시행자를 피고로 한다.

⑤ 수용재결에 대한 행정소송이 제기되면 사업의 진행 및 토지의 수용 또는 사용은 정지된다.

해설 ⑤ 토지수용위원회의 수용재결에 대한 이의신청이나 행정소송의 제기는 사업의 진행 및 토지의 수용 또는 사용을 정지시키지 아니한다(「공익사업을 위한 토지 등의 취득 및 보상에 관한 법률」 제88조).
① 토지수용위원회의 수용재결에 대한 이의절차는 실질적으로 행정심판의 성질을 갖는 것이므로 「공익사업을 위한 토지 등의 취득 및 보상에 관한 법률」에 특별한 규정이 있는 것을 제외하고는 「행정심판법」의 규정이 적용된다(대판 1992. 6. 9. 92누565).
② 수용재결에 불복하여 취소소송을 제기하는 때에는 이의신청을 거친 경우에도 수용재결을 한 중앙토지수용위원회 또는 지방토지수용위원회를 피고로 하여 수용재결의 취소를 구하여야 하고, 다만 이의신청에 대한 재결 자체에 고유한 위법이 있음을 이유로 하는 경우에는 그 이의재결을 한 중앙토지수용위원회를 피고로 하여 이의재결의 취소를 구할 수 있다고 보아야 한다(대판 2010. 1. 28. 2008두1504).
③ 보상금의 증감에 관한 소송인 때에는 이의재결에서 정한 보상금이 증액 변경될 것을 전제로 하여 사업시행업자를 상대로 보상금의 지급을 구하는 공법상의 당사자소송을 규정한 것으로 볼 것이다(대판 1991. 11. 26. 91누285).
④ 제기하려는 행정소송이 보상금의 증감에 관한 소송인 경우 그 소송을 제기하는 자가 토지소유자 또는 관계인일 때에는 사업시행자를, 사업시행자일 때에는 토지소유자 또는 관계인을 각각 피고로 한다(「공익사업을 위한 토지 등의 취득 및 보상에 관한 법률」 제85조 제2항).

08 「공익사업을 위한 토지 등의 취득 및 보상에 관한 법률」의 내용에 관한 설명으로 옳은 것은? (다툼이 있으면 판례에 따름) 2025년 제13회

① 사업시행자는 사용의 개시일에 토지의 사용권을 취득하며, 그 토지에 관한 다른 권리는 재결로 인정되지 아니하더라도 사용 기간 중에 행사할 수 있다.

② 수용재결에 불복할 때는 이의신청을 거치지 않고도 행정소송을 제기할 수 있다.

③ 재결에 의한 경우 보상액의 산정은 수용개시 당시의 가격을 기준으로 한다.

④ 사업인정처분이 당연무효이더라도 그것이 유효함을 전제로 이루어진 수용재결이 무효가 되는 것은 아니다.

⑤ 보상액을 산정할 경우에 해당 공익사업으로 인하여 토지등의 가격이 변동되었을 때에는 이를 고려하여야 한다.

해설 ② 수용재결에 불복할 때 이의신청을 거칠 것인가는 임의적 사항이므로 이의신청을 거치지 않고 행정소송을 제기할 수 있다.

① 관할 토지수용위원회가 토지에 관하여 사용재결을 하는 경우에는 그 재결서에 사용할 토지의 위치와 면적, 권리자, 손실보상액, 사용 개시일 외에도 사용방법, 사용 기간을 구체적으로 특정하여야 한다(대판 2019. 6. 13. 2018두 42641). 재결로 인정되지 않은 권리는 사용 기간 중에 행사할 수 없다.

③ 보상액의 산정은 협의에 의한 경우에는 협의 성립 당시의 가격을, 재결에 의한 경우에는 수용 또는 사용의 재결 당시의 가격을 기준으로 한다.

④ 사업인정처분이 당연무효이더라도 그것이 유효함을 전제로 이루어진 수용재결도 당연무효가 된다.

⑤ 보상액을 산정할 경우에 해당 공익사업으로 인하여 토지 등의 가격이 변동되었을 때에는 이를 고려하지 아니한다 (「공익사업을 위한 토지 등의 취득 및 보상에 관한 법률」 제67조 제2항).

09 「공익사업을 위한 토지 등의 취득 및 보상에 관한 법률」상 손실보상의 원칙에 관한 내용으로 옳지 않은 것은?

① 공익사업에 필요한 토지 등의 취득 또는 사용으로 인하여 토지소유자나 관계인이 입은 손실은 사업시행자가 보상하여야 한다.

② 손실보상은 토지소유자나 관계인에게 개인별로 하여야 한다. 다만, 개인별로 보상액을 산정할 수 없을 때에는 그러하지 아니하다.

③ 사업시행자는 동일한 소유자에게 속하는 일단의 토지의 일부를 취득하거나 사용하는 경우, 해당 공익사업의 시행으로 인하여 잔여지의 가격이 증가하거나 그 밖의 이익이 발생한 경우에도 그 이익을 취득 또는 사용으로 인한 손실과 상계할 수 없다.

④ 토지에 대한 보상액은 가격시점에서의 현실적인 이용상황, 일반적인 이용방법에 의한 객관적 상황, 일시적인 이용상황 및 토지소유자나 관계인이 갖는 주관적 가치 및 특별한 용도에 사용할 것을 전제로 한 경우 등을 고려한다.

⑤ 영업을 폐지하거나 휴업함에 따라 휴직하거나 실직하는 근로자의 임금손실에 대하여는 「근로기준법」에 따른 평균임금 등을 고려하여 보상하여야 한다.

해설 ④ 「헌법」 제23조 제2항이 규정하는 '정당한 보상'이란 원칙적으로 피수용재산의 객관적인 재산가치를 완전하게 보상하는 것이어야 한다는 완전보상을 의미하며 토지의 경우에는 그 특성상 인근유사토지의 거래가격을 기준으로 하여 토지의 가격형성에 미치는 제 요소를 종합적으로 고려한 합리적 조정을 거쳐서 객관적인 가치를 평가할 수밖에 없는데, 이때 소유자가 갖는 주관적인 가치, 투기적 성격을 띠고 우연히 결정된 거래가격 또는 흔히 불리는 호가, 객관적 가치의 증가에 기여하지 못한 투자비용이나 그 토지 등을 특별한 용도에 사용할 것을 전제로 한 가격 등에 좌우되어서는 안 되며, 개발이익은 그 성질상 완전보상의 범위에 포함되지 아니한다(헌재 1995. 4. 20. 93헌바20).

① 「공익사업을 위한 토지 등의 취득 및 보상에 관한 법률」 제61조, ② 「공익사업을 위한 토지 등의 취득 및 보상에 관한 법률」 제64조, ③ 「공익사업을 위한 토지 등의 취득 및 보상에 관한 법률」 제66조, ⑤ 「공익사업을 위한 토지 등의 취득 및 보상에 관한 법률」 제77조 제3항

Answer 7. ⑤ 8. ② 9. ④

10 손실보상의 보상액의 결정방법과 불복절차에 관한 설명으로 틀린 것은?

① 토지수용위원회의 재결에 불복할 때에는 재결서를 받은 날부터 90일 이내에, 이의신청을 거친 경우에는 이의신청에 대한 재결서를 받은 날부터 60일 이내에 각각 행정소송을 제기할 수 있다.

② 행정소송이 보상금의 증감에 관한 소송인 경우 당해 소송을 제기하는 자는 토지수용위원회를 피고로 소송을 제기하여야 한다.

③ 사업시행자가 행정소송을 제기하기 전에 이의신청에 따라 늘어난 보상금을 공탁하여야 하며, 보상금을 받을 자는 공탁된 보상금을 소송이 종결될 때까지 수령할 수 없다.

④ 토지수용위원회의 재결은 사업시행자·토지소유자 또는 관계인이 신청한 범위 안에서 재결하여야 하지만 손실보상에 있어서는 증액재결을 할 수 있다.

⑤ 「하천법」상 국유로 된 제외지 안의 토지에 대한 손실보상을 구하는 소송은 당사자소송 절차에 의하여야 한다.

해설 ② 행정소송이 보상금증감에 관한 소송인 경우 해당 소송을 제기하는 자가 토지소유자 또는 관계인인 때에는 사업시행자를, 사업시행자인 때에는 토지소유자 또는 관계인을 각각 피고로 한다(「공익사업을 위한 토지 등의 취득 및 보상에 관한 법률」 제85조 제2항).

Answer 10. ②

제2절 결과제거청구권

01 공법상 결과제거청구권에 관한 설명으로 가장 옳지 않은 것은?

① 공행정작용으로 인한 침해의 존재를 전제로 한다.

② 위법 상태의 계속이 필요하다.

③ 가해행위의 위법 및 가해자의 과실이 필요하다.

④ 타인의 권리 또는 법률상 이익의 침해가 있어야 한다.

⑤ 원상회복이 법적·사실적으로 가능하여야 한다.

> **해설** ③ 공법상 결과제거청구권은 공행정작용으로 인한 위법한 결과의 제거를 요구하는 권리이다. 위법한 상태가 존재해야 하며 이에 대한 가해행위자의 고의·과실은 요하지 않는다.

02 공법상 결과제거청구권에 대한 설명으로 틀린 것은?

① 결과제거청구권이 발생하는 경우 상대방에게 손해가 발생하였다면 국가나 지방자치단체를 상대로 「국가배상법」에 따른 손해배상청구권도 청구할 수 있다.

② 공행정작용으로 야기된 직접적인 결과의 제거 외에 제3자의 개입으로 생긴 결과의 제거인 간접적 결과까지 제거청구할 수 없다.

③ 위법한 상태의 원인된 행위가 사후에 합법화된 경우에는 인정되지 않는다.

④ 국가 등의 사법적 활동으로 인한 침해는 제외된다는 것이 다수설이다.

⑤ 처분 등에 관한 취소소송에서 관련청구 병합으로 제기할 수는 없다.

> **해설** ⑤ 취소소송의 계속 중에 해당 처분 등과 관련되는 손해배상·부당이득반환·원상회복 등의 청구소송을 관련청구 병합으로 제기할 수 있으므로 결과제거청구를 병합하여 제기할 수 있다.
> ③ 결과제거청구는 위법한 상태가 계속되어야 하므로 위법한 상태의 원인된 행위가 사후에 합법화된 경우에는 인정되지 않는다.

Answer 1. ③ 2. ⑤

행정사
임병주 행정법

행정쟁송제도

핵심 **summary**

제1절 행정심판 개설

1. 「행정기본법」상 이의신청

신청의 상대방	해당 행정청
제기기간	처분을 받은 날부터 30일 이내
처리기간	① 신청을 받은 날부터 14일 이내에 그 이의신청에 대한 결과를 신청인에게 통지 ② 부득이한 경우 10일의 범위에서 한 차례 연장 가능
행정심판, 행정소송의 제기	① 이의신청과 관계없이 행정심판 또는 행정소송을 제기할 수 있음 ② 이의신청에 대한 결과를 통지받은 후 행정심판 또는 행정소송을 제기하려는 자는 그 결과를 통지받은 날부터 90일 이내에 행정심판 또는 행정소송을 제기할 수 있음
적용제외 (공·인·노·형·외·과)	① 공무원 인사 관계 법령에 따른 징계 등 처분에 관한 사항 ② 「국가인권위원회법」 제30조에 따른 진정에 대한 국가인권위원회의 결정 ③ 「노동위원회법」 제2조의2에 따라 노동위원회의 의결을 거쳐 행하는 사항 ④ 형사, 행형 및 보안처분 관계 법령에 따라 행하는 사항 ⑤ 외국인의 출입국·난민인정·귀화·국적회복에 관한 사항 ⑥ 과태료 부과 및 징수에 관한 사항

2. 행정심판위원회의 설치

행정심판위원회 소속기관	처분청
처분행정청 소속 행정심판위원회	① 감사원, 국가정보원장, 그 밖에 대통령령으로 정하는 대통령 소속기관의 장의 처분 ^{기출} ② 국회사무총장·법원행정처장·헌법재판소사무처장 및 중앙선거관리위원회 사무총장의 처분 ③ 국가인권위원회, 그 밖에 지위·성격의 독립성과 특수성 등이 인정되어 대통령령으로 정하는 행정청의 처분
중앙행정심판위원회	① 국가행정기관의 장 또는 그 소속 행정청의 처분 ② 특별시장·광역시장·도지사·특별자치도지사(교육감 포함), 의회의 처분 ^{기출} ③ 지방자치단체조합 등 관계 법률에 따라 국가·지방자치단체·공공법인 등이 공동으로 설립한 행정청의 처분

시·도지사(광역단체장) 소속 행정심판위원회	① 시·도 소속 행정청의 처분 ② 시·도의 관할구역에 있는 시·군·자치구의 장, 소속 행정청 또는 시·군·자치구의 의회의 처분 ③ 시·도의 관할구역에 있는 둘 이상의 지방자치단체(시·군·자치구)·공공법인 등이 공동으로 설립한 행정청의 처분
직근 상급행정기관 소속 행정심판위원회	국가행정기관 소속 특별지방행정기관의 장

제2절 행정심판법

1. 행정심판의 요건

행정심판의 대상		① 행정청의 처분 또는 부작위 기출 ② 대통령의 처분·부작위에 대하여는 다른 법률에 특별한 규정이 있는 경우를 제외하고는 행정심판을 제기할 수 없음 기출 ③ 심판청구에 대한 재결이 있는 경우에는 당해 재결 및 동일한 처분 또는 부작위에 대하여 다시 심판청구를 제기할 수 없음 기출
청구인적격		① 법인이 아닌 사단은 대표자나 관리인이 정하여져 있는 경우에 그 사단의 이름으로 심판청구를 할 수 있음 기출 ② 법률상 이익이 있는 자 ③ 선정대표자 – 3명 이하의 선정대표자 선정 기출
피청구인적격		① 취소심판과 무효등확인심판: 처분을 한 처분청 ② 의무이행심판: 청구인의 신청을 받은 행정청
심판청구기간	심판청구기간	처분이 있음을 알게 된 날부터 90일 이내, 처분이 있었던 날로부터 180일 이내(정당한 사유가 있으면 기간경과 후 청구 가능) 기출
	적용제외	무효등확인심판, 부작위에 대한 의무이행심판 기출
	'안 날'의 의미	① 처분이 있었다는 것을 현실적으로 안 날 ② 고시 또는 공고에 의한 경우 　㉠ 불특정 다수인 대상: 일률적 고시가 효력을 발생하는 날 　㉡ 특정인 대상: 처분이 있었다는 것을 현실적으로 안 날 기출
심판청구의 방식		① 서면으로 청구 ② 고충민원의 신청이나 진정서 제출이라도 처분의 취소 또는 변경을 구하는 경우 행정심판청구로 볼 수 있음 기출

2. 가구제

심판청구의 효과	처분의 효력이나 그 집행 또는 절차의 속행에 영향을 주지 않음(집행부정지)	
집행정지	① 집행정지 대상인 처분의 존재, ② 적법한 심판청구의 계속, ③ 중대한 손해가 생기는 것을 예방할 필요성, ④ 긴급, ⑤ 집행정지로 공공복리에 중대한 영향을 미치지 않을 것	
임시처분 기출	요건	① 처분 또는 부작위가 위법·부당하다고 상당히 의심될 것, ② 중대한 불이익이나 급박한 위험을 막기 위하여, ③ 임시지위를 정하여야 할 필요가 있는 경우, ④ 공공복리에 중대한 영향을 미치지 않을 것
	보충성	집행정지로 목적을 달성할 수 있는 경우에는 허용되지 않음 기출

3. 행정심판의 심리

심리의 기본원칙	대심주의, 처분권주의, 비공개주의	
	불고불리 및 불이익변경금지	① 위원회는 심판청구의 대상인 처분 또는 부작위 외의 사항에 대해서는 재결을 하지 못함 ② 위원회는 대상인 처분보다 청구인에게 불이익한 재결을 하지 못함 기출
	직권심리	위원회는 필요한 경우 당사자가 주장하지 아니한 사실을 심리할 수 있고, 직권증거조사가 가능 기출
	구술 또는 서면심리	① 심리는 구술심리나 서면심리로 함 ② 당사자가 구술심리를 신청한 경우 서면심리만으로 결정할 수 있다고 인정되는 경우 외에는 구술심리를 하여야 함 기출 ③ 재결 당시까지 제출된 모든 자료를 종합하여 처분 당시를 기준으로 처분의 위법·부당 여부를 판단 기출
	처분사유 추가·변경	기본적 사실관계의 동일성이 인정되는 범위 내에서 허용 기출
	조정	당사자의 권리 및 권한의 범위에서 당사자의 동의를 받아 심판청구의 신속하고 공정한 해결을 위하여 조정을 할 수 있음 기출

4. 행정심판의 재결

재결의 종류	요건심리	요건이 구비되지 않은 경우 각하재결 기출		
	본안심리	인용재결, 기각재결, 사정재결		
		인용재결	취소심판	취소, 처분변경, 변경명령재결[취소명령재결(×)] 기출
			무효등확인소송	확인재결
			의무이행심판	처분명령재결, 처분재결 기출
	사정재결	① 의의: 청구가 이유 있지만 공공복리를 이유로 이를 기각 기출 ② 적용범위: 취소심판, 의무이행심판(무효등확인심판 부정) 기출 ③ 판단시점: 처분의 위법·부당 처분 시, 사정재결의 필요성 재결 시를 기준 ④ 사정재결의 효력: ㉠ 청구기각판결, 판결주문에 처분의 위법·부당 명시, ㉡ 위원회는 청구인에 대하여 상당한 구제방법을 취하거나 상당한 구제방법을 취할 것을 피청구인에게 명할 수 있음		

	형성력		취소재결 → 처분청의 별도의 행위를 기다릴 것 없이 처분 시에 소급하여 처분 소멸 ^{기출}
	대세효		재결의 형성력은 제3자에게도 효력을 미침
재결의 효력	기속력	의의	피청구인인 행정청이나 관계행정청이 재결의 취지에 따라 행동할 의무를 발생시키는 효력(인용재결에만 발생)
		범위	재결의 주문 및 그 전제된 요건사실의 인정과 효력의 판단에만 미침 ^{기출}
		내용	① 반복금지의무 : 인용재결이 있는 경우 행정청 등은 처분 당시와 동일한 사유로 동일한 처분을 반복할 수 없음 ② 재처분의무 : 당사자의 신청을 거부하거나 부작위로 방치한 처분에 인용재결이 있으면 행정청은 지체 없이 이전의 신청에 대하여 재결의 취지에 따라 처분을 하여야 함 ③ 직접처분 : 위원회는 피청구인이 이행명령재결에도 불구하고 이행하지 않는 경우 당사자 신청에 의해 직접처분할 수 있음(취소재결은 불가) ^{기출} ④ 간접강제 : 위원회는 거부에 대한 취소·무효·부존재 확인재결 또는 거부나 부작위에 대한 이행명령재결에도 불구하고 피청구인이 이행하지 않는 경우 당사자 신청에 의하여 배상명령을 통해 강제할 수 있음(행정소송으로 불복) ^{기출}
	불가쟁력		재결에 대해 불복기간이 경과한 경우 더 이상 불복으로 다툴 수 없음
	불가변력		재결을 행한 위원회는 스스로 재결을 번복할 수 없는 구속력을 받음 ^{기출}

지문식 판례

① 원처분에 대한 형성적 취소재결이 확정된 경우 처분청의 원처분에 대한 취소처분은 항고소송의 대상이 되지 않는다.
② 재결에 적시된 위법사유를 시정·보완한 처분은 재결의 기속력에 반하지 않는다.
③ 재결의 기속력은 당해 처분에 관하여 재결주문 및 그 전제가 된 요건사실의 인정과 판단에만 미치고 이와 직접 관계가 없는 다른 처분에 대하여는 미치지 않는다.
④ '새로운 처분의 처분사유'와 '종전 처분에 관하여 위법한 것으로 재결에서 판단된 사유'가 기본적 사실관계에 있어 동일성이 없다면 새로운 처분은 종전 처분에 대한 재결의 기속력에 저촉되지 않는다. ^{기출}

5. 심판고지제도

의의 및 법적 성질	① 심판청구에 관한 것을 통지하는 행위 ② 고지는 비권력적 사실행위로, 고지 자체로는 아무런 법적 효과도 발생하지 않음
오고지·불고지의 효과	① 타 행정기관에게 제출된 심판청구서를 정당한 권한 있는 행정청에 송부, 최초의 행정기관에 심판청구서가 제출된 때에 심판청구가 제기된 것으로 봄 ② 불고지의 경우 처분이 있음을 알았는지 여부와 관련 없이 처분이 있은 날로부터 180일 이내에 제기하면 됨 ^{기출} ③ 소정의 청구기간보다 길게 고지된 청구기간 내에 심판청구가 있으면 적법한 기간 내에 이루어진 것으로 봄 ^{기출}

제1절 행정심판 개설

01 행정심판으로 적법하게 청구된 것을 모두 고른 것은? 2022년 제10회

> ㉠ 국세부과처분에 대해 국세청장에 심사청구
> ㉡ 국가공무원 면직처분에 대해 징계위원회에 재심사청구
> ㉢ 지방토지수용위원회의 수용재결에 대해 중앙토지수용위원회에 이의신청
> ㉣ 지방노동위원회의 구제명령 불이행에 대한 이행강제금부과처분에 대해 중앙노동위
> 원회에 재심신청

① ㉠, ㉡　　　　　　　　　② ㉠, ㉢
③ ㉡, ㉢　　　　　　　　　④ ㉡, ㉣
⑤ ㉢, ㉣

해설 ㉠ 국세부과처분에 대해 국세청장에 심사청구는 「국세기본법」상 인정되는 행정심판에 해당한다.
㉢ 지방토지수용위원회의 수용재결에 대해 중앙토지수용위원회에 이의신청은 「공익사업을 위한 토지 등의 취득
및 보상에 관한 법률」상 인정되는 행정심판에 해당한다(「공익사업을 위한 토지 등의 취득 및 보상에 관한 법률」
제83조).
㉡ 징계위원회에 재심사청구는 징계의결 등을 요구한 기관의 장이 징계위원회의 의결이 가볍다고 인정하면 청구하는
것으로 행정심판에 해당하지 않는다. 징계처분에 대한 행정심판은 소청심사가 있다.
㉣ 「근로기준법」 제31조 제1항은 지방노동위원회의 구제명령이나 기각결정에 불복하는 경우 중앙노동위원회에 재
심을 신청하도록 하고 구제명령 불이행에 대한 이행강제금부과처분에 대해서는 중앙노동위원회에 대한 재심신청
규정이 없다.

02 다음 중 현행 「행정심판법」상의 행정심판의 종류를 정확히 열거한 것은?
① 취소심판, 당사자심판, 의무이행심판
② 취소심판, 무효등확인심판, 의무이행심판
③ 취소심판, 무효등확인심판, 부작위위법확인심판
④ 취소심판, 예방적 부작위심판, 의무이행심판
⑤ 당사자심판, 의무이행심판, 예방적 부작위심판

해설 ② 현행 「행정심판법」은 항고심판으로 취소심판, 무효등확인심판, 의무이행심판을 규정하고 있다(「행정심판법」
제5조). 당사자심판은 규정되어 있지 않다.

03 행정심판과 행정소송에 대한 설명으로 옳지 않은 것은? (다툼이 있는 경우 판례에 의함)

① 「행정심판법」에서는 당사자심판에 관한 규정은 두지 않고 있으며, 개별법에서 행정상 법률관계의 형성 또는 존부에 관하여 다툼이 있는 경우에 대해서 재정 등 분쟁해결절차를 두는 경우가 있다.

② 「행정심판법」에서는 의무이행심판제도를 두고 있지만, 「행정소송법」에서는 의무이행소송제도를 두고 있지 않다.

③ 「행정소송법」에서는 행정소송 제기기간을 법령보다 긴 기간으로 잘못 알린 경우에 대해 이를 구제할 수 있는 규정을 두고 있지 않으나 「행정심판법」의 준용을 통해 구제가 가능하다.

④ 「행정심판법」에서는 거부처분에 대한 이행명령재결에 따르지 않을 경우 직접 처분에 관한 규정을 두고 있으나, 「행정소송법」에서는 이에 관한 규정을 두지 않고 있다.

⑤ 「행정심판법」에서는 거부처분에 대한 취소심판에서 인용재결이 내려진 경우 재결의 취지에 따라 다시 이전의 신청에 대한 처분을 해야 할 재처분의무에 관한 규정을 두고 있다.

해설 ③ 행정청이 법정 심판청구기간보다 긴 기간으로 잘못 알린 경우에 그 잘못 알린 기간 내에 심판청구가 있으면 그 심판청구는 법정 심판청구기간 내에 제기된 것으로 본다는 취지의 「행정심판법」 제18조 제5항의 규정은 행정심판 제기에 관하여 적용되는 규정이지, 행정소송 제기에도 당연히 적용되는 규정이라고 할 수는 없다(대판 2001. 5. 8. 2000두6916).

04 다음 중 국민권익위원회에 두는 중앙행정심판위원회가 심리·재결하는 행정처분이 아닌 것은?

① 대구광역시 교육감의 행정처분

② 서울특별시 의회의 행정처분

③ 국가정보원장의 행정처분

④ 행정안전부장관의 처분

⑤ 세종특별자치시장의 행정처분

해설 ③ 감사원, 국가정보원장, 그 밖에 대통령령으로 정하는 대통령 소속기관의 장의 처분 또는 부작위에 대한 행정심판의 청구에 대하여는 해당 행정청에 두는 행정심판위원회에서 심리·재결한다(「행정심판법」 제6조 제1항 제1호). 따라서 국가정보원장의 행정처분에 대하여는 국가정보원장 소속으로 두는 행정심판위원회에서 심리·재결한다.
①·②·④·⑤ 「행정심판법」 제6조 제2항 제2호에 따라 중앙행정심판위원회에서 심리·재결한다.

Answer 1.② 2.② 3.③ 4.③

05 **행정심판에 관한 다음 서술 중 타당하지 않은 것은? (다툼이 있으면 판례에 의함)**

① 행정심판위원회는 취소심판의 청구가 이유 있다고 인정할 때에는 처분을 취소 또는 변경하거나 처분청에게 취소할 것을 명한다.

② 행정심판위원회는 피청구인이 처분의 이행을 명하는 재결에도 불구하고 처분을 하지 아니하는 경우에는 당사자의 신청에 따라 직접 처분을 할 수 있다.

③ 사정재결은 부작위에 대한 의무이행심판에서도 가능하다.

④ 의무이행심판에서 행정심판위원회는 처분명령재결도 가능하다.

⑤ 의무이행심판에서 행정심판위원회는 처분재결도 가능하다.

해설 ① 취소심판에서의 인용재결에 취소명령재결은 허용되지 않는다. 행정심판위원회는 취소심판의 청구가 이유 있다고 인정할 때에는 처분을 취소 또는 변경하거나 처분청에게 변경할 것을 명한다.

Answer 5. ①

제2절 행정심판법

01 甲은 수형자로서 A교도소 내에서의 난동을 이유로 교도소장으로부터 10일간의 금치처분을 받았다. 甲은 교도소장을 상대로 난동 당시 담당 교도관의 근무보고서의 공개를 청구하였으나, 교도소장은 「공공기관의 정보공개에 관한 법률」 제9조 제1항 제4호에 근거하여 근무보고서의 공개가 교정업무의 수행을 현저히 곤란하게 할 우려가 있다는 사유로 공개를 거부하였다. 이에 관한 설명으로 옳지 않은 것은? (다툼이 있으면 판례에 따름) _{2018년 제6회}

① 甲은 취소심판뿐만 아니라 의무이행심판을 선택적으로 청구할 수 있다.

② 취소심판의 피청구인은 A교도소장이 된다.

③ 甲은 행정심판을 청구하지 않고 곧바로 취소소송을 제기할 수 있다.

④ 甲이 취소심판을 제기하여 인용재결을 받았음에도 교도소장이 재처분의무를 이행하지 않으면 행정심판위원회는 甲의 신청에 따라 간접강제 또는 직접 처분을 할 수 있다.

⑤ 행정심판의 심리과정에서 교도소장은 당초의 처분사유를 사생활의 비밀을 침해할 우려가 있는 정보가 포함되어 있다는 사유로 변경할 수 없다.

해설 ④ 행정심판위원회의 직접 처분은 의무이행심판에서 의무이행명령재결이 있는 경우 이를 행정청이 이행하지 않는 경우에 인정된다. 취소심판에 대한 인용재결에서는 직접 처분이 인정되지 않는다.

① 정보공개거부는 거부처분의 성질을 가지고 있으므로 이에 대하여 甲은 취소심판뿐만 아니라 거부처분에 대한 의무이행심판을 선택적으로 청구할 수 있다.

② 취소심판의 피청구인은 정보공개 거부처분의 처분권자인 A교도소장이 된다.

③ 「정보공개법」 제20조와 「행정소송법」 제18조의 규정에 따라 甲은 행정심판을 청구하지 않고 곧바로 취소소송을 제기할 수 있다.

⑤ 처분의 사유변경은 기본적 사실관계의 동일성이 인정되어야 하므로, 행정심판의 심리과정에서 교도소장은 당초의 처분사유를 사생활의 비밀을 침해할 우려가 있는 정보가 포함되어 있다는 사유로 변경할 수 없다(대판 2011. 5. 26. 2010두28106).

Answer 1. ④

02 행정심판에 관한 설명으로 옳은 것은? 2017년 제5회

① 청구인적격이 없는 자가 제기한 행정심판이라고 하더라도 본안심리를 거쳐서 기각하여야 한다.

② 행정심판의 대상은 행정청의 위법·부당한 처분에 한정되며, 부작위는 대상이 될 수 없다.

③ 대통령의 처분에 대하여는 다른 법률에서 행정심판을 청구할 수 있도록 정한 경우 외에는 행정심판을 청구할 수 없다.

④ 취소심판의 청구기간은 무효등확인심판청구에도 적용한다.

⑤ 법인이 아닌 사단은 대표자나 관리인이 정하여져 있는 경우에도 그 사단의 이름으로 심판청구를 할 수 없다.

해설 ③ 「행정심판법」 제3조 제2항
① 청구인적격이 없는 자가 제기한 심판청구는 부적법한 것으로서 흠결이 보정될 수 없다(대판 1990. 2. 9. 89누4420). 따라서 청구인적격이 없는 자가 제기한 행정심판은 요건심리를 거쳐 각하된다.
② 행정심판의 대상은 행정청의 위법 또는 부당한 처분이나 부작위이다(「행정심판법」 제1조 및 제2조, 제3조).
④ 취소심판의 청구기간은 거부처분에 대한 의무이행심판에는 적용되지만, 무효등확인심판과 부작위에 대한 의무이행심판에는 적용되지 않는다(「행정심판법」 제27조 제7항).
⑤ 법인이 아닌 사단 또는 재단으로서 대표자나 관리인이 정하여져 있는 경우에는 그 사단이나 재단의 이름으로 심판청구를 할 수 있다(「행정심판법」 제14조).

03 「행정심판법」상 피청구인에 관한 다음 설명 중 잘못된 것은?

① 행정처분을 한 행정청이 피청구인이 된다.

② 행정청의 권한이 위임 또는 위탁된 경우에는 위임 또는 위탁을 받은 자가 피청구인이 된다.

③ 피청구인을 잘못 지정하여 심판청구를 한 경우, 행정심판위원회는 당사자의 신청 또는 직권에 의한 결정으로 피청구인을 경정할 수 있다.

④ 행정처분을 한 후에 해당 처분에 대한 권한이 다른 행정청에 승계된 경우에도 원래의 처분청이 피청구인이 된다.

⑤ 피청구인에 대한 경정결정이 있은 때에는 종전의 피청구인에 대한 심판청구는 취하되고, 새로운 피청구인에 대한 심판청구가 처음에 심판청구를 한 때에 제기된 것으로 본다.

해설 ④ 처분이나 부작위가 있은 후 그에 관한 권한이 다른 행정청에 이전되거나 승계된 경우 새로이 그 권한을 양수하거나 승계한 행정청이 피청구인이 된다.

04 행정심판의 청구기간에 관한 다음 설명 중 틀린 것은?

① 행정심판청구기간은 무효등확인심판청구와 부작위에 대한 의무이행심판청구에는 적용되지 아니한다.

② 원칙적으로 처분이 있음을 알게 된 날부터 90일 이내에 제기하여야 하며 이 기간은 불변기간이다.

③ 판례는 처분이 있음을 안 날이라 함은 해당 처분이 있었다는 사실을 추상적으로 알 수 있었던 날을 의미한다고 한다.

④ 행정청이 행정심판청구기간을 실제보다 긴 기간으로 잘못 알린 경우에는 그 잘못된 긴 기간 내에 행정심판을 제기하면 된다.

⑤ 불가항력으로 인하여 기간 내에 심판청구를 할 수 없었을 때에는, 그 사유가 소멸한 날부터 14일 이내에 심판청구를 할 수 있다.

▶해설 ③ 처분이 있음을 '안 날'이란 현실적으로 안 날을 의미하는 것이고 추상적으로 알 수 있었던 날을 뜻하는 것이 아니라는 것이 판례이다.

05 「행정심판법」상 (   ) 안에 들어갈 용어로 옳은 것은? 2017년 제5회

> 행정심판위원회는 처분 또는 부작위가 위법·부당하다고 상당히 의심되는 경우로서 처분 또는 부작위 때문에 당사자가 받을 우려가 있는 중대한 불이익이나 당사자에게 생길 급박한 위험을 막기 위하여 임시지위를 정하여야 할 필요가 있는 경우에는 직권으로 또는 당사자의 신청에 의하여 (   )을/를 결정할 수 있다.

① 집행정지   ② 직접강제   ③ 간접강제
④ 임시처분   ⑤ 의무이행청구

▶해설 ④ 행정심판위원회는 처분 또는 부작위가 위법·부당하다고 상당히 의심되는 경우로서 처분 또는 부작위 때문에 당사자가 받을 우려가 있는 중대한 불이익이나 당사자에게 생길 급박한 위험을 막기 위하여 임시지위를 정하여야 할 필요가 있는 경우에는 직권으로 또는 당사자의 신청에 의하여 임시처분을 결정할 수 있다(「행정심판법」 제31조 제1항).
① 집행정지는 소극적으로 처분의 효력이나 강제집행을 정지하는 것이고 임시지위를 정하는 것이 아니다(「행정심판법」 제30조 제2항).
② 직접강제는 행정상 강제집행수단의 일종이다.
③ 간접강제는 행정청이 재처분의무를 이행하지 않는 경우 그 지연기간에 따라 일정한 배상을 할 것을 명하거나 즉시 손해배상을 할 것을 명하는 것이다(「행정심판법」 제50조의2 제1항).
⑤ 의무이행청구는 일반적으로 행정청이 신청에 따른 의무를 이행하지 않는 경우에 신청인이 행정심판이나 행정소송을 제기하여 그 의무의 이행을 청구하는 것을 말한다.

Answer 2. ③ 3. ④ 4. ③ 5. ④

06 행정심판에 관한 설명으로 옳지 않은 것은? (다툼이 있으면 판례에 따름) 2016년 제4회

① 행정심판에서는 사정재결이 인정되고 있지 않다.

② 「행정소송법」에는 의무이행소송이 규정되어 있지 않은 반면, 「행정심판법」에는 의무이행심판이 규정되어 있다.

③ 서울특별시장과 서울시의회의 처분 또는 부작위에 대한 심판청구는 중앙행정심판위원회에서 심리·재결한다.

④ '새로운 처분의 처분사유'와 '종전 처분에 관하여 위법한 것으로 재결에서 판단된 사유'가 기본적 사실관계에 있어 동일성이 없다면 새로운 처분은 종전 처분에 대한 재결의 기속력에 저촉되지 않는다.

⑤ 심판청구에 대한 재결이 있으면 그 재결 및 같은 처분 또는 부작위에 대하여 다시 행정심판을 청구할 수 없다.

해설 ① 행정심판위원회는 심판청구가 이유가 있다고 인정하는 경우에도 이를 인용하는 것이 공공복리에 크게 위배된다고 인정하면 그 심판청구를 기각하는 재결(사정재결)을 할 수 있다(「행정심판법」 제44조 제1항).
② 「행정소송법」에는 의무이행소송이 인정되지 않지만, 「행정심판법」에는 의무이행심판이 규정되어 있다.
③ 서울특별시장이나 서울시의회의 처분 또는 부작위에 대한 심판청구에 대하여는 국민권익위원회에 두는 중앙행정심판위원회에서 심리·재결한다(「행정심판법」 제6조 제2항).
④ 새로운 처분의 처분사유와 종전 처분에 관하여 위법한 것으로 재결에서 판단된 사유가 기본적 사실관계에 있어 동일성이 없다면 새로운 처분은 종전 처분에 대한 재결의 기속력에 저촉되지 않는다(대판 2005. 12. 9. 2003두7705).
⑤ 「행정심판법」 제51조

07 「행정심판법」의 내용에 대한 설명으로 옳지 않은 것은? 2023년 제11회

① 부작위란 행정청이 당사자의 신청에 대하여 상당한 기간 내에 일정한 처분을 하여야 할 법률상 의무가 있는데도 처분을 하지 아니하는 것을 말한다.

② 행정심판은 처분이 있음을 알게 된 날부터 180일 이내에 청구하여야 한다.

③ 청구인이 경제적 능력으로 인해 대리인을 선임할 수 없는 경우에는 행정심판위원회에 국선대리인을 선임하여 줄 것을 신청할 수 있다.

④ 여러 명의 청구인이 공동으로 심판청구를 할 때에는 청구인들 중에서 3명 이하의 선정대표자를 선정할 수 있다.

⑤ 의무이행심판은 처분을 신청한 자로서 행정청의 거부처분 또는 부작위에 대하여 일정한 처분을 구할 법률상 이익이 있는 자가 청구할 수 있다.

해설 ② 행정심판은 처분이 있음을 알게 된 날부터 90일 이내에 청구하여야 한다(「행정심판법」 제27조 제1항).
① 「행정심판법」 제2조 제2호, ③ 「행정심판법」 제18조의2 제1항, ④ 「행정심판법」 제15조 제1항, ⑤ 「행정심판법」 제13조 제3항

08 행정심판에 관한 설명으로 옳지 않은 것은? (다툼이 있으면 판례에 따름) ^{2015년 제3회}

① 처분의 취소를 구하는 취지의 처분청에 대한 진정서 제출은 「행정심판법」 소정의 행정심판청구가 될 수 있다.

② 고시 또는 공고에 의하여 행정처분을 하는 경우, 행정심판 청구기간의 기산일은 고시 또는 공고의 효력발생일이다.

③ 행정심판에 있어서 행정심판위원회는 재결 당시까지 제출된 모든 자료를 종합하여 행정처분의 위법·부당 여부를 판단할 수 있다.

④ 형성적 재결이 있는 경우에는 그 대상이 된 행정처분은 재결 자체에 의하여 당연히 취소되어 소멸된다.

⑤ 「행정심판법」상 재결의 기속력은 당해 처분에 관하여 재결주문 및 그 전제가 된 요건사실의 인정과 판단뿐만 아니라 이와 직접 관계가 없는 다른 처분에 대하여도 미친다.

해설 ⑤ 재결의 기속력은 재결주문 및 그 전제가 된 요건사실의 인정과 판단(당해 처분의 구체적 위법사유에 관한 판단)에만 미치고 이와 직접관계가 없는 간접사실에 대하여는 미치지 아니한다(대판 1998. 2. 27. 96누13972; 대판 2001. 3. 23. 99두5238).

① 행정심판청구는 엄격한 형식을 요하지 아니하는 서면행위이어서 「행정심판법」상의 기재사항을 기재하고 있지 않더라도 그 내용이 일정한 행정행위의 시정을 구하는 것이라면 적법한 행정심판청구를 한 것으로 보아야 한다(대판 2000. 6. 9. 98두2621).

② 일반적으로 고시 또는 공고에 의하여 행정처분을 하는 경우에는 그 처분의 상대방이 불특정 다수인이고, 그에 대한 행정심판 청구기간도 그 행정처분에 이해관계를 갖는 자가 고시 또는 공고가 있었다는 사실을 현실적으로 알았는지 여부에 관계없이 고시 또는 공고가 효력을 발생하는 날에 행정처분이 있음을 알았다고 보아야 한다(대판 2000. 9. 8. 99두11257).

③ 행정심판에 있어서 행정처분의 위법·부당 여부는 원칙적으로 처분 시를 기준으로 판단하여야 할 것이나, 행정심판위원회는 재결 당시까지 제출된 모든 자료를 종합하여 처분의 위법·부당 여부를 판단할 수 있다(대판 2001. 7. 27. 99두5092).

④ 취소재결(형성적 재결)은 그 재결의 형성력에 의하여 당해 처분은 별도의 행정처분을 기다릴 것 없이 당연히 취소되어 소멸되는 것이다(대판 1998. 4. 24. 97누17131).

Answer 6. ① 7. ② 8. ⑤

09 「행정심판법」에 관한 설명으로 옳은 것은? 2021년 제9회

① 행정심판위원회는 당사자의 동의가 없더라도 심판청구의 신속하고 공정한 해결을 위하여 조정을 할 수 있다.

② 행정심판위원회는 사정재결시 그 재결의 주문에서 그 처분 또는 부작위가 위법하거나 부당하다는 것을 구체적으로 밝혀야 한다.

③ 집행정지로 목적을 달성할 수 있는 경우에도 임시처분이 허용된다.

④ 처분청이 심판청구기간을 법정기간보다 긴 기간으로 잘못 고지한 경우, 심판청구기간은 당해 처분이 있은 날부터 180일이 된다.

⑤ 행정심판위원회는 심판청구의 대상이 되는 처분보다 청구인에게 불리한 재결을 할 수 있다.

▶해설 ② 사정재결을 하는 경우 위원회는 재결의 주문(主文)에서 그 처분 또는 부작위가 위법하거나 부당하다는 것을 구체적으로 밝혀야 한다(「행정심판법」 제44조 제1항).
① 위원회는 당사자의 권리 및 권한의 범위에서 당사자의 동의를 받아 심판청구의 신속하고 공정한 해결을 위하여 조정을 할 수 있다(「행정심판법」 제43조의2 제1항). 즉 조정은 당사자의 동의를 요한다.
③ 임시처분은 제30조 제2항에 따른 집행정지로 목적을 달성할 수 있는 경우에는 허용되지 아니한다(「행정심판법」 제31조 제3항).
④ 행정청이 심판청구 기간을 90일로 규정된 기간보다 긴 기간으로 잘못 알린 경우 그 잘못 알린 기간에 심판청구가 있으면 그 행정심판은 90일로 규정된 기간에 청구된 것으로 본다(「행정심판법」 제27조 제5항). 잘못 고지된 경우에는 잘못 고지된 기간 내에 심판제기된 것으로 본다.
⑤ 불이익변경금지(「행정심판법」 제47조 제2항)

10 「행정심판법」의 내용에 관한 설명으로 옳은 것은? 2013년 제1회

① 감사원의 처분에 대한 행정심판의 청구는 중앙행정심판위원회에서 심리·재결한다.

② 처분 등을 원인으로 하는 법률관계에 관한 다툼이 있는 경우 당사자는 당사자심판을 제기할 수 있다.

③ 무효확인심판에도 사정재결이 허용된다.

④ 행정심판위원회는 필요하면 당사자가 주장하지 아니한 사실에 대하여도 심리할 수 있다.

⑤ 시·도행정심판위원회의 재결에 불복하는 청구인은 중앙행정심판위원회에 행정심판을 재청구할 수 있다.

해설 ④ 행정심판위원회는 필요하다고 인정할 때에는 당사자가 주장하지 아니한 사실에 대하여도 심리할 수 있다 (「행정심판법」 제39조).
① 감사원의 처분에 대한 행정심판의 청구는 감사원 소속으로 두는 행정심판위원회에서 심리·재결한다(「행정심판법」 제6조 제1항).
② 「행정심판법」에는 당사자심판은 규정되어 있지 않다. 따라서 처분 등을 원인으로 하는 법률관계에 관한 다툼이 있는 경우 당사자는 당사자심판을 제기할 수 없다.
③ 무효확인심판에는 사정재결이 허용되지 않는다. 「행정심판법」상 사정재결은 취소심판과 의무이행심판에서만 허용되고 있다.
⑤ 심판청구에 대한 재결이 있으면 그 재결 및 같은 처분 또는 부작위에 대하여 다시 행정심판을 청구할 수 없다(「행정심판법」 제51조).

11 행정심판에 관한 설명으로 옳지 않은 것은? (다툼이 있으면 판례에 따름) 2025년 제13회

① 무효등확인심판에는 사정재결을 할 수 있다.
② 「행정심판법」은 당사자심판에 관해서 규정하고 있지 않다.
③ 행정처분의 취소를 구하는 심판에서 처분청은 당초 처분의 근거로 삼은 사유와 기본적 사실관계가 동일성이 있다고 인정되는 한도 내에서 다른 사유를 추가 또는 변경할 수 있다.
④ 재결에 의하여 취소되는 처분이 당사자의 신청을 거부하는 것을 내용으로 하는 경우에는 그 처분을 한 행정청은 재결의 취지에 따라 다시 이전의 신청에 대한 처분을 하여야 한다.
⑤ 대통령의 처분에 대하여는 다른 법률에서 행정심판을 청구할 수 있도록 정한 경우 외에는 행정심판을 청구할 수 없다.

해설 ① 무효등확인심판에는 사정재결이 인정되지 않는다(「행정심판법」 제44조 제3항).
② 「행정심판법」에는 항고심판만 규정되어 있고, 당사자심판은 규정되어 있지 않다(「행정심판법」 제5조).
③ 행정심판에서도 처분사유의 추가·변경이 예외적으로 인정된다. 인정 여부에 대한 기준은 기본적 사실관계의 동일성이 인정되는지 여부이다.
④ 「행정심판법」 제49조 제2항, ⑤ 「행정심판법」 제3조 제2항

Answer 9. ② 10. ④ 11. ①

12 「행정심판법」상 재결에 해당하지 않는 것은? 2019년 제7회

① 취소심판에서의 처분취소명령재결

② 취소심판에서의 처분변경명령재결

③ 의무이행심판에서의 처분재결

④ 의무이행심판에서의 처분명령재결

⑤ 무효등확인심판에서의 무효등확인재결

해설 ① 위원회는 취소심판의 청구가 이유가 있다고 인정하면 처분을 취소 또는 다른 처분으로 변경하거나 처분을 다른 처분으로 변경할 것을 피청구인에게 명한다(「행정심판법」 제43조 제3항). 취소심판에서 처분취소명령재결은 현행 「행정심판법」에서는 인정되지 않는다.

② 취소심판에서의 처분변경명령재결은 인정되는 재결이다.

③·④ 행정심판위원회는 의무이행심판의 청구가 이유가 있다고 인정하면 지체 없이 신청에 따른 처분을 하거나 처분을 할 것을 피청구인에게 명한다(「행정심판법」 제43조 제5항). 의무이행심판에서는 형성재결로서 처분재결이 인정되고, 이행재결로서 처분명령재결이 인정된다.

13 「행정심판법」상 재결에 관한 설명으로 옳지 않은 것은? 2023년 제11회

① 재결은 서면으로 한다.

② 행정심판위원회는 사정재결을 할 수 없다.

③ 재결은 청구인에게 재결서의 정본이 송달되었을 때에 그 효력이 생긴다.

④ 행정심판위원회는 심판청구의 대상이 되는 처분보다 청구인에게 불리한 재결을 하지 못한다.

⑤ 행정심판위원회는 심판청구가 적법하지 아니하면 그 심판청구를 각하한다.

해설 ② 위원회는 심판청구가 이유가 있다고 인정하는 경우에도 이를 인용(認容)하는 것이 공공복리에 크게 위배된다고 인정하면 그 심판청구를 기각하는 재결을 할 수 있다(「행정심판법」 제44조 제1항). 이를 '사정재결'이라 한다.

① 「행정심판법」 제46조 제1항, ③ 「행정심판법」 제48조 제2항, ④ 「행정심판법」 제47조 제2항, ⑤ 「행정심판법」 제43조 제1항

14 **행정심판에 관한 설명으로 옳은 것은? (다툼이 있으면 판례에 따름)** 2020년 제8회

① 행정심판 재결에는 특별한 사유가 없는 한 불가변력이 발생하지 않는다.

② 취소심판에는 처분사유의 추가·변경이 허용되지 않는다.

③ 「행정심판법」은 무효등확인심판에서는 사정재결을 할 수 없음을 명문으로 규정하고 있다.

④ 청구인은 행정심판청구서를 피청구인인 행정청에 제출할 수 없다.

⑤ 「행정심판법」상 처분의 부존재확인심판은 허용되지 않는다.

해설 ③ 무효등확인심판에서는 사정재결이 인정될 수 없다(「행정심판법」 제44조 제3항).

① 행정심판 재결은 준사법적 행위로서 불가변력이 발생한다. 따라서 재결을 행한 행정심판위원회도 재결을 취소·변경할 수 없다.

② 취소심판에서는 기본적 사실관계의 동일성이 있는 경우 처분사유의 추가·변경이 인정된다.

④ 행정심판을 청구하려는 자는 제28조에 따라 심판청구서를 작성하여 피청구인이나 위원회에 제출하여야 한다(「행정심판법」 제23조 제1항).

⑤ 무효등확인심판은 처분의 무효확인, 유효확인, 존재확인, 부존재확인, 실효확인심판으로 구분된다.

PART 05

15 **행정심판에 관한 설명으로 옳은 것은? (다툼이 있으면 판례에 따름)** 2022년 제10회

① 의무이행심판에서 청구가 이유 있으면 신청에 따른 처분을 하거나 처분을 할 것을 피청구인에게 명하는 재결을 한다.

② 심판청구기간을 법상 규정된 기간보다 긴 기간으로 잘못 고지한 경우에도 규정된 행정심판기간 내에 심판청구를 하여야 한다.

③ 시·도지사의 처분에 대한 심판청구는 시·도지사 소속으로 두는 행정심판위원회에서 심리·재결한다.

④ 심리는 구술심리나 서면심리로 하고, 당사자가 구술심리를 신청한 경우에는 서면심리는 할 수 없다.

⑤ 항고소송에서의 처분사유의 추가·변경의 법리는 행정심판에 적용되지 않는다.

해설 ① 위원회는 의무이행심판의 청구가 이유가 있다고 인정하면 지체 없이 신청에 따른 처분을 하거나 처분을 할 것을 피청구인에게 명한다(「행정심판법」 제43조 제5항).

② 행정청이 심판청구기간을 법정 기간보다 긴 기간으로 잘못 알린 경우에 그 잘못 알린 기간 내에 심판청구가 있으면 그 심판청구는 법정 기간 내에 제기된 것으로 본다(「행정심판법」 제27조 제5항).

③ 시·도지사의 처분에 대한 심판청구는 국민권익위원회 소속의 중앙행정심판위원회에서 심리·재결한다(「행정심판법」 제6조 제2항).

④ 행정심판의 심리는 구술심리나 서면심리로 한다. 다만, 당사자가 구술심리를 신청한 경우에는 서면심리만으로 결정할 수 있다고 인정되는 경우 외에는 구술심리를 하여야 한다(「행정심판법」 제40조 제1항).

⑤ 처분사유의 추가·변경은 「행정심판법」상 명문의 규정이 없지만 행정심판에서도 행정소송과 동일한 기준으로 인정된다.

Answer 12. ① 13. ② 14. ③ 15. ①

16 「행정심판법」상 직접 처분과 간접강제에 관한 설명으로 옳은 것은? 2024년 제12회

① 거부처분 취소심판의 경우 행정심판위원회는 직접 처분을 할 수 있다.

② 의무이행심판의 인용재결이 처분명령재결인 경우 행정심판위원회는 직접 처분을 할 수 없다.

③ 행정심판위원회는 사정의 변경이 있어 당사자가 신청하는 경우에도 간접강제 결정의 내용을 변경할 수 없다.

④ 행정심판의 청구인은 간접강제 결정에 불복하는 경우 그 결정에 대하여 행정소송을 제기할 수 있다.

⑤ 간접강제 결정에 기초한 강제집행에 관하여 「행정심판법」에 특별한 규정이 없는 사항에 대하여는 「행정기본법」의 규정을 준용한다.

해설 ④ 「행정심판법」 제50조의2 제4항
① · ② 행정심판위원회의 직접처분은 당사자의 신청을 거부하거나 부작위로 방치한 처분의 이행을 명하는 재결이 있을 때 하는 것이고 취소심판의 경우에는 인정되지 않는다(「행정심판법」 제50조 제1항).
③ 위원회는 사정의 변경이 있는 경우에는 당사자의 신청에 의하여 간접강제 결정의 내용을 변경할 수 있다(「행정심판법」 제50조의2 제2항).
⑤ 간접강제 결정에 기초한 강제집행에 관하여 이 법에 특별한 규정이 없는 사항에 대하여는 「민사집행법」의 규정을 준용한다(「행정심판법」 제50조의2 제6항).

17 「행정심판법」상 간접강제에 대한 설명으로 옳지 않은 것은?

① 행정심판위원회는 피청구인이 재결에 따른 재처분의무를 이행하지 않으면 청구인의 신청에 의하여 결정으로 상당한 기간을 정하고 피청구인이 그 기간 내에 이행하지 아니하는 경우에는 그 지연기간에 따라 일정한 배상을 하도록 명하거나 즉시 배상을 할 것을 명할 수 있다.

② 행정심판위원회는 사정의 변경이 있는 경우에는 당사자의 신청에 의하여 간접강제결정의 내용을 변경할 수 있으며, 변경결정을 하기 전에 신청 상대방의 의견을 들어야 한다.

③ 간접강제결정은 청구인의 신청이 있어야 한다.

④ 청구인은 행정심판위원회의 간접강제결정에 불복하는 경우 그 결정에 대하여 행정소송을 제기할 수 있다.

⑤ 간접강제의 결정서 정본은 「민사집행법」에 따른 강제집행에 관하여는 집행권원과 같은 효력을 가진다. 다만, 청구인이 해당 결정에 불복하는 소송을 제기한 경우에는 이러한 효력이 인정될 수 없다.

해설 ⑤ 간접강제결정의 효력은 피청구인인 행정청이 소속된 국가·지방자치단체 또는 공공단체에 미치며, 결정서 정본은 행정소송제기와 관계없이 「민사집행법」에 따른 강제집행에 관하여는 집행권원과 같은 효력을 가진다(「행정심판법」 제50조의2 제5항).

18 심판청구의 고지제도에 대한 설명으로 옳지 않은 것은?

① 고지제도란 행정청이 처분을 하는 경우 상대방 등에게 심판청구의 가부, 심판기관·청구기간 등 당해 처분에 대한 행정심판제기에 필요한 사항을 알려주는 제도를 말한다.

② 고지는 「행정심판법」에 규정된 심판청구에 필요한 사항을 구체적으로 알려주는 비권력적 사실행위로서 고지 자체는 아무런 법적 효과를 발생하지 않는다.

③ 행정청이 처분을 하는 경우에는 그 상대방에게 처분에 관하여 행정심판을 제기할 수 있는지의 여부, 제기하는 경우의 심판청구절차 및 청구기간을 알려야 한다.

④ 여기서 말하는 처분은 「행정심판법」에 의한 처분에 한하지 않고, 「행정심판법」 이외의 다른 법령에 의한 심판청구의 대상이 되는 처분도 포함한다는 것이 다수설이다.

⑤ 「행정심판법」상의 오고지규정은 행정소송을 제기하는 경우에도 적용되므로 당사자가 행정심판의 청구기간을 잘못 고지받아 행정소송의 제기기간을 경과한 경우에는 행정소송의 제기는 적법하다.

해설 ⑤ 「행정심판법」상 오고지규정은 행정심판을 제기한 경우에 한하는 것이지 행정소송을 제기한 경우까지 확대되는 것은 아니므로 당사자가 행정심판 청구기간보다 긴 기간으로 잘못 통지받아 「행정소송법」상의 법정 제소기간을 도과하였다면 당사자의 책임질 수 없는 사유로 인한 것이 아니므로 소 제기는 각하된다(대판 2001. 5. 8. 2000두6916).

Answer 16. ④ 17. ⑤ 18. ⑤

행정소송

제1절 항고소송

1. 행정소송의 한계

사법의 본질상 한계	구체적 사건성	① 단순한 반사적 이익의 침해를 주장(×)
		② 추상적인 법령의 효력이나 해석을 구하는 소송(×)
		③ 객관적 소송은 법률에 규정이 있는 경우 인정(열기주의)
		④ 단순한 사실행위 소송대상(×)
	법적 해결가능성	① 학술·기술적 논쟁 또는 예술성의 우열 등에 관한 다툼: 소송대상(×)
		② 재량행위: 부당성 판단(×)
		③ 통치행위: 사법심사 제외
		④ 특별권력관계 내의 행위: 전통적 부정 → 오늘날 전면적 긍정
권력분립상 한계	항고소송	**법정항고소송** 취소소송, 무효등확인소송, 부작위위법확인소송
		무명항고소송 의무이행소송, 예방적 부작위청구소송, 적극적 형성판결을 구하는 소송 등은 일체 부정하는 것이 대법원 판례 ^{기출}

2. 취소소송의 소송요건

(1) 원고적격과 협의 소익

> **행정소송법 제12조【원고적격】** 취소소송은 처분등의 취소를 구할 법률상 이익이 있는 자가 제기할 수 있다. 처분등의 효과가 기간의 경과, 처분등의 집행 그 밖의 사유로 인하여 소멸된 뒤에도 그 처분등의 취소로 인하여 회복되는 법률상 이익이 있는 자의 경우에는 또한 같다. ^{기출}

(2) 피고적격

원칙	처분을 행한 행정청(처분을 한 명의의 행정청) ^{기출}
권한의 위임	① 권한의 위임: 수임청
	② 내부위임: 위임청 명의로 처분 → 위임청이 피고, 수임청 명의로 한 경우 → 수임청이 피고 ^{기출}
권한의 대리	① 현명이 있는 경우: 피대리관청이 피고 ^{기출}
	② 현명이 없는 경우: 대리관청이 피고

지방의회 · 지방자치단체장	① 처분조례: 지방자치단체장이 피고 ^{기출} ② 의원징계의결: 지방의회가 피고
대통령 처분	① 국민에 대한 처분: 대통령이 피고(서훈취소처분) ② 공무원에 대한 징계: 공무원 소속장관이 피고
권한의 승계	① 권한의 승계: 승계한 행정청이 피고 ^{기출} ② 행정청의 폐지: 그 처분 등에 관한 사무가 귀속되는 국가 또는 공공단체가 피고
국회의장 등 처분	국회 사무총장, 법원 행정처장, 헌법재판소 사무처장, 중앙선거관리위원회 사무총장이 피고
합의제관청	① 원칙: 합의제관청이 피고[위원장(×)] ② 예외: 중앙노동위원회의 처분은 중앙노동위원회위원장이 피고 ^{기출}

(3) 대상적격

행정청의 행위	① 실질적·기능적 의미의 행정청 ② 지방의회, 공법인, 공무수탁사인도 포함
구체적 사실에 관한 법집행으로서의 공권력의 행사	① 법령 자체는 원칙적 처분성 부정, 행정청의 집행을 매개하지 않는 법규(처분법규)는 처분성 긍정 ② 공권력의 행사 − 사경제작용이나 공법상 계약, 행정지도 등의 비권력작용 제외
법적 행위	① 국민의 구체적인 권리·의무에 직접적 변동을 초래하는 행위 ② 행정기관 내부의 행위는 처분이 아님
거부	① 공권력 행사에 대한 거부 ② 거부행위로 신청인의 법률관계에 어떤 변동을 일으키는 것일 것 ③ 상대방에게 그 행위발동을 요구할 법규상 또는 조리상의 신청권이 있을 것[신청권은 일반국민들에게 인정되는지를 기준으로 추상적 결정, 신청의 인용이라는 만족적 결과를 얻을 권리(×)] ^{기출}

기출판례	처분성 인정	처분성 부정
	① 세무조사결정 ② 건축신고 반려행위 ③ 지방의회의원 징계의결 ④ 폐기물처리사업계획 부적합통보 ⑤ 지방의회의장에 대한 불신임의결 ⑥ 청소년유해매체물 결정 및 고시처분 ⑦ 두밀분교를 폐교하는 조례 ⑧ 국가인권위원회의 성희롱 결정 및 시정조치 권고 ⑨ 건축주 명의변경신고 수리거부행위 ⑩ 국유재산의 무단점유자에 대한 변상금부과 ⑪ 거부처분 이후에 동일한 내용의 신청에 대해 다시 반복된 거부 ⑫ 지목변경신청 반려 ⑬ 건축물 용도변경신청 거부	① 국세환급금결정 ② 혁신도시 최종입지 선정행위 ③ 당연퇴직인사발령 ④ 군의관의 신체등위판정 ⑤ 한국마사회의 기수 면허 취소 ⑥ 어업권 면허에 선행하는 우선순위결정 ⑦ 「농지법」상 이행강제금 부과처분 ⑧ 「부가가치세법」상 사업자등록의 직권말소 행위 ⑨ 공정거래위원회의 고발조치

재결	**원처분주의**	재결을 거친 경우에도 원처분의 위법을 주장하는 경우 원처분이 소송 대상
	재결 자체의 고유한 위법	① 재결 자체의 주체, 절차, 내용, 형식에 위법이 있는 경우 → 재결 자체 고유한 위법이 없는 경우 기각판결[각하(×)] ② 행정심판청구가 적법함에도 부적법각하한 재결은 취소소송의 대상이 됨 **기출** ③ 제3자효를 수반하는 행정행위에 대한 인용재결에 의해 비로소 권리이익을 침해받게 되는 자는 이를 다툴 수 있음 ④ 제3자에 의해 원처분을 취소하는 형성재결이 있는 경우 그 원처분의 상대방은 그 재결에 대해 항고소송을 제기할 수 있음 ⑤ 이행재결의 경우 이행재결과 행정청의 처분 모두가 항고소송의 대상이 됨 ⑥ 수정재결, 변경재결의 경우 변경되고 남은 원처분이 항고소송의 대상이 됨

⑷ 취소소송 제소기간

제소기간	① 처분이 있음을 안 날로부터 90일 이내, 처분이 있었던 날로부터 1년 이내(정당한 사유가 있으면 기간경과 후 제소 가능) ② 행정심판을 거친 경우: 안 날 = 재결서 정본 송달받은 날, 있었던 날 = 재결이 있었던 날
적용제외	무효등확인심판, 심판을 거치지 않은 부작위에 대한 부작위위법확인소송(심판을 거친 경우 제소기간 적용)

'안 날'의 의미	① 처분이 있었다는 것을 현실적으로 안 날
	② 고시 또는 공고에 의한 경우
	   ㉠ 불특정 다수인 대상: 고시가 효력을 발생하는 날
	   ㉡ 특정인 대상: 처분이 있었다는 것을 현실적으로 안 날

⑸ 심판전치

원칙 (임의적)		취소소송은 법령의 규정에 의하여 당해 처분에 대한 행정심판을 제기할 수 있는 경우에도 이를 거치지 아니하고 제기할 수 있음 **기출**
예외적 필수전치	**법 조문**	다른 법률에 당해 처분에 대한 행정심판의 재결을 거치지 아니하면 취소소송을 제기할 수 없다는 규정이 있는 때에는 그러하지 아니함
	구체적 예	① 국세, 관세처분: 심사청구 또는 심판청구 중에 하나 필수적 ② 공무원 징계처분: 소청심사 필수적 ③ 국·공립 교원 징계처분: 소청심사 필수적 ④ 노동위원회의 결정: 중앙노동위원회 재심청구 필수적 ⑤ 운전면허처분: 「도로교통법」상 행정심판 필수적

재결을 기다릴 필요가 없는 경우	심판청구를 할 필요가 없는 경우
① 행정심판청구가 있은 날로부터 60일이 지나도 재결이 없는 때 ② 처분의 집행 또는 절차의 속행으로 생길 중대한 손해를 예방하여야 할 긴급한 필요가 있는 때 ③ 법령의 규정에 의한 행정심판기관이 의결 또는 재결을 하지 못할 사유가 있는 때 ④ 그 밖의 정당한 사유가 있는 때	① 동종사건에 관하여 이미 행정심판의 기각재결이 있는 때 ② 서로 내용상 관련되는 처분 또는 같은 목적을 위하여 단계적으로 진행되는 처분 중 어느 하나가 이미 행정심판의 재결을 거친 때 ③ 행정청이 사실심변론종결 후 소송의 대상인 처분을 변경하여 당해 변경된 처분에 관하여 소를 제기하는 때 ④ 처분을 행한 행정청이 행정심판을 거칠 필요가 없다고 잘못 알린 때

(좌측 라벨: 필수적 전치 예외)

3. 집행정지

(1) 소제기의 효과

① **원칙**: 처분의 효력이나 그 집행 또는 절차의 속행에 영향을 주지 아니한다(집행부정지). ^{기출}

② **예외**: 처분의 전부 또는 일부의 정지 ^{기출}

(2) 핵심정리

요건	① 정지대상인 처분의 존재 ② 적법한 본안소송의 계속 ③ 회복하기 어려운 손해발생의 우려 ^{기출} ④ 긴급한 필요성 ^{기출} ⑤ 집행정지로 인해 공공복리에 중대한 영향을 미칠 우려가 없을 것 ^{기출} ⑥ 본안에서 이유 없음이 명백하지 않을 것(판례)
결정의 효력	① 형성력: 처분의 효력 등을 일시적으로 정지 ② 대세효: 제3자에게도 효력을 미침 ③ 시간적 효력: 결정의 주문에서 정한 시기까지, 특별한 규정이 없다면 본안소송에 관한 판결이 확정될 때까지
효력정지의 보충성	처분의 효력정지는 처분 등의 집행 또는 절차의 속행을 정지함으로써 목적을 달성할 수 있는 경우에는 허용되지 않음 ^{기출}
결정에 대한 불복	① 즉시항고 ^{기출} ② 집행정지의 결정에 대한 즉시항고에는 결정의 집행을 정지하는 효력이 없음 ^{기출}
준용	무효등확인소송에 준용(○), 부작위위법확인소송에 준용(×) ^{기출}
판례	① 거부처분에 대한 집행정지를 구할 소익이 없음 ② 집행정지사건 자체에 의하여도 신청인의 본안청구가 적법한 것이어야 함 ③ 본안소송이 취하되면 집행정지결정의 효력도 소멸 ④ 회복하기 어려운 손해란 금전보상이 불가능한 경우뿐만 아니라 금전보상으로는 사회관념상 행정처분을 받은 당사자가 참고 견딜 수 없거나 또는 참고 견디기가 현저히 곤란한 경우의 유형·무형의 손해를 일컬음

(3) 가처분

「민사소송법」상 가처분은 성질상 항고소송에 적용되지 않는다는 것이 판례이다.

☑ 당사자소송은 집행정지 부정, 가처분 인정 ^{기출}

4. 처분사유 추가 · 변경

의의	항고소송의 계속 중에 행정청이 처분의 사유를 추가하거나 다른 사유로 변경하는 것
인정 여부	① 당초 처분의 근거로 삼은 사유와 기본적 사실관계가 동일성이 있다고 인정되는 한도 내에서 허용 ② 사실심변론종결시까지만 허용(상고심에서는 부정)

5. 직권심리

> **행정소송법 제26조【직권심리】** 법원은 필요하다고 인정할 때에는 직권으로 증거조사를 할 수 있고, 당사자가 주장하지 아니한 사실에 대하여도 판단할 수 있다. ^{기출}

6. 판결의 종류

요건심리	요건이 구비되지 않은 경우 각하판결		
본안심리	인용판결, 기각판결, 사정판결		
	인용판결 (위법한 처분)	**취소소송**	취소, 변경판결(일부취소 의미)
		무효등확인소송	확인판결
		부작위위법확인소송	확인판결
사정판결	① 의의: 원고청구가 이유 있지만 공공복리를 이유로 기각(처분의 효력 유지) ^{기출} ② 적용범위: 취소소송에서만 인정(무효등확인소송이나 부작위위법확인소송 부정) ^{기출} ③ 주장 · 입증책임: 피고행정청, 직권에 의한 판결도 가능 ④ 판단시점: 처분의 위법성은 처분 시, 사정판결의 필요성은 판결 시를 기준 ⑤ 사정판결의 효력 　㉠ 청구기각판결, 판결주문에 처분의 위법성 명시 ^{기출} 　㉡ 소송비용은 피고행정청 부담 ^{기출} 　㉢ 원고는 적당한 구제방법을 병합 제기, 법원은 미리 원고가 입게 될 손해정도와 배상방법 그 밖의 사정을 조사하여야 함(사정재결과 구별)		

7. 판결의 효력

형성력		① 의의: 판결이 확정되면 판결의 내용에 따라 기존의 법률관계에 변동을 가져오는 효력 ② 취소판결: 처분청의 별도의 행위를 기다릴 것 없이 처분 시에 소급하여 처분은 소멸 ③ 확인판결: 형성력 없음
대세효		판결의 효력은 당사자뿐만 아니라 제3자에게도 영향을 미침 기출
기판력	의의	처분에 대한 법원의 판결이 확정된 경우 후소법원은 동일한 처분에 있어 전소법원의 판결에 저촉되는 판단을 할 수 없고 동일한 원고, 피고도 저촉되는 주장을 할 수 없는 효력
	범위	기판력은 판결의 주문에 미치고 판결이유에 설시된 전제가 된 법률관계의 존부에까지 미치지 않음
기속력	의의	피고행정청이나 관계행정청이 판결의 취지에 따라 행동할 의무를 발생시키는 효력(인용판결에만 발생)
	범위	판결의 주문 및 그 전제된 요건사실의 인정과 효력의 판단에만 미침
	내용	① 반복금지의무: 인용판결이 있는 경우 행정청 등은 처분 당시와 동일한 사유로 동일한 처분을 반복할 수 없음 ② 재처분의무: 당사자의 신청을 거부하거나 부작위로 방치한 처분에 인용판결이 있으면 행정청은 지체 없이 이전의 신청에 대하여 판결의 취지에 따라 처분을 하여야 함 ③ 간접강제: 제1심 수소법원은 처분청이 재처분의무가 있음에도 처분을 하지 아니하는 경우 당사자가 신청하면 상당한 기간을 정하고 행정청이 그 기간 내에 이행하지 아니하면 그 지연기간에 따라 일정한 배상을 할 것을 명하거나, 즉시 배상할 것을 명할 수 있음 기출

8. 그 밖의 항고소송

(1) 무효등확인소송

취소소송의 준용 부정	① 필수적 행정심판주의 적용 부정 기출 ② 제소기간 제한 적용 부정 기출 ③ 사정판결 부정 기출 ④ 거부처분의 취소판결에 대한 간접강제 부정 기출 📝 집행부정지원칙, 가구제로 집행정지 준용 기출
즉시확정 이익	① 변경 전 판례: 법률상 이익 외에 즉시확정이익(확인의 이익) 필요 ② 변경 후 판례: 무효확인 소에서 보충적 소익으로서 즉시확정이익은 불요
입증책임	원고에게 행정처분이 무효인 사유를 주장·입증할 책임이 있음

(2) 부작위위법확인소송

취소소송의 준용 부정	① 제소기간 준용규정 있지만 심판을 거친 경우만 적용 ② 처분변경으로 인한 소 변경 부정 ③ 집행정지 부정 ④ 사정판결 부정
심리범위	① 판례 : 부작위 상태의 위법성만 심리, 행정청이 행할 처분의 내용까지 심리할 수 없음 ② 판결의 효력 : 부작위 상태만 제거하면 기속력에 반하지 않음. 행정청은 신청에 대한 거부처분도 가능
위법성 판단기준 시	판결 시(사실심구두변론종결 시)

제2절 당사자소송

1. 「행정소송법」 규정

> **행정소송법**
>
> **제3조【행정소송의 종류】** 행정소송은 다음의 네 가지로 구분한다.
>   2. 당사자소송 : 행정청의 처분등을 원인으로 하는 법률관계에 관한 소송 그 밖에 공법상의 법률관계에 관한 소송으로서 그 법률관계의 한쪽 당사자를 피고로 하는 소송
>
> **제39조【피고적격】** 당사자소송은 국가·공공단체 그 밖의 권리주체를 피고로 한다. 기출
>
> **제40조【재판관할】** 제9조의 규정은 당사자소송의 경우에 준용한다. 다만, 국가 또는 공공단체가 피고인 경우에는 관계행정청의 소재지를 피고의 소재지로 본다.
>
> **제41조【제소기간】** 당사자소송에 관하여 법령에 제소기간이 정하여져 있는 때에는 그 기간은 불변기간으로 한다. 기출
>
> **제42조【소의 변경】** 제21조의 규정은 당사자소송을 항고소송으로 변경하는 경우에 준용한다.
>
> **제43조【가집행선고의 제한】** 국가를 상대로 하는 당사자소송의 경우에는 가집행선고를 할 수 없다.
> → 헌재 위헌결정(효력상실)
>
> **제44조【준용규정】** ① 제14조 내지 제17조, 제22조, 제25조, 제26조, 제30조 제1항, 제32조 및 제33조의 규정은 당사자소송의 경우에 준용한다.
> ② 제10조의 규정은 당사자소송과 관련청구소송이 각각 다른 법원에 계속되고 있는 경우의 이송과 이들 소송의 병합의 경우에 준용한다.

2. 「행정소송규칙(대법원규칙)」상 당사자소송

행정소송규칙 제19조 【당사자소송의 대상】 당사자소송은 다음 각 호의 소송을 포함한다.

1. 다음 각 목의 손실보상금에 관한 소송
   가. 「공익사업을 위한 토지 등의 취득 및 보상에 관한 법률」 제78조 제1항 및 제6항에 따른 이주정착금, 주거이전비 등에 관한 소송 [기출]
   나. 「공익사업을 위한 토지 등의 취득 및 보상에 관한 법률」 제85조 제2항에 따른 보상금의 증감(增減)에 관한 소송 [기출]
   다. 「하천편입토지 보상 등에 관한 특별조치법」 제2조에 따른 보상금에 관한 소송
2. 그 존부 또는 범위가 구체적으로 확정된 공법상 법률관계 그 자체에 관한 다음 각 목의 소송
   가. 납세의무 존부의 확인
   나. 「부가가치세법」 제59조에 따른 환급청구 [기출]
   다. 「석탄산업법」 제39조의3 제1항 및 같은 법 시행령 제41조 제4항 제5호에 따른 재해위로금 지급청구
   라. 「5·18민주화운동 관련자 보상 등에 관한 법률」 제5조, 제6조 및 제7조에 따른 관련자 또는 유족의 보상금 등 지급청구
   마. 공무원의 보수·퇴직금·연금 등 지급청구
   바. 공법상 신분·지위의 확인 [기출]
3. 처분에 이르는 절차적 요건의 존부나 효력 유무에 관한 다음 각 목의 소송
   가. 「도시 및 주거환경정비법」 제35조 제5항에 따른 인가 이전 조합설립변경에 대한 총회결의의 효력 등을 다투는 소송
   나. 「도시 및 주거환경정비법」 제50조 제1항에 따른 인가 이전 사업시행계획에 대한 총회결의의 효력 등을 다투는 소송
   다. 「도시 및 주거환경정비법」 제74조 제1항에 따른 인가 이전 관리처분계획에 대한 총회결의의 효력 등을 다투는 소송 [기출]
4. 공법상 계약에 따른 권리·의무의 확인 또는 이행청구 소송 [기출]

제1절 | 항고소송

01 「행정소송법」에서 규정하고 있는 행정소송의 종류에 해당하지 않는 것은? 2019년 제7회

① 당사자소송　　　　　　　　② 기관소송

③ 민중소송　　　　　　　　　④ 부작위위법확인소송

⑤ 예방적 금지소송

> **해설** ⑤ 예방적 금지소송은 「행정소송법」에 규정이 없고, 판례는 이를 인정하지 않는다.
> ①·②·③·④ 행정소송의 유형에 해당한다(「행정소송법」 제3조).

02 「행정소송법」상 허용되지 않는 것은? (다툼이 있으면 판례에 따름) 2018년 제6회

① 무효확인소송의 제기와 함께 행하는 집행정지신청

② 무효인 파면처분에 대하여 제기하는 공무원지위확인소송

③ 집행정지 기각결정에 대한 신청인의 즉시항고

④ 적법한 행정심판청구를 각하한 재결을 대상으로 한 취소소송

⑤ 소송참가를 하였지만 패소한 제3자가 제기하는 「행정소송법」 제31조에 따른 재심청구

> **해설** ⑤ 재심은 제3자가 자기에게 책임 없는 사유로 소송에 참가하지 못함으로써 판결의 결과에 영향을 미칠 공격 또는 방어방법을 제출하지 못한 때에 청구를 할 수 있다(「행정소송법」 제31조 제1항). 소송참가를 한 제3자에게는 인정되지 않는다.
> ① 「행정소송법」 제23조 제2항, 제38조 제1항, ② 「행정소송법」 제3조 및 제4조, ③ 「행정소송법」 제23조 제5항
> ④ 취소소송은 처분등을 대상으로 한다. 다만, 재결취소소송의 경우에는 재결 자체에 고유한 위법이 있음을 이유로 하는 경우에 한한다(「행정소송법」 제19조).

03 행정소송제도에 관한 설명으로 옳은 것은? (다툼이 있으면 판례에 따름) 2015년 제3회

① 판례는 예방적 부작위청구소송(예방적 금지소송)을 인정한다.

② 주민소송은 주관적 소송에 해당한다.

③ 현행 「행정소송법」은 취소소송중심주의를 규정하고 있다.

④ 행정처분에 대한 무효확인청구와 취소청구는 선택적 청구로서의 병합은 허용된다.

⑤ 당사자소송의 인정에 있어서는 개별법의 근거가 필요하다.

> **해설** ③ 현행 「행정소송법」은 행정소송의 종류에 관하여 정하고 그중 취소소송에 관하여 상세히 규정을 둔 후 이를 무효등확인소송이나 부작위위법확인소송 등에 준용하도록 하는 방식을 취함으로써 취소소송 중심으로 규정하고 있다.
> ① 판례는 「행정소송법」에 규정되어 있지 않은 예방적 부작위청구소송과 같은 무명항고소송을 일체 인정하지 않고 있다.
> ② 「지방자치법」상 주민소송은 「행정소송법」상의 객관적 소송의 일종인 민중소송에 해당한다. 따라서 개인의 구체적인 권익의 침해가 없어도 제기할 수 있다.
> ④ 행정처분에 대한 무효확인과 취소청구는 서로 양립할 수 없는 청구로서 주위적·예비적 청구로서만 병합이 가능하고 선택적 청구로서의 병합이나 단순병합은 허용되지 아니한다(대판 1999. 8. 20. 97누6889).
> ⑤ 현행 「행정소송법」은 항고소송과 당사자소송의 형태를 모두 규정하고 있고, 당사자소송에 관하여 특별한 제한을 두고 있지 않으므로 특별한 사정이 없는 한 당사자소송은 개별법에 규정이 없더라도 허용되는 것으로 본다(대판 1994. 5. 24. 92다35783).

04 행정소송의 재판관할에 대한 설명으로 옳지 않은 것은?

① 취소소송의 제1심 관할법원은 피고의 소재지를 관할하는 행정법원으로 한다. 다만, 중앙행정기관 또는 그 장을 피고로 취소소송을 제기하는 경우에는 대법원 소재지를 관할하는 행정법원에 제기할 수 있다.

② 「민사소송법」상의 합의관할 및 변론관할에 관한 규정은 적용되지 않는다.

③ 국가 또는 공공단체가 당사자소송의 피고인 경우에는 관계행정청의 소재지를 피고의 소재지로 본다.

④ 취소소송의 사물관할은 판사 3인으로 구성된 합의부에서 한다.

⑤ 원고의 고의 또는 중대한 과실 없이 행정소송이 심급을 달리하는 법원에 잘못 제기된 경우에 수소법원은 관할법원에 이송한다.

> **해설** ② 「행정소송법」에 특별한 규정이 없는 경우 「민사소송법」이 준용되고(「행정소송법」 제8조 제2항), 「행정소송법」상 토지관할은 전속관할이 아니기 때문에 「민사소송법」상의 합의관할·변론관할에 관한 규정이 준용된다.

Answer 1.⑤ 2.⑤ 3.③ 4.②

05 「행정소송법」상 항고소송에 관한 설명으로 옳은 것은? 2019년 제7회

① 취소소송은 처분 등의 취소를 구할 정당한 이익이 있는 자가 제기할 수 있다.
② 취소소송은 다른 법률에 특별한 규정이 없는 한 국가·공공단체 그 밖의 권리주체를 피고로 한다.
③ 「행정소송법」상 항고소송의 종류로는 취소소송, 무효등확인소송, 의무이행소송이 있다.
④ 처분 등을 취소하는 확정판결은 당사자 간에 효력이 있고, 제3자에 대하여는 효력이 미치지 아니한다.
⑤ 법원은 필요하다고 인정할 때에는 직권으로 증거조사를 할 수 있고, 당사자가 주장하지 아니한 사실에 대하여도 판단할 수 있다.

해설 ⑤ 「행정소송법」 제26조
① 취소소송은 처분 등의 취소를 구할 법률상 이익이 있는 자가 제기할 수 있다(「행정소송법」 제12조). ⇨ 정당한 이익(×), 법률상 이익(○)
② 취소소송은 다른 법률에 특별한 규정이 없는 한 그 처분등을 행한 행정청을 피고로 한다(「행정소송법」 제13조 제1항).
③ 「행정소송법」상 항고소송은 취소소송, 무효등확인소송, 부작위위법확인소송이 있다.
④ 처분 등을 취소하는 확정판결은 당사자뿐만 아니라 제3자에게도 효력이 있는 대세효가 인정된다.

06 취소소송에 관한 설명으로 옳은 것은? (다툼이 있으면 판례에 따름) 2023년 제11회

① 제약회사는 보건복지부 고시인 '약제급여·비급여 목록 및 급여 상한금액표' 중 그 제약회사가 제조·공급하는 약제의 상한금액 인하 부분의 취소를 구할 원고적격이 있다.
② 처분의 효과가 소멸된 뒤에는 그 처분의 취소로 인하여 회복되는 법률상 이익이 있어도 그 처분에 대한 취소소송을 제기할 수 없다.
③ 지방법무사회가 법무사의 사무원 채용승인 신청을 거부한 경우 채용승인을 신청한 법무사가 아닌 자는 취소소송을 제기하지 못한다.
④ 기존의 시외버스운송사업자인 甲회사는 동일노선을 운행하는 乙회사에 대한 시외버스운송사업계획변경인가 처분으로 인하여 甲회사의 수익감소가 예상되는 경우라도 그 처분의 취소를 구할 법률상의 이익이 없다.
⑤ 「주택법」상 입주자는 건축물의 하자를 이유로 그 건축물에 대한 사용검사처분의 취소를 구할 법률상 이익이 있다.

>해설 ① 보건복지부 고시인 약제급여·비급여목록 및 급여상한금액표로 인하여 자신이 제조·공급하는 약제의 상한금액이 인하됨에 따라 위와 같이 보호되는 법률상 이익이 침해당할 경우, 제약회사는 위 고시의 취소를 구할 원고적격이 있다(대판 2006. 9. 22. 2005두2506).
② 처분등의 집행 그 밖의 사유로 인하여 소멸된 뒤에도 그 처분등의 취소로 인하여 회복되는 법률상 이익이 있는 자는 처분의 취소를 구할 법률상 이익이 인정된다(「행정소송법」 제12조).
③ 채용승인을 신청한 법무사가 아니더라도 그 때문에 사무원이 될 수 없게 된 사람에게 항고소송을 제기할 원고적격이 인정된다(대판 2020. 4. 9. 2015다3444).
④ 기존의 시내버스운송사업자와 시외버스운송사업자들은 경업관계에 있는 것으로 봄이 상당하다 할 것이어서 기존의 시내버스운송사업자에게 시외버스운송사업계획변경인가처분의 취소를 구할 법률상의 이익이 있다(대판 2002. 10. 25. 2001두4450).
⑤ 입주자나 입주예정자들은 사용검사처분의 무효확인을 받거나 처분을 취소하지 않고도 민사소송 등을 통하여 분양계약에 따른 법률관계 및 하자 등을 주장·증명함으로써 사업주체 등으로부터 하자의 제거·보완 등에 관한 권리구제를 받을 수 있으므로 입주자나 입주예정자는 사용검사처분의 무효확인 또는 취소를 구할 법률상 이익이 없다(대판 2015. 1. 29. 2013두24976).

07 **대법원 판례에 의할 때 원고적격이 부인된 사례에 해당하는 것은?**

① 「도시계획법」상 주거지역에 설치할 수 없는 연탄공장건축허가처분에 대한 주거지역 내 주민의 원고적격
② 공설화장장설치를 내용으로 하는 도시계획결정에 대한 지역주민의 원고적격
③ 전원개발사업실시계획승인처분을 다투는 환경영향평가 대상지역 내의 주민의 원고적격
④ 상수원보호구역의 변경을 다투는 그 상수원으로부터 급수를 받는 인근 주민의 원고적격
⑤ 원자력부지사전승인처분을 다투는 환경영향평가 대상지역 내의 주민의 원고적격

>해설 ④ 상수원보호구역 설정의 근거가 되는 「수도법」이 보호하고자 하는 것은 상수원의 확보와 수질보전일 뿐이고, 그 상수원에서 급수를 받고 있는 지역주민들이 가지는 상수원의 오염을 막아 양질의 급수를 받을 이익은 직접적이고 구체적으로 보호하고 있지 않음이 명백하여 위 지역주민들이 가지는 이익은 상수원의 확보와 수질보호라는 공공의 이익이 달성됨에 따라 반사적으로 얻게 되는 이익에 불과하다는 것이 판례이다(대판 1995. 9. 26. 94누14544).

08 **항고소송의 피고에 관한 설명으로 옳지 않은 것은? (다툼이 있으면 판례에 따름)** 2020년 제8회

① 처분이 있은 뒤에 그 처분에 관계되는 권한이 다른 행정청에 승계된 때에는 이를 승계한 행정청을 피고로 한다.

② 공정거래위원회의 처분에 대한 항고소송의 피고는 공정거래위원회가 된다.

③ 조례에 대한 무효확인소송의 경우 해당 지방의회의 의장이 피고가 된다.

④ 원고가 피고를 잘못 지정한 때에는 법원은 원고의 신청에 의하여 결정으로써 피고의 경정을 허가할 수 있다.

⑤ 소의 종류의 변경 시에도 피고의 경정이 인정된다.

> **해설** ③ 처분적 조례가 항고소송의 대상이 되는 경우에는 조례의 공포권자인 지방자치단체의 장이라는 것이 판례의 입장이다(대판 1996. 9. 20. 95누8003).
> ① 취소소송은 다른 법률에 특별한 규정이 없는 한 그 처분등을 행한 행정청을 피고로 한다. 다만, 처분등이 있은 뒤에 그 처분등에 관계되는 권한이 다른 행정청에 승계된 때에는 이를 승계한 행정청을 피고로 한다(「행정소송법」 제13조 제1항).
> ② 합의제 행정관청이 처분을 한 경우에는 합의제 행정관청 자체가 피고가 된다. 따라서 공정거래위원회가 피고가 된다.
> ④ 「행정소송법」 제14조 제1항
> ⑤ 행정소송에서는 피고를 달리하는 소의 변경이 인정되므로 소의 변경 시 피고의 경정이 인정된다.

09 **협의의 소익에 관한 다음 서술 중 타당하지 않은 것은? (다툼이 있으면 판례에 의함)**

① 행정처분의 효력기간이 경과한 후에는 그 처분이 외형상 잔존함으로 인하여 어떠한 법률상 이익이 침해되고 있다고 볼 사정이 없는 한 그 처분의 취소를 구할 법률상 이익이 없다.

② 지방의회의원이 제명의결 취소소송 계속 중 임기가 만료되었다면 제명의결의 취소로 의원 지위를 회복할 수 없으므로 그 제명의결의 취소를 구할 법률상 이익이 인정되지 않는다.

③ 한국방송공사 사장에 대한 해임처분의 무효확인 또는 취소소송 계속 중 임기가 만료되었더라도 해임처분일부터 임기만료일까지 기간에 대한 보수 지급을 구할 수 있는 경우에는 해임처분의 무효확인 또는 취소를 구할 법률상 이익이 있다.

④ 무효등확인소송은 처분 등의 효력 유무 또는 존재 여부의 확인을 구할 법률상 이익이 있는 자가 제기할 수 있다.

⑤ 직위해제처분이 있은 후 다시 직위해제처분이 행해졌다면 종전 직위해제처분의 취소를 구할 소익은 없다.

해설 ② 지방의회의원이 제명의결 취소소송 계속 중 임기가 만료되어 제명의결의 취소로 의원 지위를 회복할 수 없다고 할지라도 제명의결 시부터 임기만료일까지의 기간에 대한 월정수당의 지급을 구할 수 있으므로 그 제명의결의 취소를 구할 법률상 이익이 인정된다.

10 행정소송과 그 피고에 대한 연결이 옳은 것만을 모두 고르면?

> ㉠ 권한의 위임이 있는 경우 - 수임청
> ㉡ 권한의 내부위임이 있는 경우 - 위임청
> ㉢ 권한을 내부위임 받은 행정청이 자신의 명의로 처분을 한 경우 - 수임청
> ㉣ 권한의 대리의 경우 - 피대리청
> ㉤ 대통령에 의한 서훈취소의 경우 - 국가보훈부장관

① ㉠, ㉡
② ㉢, ㉣
③ ㉠, ㉢, ㉣
④ ㉠, ㉡, ㉢, ㉣
⑤ ㉠, ㉡, ㉢, ㉣, ㉤

해설 ㉠·㉡·㉢·㉣ [○]
㉤ [×] 피고는 대통령이 된다.

11 다음 중 항고소송의 피고적격에 관한 설명 중 틀린 것은?

① 중앙노동위원회의 처분에 대한 소는 중앙노동위원회를 피고로 하여 제기하여야 한다.
② 공정거래위원회의 처분에 대한 소는 공정거래위원회를 피고로 하여 제기하여야 한다.
③ 처분적 조례에 대한 항고소송의 경우 지방자치단체장이 피고가 된다.
④ 지방의회의원에 대한 지방의회의 의원징계에 대하여 항고소송을 제기하는 경우 지방의회가 피고가 된다.
⑤ 국회의장이 행한 처분에 대한 불복의 소는 국회사무총장을 피고로 한다.

해설 ① 합의제기관의 처분은 원칙적으로 합의제기관이 피고가 되지만, 법률에 규정이 있으면 합의제기관의 대표가 피고가 되는 경우가 있다. 중앙노동위원회의 처분에 대한 소는 중앙노동위원회위원장을 피고로 하여 처분의 통지를 받은 날부터 15일 이내에 이를 제기하여야 한다(「노동위원회법」 제27조 제1항).

Answer 8. ③ 9. ② 10. ④ 11. ①

12 **판례에 의할 때 항고소송의 대상이 아닌 것은?** 2018년 제6회

① 국세환급금결정

② 세무조사결정

③ 건축신고 반려행위

④ 지방의회의원 징계의결

⑤ 폐기물처리사업계획 부적합통보

해설 ① 국세환급의무는 법률규정에 의해 직접 발생하는 것이므로 국세환급금결정이나 이 결정을 구하는 신청에 대한 환급거부결정은 항고소송의 대상이 되는 처분이라고 볼 수 없다(대판 2009. 11. 26. 2007두4018).

② 세무조사결정은 관계자에게 조사에 응할 의무를 부담시키므로 처분성이 인정된다(대판 2011. 3. 10. 2009두23617).

③ 건축신고 반려행위는 신고자가 건축행위를 개시하는 경우 일정한 불이익이 예정되어 있으므로 처분성을 인정한다(대판 2007. 10. 11. 2007두1316).

④ 지방의회의원 징계의결은 의원의 신분관계에 직접적 영향을 미치므로 처분성이 인정된다(대판 1993. 11. 26. 93누7341).

⑤ 폐기물처리사업계획 부적합통보는 실질적 폐기물처리사업허가를 거부하는 것으로 처분성이 인정된다(대판 1998. 4. 28. 97누21086).

13 **「행정소송법」상 항고소송의 대상에 해당하지 않는 것을 모두 고른 것은? (다툼이 있으면 판례에 따름)** 2017년 제5회

> ㉠ 도지사의 혁신도시 최종입지 선정행위
> ㉡ 지방의회의장에 대한 불신임의결
> ㉢ 「국가공무원법」상의 당연퇴직인사발령
> ㉣ 「병역법」상 군의관의 신체등위판정
> ㉤ 한국마사회의 기수 면허 취소

① ㉡, ㉢

② ㉠, ㉣, ㉤

③ ㉡, ㉣, ㉤

④ ㉠, ㉢, ㉣, ㉤

⑤ ㉠, ㉡, ㉢, ㉣, ㉤

해설 ㉠ 정부의 수도권 소재 공공기관의 지방이전시책을 추진하는 과정에서 도지사가 도 내 특정시를 공공기관이 이전할 혁신도시 최종입지로 선정한 행위는 항고소송의 대상이 되는 행정처분이 아니다(대판 2007. 11. 15. 2007두10198).

㉢ 당연퇴직의 인사발령은 법률상 당연히 발생하는 퇴직사유를 공적으로 확인하여 알려주는 이른바 관념의 통지에 불과하고 공무원의 신분을 상실시키는 새로운 형성적 행위가 아니므로 행정소송의 대상이 되는 독립한 행정처분이라고 할 수 없다(대판 1995. 11. 14. 95누2036).

㉣ 「병역법」상 신체등위판정은 그 자체만으로 바로 「병역법」상의 권리의무가 정하여지는 것이 아니라 그에 따라 지방병무청장이 병역처분을 함으로써 비로소 병역의무의 종류가 정하여지는 것이므로 항고소송의 대상이 되는 행정처분이라 보기 어렵다(대판 1993. 8. 27. 93누3356).

㉤ 한국마사회가 조교사 또는 기수의 면허를 부여하거나 취소하는 것은 국가 기타 행정기관으로부터 위탁받은 행정권한의 행사가 아니라 일반 사법상의 법률관계에서 이루어지는 단체 내부에서의 징계 내지 제재처분이다(대판 2008. 1. 31. 2005두8269).

㉥ 지방의회의장에 대한 불신임의결은 의장으로서의 권한을 박탈하는 행정처분의 일종으로서 항고소송의 대상이 된다(대결 1994. 10. 11. 94두23).

14 판례에 의할 때 항고소송의 대상인 것을 모두 고른 것은? 2021년 제9회

> ㉠ 어업권 면허에 선행하는 우선순위결정
> ㉡ 「농지법」상 이행강제금 부과처분
> ㉢ 구 「청소년보호법」상 청소년유해매체물 결정 및 고시처분
> ㉣ 두밀분교를 폐교하는 경기도의 조례

① ㉠, ㉡   ② ㉠, ㉢
③ ㉡, ㉢   ④ ㉡, ㉣
⑤ ㉢, ㉣

해설 ㉢ 「청소년 보호법」에 따른 청소년유해매체물 결정 및 고시처분은 당해 유해매체물의 소유자 등 특정인만을 대상으로 한 행정처분이 아니라 일반 불특정 다수인을 상대방으로 하여 일률적으로 표시의무, 포장의무, 청소년에 대한 판매·대여 등의 금지의무 등 각종 의무를 발생시키는 행정처분이다(대판 2007. 6. 14. 2004두619).

㉣ 두밀분교폐지조례는 집행행위의 개입 없이도 그 자체로서 직접 국민의 구체적인 권리·의무나 법적 이익에 영향을 미치는 등의 법률상 효과를 발생하므로 항고소송의 대상이 되는 행정처분에 해당한다(대판 1996. 9. 20. 95누8003).

㉠ 어업권면허에 선행하는 우선순위결정은 행정청이 우선권자로 결정된 자의 신청이 있으면 어업권면허처분을 하겠다는 것을 약속하는 행위로서 강학상 확약에 불과하고 행정처분은 아니다(대판 1995. 1. 20. 94누6529).

㉡ 「농지법」 제62조 제1항에 따른 이행강제금 부과처분에 불복하는 경우에는 「비송사건절차법」에 따른 재판절차가 적용되어야 하고, 「행정소송법」상 항고소송의 대상은 될 수 없다(대판 2019. 4. 11. 2018두42955).

Answer 12. ①   13. ④   14. ⑤

15 **판례에 의할 때 항고소송의 대상이 되는 처분에 해당하지 않는 것은?** 2014년 제2회

① 과세관청의 「부가가치세법」상 사업자등록의 직권말소행위
② 거부처분 이후에 동일한 내용의 신청에 대해 다시 반복된 거부처분
③ 폐기물관리법령상 폐기물처리업 허가 전의 사업계획에 대한 부적정 통보
④ 국가인권위원회의 성희롱 결정 및 시정조치 권고
⑤ 건축주 명의변경신고 수리거부행위

해설 ① 사업자등록의 말소 또한 폐업사실의 기재일 뿐 그에 의하여 사업자로서의 지위에 변동을 가져오는 것이
아니라는 점에서 과세관청의 사업자등록 직권말소행위는 불복의 대상이 되는 행정처분으로 볼 수가 없다(대판
2000. 12. 22. 99두6903).
② 거부처분은 관할 행정청이 국민의 처분신청에 대하여 거절의 의사표시를 함으로써 성립되고, 그 이후 동일한
내용의 새로운 신청에 대하여 다시 거절의 의사표시를 한 경우에는 새로운 거부처분이 있는 것으로 보아야 할 것이다
(대판 2002. 3. 29. 2000두6084).
③ 부적정통보는 허가신청 자체를 제한하는 등 개인의 권리 내지 법률상의 이익을 개별적이고 구체적으로 규제하고
있어 행정처분에 해당한다(대판 1998. 4. 28. 97누21086).
④ 국가인권위원회의 성희롱결정과 이에 따른 시정조치의 권고는 공공기관의 장 또는 사용자에게 일정한 법률상의
의무를 부담시키는 것이므로 국가인권위원회의 성희롱결정 및 시정조치권고는 행정소송의 대상이 되는 행정처분에
해당한다(대판 2005. 7. 8. 2005두487).
⑤ 건축주 명의변경신고 수리거부행위는 행정청이 그 신고를 수리하여야 할 법령상의 의무를 지고 있음에도 불구
하고 그 신고의 수리를 거부함으로써, 양수인이 건축공사를 계속하기 위하여 또는 건축공사를 완료한 후 자신의
명의로 소유권보존등기를 하기 위하여 가지는 구체적인 법적 이익을 침해하는 결과가 되었다고 할 것이므로, 취소
소송의 대상이 되는 처분이라고 하지 않을 수 없다(대판 1992. 3. 31. 91누4911).

16 **판례에 의할 때 항고소송의 대상이 아닌 것은?** 2013년 제1회

① 「독점규제 및 공정거래에 관한 법률」에 의한 공정거래위원회의 고발조치
② 국유재산의 무단점유자에 대한 변상금부과처분
③ 지적공부 소관청의 지목변경신청 반려행위
④ 건축물대장 소관청의 건축물 용도변경신청 거부행위
⑤ 지방의회의장에 대한 지방의회의 불신임의결

해설 ① 공정거래위원회의 고발조치는 사직 당국에 대하여 형벌권 행사를 요구하는 행정기관 상호 간의 행위에 불과하여 항고소송의 대상이 되는 행정처분이라 할 수 없다(대판 1995. 5. 12. 94누13794).

② 국유재산의 관리청이 그 무단점유자에 대하여 하는 변상금부과처분은 제재처분으로 행정소송의 대상이 되는 행정처분이라고 보아야 한다(대판 1988. 2. 23. 87누1046).

③ 지목은 토지소유권을 제대로 행사하기 위한 전제요건으로서 토지소유자의 실체적 권리관계에 밀접하게 관련되어 있으므로 지적공부 소관청의 지목변경신청 반려행위는 국민의 권리관계에 영향을 미치는 것으로서 항고소송의 대상이 되는 행정처분에 해당한다(대판 2004. 4. 22. 2003두9015).

④ 건축물대장의 용도는 건축물의 소유권을 제대로 행사하기 위한 전제요건으로서 건축물 소유자의 실체적 권리관계에 밀접하게 관련되어 있으므로, 건축물대장 소관청의 용도변경신청 거부행위는 국민의 권리관계에 영향을 미치는 것으로서 항고소송의 대상이 되는 행정처분에 해당한다(대판 2009. 1. 30. 2007두7277).

17 신청에 대한 거부처분에 관한 설명으로 옳은 것은? (다툼이 있으면 판례에 따름) 2021년 제9회

① 거부처분은 당사자의 권익을 제한하는 처분에 해당하므로 원칙적으로 「행정절차법」상 사전통지의 대상이 된다.

② 거부처분에 대하여는 「행정소송법」상 집행정지를 구할 이익이 있어 집행정지가 허용된다.

③ 거부처분의 취소판결의 취지에 따라 행정청이 처분을 하지 않는 경우, 당사자는 수소법원에 직접강제를 신청할 수 있다.

④ 거부처분이 성립되려면 신청인에게 그 행위발동을 요구할 법규상 또는 조리상 신청권이 있어야 한다.

⑤ 거부처분에 대하여는 「행정소송법」상 명문의 규정으로 의무이행소송이 허용된다.

해설 ④ 거부처분이 성립하기 위해서는 일반 국민들에게 처분을 신청할 신청권이 있어야 한다(대판 1996. 6. 11. 95누12460).

① 신청에 대한 거부처분은 처분 전에 권익을 부여하지 않았기 때문에 '당사자의 권익을 제한하는 처분'에 해당한다고 할 수 없어 처분의 사전통지대상이 된다고 할 수 없다(대판 2003. 11. 28. 2003두674).

② 거부처분 등과 같은 소극적 처분에 대해서는 효력을 정지하여도 불허가처분·거부처분이 없었던 것과 같은 상태로 돌아갈 뿐이지 신청이 허가된 것과 같은 상태가 형성되는 것은 아니기 때문에 집행정지를 할 수 없다(대판 1992. 2. 13. 91두47).

③ 거부처분의 취소판결의 취지에 따라 행정청이 처분을 하지 않는 경우, 당사자는 수소법원에 손해배상을 명하는 간접강제를 신청할 수 있다(「행정소송법」 제34조 제1항).

⑤ 거부처분에 대한 의무이행소송은 「행정소송법」상 인정되지 않는다.

Answer　15. ①　16. ①　17. ④

18 甲의 건축허가 신청에 대하여 관할 군수 乙은 거부처분을 하였으나, 해당 거부처분에 무효사유에 해당하는 하자가 있어 甲이 행정쟁송으로 다투고자 한다. 이에 관한 설명으로 옳지 않은 것은? (다툼이 있으면 판례에 따름) 2024년 제12회

① 甲은 거부처분 무효확인심판을 제기할 수 있다.

② 甲은 의무이행심판을 제기할 수 있다.

③ 甲이 거부처분 무효확인소송을 제기한 경우 무효인 사유를 주장·증명할 책임은 甲에게 있다.

④ 甲이 거부처분 무효확인소송을 제기한 경우 「행정소송법」상 취소소송의 사정판결 규정은 준용되지 않는다.

⑤ 甲이 무효의 선언을 구하는 의미의 취소소송을 제기한 경우 제소기간의 제한이 없다.

해설 ⑤ 행정처분의 당연무효를 선언하는 의미에서 그 취소를 청구하는 행정소송을 제기하는 경우에도 심판전치와 제소기간의 준수등 취소소송의 제소요건을 갖추어야 한다(대판 1984. 5. 29. 84누175).
①·② 거부처분에 대해서는 취소심판, 무효확인심판, 의무이행심판이 모두 가능하다.
③ 처분이 위법한 경우 무효인 것은 예외적이므로 무효를 주장하는 원고인 甲이 증명책임을 부담한다.
④ 무효확인소송에는 사정판결이 준용되지 않는다.

19 관할 시장 A는 2024. 2. 5. 甲에 대하여 1,000만 원의 과징금부과처분을 하였고, 甲은 2024. 2. 6. 처분서를 수령하였다. 甲은 과징금부과처분 취소심판을 제기하였는데, 관할 행정심판위원회는 2024. 4. 23. 1,000만 원의 과징금부과처분을 700만 원으로 감액하는 일부취소재결을 하여, 해당 재결서의 정본이 2024. 4. 24. 甲에게 송달되었다. 이때 甲이 일부취소재결에도 아직 취소되지 않고 남아있는 부분이 위법하다고 보아 취소소송을 제기하는 경우 소의 대상과 제소기간의 기산일은? (일부취소재결 고유의 하자는 없으며, 다툼이 있으면 판례에 따름) 2024년 제12회

소의 대상	제소기간 기산일
① 700만 원으로 감액된 2024. 2. 5. 자 과징금부과처분	2024. 4. 24.
② 700만 원으로 감액된 2024. 2. 5. 자 과징금부과처분	2024. 2. 6.
③ 700만 원으로 감액한 2024. 4. 23. 자 일부취소재결	2024. 4. 24.
④ 700만 원으로 감액한 2024. 4. 23. 자 일부취소재결	2024. 2. 6.
⑤ 2024. 2. 5. 자 1,000만 원의 과징금부과처분	2024. 2. 6.

해설 ① 일부취소재결의 경우 취소되고 남은 원처분이 취소소송의 대상이 된다. 다만 행정심판을 거친 경우이므로 재결서정본을 송달받은 날로부터 90일 이내에 취소소송을 제기해야 한다.
② 제소기간은 재결서정본을 송달받은 날인 2024. 4. 24.이 기산일이 된다.
③ 일부취소재결은 그 자체로 고유한 하자가 없는 이상 취소소송의 대상이 되지 않는다.
④·⑤ 소의 대상과 제소기간의 기산일이 모두 틀린 지문이다.

20 행정심판의 재결에 대한 취소소송에 관한 설명으로 옳지 못한 것은?

① 제3자효적 행정행위에 있어서 인용재결은 제3자가 소송을 제기하는 경우 재결취소소송에 해당한다.

② 일부인용재결이나 수정재결의 경우 재결 자체가 소송대상이 되고 원처분이 소송대상이 되는 것이 아니다.

③ 재결 자체에 고유한 위법이 없음에도 불구하고 제기한 재결취소의 소는 기각된다.

④ 「공익사업을 위한 토지 등의 취득 및 보상에 관한 법률」에 의한 토지수용위원회의 수용재결에 대해서는 중앙토지수용위원회의 이의재결을 거친 경우에도 원처분주의에 따라 수용재결이 소송대상이 된다.

⑤ 수리를 요하지 않는 신고에서 수리는 행정심판의 대상인 처분이 아니므로 각하재결해야 함에도 인용재결한 경우는 재결 자체에 고유한 위법이 있는 경우에 해당한다.

해설 ② 일부인용재결이나 수정재결도 원처분주의가 적용되므로 원칙적으로 재결은 소송의 대상이 되지 않고 일부취소되고 남은 또는 수정되고 남은 원처분이 소송의 대상이 된다.
④ 종래 「공익사업을 위한 토지 등 취득에 관한 법률」은 재결주의를 취하였지만 현행법은 원처분주의를 따르고 있으므로 옳은 지문이다.

21 필수적 행정심판전치주의에 대한 예외로서 행정심판 자체를 제기할 필요가 없는 경우가 아닌 것은?

① 동종사건에 대하여 이미 행정심판의 기각 재결이 있는 경우

② 서로 내용상 관련되는 처분 또는 같은 목적을 위하여 단계적으로 진행되는 처분 중 어느 하나가 이미 행정심판의 재결을 거친 때

③ 행정청이 사실심의 변론종결 후 소송의 대상인 처분을 변경하여 해당 변경된 처분에 관하여 소를 제기하는 때

④ 처분을 행한 행정청이 행정심판을 거칠 필요가 없다고 잘못 알린 때

⑤ 처분의 집행 또는 절차의 속행으로 생길 중대한 손해를 예방하여야 할 긴급한 필요가 있는 때

해설 ⑤ 처분의 집행 또는 절차의 속행으로 생길 중대한 손해를 예방하여야 할 긴급한 필요가 있는 때에는 행정심판의 재결을 기다릴 필요 없이 소송을 제기할 수 있다. 행정심판 자체를 제기할 필요가 없는 경우의 예외가 아니다.

Answer 18. ⑤ 19. ① 20. ② 21. ⑤

22 행정소송의 심리에 관한 설명으로 옳은 것은? (다툼이 있으면 판례에 따름) 2018년 제6회

① 행정심판기록의 제출명령에 관한 규정은 당사자소송에는 준용되지 않는다.

② 행정소송의 심리에 있어서 직권탐지주의가 원칙이고, 당사자주의·변론주의는 보충적으로 적용된다.

③ 「행정소송법」 제16조에 따른 소송참가가 허용되지 않는 제3자라 하더라도 「민사소송법」에 따라 공동소송적 보조참가를 할 수 있다.

④ 관련청구소송을 취소소송에 병합한 경우, 법원은 취소소송이 부적법하더라도 관련청구소송에 대하여 본안판결을 내릴 수 있다.

⑤ 무효확인소송에서 처분의 무효사유에 대한 주장·입증책임은 피고인 행정청이 부담한다.

▶해설 ③ 「행정소송법」 제16조에 따른 소송참가가 허용되지 않는 제3자라 하더라도 「민사소송법」에 따라 공동소송적 보조참가를 할 수 있다(대판 2013. 3. 28. 2011두13729).
① 행정심판기록의 제출명령에 관한 규정은 당사자소송에도 준용된다(「행정소송법」 제25조, 제44조 제1항).
② 행정소송의 심리에 있어서 당사자주의가 원칙이고, 직권탐지주의가 보충적으로 적용된다(「행정소송법」 제26조).
④ 관련청구소송을 취소소송에 병합한 경우, 법원은 취소소송이 부적법하다면 관련청구소송에 대하여 본안판결을 내릴 수 없다(대판 1997. 3. 14. 95누13708).
⑤ 무효확인소송에서 처분의 무효사유에 대한 주장·입증책임은 원고가 처분 등의 하자가 중대하고 명백하여 무효임을 주장하고 이를 입증할 책임이 있다고 본다(대판 1984. 2. 28. 82누154).

23 행정쟁송에 있어 가구제에 관한 설명으로 옳지 않은 것은? (다툼이 있으면 판례에 따름)
2020년 제8회

① 「행정심판법」상 임시처분은 집행정지로 목적을 달성할 수 없는 경우에 허용된다.

② 「행정심판법」상 임시처분은 당사자의 신청이 있는 경우에만 할 수 있다.

③ 취소소송에서는 「민사집행법」상의 가처분이 인정되지 않는다.

④ 취소소송상 집행정지의 신청은 적법한 본안소송이 계속 중일 것을 요한다.

⑤ 당사자소송에서는 「행정소송법」상의 집행정지가 인정되지 않는다.

▶해설 ② 「행정심판법」상 임시처분은 당사자의 신청 또는 직권으로 할 수 있다(「행정심판법」 제31조 제1항).
① 「행정심판법」상 임시처분은 집행정지로 목적달성할 수 없는 거부처분과 부작위에 대해서 인정된다(「행정심판법」 제31조 제3항).
③ 취소소송에서는 행정심판과 달리 거부처분에 대한 가처분이 인정되지 않고 있다.
④ 취소소송의 집행정지는 적법한 본안이 계속 중인 경우에 인정된다(「행정소송법」 제23조 제2항).
⑤ 당사자소송에 대하여는 집행정지에 관한 규정이 준용되지 아니하므로, 이를 본안으로 하는 가처분에 대하여는 「행정소송법」 제8조 제2항에 따라 「민사집행법」상 가처분에 관한 규정이 준용되어야 한다(대판 2015. 8. 21. 2015무26).

24 「행정소송법」상 집행정지에 관한 설명으로 옳은 것은? 2015년 제3회

① 집행정지의 결정 또는 기각의 결정에 대하여는 즉시항고할 수 없다.

② 집행정지는 공공복리에 중대한 영향을 미칠 우려가 있을 때에도 허용된다.

③ 취소소송의 제기는 처분 등의 효력이나 그 집행 또는 절차의 속행에 영향을 준다.

④ 처분의 효력정지는 처분 등의 집행 또는 절차의 속행을 정지함으로써 목적을 달성할 수 있는 경우에는 허용되지 않는다.

⑤ 긴급한 필요가 있다고 인정할 때에는 본안이 계속되고 있는 법원은 직권에 의하여 처분 등의 효력의 전부 또는 일부의 정지를 결정할 수 없다.

해설 ④ 「행정소송법」 제23조 제2항
① 집행정지의 결정 또는 기각의 결정에 대하여는 즉시항고할 수 있다(「행정소송법」 제23조 제5항).
② 집행정지는 공공복리에 중대한 영향을 미칠 우려가 있을 때에는 허용되지 아니한다(「행정소송법」 제23조 제3항).
③ 취소소송의 제기는 처분 등의 효력이나 그 집행 또는 절차의 속행에 영향을 주지 아니한다(「행정소송법」 제23조 제1항). 이를 '집행부정지 원칙'이라 한다.
⑤ 법원은 당사자의 신청 또는 직권에 의하여 집행정지를 결정할 수 있다(「행정소송법」 제23조 제2항).

25 「행정소송법」상 가구제에 관한 설명으로 옳지 않은 것은? 2019년 제7회

① 「행정심판법」에서 인정되는 임시처분제도가 「행정소송법」에는 없다.

② 집행정지는 공공복리에 중대한 영향을 미칠 우려가 있을 때에는 허용되지 아니한다.

③ 집행정지신청이 인용되려면 취소소송이 제기된 경우에 처분 등이나 그 집행 또는 절차의 속행으로 인하여 생길 중대한 손해를 예방하기 위한 경우이어야 한다.

④ 집행정지의 결정을 신청함에 있어서는 그 이유에 대한 소명이 있어야 한다.

⑤ 처분의 효력정지는 처분 등의 집행 또는 절차의 속행을 정지함으로써 목적을 달성할 수 있는 경우에는 허용되지 아니한다.

해설 ③ 집행정지가 인정되려면 처분등이나 그 집행 또는 절차의 속행으로 인하여 생길 회복하기 어려운 손해를 예방하기 위하여 긴급한 필요가 있다고 인정할 때에 인정된다(「행정소송법」 제23조 제2항). 중대한 손해는 행정심판에서의 집행정지의 요건이다.
① 거부처분에 대하여 행정심판에서는 임시처분이 인정되고 있으나, 행정소송에서는 임시처분과 유사한 가처분이 인정되지 않는다.
② 「행정소송법」 제23조 제3항, ④ 「행정소송법」 제23조 제4항, ⑤ 「행정소송법」 제23조 제2항

Answer 22. ③ 23. ② 24. ④ 25. ③

26 행정소송상 집행정지에 관한 설명으로 옳은 것을 모두 고른 것은? 2024년 제12회

> ㉠ 「행정소송법」상 집행정지는 부작위위법확인소송에는 인정되지 않는다.
> ㉡ 처분이 가분적이더라도 처분의 일부에 대한 집행정지는 허용되지 않는다.
> ㉢ 처분의 효력정지는 처분등의 집행을 정지함으로써 목적을 달성할 수 있는 경우에는 허용되지 않는다.
> ㉣ 집행정지의 결정에 대한 즉시항고에는 결정의 집행을 정지하는 효력이 인정된다.

① ㉠, ㉡　　　　　　　　　　　② ㉠, ㉢
③ ㉡, ㉣　　　　　　　　　　　④ ㉠, ㉢, ㉣
⑤ ㉡, ㉢, ㉣

해설 ㉠ [○] 부작위는 정지시킬 처분이 존재하지 않으므로 집행정지가 인정되지 않는다.
㉢ [○] 처분의 효력정지는 처분등의 집행 또는 절차의 속행을 정지함으로써 목적을 달성할 수 있는 경우에는 허용되지 아니한다(「행정소송법」 제23조 제2항).
㉡ [×] 처분이 가분적인 경우 처분의 일부에 대한 집행정지도 허용된다(「행정소송법」 제23조 제2항).
㉣ [×] 집행정지의 결정 또는 기각의 결정에 대하여는 즉시항고할 수 있다. 이 경우 집행정지의 결정에 대한 즉시항고에는 결정의 집행을 정지하는 효력이 없다(「행정소송법」 제23조 제5항).

27 「행정소송법」상의 사정판결에 관한 설명으로 옳지 않은 것은? 2017년 제5회

① 무효확인소송에서는 사정판결을 할 수 없다.
② 사정판결 시 법원은 그 판결의 주문에서 그 처분 등이 위법함을 명시하여야 한다.
③ 당사자의 주장이 없더라도 법원은 직권으로 사정판결을 할 수 있다.
④ 사정판결이 있으면 취소소송의 대상인 처분은 당해 처분이 위법함에도 불구하고 그 효력이 유지된다.
⑤ 사정판결은 기각판결이므로 소송비용은 원고가 부담한다.

해설 ⑤ 사정판결은 원고의 청구가 이유 있다고 인정하면서도 처분 등을 취소하는 것이 현저히 공공복리에 적합하지 아니하다고 인정하는 때에 원고의 청구를 기각하는 특수한 기각판결이므로 승소자인 피고행정청이 부담하도록 규정하고 있다(「행정소송법」 제32조).
① 「행정소송법」은 사정판결을 취소소송에서만 인정하고 있다. 무효확인소송과 부작위위법확인소송에서는 사정판결을 할 수 없다.
② 「행정소송법」 제28조 제1항
③ 법원이 사정판결을 할 필요가 있다고 인정하는 때에는 당사자의 명백한 주장이 없는 경우에도 일건 기록에 나타난 사실을 기초로 하여 직권으로 사정판결을 할 수 있다(대판 1992. 2. 14. 90누9032).
④ 사정판결은 원고의 청구를 기각하는 것이므로, 사정판결이 있으면 취소소송의 대상인 처분은 당해 처분이 위법함에도 불구하고 그 효력이 유지된다.

28 사정판결의 요건으로 옳지 않은 것은? (다툼이 있는 경우에는 판례에 의함)

① 처분이 위법하여야 한다.

② 처분을 취소하는 것이 현저히 공공복리에 적합하지 아니하다고 인정되어야 한다.

③ 사정판결의 경우 처분 등의 위법성은 판결 시를 기준으로 판단하여야 한다.

④ 공공복리를 위한 사정판결의 필요성은 변론종결 시를 기준으로 판단하여야 한다.

⑤ 법원의 직권에 의한 사정판결도 허용된다는 것이 판례이다.

해설 ③ 사정판결은 원고의 청구가 이유 있다고 인정하는 경우에도 처분 등을 취소하는 것이 현저히 공공복리에 적합하지 아니하다고 인정하는 때에 원고의 청구를 기각하는 판결이다. 처분 등의 위법성은 처분 시를 기준으로 판단하나, 사정판결의 필요성은 판결 시를 기준으로 한다.

29 「행정소송법」상 취소소송에 관한 설명으로 옳은 것은? (다툼이 있으면 판례에 따름)

2022년 제10회

① 무효인 처분에 대하여는 무효확인청구소송을 제기하여야 하고 취소소송을 제기할 수는 없다.

② 신청에 대한 거부행위는 취소소송의 대상이 될 수 없다.

③ 처분등을 할 정당한 권한을 가진 행정청만이 피고적격을 갖는다.

④ 처분이 위법한 것으로 인정되는 경우에도 공공복리를 위하여 원고의 청구가 기각될 수 있다.

⑤ 과세처분취소소송에서 적법하게 부과될 정당한 세액이 산출되더라도 법원은 정당한 세액을 초과하는 부분만 취소할 수는 없고 전부를 취소하여야 한다.

해설 ④ 원고의 청구가 이유 있다고 인정하는 경우에도 처분 등을 취소하는 것이 현저히 공공복리에 적합하지 아니하다고 인정하는 때에는 법원은 원고의 청구를 기각할 수 있다(「행정소송법」 제28조 제1항).
① 무효인 처분에 대해 취소소송을 제기하는 경우에도 취소소송의 제기요건을 갖춘 경우 이를 허용하는 것이 판례이다.
② 처분을 신청할 법규상 또는 조리상 신청권이 있는 자의 신청에 대한 거부는 항고소송의 대상이 된다.
③ 취소소송의 피고는 처분 등을 행한 행정청을 피고로 하며 이때 행정청이 처분을 행할 실질적 권한 유무는 따지지 않고 처분을 행한 명의 행정청이 기준이라는 것이 판례이다.
⑤ 과세처분취소소송에서 적법하게 부과될 정당한 세액이 산출할 수 있는 경우에는 법원은 정당한 세액을 초과하는 부분만 취소할 수는 있다(대판 2001. 6. 12. 99두8930).

Answer 26. ② 27. ⑤ 28. ③ 29. ④

30 「행정소송법」의 내용에 관한 설명으로 옳지 않은 것은? _{2023년 제11회}

① 처분등을 취소하는 확정판결은 당사자에 대해서만 효력이 있다.

② 처분등이라 함은 행정청이 행하는 구체적 사실에 관한 법집행으로서의 공권력의 행사 또는 그 거부와 그 밖에 이에 준하는 행정작용 및 행정심판에 대한 재결을 말한다.

③ 행정소송의 종류로는 항고소송, 당사자소송, 민중소송, 기관소송이 규정되어 있다.

④ 무효등 확인소송은 처분등의 효력 유무 또는 존재 여부의 확인을 구할 법률상 이익이 있는 자가 제기할 수 있다.

⑤ 행정청의 재량에 속하는 처분이라도 재량권의 한계를 넘거나 그 남용이 있는 때에는 법원은 이를 취소할 수 있다.

> **해설** ① 처분등을 취소하는 확정판결은 제3자에 대하여도 효력이 있다(「행정소송법」 제29조 제1항).
> ② 「행정소송법」 제2조 제1항 제1조, ③ 「행정소송법」 제3조, ④ 「행정소송법」 제35조, ⑤ 「행정소송법」 제27조

31 「행정소송법」상 항고소송에 관한 내용으로 옳지 않은 것은? (다툼이 있으면 판례에 따름)

_{2025년 제13회}

① 국가기관은 취소소송의 당사자가 될 수 있다.

② 교육에 관한 조례의 무효확인소소송을 제기함에 있어서는 그 조례의 공포권이 있는 시·도 교육감을 피고로 하여야 한다.

③ 대리권을 수여받은 데 불과하여 그 자신의 명의로는 행정처분을 할 권한이 없는 행정청의 경우 대리관계를 밝힘이 없이 그 자신의 명의로 행정처분을 하였다면 그에 대하여는 처분명의자인 해당 행정청이 항고소송의 피고가 되는 것이 원칙이다.

④ 지방자치단체장이 국유 일반재산을 대부하여 달라는 신청을 거부한 것은 행정처분이 아니므로 항고소송으로 그 취소를 구할 수 없다.

⑤ 행정규칙에 의한 불문경고조치는 항고소송의 대상이 되는 행정처분에 해당하지 아니한다.

> **해설** ⑤ 행정규칙에 의한 '불문경고조치'가 비록 법률상의 징계처분은 아니지만 1년 동안 인사기록카드에 등재됨으로써 그 동안은 장관표창이나 도지사표창 대상자에서 제외시키는 효과 등이 있다는 이유로 항고소송의 대상이 되는 행정처분에 해당한다(대판 2002. 7. 26. 2001두3532).
> ① 국가기관도 예외적으로 처분에 대해 원고적격이 인정되므로 취소소송의 당사자가 될 수 있다.
> ② 처분적 조례에 대한 피고적격은 공포권자인 단체장에게 있다. 교육에 관한 조례는 시·도 교육감을 피고로 한다.
> ③ 대리관계를 밝히지 않은 경우 처분명의자인 해당 행정청(대리관청)이 피고가 된다.
> ④ 국유 일반재산을 대부하여 달라는 신청은 사경제작용에 대한 신청으로 이를 거부해도 항고소송의 대상되는 거부처분으로 볼 수 없다.

32 「행정소송법」의 내용에 관한 설명으로 옳은 것은? (다툼이 있으면 판례에 따름) 2025년 제13회

① 취소소송은 법령의 규정에 의하여 당해 처분에 대한 행정심판을 제기할 수 있는 경우에는 이를 거치지 아니하고 제기할 수 없다.

② 처분등을 취소하는 확정판결은 제3자에 대하여는 효력이 없다.

③ 행정처분의 무효 확인을 구하는 소에는 특단의 신청이 없는 한 취소를 구하는 취지도 포함되어 있다.

④ 거부처분취소판결의 간접강제에 관한 규정은 무효등 확인소송의 경우에 준용한다.

⑤ 「행정소송법」에서는 의무이행소송을 인정하고 있다.

▶해설 ③ 행정처분의 무효확인을 구하는 소에는 특단의 사정이 없는 한 그 취소를 구하는 취지도 포함되어 있다고 보아야 한다(대판 2005. 12. 23. 2005두3554).
① 취소소송은 법령의 규정에 의하여 당해 처분에 대한 행정심판을 제기할 수 있는 경우에도 이를 거치지 아니하고 제기할 수 있다(「행정소송법」 제18조 제1항).
② 처분등을 취소하는 확정판결은 제3자에 대하여도 효력이 있다(「행정소송법」 제29조 제1항).
④ 거부처분취소판결의 간접강제에 관한 규정은 무효등확인소송의 경우에 준용되지 않는다. 이를 이유로 거부처분에 대한 무효확인판결에 대해 행정청이 재처분을 하지 않는 경우 간접강제가 허용되지 않는다는 것이 판례이다.
⑤ 「행정소송법」에서는 의무이행소송이 규정되어 있지 않으며 판례는 이를 부정한다.

33 항고소송에서 판결의 기속력에 대한 설명으로 옳지 않은 것은?

① 기속력은 일단 판결이 확정된 때에는 동일한 사항이 다시 소송상 문제되었을 때 당사자와 법원은 이에 저촉되는 주장이나 판단을 할 수 없는 효력을 의미한다.

② 현행 「행정소송법」은 취소판결에 대하여 기속력 있음을 규정하고 무효등확인소송과 부작위위법확인소송 및 당사자소송에 이를 준용하고 있다.

③ 기속력은 취소판결 등의 실효성을 도모하기 위하여 인정된 효력이므로, 판결주문 및 그 전제가 된 요건사실의 인정과 효력의 판단에만 미친다.

④ 취소판결이 확정된 후에 그 기속력에 위반하여 같은 사유에 의한 동일한 내용의 처분은 그 하자가 중대하고도 명백하여 당연무효이다.

⑤ 판례에 의하면 거부처분에 대한 취소판결이 확정된 경우에도 처분 시 이후 법령변경에 따라 신법상의 사유를 들어 재차 거부처분한 것은 기속력에 반하지 않는다.

▶해설 ① 판결의 효력으로서 기판력에 관한 설명이다.
⑤ 기속력은 처분 시를 기준으로 처분 시와 동일한 사유로 동일한 처분을 하여서는 안 된다는 것이므로 처분 시 이후 신법에 따라 재차 거부하는 것은 기속력에 반하지 않는다는 것이 판례이다.

Answer 30. ① 31. ⑤ 32. ③ 33. ①

34 甲의 도로점용허가 신청에 대하여 처분청 X는 거부처분을 하였다. 이에 대한 설명으로 옳은 것을 모두 고른 것은? (다툼이 있으면 판례에 따름) 2020년 제8회

> ㉠ 甲은 거부처분취소심판이나 의무이행심판을 제기할 수 있다.
> ㉡ 만약, X가 거부처분에 앞서 사전통지를 하지 않았다면 그 거부처분에는 절차상 하자가 있다.
> ㉢ 甲이 거부처분취소소송을 제기하여 인용판결이 확정되었다면 X는 도로점용허가를 발령하여야 한다.
> ㉣ 甲이 거부처분취소소송을 제기하여 인용판결이 상고심에서 확정되었음에도 X가 아무런 조치를 취하지 아니하면 상고심 법원은 甲의 신청에 의해 간접강제 결정을 할 수 있다.

① ㉠   ② ㉠, ㉢   ③ ㉠, ㉣
④ ㉡, ㉢   ⑤ ㉡, ㉣

해설 ㉠ [○] 거부처분에 대해서는 의무이행심판을 제기할 수도 있고 취소심판도 제기할 수 있다.
㉡ [×] 신청에 대한 거부처분의 경우 사전통지를 하지 않아도 된다는 것이 판례의 입장이다. 따라서 절차상의 하자가 있는 것은 아니다.
㉢ [×] 거부처분취소소송을 제기하여 인용판결이 확정된 경우 행정청은 반드시 점용허가를 발령하여야 하는 것은 아니며 다른 사유를 들어 다시 거부처분을 할 수도 있다.
㉣ [×] 간접강제를 결정하는 법원은 제1심수소법원이다(「행정소송법」 제34조 제1항).

35 「행정소송법」상 취소소송에 관한 규정 중 무효등확인소송에 준용되지 않는 것은?

2018년 제6회

① 사정판결   ② 피고경정
③ 공동소송   ④ 행정청의 소송참가
⑤ 처분변경으로 인한 소의 변경

해설 ① 「행정소송법」 제28조에 규정되어 있는 사정판결에 대한 규정은 무효등확인소송에 준용되지 않는다.
② 「행정소송법」 제14조, 제38조 제1항, ③ 「행정소송법」 제15조, 제38조 제1항, ④ 「행정소송법」 제17조, 제38조 제1항, ⑤ 「행정소송법」 제22조, 제38조 제1항

36 취소소송에 적용되는 「행정소송법」 규정 중 무효등확인소송에 준용되지 않는 것은?

2020년 제8회

① 행정심판기록의 제출명령   ② 관련청구소송의 병합
③ 집행정지   ④ 처분변경으로 인한 소의 변경
⑤ 간접강제

해설 ⑤ 무효확인판결이 내려진 경우에는 그 행정처분이 거부처분인 경우에도 행정청에 판결의 취지에 따른 재처분 의무가 인정될 뿐 그에 대하여 간접강제까지 허용되는 것은 아니라고 할 것이다(대판 1998. 12. 24. 98무37).
① · ② · ③ · ④ 「행정소송법」 제38조 제1항에 의하여 무효등확인소송에도 준용된다.

37 「행정소송법」상 부작위위법확인소송의 경우에 취소소송에 관한 규정이 준용되는 것을 모두 고른 것은? 2025년 제13회

> ㉠ 집행정지
> ㉡ 사정판결
> ㉢ 제3자의 소송참가
> ㉣ 소송비용에 관한 재판의 효력
> ㉤ 거부처분취소판결의 간접강제

① ㉠, ㉡   ② ㉡, ㉣   ③ ㉠, ㉢, ㉤
④ ㉢, ㉣, ㉤   ⑤ ㉡, ㉢, ㉣, ㉤

해설 ㉢ · ㉣ · ㉤ 「행정소송법」 제38조 제2항에 의하여 부작위위법확인소송에도 준용된다.
㉠ 부작위는 집행정지의 대상되는 처분이 없다는 점에서 준용되지 않는다.
㉡ 사정판결은 취소소송에서만 인정되고 유효하게 유지할 처분이 없는 부작위위법확인소송에는 준용되지 않는다.

38 무효등확인소송 및 부작위위법확인소송에 관한 설명으로 옳은 것은?

① 무효등확인소송에서는 사정판결이 인정되지 않는다.
② 취소소송의 제소기간에 관한 규정은 무효등확인소송과 부작위위법확인소송에서는 준용되지 않는다.
③ 부작위위법확인소송에서의 위법판단의 기준 시는 처분 시이다.
④ 부작위위법확인소송에서 '부작위'라 함은 행정청이 당사자의 신청에 대하여 상당한 기간 내에 일정한 처분을 하여야 할 법률상 의무가 있음에도 불구하고 처분을 하지 않는다는 의사를 통지하는 것을 말한다.
⑤ 무효등확인소송은 확인소송의 일종이므로 무효등확인소송을 제기하기 위해서는 '확인의 이익' 내지 '보충성'이 요구된다.

해설 ① 무효등확인소송에는 사정판결의 준용규정이 없고 판례도 무효등확인소송에서 사정판결을 부정하고 있다.
② 무효등확인소송에는 제소기간의 준용규정이 없지만 부작위위법확인소송에는 제소기간의 준용규정이 있다.
⑤ 종래 판례는 무효확인소송에 대해 확인을 구할 법률상 이익 외에 확인의 이익, 보충적 이익, 즉시확정이익을 요한다고 하였으나, 판례를 변경하여 무효확인을 구할 법률상 이익만 있으면 되고 별도의 확인의 이익은 요하지 않는다고 본다.

Answer   34. ①   35. ①   36. ⑤   37. ④   38. ①

제2절 당사자소송과 객관적 소송

01 **판례에 의할 때 당사자소송으로 다툴 수 없는 것은?** 2016년 제4회

① 국가에 대한 납세의무자의 부가가치세 환급세액 지급청구소송

② 「도시 및 주거환경정비법」상 관리처분계획에 대한 행정청의 인가·고시 후 관리처분계획안에 대한 조합총회결의의 효력을 다투는 소송

③ 지방자치단체가 보조금지급결정을 하면서 일정 기한 내에 보조금을 반환하도록 하는 교부조건을 부가한 경우에 그 지방자치단체가 제기하는 보조금반환청구소송

④ 「공익사업을 위한 토지 등의 취득 및 보상에 관한 법률」상의 보상금증액청구소송과 보상금감액청구소송

⑤ 「공익사업을 위한 토지 등의 취득 및 보상에 관한 법률」상 세입자의 주거이전비 청구소송

해설 ② 「도시 및 주거환경정비법」상 주택재건축정비사업조합이 수립한 관리처분계획에 대하여 관할 행정청의 인가·고시가 있게 되면 관리처분계획은 행정처분으로서 효력이 발생하게 되므로, 총회결의의 하자를 이유로 하여 행정처분의 효력을 다투는 항고소송의 방법으로 관리처분계획의 취소 또는 무효확인을 구하여야 한다(대판 2009. 9. 17. 2007다2428).

① 납세의무자에 대한 국가의 부가가치세 환급세액 지급의무는 부가가치세법령의 규정에 의하여 직접 발생하는 것으로서, 국가의 부가가치세 환급세액 지급의무에 대응하는 국가에 대한 납세의무자의 부가가치세 환급세액 지급청구는 민사소송이 아니라 「행정소송법」 제3조 제2호에 규정된 당사자소송의 절차에 따라야 한다(대판 2013. 3. 21. 2011다95564).

③ 보조사업자의 지방자치단체에 대한 보조금 반환의무는 행정처분인 위 보조금 지급결정에 부가된 부관상 의무이고, 이러한 부관상 의무는 보조사업자가 지방자치단체에 부담하는 공법상 의무이므로, 보조사업자에 대한 지방자치단체의 보조금반환청구는 「행정소송법」 제3조 제2호에 규정한 당사자소송의 대상이다(대판 2011. 6. 9. 2011다2951).

④ 구 「토지수용법」 제75조의2 제2항(현 「공익사업을 위한 토지 등의 취득 및 보상에 관한 법률」 제85조 제2항)의 규정상 보상금증액청구소송과 보상금감액청구소송은 공법상의 당사자소송을 규정한 것으로 볼 것이다(대판 1991. 11. 26. 91누285).

⑤ 「공익사업을 위한 토지 등의 취득 및 보상에 관한 법률」상 세입자의 주거이전비는 적법하게 시행된 공익사업으로 인하여 이주하게 된 주거용 건축물 세입자의 주거이전비 보상청구권은 공법상의 권리이고, 따라서 그 보상을 둘러싼 쟁송은 공법상의 법률관계를 대상으로 하는 행정소송(당사자소송)에 의하여야 한다(대판 2008. 5. 29. 2007다8129).

02 당사자소송에 관한 설명으로 옳은 것은? (다툼이 있는 경우에는 판례에 의함) 2014년 제2회

① 당사자소송에는 행정청의 소송참가가 허용되지 않는다.

② 당사자소송의 피고는 원칙적으로 처분을 행한 행정청이 된다.

③ 지방소방공무원이 소속 지방자치단체를 상대로 초과근무수당의 지급을 구하는 소송은 당사자소송 절차에 따라야 한다.

④ 지방전문직공무원 채용계약의 해지에 대한 불복은 당사자소송이 아니라 항고소송으로 하여야 한다.

⑤ 당사자소송의 제소기간에 대해서는 취소소송의 제소기간에 관한 규정이 준용된다.

> **해설** ③ 지방소방공무원의 초과근무수당 지급청구권은 법령의 규정에 의하여 직접 그 존부나 범위가 정하여지고 법령에 규정된 수당의 지급요건에 해당하는 경우에는 곧바로 발생한다고 할 것이므로, 지방소방공무원이 자신이 소속된 지방자치단체를 상대로 초과근무수당의 지급을 구하는 청구에 관한 소송은 「행정소송법」 제3조 제2호에 규정된 당사자소송의 절차에 따라야 한다(대판 2013. 3. 28. 2012다102629).
> ① 당사자소송에서도 제3자 및 관계행정청의 소송참가가 인정된다(「행정소송법」 제44조, 제16조, 제17조).
> ② 당사자소송에서는 국가·공공단체 그 밖의 권리주체가 피고적격을 가진다(「행정소송법」 제39조).
> ④ 지방전문직공무원 채용계약 해지의 의사표시에 대하여는 대등한 당사자 간의 소송형식인 공법상 당사자소송으로 그 의사표시의 무효확인을 청구할 수 있다(대판 1993. 9. 14. 92누4611).
> ⑤ 당사자소송의 제소기간에 대해 취소소송의 제소기간에 관한 규정이 준용되지 않으며, 당사자소송은 원칙적으로 제소기간의 제한이 없다. 다만, 다른 법령에 특별히 제소기간이 규정된 경우에는 그에 의하며, 그 기간은 불변기간으로 한다(「행정소송법」 제41조).

03 지방자치단체인 A광역시가 부과하는 지방세의 징수를 담당하는 소속 공무원인 B는 납세의무자인 D의 허위신고를 묵인하고 해당 지방세를 징수하지 않았다. 이에 감사청구를 한 주민 C가 60일이 경과해도 감사가 종료되지 않았을 때 제기할 수 있는 소송의 유형은?

① 「민법」상 손해배상청구소송   ② 「민법」상 당사자소송

③ 항고소송   ④ 민중소송으로서 주민소송

⑤ 기관소송

> **해설** ④ 주무부장관이나 시·도지사가 감사청구를 수리한 날부터 60일이 지나도 감사를 끝내지 아니한 경우 C는 「지방자치법」 제17조 제1항 제1호에 의해 주민소송을 제기할 수 있다. 주민소송은 구체적인 권익의 침해 없이도 제기되고 적법한 통제를 목적으로 하는 소송으로서 객관적 소송이다.

Answer   1. ②   2. ③   3. ④

행정법
각론

행정사
임병주 행정법

★

PART

01

행정조직법

행정조직과 권한행사

핵심 summary

1. 행정조직 법정주의

행정조직에 관한 사항은 기본적으로 법률로 정하여야 한다. 정부조직에 관한 세부적인 사항에 관하여는 법률에서 구체적 범위를 정하여 명령에 위임할 수 있다.

> **헌법 제96조** 행정각부의 설치·조직과 직무범위는 법률로 정한다. 기출
>
> **정부조직법**
> **제2조【중앙행정기관의 설치와 조직 등】** ① 중앙행정기관의 설치와 직무범위는 법률로 정한다.
>
> **제3조【특별지방행정기관의 설치】** ① 중앙행정기관에는 소관사무를 수행하기 위하여 필요한 때에는 특히 법률로 정한 경우를 제외하고는 대통령령으로 정하는 바에 따라 지방행정기관을 둘 수 있다.
>
> **제4조【부속기관의 설치】** 행정기관에는 그 소관사무의 범위에서 필요한 때에는 대통령령으로 정하는 바에 따라 시험연구기관·교육훈련기관·문화기관·의료기관·제조기관 및 자문기관 등을 둘 수 있다. 기출
>
> **제5조【합의제행정기관의 설치】** 행정기관에는 그 소관사무의 일부를 독립하여 수행할 필요가 있는 때에는 법률로 정하는 바에 따라 행정위원회 등 합의제행정기관을 둘 수 있다. 기출
>
> **제9조【예산조치와의 병행】** 행정기관 또는 소속기관을 설치하거나 공무원의 정원을 증원할 때에는 반드시 예산상의 조치가 병행되어야 한다. 기출
>
> **지방자치법 제4조【지방자치단체의 기관구성 형태의 특례】** ① 지방자치단체의 의회(이하 "지방의회"라 한다)와 집행기관에 관한 이 법의 규정에도 불구하고 따로 법률로 정하는 바에 따라 지방자치단체의 장의 선임 방법을 포함한 지방자치단체의 기관구성 형태를 달리할 수 있다.
> ② 제1항에 따라 지방의회와 집행기관의 구성을 달리하려는 경우에는 「주민투표법」에 따른 주민투표를 거쳐야 한다.

2. 권한의 대리

(1) 임의대리

의의	피대리관청의 대리권부여라는 수권행위에 의해 대리관계가 발생하는 대리
법적 근거	법적 근거를 필요로 하지 않음
대리권의 범위	① 수권행위에서 정해진 범위 ② 권한의 일부에 대해서만 가능, 권한 전부에 대한 대리(×) ③ 법령에서 반드시 특정 기관만이 하도록 규정한 행위는 수권의 대상(×)
대리의 효과	① 현명을 한 경우 피대리관청의 행위로 귀속 ② 권한을 넘은 대리의 경우 「민법」상 표현대리 유추적용
피대리관청과 관계	① 대리관청은 피대리관청의 권한을 자기의 책임하에 자기의 이름으로 행사 ② 피대리관청은 대리관청을 지휘·감독하고, 대리관청의 행위에 대하여 책임 부담
복대리	원칙적 부정
대리권 종료	수권행위의 철회, 수권행위에서 정한 기한의 경과, 해제조건의 성취 등

(2) 법정대리

의의	법령의 규정에 의하여 일정한 사실의 발생에 따라 당연히 또는 일정한 자의 지정에 의해 성립하는 대리[수권행위(×)]	
종류	협의의 법정대리	법정사실이 발생하면 당연히 대리관계가 발생하는 대리
	지정대리	법정사실의 발생 시 일정한 자가 대리자를 지정함으로써 대리관계가 발생 예 서리 ^{기출}
대리권의 범위	협의의 법정대리와 지정대리 모두 대리권은 피대리관청의 권한의 전부에 미침 ^{기출}	
대리의 효과	현명을 한 경우 피대리관청의 행위로 귀속	
피대리관청과 관계	① 대리관청은 피대리관청의 권한을 자기의 책임하에 자기의 이름으로 행사 ② 피대리관청은 대리관청 지휘·감독에 책임을 지지 않음(임의대리와 차이)	
복대리	원칙적 가능	
대리권 종료	대리권을 발생하게 한 법정사유의 소멸에 의해 소멸	

3. 권한의 위임

(1) 내부위임과 구별

권한의 위임	① 위임기관의 권한의 일부를 수임기관의 권한으로 이전 ② 수임기관이 자기 책임하에 수임기관의 명의로 권한행사 ^{기출} ③ 권한이 이전된다는 점에서 법률의 근거 필요 ^{기출}
내부위임	① 행정청의 내부적 사무처리의 편의를 도모하기 위하여 그 보조기관 또는 하급행정청으로 하여금 그 권한을 '사실상' 행하게 하는 것 ^{기출} ② 수임자는 위임기관의 명의로 권한을 행사하여야 함 ^{기출} ③ 법률의 근거 불요 ^{기출}

지문식 판례◆
① 내부위임을 받은 자가 자기의 이름으로 한 처분은 무권한의 처분으로 무효이다. 기출
② 전결규정에 위반하여 원래의 전결권자 아닌 보조기관 등이 처분권자인 행정관청의 이름으로 행정처분을 한 경우 무효의 처분이라고는 할 수 없다.

(2) 권한의 위임 정리

위임의 방식	권한의 위임은 직접 법령으로 정하거나, 법령에 근거한 위임관청의 의사결정으로 행해짐(수임기관의 동의 불요) 기출		
위임의 한계	① 권한의 일부에 한하여 인정 기출 ② 권한의 전부 또는 위임청의 존립근거를 위태롭게 하는 주요 부분의 위임은 인정(×)		
위임의 효과	권한의 이전	위임기관은 권한 상실, 수임기관의 권한이 됨	
	지휘 · 감독	위임기관은 수임기관의 수탁사무 처리에 대해 지휘 · 감독(위법 · 부당한 처분 취소 · 정지) 기출	
	사전승인 제한	위임기관은 수임기관에 대해 수임사무처리에 대한 사전승인을 받거나 협의를 할 것을 요구(×) 기출	
	항고소송 피고	수임청이 피고	
	재위임	권한을 위임받은 기관은 특히 필요한 경우에는 법령으로 정하는 바에 따라 위임받은 사무의 일부를 하급행정기관에게 재위임 기출	
비용부담	원칙적 위임기관 부담		
위임의 종료	위임의 해제 또는 종기의 도래 등에 의해 종료(위임된 권한은 다시 위임기관에 회복) 기출		
사인에게 위임	행정기관은 법령으로 정하는 바에 따라 그 소관사무 중 조사 · 검사 · 검정 · 관리 업무 등 국민의 권리 · 의무와 직접 관계되지 아니하는 사무를 지방자치단체가 아닌 단체 또는 개인에게 위탁할 수 있음 기출		

4. 상하행정청 간의 관계

감시 · 감독	하급관청의 사무처리상황을 파악하기 위해 보고를 받거나, 서류장부를 검사하는 등 사무감사를 행하는 것(법령의 근거 불요) 기출
인가 · 승인	하급관청의 일정한 권한행사 전 미리 상급관청의 동의나 승인을 받게 하는 것. 구속력 있음 [처분(×)] 기출
취소 · 정지	① 대통령은 국무총리와 중앙행정기관의 장의 명령이나 처분이 위법 또는 부당하다고 인정하면 이를 중지 또는 취소(○) ② 위임기관은 수임기관의 수임 처리에 대하여 지휘 · 감독하고, 그 처리가 위법하거나 부당하다고 인정될 때에는 이를 취소하거나 정지(○) 기출
대집행	별도의 법적 근거가 있어야 함

훈령	**의의**	하급행정청의 권한행사를 일반적으로 지휘하기 위하여 상급행정청이 감독권의 당연한 작용으로 사전에 발하는 명령(법령의 근거 불요) **기출**
	성질	① 행정규칙, 법규성(×) ② 훈령을 위반한 경우 징계사유(○), 국민에 대한 위법(×) **기출**
	종류	협의의 훈령, 지시, 예규, 일일명령
	위법한 훈령	① 형식적 요건: 하급기관의 심사권 인정 ② 실질적 요건(내용): 중대·명백한 하자로 무효인 경우 복종의무(×), 그 외 복종의무(○)
	훈령의 경합	① 원칙 - 주관상급관청의 훈령을 따름 ② 주관상급관청이 서로 상하관계일 때 직근상급관청의 훈령을 따름

5. 대등행정청 간의 관계

상호협력	**협의**	원칙적 구속력(×), 법령상 협의를 거치지 않은 처분은 원칙적 취소사유
	동의	원칙적 구속력(○), 동의 없이 한 처분은 원칙적 무효(다수설)
사무위탁·촉탁		대등관청 사이에 다른 행정청의 관할에 속하는 사항에 대해 사무처리를 위탁
행정응원		① 행정응원을 위하여 파견된 직원은 응원을 요청한 행정청의 지휘·감독을 받음 ② 행정응원에 드는 비용은 응원을 요청한 행정청이 부담 **기출** ③ 그 부담금액 및 부담방법은 응원을 요청한 행정청과 응원을 하는 행정청이 협의하여 결정
주관쟁의 결정		① 행정 각부 간의 권한의 획정은 국무회의심의를 거쳐 대통령이 결정 ② 행정청의 관할이 분명하지 아니한 경우에는 해당 행정청을 공통으로 감독하는 상급행정청이 그 관할을 결정, 공통으로 감독하는 상급행정청이 없는 경우에는 각 상급행정청이 협의하여 그 관할을 결정
조정		부·처의 장은 그 소관사무의 효율적 추진을 위하여 필요한 경우에는 국무총리에게 소관사무와 관련되는 다른 행정기관의 사무에 대한 조정을 요청할 수 있음 **기출**

01 「정부조직법」상 국무총리 소속 행정기관에 해당하는 것은? 2023년 제11회

① 법제처
② 특허청
③ 국세청
④ 통계청
⑤ 대통령경호처

해설 ① 법제처는 국무총리 소속이다(「정부조직법」 제23조 제1항).
② 특허청은 산업통상자원부장관 소속이다(「정부조직법」 제38조 제4항).
③ 국세청은 기획재정부장관 소속이다(「정부조직법」 제27조 제3항).
④ 통계청은 기획재정부장관 소속이다(「정부조직법」 제27조 제9항).
⑤ 대통령경호처는 대통령 직속기관이다(「정부조직법」 제16조).

02 행정기관에 관한 설명으로 옳지 않은 것은? (다툼이 있으면 판례에 따름) 2025년 제13회

① 상급행정기관의 하급행정기관에 대한 승인·동의·지시는 국민의 권리 의무에 직접 영향을 미치지 않더라도 행정처분에 해당한다.
② 법제처는 국무총리 소속 행정기관이다.
③ 중앙행정기관의 설치와 직무범위는 법률로 정한다.
④ 각 행정기관의 장은 소관사무를 통할하고 소속공무원을 지휘·감독한다.
⑤ 행정기관에는 그 소관사무의 일부를 독립하여 수행할 필요가 있는 때에는 법률로 정하는 바에 따라 행정위원회 등 합의제행정기관을 둘 수 있다.

해설 ① 상급행정기관의 하급행정기관에 대한 승인·동의·지시 등은 행정기관 상호간의 내부행위로서 국민의 권리 의무에 직접 영향을 미치는 것이 아니므로 항고소송의 대상이 되는 행정처분에 해당한다고 볼 수 없다(대판 1997. 9. 26. 97누8540).
② 「정부조직법」 제23조 제1항, ③ 「정부조직법」 제2조 제1항, ④ 「정부조직법」 제7조 제1항, ⑤ 「정부조직법」 제5조

03 합의제행정기관에 관한 설명으로 옳은 것을 모두 고른 것은? 2018년 제6회

> ㉠ 행정기관에는 그 소관사무의 일부를 독립하여 수행할 필요가 있는 때에는 법률로 정하는 바에 따라 행정위원회 등 합의제행정기관을 둘 수 있다.
> ㉡ 지방자치단체는 그 소관사무의 일부를 독립하여 수행할 필요가 있으면 법령이나 그 지방자치단체의 조례로 정하는 바에 따라 합의제행정기관을 설치할 수 있다.
> ㉢ 소청심사위원회는 심사·결정권과 함께 대외적 표시권한을 갖는 행정청이다.
> ㉣ 중앙노동위원회의 처분에 대한 항고소송의 피고는 중앙노동위원회가 된다.

① ㉠, ㉡ ② ㉠, ㉣ ③ ㉡, ㉢
④ ㉠, ㉡, ㉢ ⑤ ㉡, ㉢, ㉣

해설 ㉠ [○]「정부조직법」제5조
㉡ [○]「지방자치법」제129조 제1항
㉢ [○]「국가공무원법」제9조, 제14조
㉣ [×] 중앙노동위원회의 처분에 관한 소는 합의제 행정청인 중앙노동위원회가 아닌 중앙노동위원회 위원장을 피고로 하여 제기하여야 한다(「노동위원회법」제27조).

04 행정기관 중 합의제 행정기관 혹은 위원회에 관한 설명으로 옳지 않은 것은? 2019년 제7회

① 중앙행정기관인 위원회의 설치와 직무범위는 법률로 정한다.
② 지방자치단체는 그 소관 사무의 범위에서 조례로 위원회 등의 자문기관을 설치·운영할 수 있다.
③ 심의기관의 결정에는 특별한 규정이 없는 한 법적 구속력이 없다.
④ 「헌법」에 따라 설치되는 위원회에 대하여는 「행정기관 소속 위원회의 설치·운영에 관한 법률」을 적용한다.
⑤ 의결권만을 갖는 의결기관인 위원회는 결정된 의사의 대외적 표시권한을 갖지 못한다.

해설 ④ 「헌법」에 따라 설치되는 위원회 및 「정부조직법」제2조 제2항에 따라 다른 법률에 의하여 중앙행정기관으로 설치되는 위원회에 대하여는 이 법을 적용하지 아니한다(「행정기관 소속 위원회의 설치·운영에 관한 법률」제3조 제2항).
① 「정부조직법」제2조 제1항, ② 「지방자치법」제130조 제1항
③ 심의기관이 자문기관인 경우 특별한 규정이 없는 한 법적 구속력은 없다.
⑤ 의결기관은 국가의 의사를 결정할 권한을 가지고 있으나 이를 대외적으로 표시할 수 있는 권한을 갖지 못한 합의제 행정기관을 말한다.

Answer 1. ① 2. ① 3. ④ 4. ④

05 「정부조직법」상 행정청의 조직과 권한에 관한 설명으로 옳지 않은 것은? 2016년 제4회

① 행정기관은 법령으로 정하는 바에 따라 그 소관사무의 일부를 보조기관 또는 하급행정기관에 위임할 수 있다.

② 상급행정기관으로부터 사무를 위임받은 하급행정기관은 특히 필요한 경우 법령으로 정하는 바에 따라 위임받은 사무의 일부를 보조기관에 재위임할 수 있다.

③ 행정기관은 법령으로 정하는 바에 따라 그 소관사무 중 조사·검사·검정·관리 업무 등 국민의 권리·의무와 직접 관계되지 아니하는 사무를 지방자치단체가 아닌 단체 또는 개인에게 위탁할 수 있다.

④ 부·처의 장은 그 소관사무의 효율적 추진을 위하여 필요한 경우에는 국무총리에게 소관사무와 관련되는 다른 행정기관의 사무에 대한 조정을 요청할 수 있다.

⑤ 행정기관 또는 소속기관을 설치하거나 공무원의 정원을 증원할 때에는 반드시 예산상의 조치가 병행될 필요는 없다.

> **해설** ⑤ 행정기관 또는 소속기관을 설치하거나 공무원의 정원을 증원할 때에는 반드시 예산상의 조치가 병행되어야 한다(「정부조직법」 제9조).
> ①·② 「정부조직법」 제6조 제1항, ③ 「정부조직법」 제6조 제3항, ④ 「정부조직법」 제7조 제5항

06 행정조직에 관한 설명으로 옳지 않은 것은? 2013년 제1회

① 현행 「헌법」은 행정조직법정주의를 채택하고 있다.

② 행정 각부의 장관과 지방자치단체의 장은 행정청에 해당한다.

③ 보조기관도 행정청으로부터 위임된 권한을 행사하는 경우에는 그 한도에서 행정청의 지위를 가진다.

④ 행정기관에는 그 소관사무의 일부를 독립하여 수행할 필요가 있는 때에는 법률로 정하는 바에 따라 행정위원회 등 합의제행정기관을 둘 수 있다.

⑤ 각종 징계위원회나 지방의회와 같은 부속기관의 설치에는 법령의 근거를 요하지 않는다.

> **해설** ⑤ 행정기관에 부속기관을 설치하는 경우 대통령령의 근거가 있어야 한다(「정부조직법」 제4조). 지방의회는 「헌법」 제118조에 따라 지방자치단체에 필수적으로 설치하도록 인정된 기관이다.
> ① 행정각부의 설치·조직과 직무범위는 법률로 정한다(「헌법」 제96조).
> ③ 보조기관은 위임받은 사항에 대하여는 그 범위에서 행정기관으로서 그 사무를 수행한다(「정부조직법」 제6조 제2항). 따라서 보조기관도 행정청으로부터 위임된 권한을 행사하는 경우에는 그 한도에서 행정청의 지위를 가진다.
> ④ 「정부조직법」 제5조

07 **행정기관에 관한 설명으로 옳지 않은 것은? (다툼이 있으면 판례에 따름)** 2021년 제9회

① 법령에 따라 행정권한을 위탁받은 사인은 행정청이 될 수 없다.

② 행정에 관한 의사를 결정하여 표시하는 국가 또는 지방자치단체의 기관은 행정청이다.

③ 지방자치단체는 그 소관 사무의 일부를 독립하여 수행할 필요가 있으면 법령이나 그 지방자치단체의 조례로 정하는 바에 따라 합의제행정기관을 설치할 수 있다.

④ 행정기관의 장은 소관사무를 통할하고 소속공무원을 지휘·감독한다.

⑤ 「정부조직법」은 합의제행정기관의 설치에 관한 법적 근거를 두고 있다.

해설 ① 법령에 따라 행정권한을 위탁받은 사인은 행정청이 될 수 있고 행정처분을 발할 수 있다.
② 행정주체의 의사를 결정하여 대외적으로 표시하는 행정기관을 행정청이라고 한다.
③ 「지방자치법」 제129조 제1항, ④ 「정부조직법」 제7조 제1항
⑤ 행정기관에는 그 소관사무의 일부를 독립하여 수행할 필요가 있는 때에는 법률로 정하는 바에 따라 행정위원회 등 합의제행정기관을 둘 수 있다(「정부조직법」 제5조).

08 **행정관청 간의 관계에 관한 설명으로 옳은 것은? (다툼이 있으면 판례에 따름)** 2019년 제7회

① 상급관청의 훈령권에는 법령상 근거가 요구된다.

② 대외적 구속력이 없는 훈령을 위반한 조치는 위법하다.

③ 하급행정관청의 권한행사에 대한 상급행정관청의 내부적인 승인·인가는 행정처분이 아니다.

④ '동의'를 의미하는 관계기관의 '협의' 의견은 주무관청을 구속하지 않는다.

⑤ 상급관청의 하급관청에 대한 감시권에는 개별적인 법령상 근거를 요한다.

해설 ③ 상급행정기관의 하급행정기관에 대한 승인·동의·지시 등이 행정처분에 해당하지 않는다(대판 1997. 9. 26. 97누8540).
① 훈령권은 감독권에 당연히 내포된 것이기 때문에 법적 근거를 요하지 않는다.
② 훈령은 행정규칙에 해당하므로 이를 위반한 조치는 위법하지 않다.
④ 동의기관의 동의 의견이나 부동의 의견에 구속되므로 '동의'를 의미하는 관계기관의 '협의' 의견은 주무관청을 구속한다.
⑤ 감시권 발동에는 개별적인 법적 근거를 요하지 않는다.

Answer 5.⑤ 6.⑤ 7.① 8.③

09 행정조직에 관한 설명으로 옳지 않은 것은? 2022년 제10회

① 훈령이란 상급관청이 하급관청의 권한행사를 지휘하기 위해 발하는 명령이다.

② 공무원이 대외적 구속력이 없는 훈령에 위반한 경우에도 위법은 아니며 징계책임이 부과될 수 있을 뿐이다.

③ 상급관청은 직권에 의해 하급관청의 위법·부당한 행위의 취소를 명할 수 있다.

④ 징계위원회 같은 의결기관으로서의 위원회는 의결권은 물론이고 정해진 의사를 대외적으로 표시할 권한을 갖는다.

⑤ 주관쟁의결정권이란 하급관청 사이에 권한의 분쟁이 있는 경우, 상급관청이 그 분쟁을 해결하고 결정하는 권한을 말한다.

▶**해설** ④ 의결기관은 행정주체의 의사를 결정하는 권한만을 가지고 이를 외부에 표시할 권한은 가지지 못한다.
① 상급관청이 하급관청의 권한행사를 지휘·감독하기 위해 발하는 명령을 훈령이라 한다.
② 공무원이 대외적 구속력이 없는 훈령에 위반한 경우에 위법은 아니지만, 명령복종의무의 위반이 되므로 징계의 대상이 된다.
③ 상급관청이 하급관청의 위법·부당한 행위를 법적 근거가 없는 경우에도 이를 취소 또는 정지할 수 있는가에 관하여 견해대립이 있다. 법적 근거가 없다면 직접 취소·정지할 수 없고 취소 또는 정지를 명령할 수 있다고 보는 견해가 다수설이다.

10 행정권한의 대리에 관한 설명으로 옳은 것은?

① 임의대리를 인정하는 법적 근거가 없는 경우에도 임의대리가 허용되는지 여부에 관하여 반드시 법적 근거가 필요하다고 보는 것이 일반적 견해이다.

② 임의대리는 행정청이 임의로 하는 것이므로 그 성격상 권한의 전부에 대한 수권이 가능하다.

③ 사고 등 법정사실이 발생하였을 때 일정한 자가 대리자를 지정함으로써 대리관계가 발생하는 것을 협의의 법정대리라고 한다.

④ 법정대리의 경우 대리권의 범위는 법령에서 특별한 규정이 없는 한 피대리청 권한의 전부에 미친다.

⑤ 법정대리의 경우는 복대리가 허용되지 않으나 임의대리의 경우는 원칙적으로 복대리가 허용된다.

▶**해설** ④ 임의대리의 대리권의 범위는 수권행위에 정하는 것이 원칙이나, 법정대리의 대리권은 피대리관청의 권한의 전부에 미친다. 법정대리는 대리자의 지정방법에 따라 협의의 법정대리와 지정대리로 구분할 수 있다. 협의의 법정대리는 법정사실이 발생하면 당연히 대리관계가 발생하는 것이나 지정대리는 법정사실의 발생 시에 일정한 자가 대리자를 지정함으로써 대리관계가 발생하는 것이다.

11 권한의 위임과 내부위임에 관한 설명으로 옳은 것은? (다툼이 있으면 판례에 따름)

2018년 제6회

① 내부위임에는 법적 근거가 필요하다.

② 권한이 위임된 경우 수임기관이 위임기관의 명의로 권한을 행사한다.

③ 내부위임의 경우 수임기관이 자신의 명의로 처분을 하였다면, 위임기관이 항고소송의 피고가 된다.

④ 내부위임의 경우 수임기관이 자신의 명의로 처분을 하였다면, 그 처분의 하자는 원칙적으로 취소사유에 해당한다.

⑤ 「행정권한의 위임 및 위탁에 관한 규정」에 따르면 수임사무의 처리에 관하여 위임기관은 수임기관에 대하여 사전승인을 받을 것을 요구할 수 없다.

▶해설 ⑤ 「행정권한의 위임 및 위탁에 관한 규정」 제7조
① 내부위임에는 법적 근거가 필요하지 않다.
② 권한이 위임된 경우 수임기관이 자신의 명의로 권한을 행사한다.
③ 내부위임의 경우 수임기관이 자신의 명의로 처분을 하였다면, 수임기관이 항고소송의 피고가 된다(대판 1991. 10. 8. 91누520).
④ 내부위임의 경우 수임기관이 자신의 명의로 처분을 하였다면, 그 처분의 하자는 원칙적으로 무효사유에 해당한다(대판 1995. 11. 28. 94누6475).

12 행정조직과 권한의 위임 등에 관한 설명으로 옳지 않은 것은? (다툼이 있으면 판례에 따름)

2023년 제11회

① 행정기관은 법령으로 정하는 바에 따라 그 소관사무의 일부를 하급행정기관에 위임할 수 있다.

② 행정기관 또는 소속기관을 설치하거나 공무원의 정원을 증원할 때에는 반드시 예산상의 조치가 병행되어야 한다.

③ 행정권한의 위임은 권한의 법적인 귀속을 변경하는 것이므로 법률이 위임을 허용하고 있는 경우에 한하여 인정된다.

④ 행정권한의 내부위임은 법률이 위임을 허용하고 있는 경우에 한하여 인정된다.

⑤ 「헌법」은 행정각부의 설치·조직과 직무범위는 법률로 정한다고 규정하고 있다.

▶해설 ④·③ 권한의 위임은 법령상 위임청의 권한이 수임청으로 이전되므로 법률이 위임을 허용하는 경우에 한하여 인정된다. 그러나 내부위임은 권한의 이전이 없으므로 법률의 근거를 요하지 않는다.
① 행정기관은 법령으로 정하는 바에 따라 그 소관사무의 일부를 보조기관 또는 하급행정기관에 위임하거나 다른 행정기관·지방자치단체 또는 그 기관에 위탁 또는 위임할 수 있다(「정부조직법」 제6조 제1항).
② 「정부조직법」 제9조
⑤ 행정각부의 설치·조직과 직무범위는 법률로 정한다(「헌법」 제96조).

Answer 9. ④ 10. ④ 11. ⑤ 12. ④

13 권한의 위임에 관한 설명으로 옳지 않은 것은? (다툼이 있으면 판례에 따름) 2017년 제5회

① 권한의 위임은 법적 근거를 요하지 않는다.

② 권한의 위임은 위임청의 권한의 일부에 한하여 인정된다.

③ 권한의 위임이 기간의 도래로 인해 종료되면 위임된 권한은 다시 위임기관에 회복된다.

④ 보조기관에게 권한을 위임하는 경우 권한의 위임기관은 그 보조기관의 권한행사를 지휘·
감독할 수 있다.

⑤ 권한을 위임받은 기관은 특히 필요한 경우에는 법령으로 정하는 바에 따라 위임받은
사무의 일부를 하급행정기관에게 재위임할 수 있다.

해설 ① 권한의 위임으로 법률에서 정한 행정관청의 권한의 분배가 대외적으로 변경되고, 이로 인해 법적 지위가
상이한 수임기관으로 이전되므로, 권한의 위임은 반드시 법적 근거를 요한다.
② "위임"이란 법률에 규정된 행정기관의 장의 권한 중 일부를 그 보조기관 또는 하급행정기관의 장이나 지방자치
단체의 장에게 맡겨 그의 권한과 책임 아래 행사하도록 하는 것을 말한다(「행정권한의 위임 및 위탁에 관한 규정」
제2조 제1호).
③ 위임은 위임의 해제 또는 해제조건의 성취, 종기의 도래 등에 의하여 종료된다. 위임이 종료되면 위임되었던
권한은 위임청의 권한으로 복귀된다.
④ 위임 및 위탁기관은 수임 및 수탁기관의 수임 및 수탁사무 처리에 대하여 지휘·감독하고, 그 처리가 위법하거나
부당하다고 인정될 때에는 이를 취소하거나 정지시킬 수 있다(「행정권한의 위임 및 위탁에 관한 규정」 제6조).
⑤ 위임 또는 위탁을 받은 기관은 특히 필요한 경우에는 법령으로 정하는 바에 따라 위임 또는 위탁을 받은 사무의
일부를 보조기관 또는 하급행정기관에 재위임할 수 있다(「정부조직법」 제6조 제1항).

14 행정권한의 위임에 관한 설명으로 옳지 않은 것은? (다툼이 있는 경우에는 판례에 의함)
2013년 제1회

① 권한의 위임은 권한 자체가 수임자에게 이전된다는 점에서 권한 자체를 이전하지 않는
권한의 대리와 구별된다.

② 내부위임의 경우 수임관청은 위임관청의 이름으로만 그 권한을 행사할 수 있다는 점
에서 권한의 위임과 구별된다.

③ 권한의 위임이 있는 경우에는 처분의 명의자가 수임기관으로 되어 있다 하더라도 그
처분에 대한 취소소송의 피고는 위임기관이 된다.

④ 소속 하급행정청에 대한 위임은 위임청의 일방적 위임행위에 의하여 성립하고, 수임
기관의 동의를 요하지 않는다.

⑤ 도지사는 조례에 의해서도 그 권한에 속하는 자치사무의 일부를 소속 행정기관에 위임할
수 있다.

해설 ③ 권한의 위임이 있으면 수임청은 자신의 명의와 책임으로 해당 권한을 행사하고, 그 권한행사의 효과는 수임청 자신의 행위로서 효력을 발생하므로 행정소송(항고소송)에 있어서의 피고도 위임관청이 아니라 수임청이 된다.

① 위임의 경우는 권한 자체가 수임기관에 이전되나, 대리의 경우에는 권한의 귀속 자체에는 변경이 없다는 점에서 차이가 있다.

② 행정권한의 내부위임은 행정관청의 내부적인 사무처리의 편의를 도모하기 위하여 그의 보조기관 또는 하급행정관청으로 하여금 그의 권한을 사실상 행하도록 하는 데 그치는 것이므로, 내부위임의 경우에는 수임관청은 위임관청의 이름으로만 그 권한을 행사할 수 있을 뿐 자기의 이름으로는 그 권한을 행사할 수 없다(대판 1989. 9. 12. 89누671).

④ 소속 하급행정청에 대한 권한의 위임은 위임청의 일방적 행위로서 수임기관의 동의를 요하지 않는다.

⑤ 지방자치단체의 장은 조례나 규칙으로 정하는 바에 따라 그 권한에 속하는 사무의 일부를 보조기관, 소속 행정기관 또는 하부행정기관에 위임할 수 있다(「지방자치법」 제117조 제1항).

15 권한의 위임에 관한 설명으로 옳지 않은 것은? (다툼이 있으면 판례에 따름) 2025년 제13회

① 국가사무가 지방자치단체의 장에게 위임된 기관위임사무는 원칙적으로 자치조례의 제정범위에 속하지 않는다.

② 지방자치단체의 장은 기관수임사무의 일부를 그 위임기관의 장의 승인을 받아 규칙으로 정하는 바에 따라 재위임할 수 있다.

③ 위임기관은 수임기관의 수임사무 처리에 대하여 지휘·감독하고, 그 처리가 위법하거나 부당하다고 인정될 때에는 이를 취소하거나 정지시킬 수 있다.

④ 수임사무의 처리에 관하여 위임기관은 수임기관에 대하여 사전승인을 받거나 협의를 요구할 수 없다.

⑤ 지방자치단체가 국가사무를 수임한 경우에는 수임한 지방자치단체에서 그 경비를 부담하여야 한다.

해설 ⑤ 국가가 스스로 하여야 할 사무를 지방자치단체나 그 기관에 위임하여 수행하는 경우 그 경비는 국가가 전부를 그 지방자치단체에 교부하여야 한다(「지방재정법」 제21조 제2항).

① 기관위임사무는 법령에 특별한 규정이 없는 한 자치단체장에게 위임된 권한이므로 지방의회가 조례로 정할 수 없다.

② 지방자치단체의 장이 위임받거나 위탁받은 사무의 일부를 다시 위임하거나 위탁하려면 미리 그 사무를 위임하거나 위탁한 기관의 장의 승인을 받아야 한다(「지방자치법」 제117조 제4항).

③ 「행정권한의 위임 및 위탁에 관한 규정」 제6조, ④ 「행정권한의 위임 및 위탁에 관한 규정」 제7조

Answer 13. ① 14. ③ 15. ⑤

16 행정권한의 대리와 위임에 관한 설명으로 옳지 않은 것은? (다툼이 있으면 판례에 따름)
2020년 제8회

① 임의대리에서 대리관청이 대리관계를 밝히고 처분을 한 경우 피대리관청이 처분청으로서 항고소송의 피고가 된다.

② 법정대리는 특별한 규정이 없는 한 피대리관청의 권한 전부에 미친다.

③ 권한을 내부위임 받은 수임행정청은 위임행정청의 이름으로 권한을 행사하여야 한다.

④ 권한의 내부위임은 법률의 근거가 없어도 가능하다.

⑤ 권한의 일부에 대한 위임뿐만 아니라 권한 전부의 위임도 가능하다.

해설 ⑤ 권한의 위임은 일부에 대한 위임만 허용되며 전부위임은 권한분배의 원칙에 반하므로 허용되지 않는다.
① 대리관청이 정상적으로 대리관계를 밝히고 처분을 한 경우 피대리관청이 항고소송의 피고가 된다.
② 법정대리에 있어서의 대리권은 피대리관청의 '권한의 전부'에 미친다.
③ 내부위임의 경우에는 권한이 이전되는 것이 아니므로 수임행정청은 위임행정청의 이름으로 권한을 행사하여야 한다.
④ 내부위임은 권한변경을 가져오는 것이 아니므로 법적 근거가 없어도 가능하다.

17 권한의 대리와 위임에 관한 설명으로 옳은 것은? (다툼이 있으면 판례에 의함) 2024년 제12회

① 권한의 위임은 권한 자체를 수임자에게 이전하지 않는 점에서 권한 자체가 이전되는 권한의 대리와 구별된다.

② 국가사무가 도지사에게 기관위임된 경우 도지사가 이를 군수에게 재위임하기 위해서는 도 조례에 의하여야 한다.

③ 「정부조직법」에 따르면 권한의 위임은 위임기관의 권한의 일부에 한하여 인정된다.

④ 내부위임에 따라 수임관청이 자신의 이름으로 처분을 한 경우 그 처분에 대한 무효확인소송의 피고는 위임관청이 된다.

⑤ 「행정권한의 위임 및 위탁에 관한 규정」에 따르면 수임사무의 처리에 관하여 위임기관은 수임기관에 대하여 사전승인을 받을 것을 요구할 수 있다.

해설 ③ 행정기관은 법령으로 정하는 바에 따라 그 소관사무의 일부를 보조기관 또는 하급행정기관에 위임하거나 다른 행정기관·지방자치단체 또는 그 기관에 위탁 또는 위임할 수 있다(「정부조직법」 제6조 제1항).
① 위임의 경우는 권한 자체가 수임기관에 이전되나, 대리의 경우에는 권한의 귀속 자체에는 변경이 없다는 점에서 차이가 있다.
② 조례가 아닌 규칙에 의하여야 한다. 지방자치단체장은 수임사무의 일부를 그 위임기관의 장의 승인을 받아 규칙으로 정하는 바에 따라 다시 위임할 수 있다(「행정권한의 위임 및 위탁에 관한 규정」 제4조).
④ 수임관청이 자신의 이름으로 처분한 경우 수임관청이 피고가 된다.
⑤ 수임 및 수탁사무의 처리에 관하여 위임 및 위탁기관은 수임 및 수탁기관에 대하여 사전승인을 받거나 협의를 할 것을 요구할 수 없다(「행정권한의 위임 및 위탁에 관한 규정」 제7조).

18 행정권한의 위임 등에 관한 설명으로 옳지 않은 것은? (다툼이 있으면 판례에 따름)

2021년 제9회

① 행정권한의 위임은 법률에 규정된 행정기관의 장의 권한 중 일부를 그 보조기관 또는 하급행정기관의 장이나 지방자치단체의 장에게 맡겨 그의 권한과 책임 아래 행사하도록 하는 것이다.

② 행정권한의 내부위임은 법률이 위임을 허용하고 있지 아니한 경우에도 행정관청의 내부적인 사무처리의 편의를 도모하기 위하여 그의 보조기관 또는 하급행정관청으로 하여금 그의 권한을 사실상 행사하게 하는 것이다.

③ 위임기관은 수임기관의 수임사무 처리에 대하여 지휘·감독하고, 그 처리가 위법하거나 부당하다고 인정될 때에는 이를 취소하거나 정지시킬 수 있다.

④ 수임사무의 처리에 관하여 위임기관은 수임기관에 대하여 사전승인을 받거나 협의를 할 것을 요구할 수 없다.

⑤ 행정기관은 위임을 받은 사무의 전부 또는 일부를 보조기관 또는 하급행정기관에 재위임할 수 없다.

해설 ⑤ 행정기관은 위임을 받은 사무의 전부를 재위임할 수 없고 일부를 재위임할 수 있다.
① 「행정권한의 위임 및 위탁에 관한 규정」 제2조 제1호
② 행정권한의 내부위임은 법령상 처분권자인 행정관청이 내부적인 사무처리의 편의를 도모하기 위하여 그의 보조기관 또는 하급 행정관청으로 하여금 그의 권한을 사실상 행사하게 하는 것으로서 법률이 위임을 허용하지 않는 경우에도 인정된다(대판 1998. 2. 27. 97누1105).
③ 「행정권한의 위임 및 위탁에 관한 규정」 제6조, ④ 「행정권한의 위임 및 위탁에 관한 규정」 제7조

Answer 16. ⑤ 17. ③ 18. ⑤

19 권한의 대리와 위임에 관한 설명으로 옳은 것을 모두 고른 것은? (다툼이 있으면 판례에 따름) 2022년 제10회

> ㉠ 지방자치단체의 장이 수임한 기관위임사무의 일부를 재위임하고자 하는 경우 위임자의 승인을 얻어 규칙으로 재위임할 수 있다.
> ㉡ 내부위임의 경우 수임관청이 자신의 명의로 행정처분을 하였더라도 항고소송에서의 피고는 위임관청이 된다.
> ㉢ 권한의 위임은 반드시 법적 근거를 요하는 것은 아니다.
> ㉣ 지정대리란 법정사실이 발생하면 법상 당연히 특정한 자에게 대리권이 부여되어 대리관계가 성립하는 것을 말한다.

① ㉠
② ㉡, ㉢
③ ㉠, ㉡, ㉢
④ ㉡, ㉢, ㉣
⑤ ㉠, ㉡, ㉢, ㉣

해설 ㉠ [○] 지방자치단체의 장이 위임받거나 위탁받은 사무의 일부를 다시 위임하거나 위탁하려면 미리 그 사무를 위임하거나 위탁한 기관의 장의 승인을 받아야 한다(「지방자치법」 제117조 제1항·제4항).

㉡ [×] 내부위임의 경우 수임관청이 자신의 명의로 처분을 하였다면 실제 처분을 행한 수임관청이 항고소송에서의 피고가 된다는 것이 판례이다.

㉢ [×] 권한의 위임은 위임청의 권한이 수임청에게 이전되므로 법적 근거가 있어야 한다.

㉣ [×] 지정대리란 일정한 법정사실이 발생하면 일정한 자가 대리자를 지정함으로써 법정대리관계가 발생하는 경우를 말한다.

20 **행정조직에 관한 설명으로 옳지 않은 것은? (다툼이 있으면 판례에 따름)** 2017년 제5회

① 기관위임사무는 법령에 별도의 위임이 없는 한 조례의 규율대상이 되지 않는다.

② 법령상 규칙으로 행정권한을 위임해야 함에도 조례에 의한 위임에 따라 행해진 수임기관의 처분은 당연무효이다.

③ 행정권한의 내부위임임에도 불구하고 수임기관이 자기의 이름으로 처분을 한 경우 항고소송의 피고는 실제로 처분을 한 수임기관이 된다.

④ 행정권한을 위탁받은 공공단체 또는 그 기관이나 사인은 「행정절차법」상의 행정청에 해당한다.

⑤ 공법인의 경우도 사경제 주체로서 활동하는 경우에는 기본권의 주체가 될 수 있다.

해설 ② 하자가 중대하지만 처분의 위임과정의 하자가 객관적으로 명백한 것이라고 할 수 없어 그 하자가 중대하나 명백하다고는 할 수 없으므로 당연무효는 아니다(대판 1995. 8. 22. 94누5694).

① 국가사무가 지방자치단체의 장에게 위임된 기관위임사무와 같이 지방자치단체의 장이 국가기관의 지위에서 수행하는 사무일 뿐 지방자치단체 자체의 사무라고 할 수 없는 것은 원칙적으로 자치조례의 제정범위에 속하지 않는다(대판 1999. 9. 17. 99추30).

③ 행정권한의 내부위임에 불과하여 그의 명의로 처분 등을 할 권한이 없는 행정청이 권한 없이 그의 명의로 한 처분에 대하여도 처분명의자인 행정청이 피고가 되어야 한다(대판 1994. 6. 14. 94누1197).

④ "행정청"이란 행정에 관한 의사를 결정하여 표시하는 국가 또는 지방자치단체의 기관, 그 밖에 법령 또는 자치법규에 따라 행정권한을 가지고 있거나 위임 또는 위탁받은 공공단체 또는 그 기관이나 사인을 말한다(「행정절차법」 제2조 제1호).

⑤ 공법인이나 이에 준하는 지위를 가진 자 하더라도 공무를 수행하거나 고권적 행위를 하는 경우가 아닌 사경제 주체로서 활동하는 경우나 조직법상 국가로부터 독립한 고유 업무를 수행하는 경우, 그리고 다른 공권력 주체와의 관계에서 지배복종관계가 성립되어 일반 사인처럼 그 지배하에 있는 경우 등에는 기본권 주체가 될 수 있다(헌재 2013. 9. 26. 2012헌마271).

지방자치행정

1. 지방자치단체의 명칭과 구역

(1) 법정주의

법정주의	법률	지방자치단체의 명칭과 구역은 종전과 같이 하고, 명칭과 구역을 바꾸거나 지방자치단체를 폐지하거나 설치하거나 나누거나 합칠 때에는 법률로 정함
	대통령령	지방자치단체의 구역변경 중 관할 구역 경계변경과 지방자치단체의 한자 명칭의 변경은 대통령령으로 정함
지방의회 의견		① 지방자치단체를 폐지하거나 설치하거나 나누거나 합칠 때 또는 그 명칭이나 구역을 변경할 때에는 지방의회의 의견을 들어야 함 ② 「주민투표법」에 따라 주민투표를 한 경우는 그러하지 않음

(2) 자치구가 아닌 행정구역의 명칭과 구역

폐지·설치·분합	자치구가 아닌 구와 읍·면·동의 명칭과 구역은 종전과 같이 하고, 이를 폐지하거나 설치하거나 나누거나 합칠 때에는 행정안전부장관의 승인을 받아 그 지방자치단체의 조례로 정함
명칭과 구역 변경	명칭과 구역의 변경은 그 지방자치단체의 조례로 정하고, 그 결과를 특별시장·광역시장·도지사에게 보고해야 함[행정안전부장관(×)]

(3) 변경의 효과

사무와 재산 승계	지방자치단체의 구역을 변경하거나 지방자치단체를 폐지하거나 설치하거나 나누거나 합칠 때에는 새로 그 지역을 관할하게 된 지방자치단체가 그 사무와 재산을 승계
판례지문	① 승계되는 사무와 재산에서 기관위임된 국가사무는 제외 ② 승계되는 재산이라 함은 현금 이외의 모든 재산적 가치가 있는 물건 및 권리만을 말하는 것으로서 채무는 포함(×) ③ 새로운 지방자치단체가 설치되는 흡수합병 내지 합체의 경우에는 채무도 새로운 지방자치단체가 승계(○) 예 '거제군'과 '장승포시'의 전 관할구역을 그 관할구역으로 하는 '거제시'가 새로이 설치 ④ 지방자치단체의 폐치·분합은 기본권과도 관련 ∴ 주민은 헌법소원 제기 가능

⑷ 경계변경 조정

사유	관할 구역과 생활권과의 불일치 등으로 인하여 주민생활에 불편이 큰 경우
조정 신청	① 신청 : 지방의회 재적의원 과반수의 출석과 출석의원 3분의 2 이상의 동의를 받아 지방자치단체의 장이 경계변경 조정 신청 ^{기출} ② 상대방 : 행정안전부장관

2. 주민의 권리

⑴ 공공시설이용권

의의	지방자치단체의 재산과 공공시설을 이용할 권리와 그 지방자치단체로부터 균등하게 행정의 혜택을 받을 권리
성격	구체적 권리성 부정(판례)

⑵ 참정권

18세 이상의 주민은 선거권과 피선거권이 있다.

⑶ 주민투표권

법적 성질		법률상 인정되는 권리, 「헌법」상 기본권(×) ^{기출}
주민투표권자		18세 이상의 주민 중 투표인명부 작성기준일 현재 ① 그 지방자치단체의 관할 구역에 주민등록이 되어 있는 사람 ② 대한민국에 계속 거주할 수 있는 자격을 갖춘 외국인으로 조례로 정한 사람
주민투표 대상	지방자치단체 주요 결정사항	주민에게 과도한 부담을 주거나 중대한 영향을 미치는 지방자치단체의 주요 결정사항은 주민투표에 부칠 수 있음(재량) ^{기출}
	중앙행정기관장의 요구	① 중앙행정기관의 장은 국가정책의 수립에 관하여 주민의 의견을 듣기 위하여 필요하다고 인정하는 때에는 주민투표의 실시구역을 정하여 관계 지방자치단체의 장에게 주민투표의 실시를 요구할 수 있음 ② 중앙행정기관의 장은 미리 행정안전부장관과 협의해야 함
주민투표의 실시	주민청구	18세 이상의 주민이 조례로 정하는 수 이상의 서명으로 청구
	지방의회	재적의원 과반수의 출석과 출석의원 3분의 2 이상의 찬성으로 청구
	지방자치단체장 직권	지방의회 재적의원 과반수의 출석과 출석의원 과반수의 동의
주민투표결과의 확정		① 주민투표권자 총수의 4분의 1 이상의 투표와 유효투표수 과반수의 득표로 확정 ② 전체 투표 수가 주민투표권자 총수의 4분의 1에 미달되는 때 개표금지

⑷ **청원권**

① 지방의회에 대해 지방의회의원의 소개를 받아 청원할 수 있다.

② 주민이 지방의회 본회의의 안건 심의 중 방청인으로서 안건에 관하여 발언하는 것은 선거제도를 통한 대표제 원리에 위반된다. ^{기출}

⑸ **조례의 제정 · 개폐청구권** ^{기출}

청구권자	18세 이상의 주민
	① 해당 지방자치단체의 관할 구역에 주민등록이 되어 있는 사람 ② 영주(永住)할 수 있는 체류자격 취득일 후 3년이 지난 외국인으로 외국인등록대장에 올라 있는 사람
상대방	지방의회에 제출
청구대상	조례의 제정 · 개정 · 폐지가 모두 포함
제외사항	① 법령을 위반하는 사항 ② 지방세 · 사용료 · 수수료 · 부담금의 부과 · 징수 또는 감면에 관한 사항 ③ 행정기구를 설치하거나 변경하는 것에 관한 사항이나 공공시설의 설치를 반대하는 사항

⑹ **규칙의 제정 · 개폐 의견제출권**

상대방	지방자치단체장에 제출
청구대상	권리 · 의무와 직접 관련되는 사항으로 한정
제외사항	법령이나 조례를 위반하거나 법령이나 조례에서 위임한 범위를 벗어나는 사항
통보	의견이 제출된 날부터 30일 이내에 검토 결과를 통보

⑺ **감사청구권**

청구권자	18세 이상인 주민 일정 수의 연서(「공직선거법」에 따른 선거권이 없는 사람 제외)
청구대상	지방자치단체와 그 장의 권한에 속하는 사무의 처리가 법령에 위반되거나 공익을 현저히 해친다고 인정되는 사항(자치사무 · 단체위임사무 · 기관위임사무 모두 포함) ^{기출}
제외사항	① 수사나 재판에 관여하게 되는 사항 ② 개인의 사생활을 침해할 우려가 있는 사항 ③ 다른 기관에서 감사하였거나 감사 중인 사항. 다만, 다른 기관에서 감사한 사항이라도 새로운 사항이 발견되거나 중요 사항이 감사에서 누락된 경우와 주민소송의 대상이 되는 경우에는 그러하지 않음 ④ 동일한 사항에 대하여 주민소송이 진행 중이거나 그 판결이 확정된 사항
청구제한	사무처리가 있었던 날이나 끝난 날부터 3년이 지난 경우
청구의 상대방	시 · 도 → 주무부장관, 시 · 군 및 자치구 → 시 · 도지사
감사청구의 처리	① 수리한 날부터 60일 이내 감사 ② 감사결과 서면통보, 공표

(8) 주민소송

성격	민중소송, 객관적 소송 기출
원고적격	감사청구한 주민만, 1명도 가능 기출
피고적격	해당 지방자치단체의 장 기출
소송대상	주민감사청구 중 공금의 지출에 관한 사항, 재산의 취득·관리·처분에 관한 사항, 해당 지방자치단체를 당사자로 하는 매매·임차·도급 계약이나 그 밖의 계약의 체결·이행에 관한 사항 또는 지방세·사용료·수수료·과태료 등 공금의 부과·징수를 게을리한 사항
소송형태	① 중지소송 : 해당 행위를 계속하면 회복하기 곤란한 손해를 발생시킬 우려가 있는 경우에 그 행위의 전부나 일부를 중지할 것을 요구하는 소송 기출 ② 처분소송 : 행정처분인 해당 행위의 취소 또는 변경을 요구하거나 그 행위의 효력 유무 또는 존재 여부의 확인을 요구하는 소송 기출 ③ 위법확인소송 : 공금의 부과·징수를 게을리한 사실의 위법확인을 요구하는 소송 기출 ④ 손해배상·부당이득반환청구소송 : 해당 지방자치단체의 장 및 직원, 지방의회의원, 해당 행위와 관련이 있는 상대방에게 손해배상청구 또는 부당이득반환청구를 할 것을 요구하는 소송 기출
제기기간	감사결과의 통지를 받은 날 등 각 불복사유가 발생한 날로부터 90일 이내
제소제한	주민소송이 계속 중인 때에는 다른 주민은 동일한 사항에 대하여 별도의 소송을 제기할 수 없음 기출
소송중단	소송을 제기한 주민이 사망하거나 주민의 자격을 잃은 경우 기출
소송수계	감사청구에 연대 서명한 다른 주민, 사유가 발생한 사실을 안 날부터 6개월 이내에 소송절차를 수계(기간 내 수계가 없는 경우 소송절차 종료)
청구포기 제한	당사자는 법원의 허가를 받지 아니하고는 소의 취하, 소송의 화해 또는 청구의 포기를 할 수 없음

(9) 주민소환권

법적 성질	「헌법」상 기본권(×), 지방자치의 본질적 내용(×) 기출
소환대상	지방자치단체장 및 지방의회의원(비례대표 지방의회의원 제외) 기출
사유	별도의 제한이 없음 기출
투표권자	① 19세 이상의 주민으로서 당해 지방자치단체 관할구역에 주민등록이 되어 있는 자(「공직선거법」에 의하여 선거권이 없는 자 제외) ② 19세 이상의 외국인으로서 영주의 체류자격 취득일 후 3년이 경과한 자 중 외국인등록대장에 등재된 자
청구	일정 수 이상의 서명으로 그 소환사유를 서면에 구체적으로 명시하여 관할선거관리위원회에 청구
청구제한	① 선출직 지방공직자의 임기개시일부터 1년이 경과하지 아니한 때 ② 선출직 지방공직자의 임기만료일부터 1년 미만일 때 ③ 해당 선출직 지방공직자에 대한 주민소환투표를 실시한 날부터 1년 이내인 때
확정	① 주민소환투표권자 총수의 3분의 1 이상의 투표와 유효투표 총수 과반수의 찬성으로 확정 ② 전체 주민소환투표자의 수가 주민소환투표권자 총수의 3분의 1에 미달할 때 개표(×) 기출

투표확정의 효력	① 주민소환투표대상자는 관할 선거관리위원회가 주민소환투표안을 공고한 때부터 주민소환투표결과를 공표할 때까지 그 권한행사가 정지 ② 주민소환이 확정된 때에는 주민소환투표대상자는 그 결과가 공표된 시점부터 그 직을 상실 ③ 그 직을 상실한 자는 해당 보궐선거에 후보자로 등록(×)

불복	소청	결과가 공표된 날부터 14일 이내에 시·도선거관리위원회나 중앙선거관리위원회에 소청
	제소	소청결과에 불복이 있는 경우 10일 이내에 시·군·구 → 고등법원, 시·도 → 대법원

3. 지방자치단체의 사무

(1) 자치사무와 위임사무

구분	자치사무	단체위임사무	기관위임사무
사무처리 효과	해당 지방자치단체에 귀속	국가 등에 귀속	국가 등에 귀속
조례제정가능성	가능	가능	불가(예외 인정)
지방의회 관여	가능	가능	원칙 불가 기출
경비부담	지방자치단체	위임자	위임자
국가 감독범위	적법성 기출	적법성 + 합목적성	적법성 + 합목적성

(2) 조례

조례제정권	① 지방자치단체의 권한에 속하는 사항(자치사무 및 단체위임사무) ② 기관위임사무 원칙 제외, 법령의 위임이 있는 경우 가능 기출 ③ 자치사무나 단체위임사무라도 법령에 의해 지방자치단체장의 전속적 권한으로 정한 사항은 조례로 정할 수 없음
법령의 근거	① 원칙적 법령의 위임 불요(포괄위임 허용) 기출 ② 주민의 권리·의무에 관한 사항이나 벌칙에 관한 사항은 법률의 위임 필요 기출
한계	① 법령에 위반되는 조례는 무효 ② 조례로써 조례위반행위에 대해 1천만 원 이하의 과태료를 정할 수 있음

조례에 대한 통제	**단체장의 통제**	① 조례안이 지방의회에서 의결되면 지방의회의 의장은 의결된 날부터 5일 이내에 그 지방자치단체의 장에게 이송 ② 지방자치단체의 장은 조례안을 이송받으면 20일 이내에 공포 ③ 지방자치단체의 장은 이송받은 조례안에 대하여 이의가 있으면 제2항의 기간에 이유를 붙여 지방의회로 환부하고, 재의를 요구[일부재의(×), 수정재의(×)] 기출 ④ 지방의회는 재의 요구를 받으면 조례안을 재의에 부치고 재적의원 과반수의 출석과 출석의원 3분의 2 이상의 찬성으로 전(前)과 같은 의결을 하면 그 조례안은 조례로서 확정

감독청의 통제	감독청	시·도는 주무부장관, 시·군 및 자치구는 시·도지사
	사유	지방의회의 의결이 법령에 위반되거나 공익을 현저히 해치는 경우
	재의 요구	해당 지방자치단체의 장에게 재의를 요구
	대법원에 제소	재의결된 사항이 법령에 위반된 경우
	직접 제소	지방자치단체장이 제소하지 않는 경우 감독청이 직접 제소 가능
법원의 통제		① 조례의 위헌·위법 여부가 재판의 전제가 된 경우 법원이 결정(구체적 규범통제) ② 처분적 조례는 항고소송의 대상(○)(피고는 지방자치단체장)
헌법재판소의 통제		조례가 그 자체로 기본권을 침해하는 경우 헌법소원의 대상(○)

(3) 지방자치단체 사무의 통제

① 지방자치단체장에 재의 요구와 제소

사유	지방의회의 의결이 법령에 위반되거나 공익을 현저히 해친다고 판단되는 경우
감독청	㉠ 시·도는 주무부장관, 시·군 및 자치구는 시·도지사 ㉡ 시·도지사가 재의 요구 불응 시 주무부장관이 직접 시장·군수 및 자치구의 구청장에게 재의를 요구(○)
요구기간	재의 요구 지시를 받은 단체장은 의결사항을 이송받은 날부터 20일 이내에 이유를 붙여 재의를 요구
재의결	재적의원 과반수의 출석과 출석의원 3분의 2 이상의 찬성으로 전과 같은 의결을 하면 그 의결사항은 확정
대법원에 제소	㉠ 재의결된 사항이 법령에 위반된다고 인정되면 대법원에 제소(재의결된 날로부터 20일 이내) ㉡ 집행정지결정 신청 가능 ㉢ 단체장이 제소를 하지 않는 경우 주무부장관이나 시·도지사는 단체장에게 제소를 지시하거나 직접 제소 및 집행정지결정을 신청 가능 ㉣ 지방의회의 의결이나 재의결된 사항이 둘 이상의 부처와 관련되거나 주무부장관이 불분명하면 행정안전부장관이 재의 요구 또는 제소를 지시하거나 직접 제소 및 집행정지결정을 신청

② 위법·부당한 명령이나 처분의 시정

사유	㉠ 단체위임사무: 지방자치단체의 장의 명령이나 처분이 법령에 위반되거나 현저히 부당하여 공익을 해친다고 인정되는 경우[기관위임사무(×)] ㉡ 자치사무: 지방자치단체의 장의 명령이나 처분이 법령에 위반한 경우에 한정
감독청	㉠ 시·도는 주무부장관, 시·군 및 자치구는 시·도지사 ㉡ 시·도지사가 시정명령을 하지 않는 경우 주무부장관이 직접 시장·군수 및 자치구의 구청장에게 시정을 명하고 취소·정지 가능
단체장의 대법원에 제소	㉠ 자치사무에 관한 명령이나 처분의 취소·정지에 이의가 있는 경우[단체위임(×)] ㉡ 취소처분 또는 정지처분을 통보받은 날부터 15일 이내 ㉢ 시정명령을 통보 받은 단계에서는 대법원 제소(×)

③ 직무이행명령

사유	㉠ 지방자치단체의 장이 법령에 따라 그 의무에 속하는 국가위임사무나 시·도위임사무의 관리와 집행을 명백히 게을리하고 있다고 인정되는 경우 직무이행을 명령 ㉡ 이행명령을 이행하지 아니하면 그 지방자치단체의 비용부담으로 대집행 또는 행정상·재정상 필요한 조치 가능
감독청	㉠ 시·도는 주무부장관, 시·군 및 자치구는 시·도지사 ㉡ 시·도지사가 이행명령을 하지 않는 경우 주무부장관이 직접 시장·군수 및 자치구의 구청장에게 이행명령을 하고 대집행 가능
단체장의 대법원에 제소	㉠ 이행명령에 이의가 있는 단체장은 ㉡ 이행명령서를 접수한 날부터 15일 이내에 대법원에 제소 ㉢ 집행정지결정 신청(○)

01 「지방자치법」상 지방자치단체에 해당하지 않는 것은? 2013년 제1회

① 광역시
② 특별자치시
③ 특별자치도
④ 군(郡)
⑤ 읍(邑)

>해설 ⑤ 지방자치단체는 두 가지 종류(특별시, 광역시, 특별자치시, 도, 특별자치도 / 시, 군, 구)로 구분한다. 지방자치단체인 구(= 자치구)는 특별시와 광역시의 관할 구역 안의 구만을 말한다(「지방자치법」 제2조 제1항·제2항). 따라서 현행 「지방자치법」상 읍·면·동·리는 행정구역에 불과하고 지방자치단체에 속하지 않는다.
①·②·③ 광역시, 특별자치시, 특별자치도는 「지방자치법」상 (광역)지방자치단체에 속한다.
④ 군(郡)은 「지방자치법」상 (기초)지방자치단체에 속한다.

02 지방자치제도에 관한 설명으로 옳지 않은 것은? (다툼이 있으면 판례에 따름) 2020년 제8회

① 제주특별자치도와 세종특별자치시는 「지방자치법」상 특별지방자치단체에 해당한다.
② 외국인도 지방자치단체의 주민의 지위를 가질 수 있다.
③ 「지방자치법」상 주민소송은 객관적 소송으로서 민중소송에 해당한다.
④ 비례대표 지방의회의원에 대해서는 주민소환을 할 수 없다.
⑤ 이행강제금의 부과·징수를 게을리한 행위는 주민소송의 대상이 되는 공금의 부과·징수를 게을리한 행위에 해당한다.

>해설 ① 제주특별자치도와 세종특별자치시는 「지방자치법」상 특별지방자치단체에 해당하지 않고 보통지방자치단체에 해당한다(「지방자치법」 제2조).
② 지방자치단체의 주민이란 지방자치단체의 구역 안에 주소를 가진 자를 말하므로(「지방자치법」 제16조) 주소를 가진 자이면 연령이나 성별 등에 관계없이 내국인·외국인·무국적자, 자연인·법인 모두 주민의 지위를 가질 수 있다.
③ 주민소송은 공익목적을 가지고 제기되는 소송으로서 민중소송이며 객관소송의 성질을 갖는다.
④ 비례대표 지방의회의원에 대해서는 주민소환을 할 수 없다(「지방자치법」 제25조 제1항).
⑤ 이행강제금의 부과·징수를 게을리한 행위는 주민소송의 대상이 되는 공금의 부과·징수를 게을리한 행위에 해당한다(「지방자치법」 제22조 제1항).

Answer 1. ⑤ 2. ①

03 **지방자치단체에 관한 설명 중 틀린 것은?**

① 지방자치단체의 구역을 바꿀 때에는 법률로 정하되, 관할 구역의 경계변경은 대통령령으로 정한다.

② 지방자치단체를 분리하기 위하여 주민투표를 실시한 경우에도 지방의회의 의견을 들어야 한다.

③ 광역시와 도의 구역의 변경은 반드시 법률로써만 할 수 있다.

④ 지방자치단체의 명칭을 변경하고자 하는 경우에도 법률로써 정하여야 한다.

⑤ 조례가 직접 기본권을 침해한 경우에는 조례 자체에 대해 헌법소원이 가능하다.

`해설` ② 지방자치단체를 폐지하거나 설치하거나 나누거나 합칠 때 또는 그 명칭이나 구역을 변경할 때에는 관계 지방자치단체의 의회(이하 '지방의회'라 한다)의 의견을 들어야 한다. 다만, 「주민투표법」 제8조에 따라 주민투표를 한 경우에는 그러하지 아니하다(「지방자치법」 제5조 제3항).

04 **지방자치단체의 관할 구역 경계변경에 관한 「지방자치법」 조문의 일부이다. (   )에 들어갈 내용으로 옳은 것은?** 2023년 제11회

> 지방자치단체의 장은 관할 구역과 생활권과의 불일치 등으로 인하여 주민생활에 불편이 큰 경우 등 대통령령으로 정하는 사유가 있는 경우에는 행정안전부장관에게 경계변경이 필요한 지역 등을 명시하여 경계변경에 대한 조정을 신청할 수 있다. 이 경우 지방자치단체의 장은 지방의회 재적의원 (㉠)의 출석과 출석의원 (㉡) 이상의 동의를 받아야 한다.

① ㉠: 3분의 1 이상   ㉡: 2분의 1

② ㉠: 과반수   ㉡: 2분의 1

③ ㉠: 과반수   ㉡: 3분의 2

④ ㉠: 3분의 2 이상   ㉡: 2분의 1

⑤ ㉠: 3분의 2 이상   ㉡: 3분의 2

`해설` 지방자치단체의 장은 관할 구역과 생활권과의 불일치 등으로 인하여 주민생활에 불편이 큰 경우 등 대통령령으로 정하는 사유가 있는 경우에는 행정안전부장관에게 경계변경이 필요한 지역 등을 명시하여 경계변경에 대한 조정을 신청할 수 있다. 이 경우 지방자치단체의 장은 지방의회 재적의원 과반수의 출석과 출석의원 3분의 2 이상의 동의를 받아야 한다(「지방자치법」 제6조 제1항).

05 **지방자치단체의 사무에 대한 설명으로 옳지 않은 것은?**

① 자치사무나 단체위임사무에 관한 조례는 국가법에 적용되는 일반적인 위임입법의 한계가 원칙적으로 적용되지 않는다.

② 기관위임사무의 경우 사무의 관리와 집행을 명백히 게을리하고 있다고 인정되면 주무부장관 및 광역자치단체장은 직무이행명령의 발령과 대집행을 할 수 있다.

③ 기관위임사무는 국가의 적법성 통제뿐만 아니라 합목적성의 통제도 받는다.

④ 자치사무는 그 효과가 자치단체에 귀속되나, 기관위임사무는 그 효과가 국가 등에 귀속된다.

⑤ 기관위임사무에 대해서 국회가 직접 감사하기로 한 사무를 지방의회가 행정감사를 할 수 있다.

해설 ⑤ 지방자치단체 및 그 장이 위임받아 처리하는 국가사무와 시·도의 사무에 대하여 국회와 시·도의회가 직접 감사하기로 한 사무 외에는 그 감사를 각각 해당 시·도의회와 시·군 및 자치구의회가 할 수 있다(「지방자치법」 제49조 제3항).

06 **지방자치단체의 사무에 관한 설명으로 옳지 않은 것은? (다툼이 있으면 판례에 따름)** 2019년 제7회

① 자치사무에 대한 국가의 감독은 적법성 통제에 그친다.

② 조례안으로 지방자치단체 사무의 민간위탁에 관하여 지방의회의 사전 동의를 받도록 하는 것은 위법하지 않다.

③ 자치사무에 있어서 시·도와 시·군·자치구의 사무가 경합하는 경우 시·군·자치구가 먼저 처리한다.

④ 호적사무는 사법적(司法的) 성격이 강한 국가의 사무이다.

⑤ 개별법령에서 조례로 정하도록 위임한 경우 기관위임사무에 대해서도 조례를 정할 수 있다.

해설 ④ 호적사무는 국가의 사무로서 국가의 기관위임에 의하여 수행되는 사무가 아니고 「지방자치법」 제9조가 정하는 지방자치단체의 사무라 할 것이고, 단지 일반 행정사무와는 달리 사법적 성질이 강하여 법원의 감독을 받게 하는 데 지나지 아니한다(대판 1995. 3. 28. 94다45654).
① 자치사무에 대한 국가의 감독은 적법성 통제에 그치며 합목적성 심사를 하지 않는다.
② 지방자치단체 사무의 민간위탁에 관하여 지방의회의 사전 동의를 받도록 한 것과 지방자치단체장이 동일 수탁자에게 위탁사무를 재위탁하거나 기간연장 등 기존 위탁계약의 중요한 사항을 변경하고자 할 때 지방의회의 동의를 받도록 한 것은 위법하지 않다(대판 2011. 2. 10. 2010추11).
③ 시·도와 시·군 및 자치구는 사무를 처리할 때 서로 경합하지 아니하도록 하여야 하며, 사무가 서로 경합하면 시·군 및 자치구에서 먼저 처리한다(「지방자치법」 제14조 제3항).
⑤ 개별 법률에서 기관위임사무를 조례로 규율하도록 규정하면 위임조례로서 정할 수 있다.

Answer 3. ② 4. ③ 5. ⑤ 6. ④

07 A장관을 주무부장관으로 하는 국가사무인 X사무가 법령에 의해 B지방자치단체의 장에게 위임되었다. X사무의 처리에 관한 설명으로 옳은 것은? (다툼이 있으면 판례에 따름)

2020년 제8회

① 법령이 X사무에 대해 조례에 위임하는 경우 포괄적 위임도 가능하다.

② A장관은 X사무의 처리가 위법한 경우에 한하여 B지방자치단체의 장을 감독할 수 있다.

③ A장관이 X사무의 처리에 관하여 시정명령을 발한 경우 B지방자치단체의 장은 이에 대해 대법원에 제소할 수 있다.

④ B지방자치단체의 장이 X사무를 처리하면서 불법행위를 하여 국가배상책임이 성립하는 경우 B지방자치단체도 배상책임이 있다.

⑤ A장관이 X사무의 해태를 이유로 직무이행명령을 발한 경우 B지방자치단체의 장은 이에 대해 대법원에 제소할 수 없다.

해설 ④ 기관위임사무를 처리하는 지방자치단체의 장의 불법행위에 대해서는 국가와 지방자치단체 모두 국가배상책임을 부담한다.

① 기관위임사무에 있어서 그에 관한 개별법령에서 일정한 사항을 조례로 정하도록 위임하고 있는 경우에는 지방자치단체의 자치조례 제정권과 무관하게 이른바 위임조례를 정할 수 있다(대판 1999. 9. 17. 99추30). 따라서 포괄적 위임은 허용되지 않는다.

② 위임사무에 대한 국가기관의 감독은 합법성, 합목적성을 모두 감독할 수 있다. 따라서 위법한 경우뿐만 아니라 부당한 경우에도 감독할 수 있다.

③ 기관위임사무에는 시정명령이 적용되지 않는다는 것이 판례의 입장이다(대판 2013. 5. 23. 2011추56).

⑤ 지방자치단체의 장은 감독청의 직무이행명령에 이의가 있으면 이행명령서를 접수한 날부터 15일 이내에 대법원에 소를 제기할 수 있다(「지방자치법」 제189조 제6항).

08 **지방자치법령의 내용으로 옳은 것은?** 2017년 제5회

① 조례의 제정청구권은 지방자치단체의 주민의 권리에 해당하지 않는다.

② 비례대표 지방의회의원은 주민소환의 대상자가 된다.

③ 「주민소환에 관한 법률」은 주민소환사유를 제한하고 있지 않다.

④ 감사청구를 하지 않은 주민도 주민소송의 원고가 될 수 있다.

⑤ 주민소송과 관련한 세부사항은 「주민소송법」에서 별도로 정하고 있다.

해설 ③ 「주민소환에 관한 법률」은 주민소환사유를 제한하고 있지 않고 이는 합헌이다(헌재 2009. 3. 26. 2007헌마843).

① 조례의 제정청구권은 지방자치단체의 주민의 권리에 해당한다(「지방자치법」 제19조 제1항).

② 주민은 그 지방자치단체의 장 및 지방의회의원(비례대표 지방의회의원은 제외한다)을 소환할 권리를 가진다(「지방자치법」 제25조 제1항).

④ 「지방자치법」 제21조 제1항에 따라 공금의 지출에 관한 사항 등 일정한 사항을 감사청구한 주민은 그 감사청구한 사항과 관련이 있는 위법한 행위나 업무를 게을리한 사실에 대하여 해당 지방자치단체의 장을 상대방으로 하여 소송을 제기할 수 있다(「지방자치법」 제22조 제1항).

⑤ 주민소송에 관하여는 이 법에 규정된 것 외에는 「행정소송법」에 따른다(「지방자치법」 제22조 제18항).

09 「지방자치법」의 내용에 관한 설명으로 옳지 않은 것은? (다툼이 있으면 판례에 따름)

2025년 제13회

① 지방자치단체의 주민은 조례를 폐지할 것을 청구할 수 있다.

② 지방자치단체의 주민은 그 지방자치단체의 장 및 비례대표 지방의회의원을 포함한 지방의회의원을 소환할 권리를 가진다.

③ 주민투표권은 「헌법」상 보장되는 기본권 또는 「헌법」상 제도적으로 보장되는 주관적 공권이 아니다.

④ 지방자치단체장이 동일 수탁자에게 위탁사무를 재위탁하고자 할 때 지방의회의 동의를 받도록 한 조례안은 지방자치단체장의 집행권한을 본질적으로 침해하는 것으로 볼 수 없다.

⑤ 지방의회의원 정수의 2분의 1 범위에서 해당 지방자치단체의 조례로 정하는 바에 따라 지방의회에 정책지원 전문인력을 둘 수 있다.

해설 ② 주민은 그 지방자치단체의 장 및 지방의회의원(비례대표 지방의회의원은 제외한다)을 소환할 권리를 가진다(「지방자치법」 제25조 제1항).

① 주민은 지방자치단체의 조례를 제정하거나 개정하거나 폐지할 것을 청구할 수 있다(「지방자치법」 제19조 제1항).

③ 주민투표권은 「지방자치법」 제13조 제2항의 규정에 의한 권리이고, 「헌법」상 인정되는 참정권으로 볼 수 없다(헌재 2001. 6. 28. 2000헌마735).

④ 지방자치단체 사무의 민간위탁에 관하여 지방의회의 사전 동의를 받도록 한 것과 지방자치단체장이 동일 수탁자에게 위탁사무를 재위탁하거나 기간연장 등 기존 위탁계약의 중요한 사항을 변경하고자 할 때 지방의회의 동의를 받도록 한 것은 위법하지 않다(대판 2011. 2. 10. 2010추11).

⑤ 지방의회의원의 의정활동을 지원하기 위하여 지방의회의원 정수의 2분의 1 범위에서 해당 지방자치단체의 조례로 정하는 바에 따라 지방의회에 정책지원 전문인력을 둘 수 있다(「지방자치법」 제41조 제1항).

10 **조례에 대한 설명 중 옳지 않은 것은?**

① 판례는 지방자치단체의 사무에 관한 조례와 규칙 중 조례가 상위규범이라고 한다.

② 지방자치단체의 장은 조례안에 대해 이의가 있으면 이유를 붙여 일부환부나 수정환부를 할 수 있다.

③ 지방의회는 새로운 재정부담을 수반하는 조례나 안건을 의결하려면 미리 지방자치단체의 장의 의견을 들어야 한다.

④ 판례는 「헌법」 제117조 제1항에서 규정하는 법령에는 법규명령으로서 기능하는 행정규칙이 포함된다고 한다.

⑤ 판례는 기관위임사무에 있어서도 그에 관한 개별 법령에서 일정한 사항을 조례로 정하도록 위임하고 있는 경우에는 그 범위 내에서 위임조례를 제정할 수 있다고 한다.

해설 ② 지방자치단체의 장은 조례안의 일부에 대하여 또는 조례안을 수정하여 재의를 요구할 수 없다(「지방자치법」 제32조 제3항).
① 지방자치단체의 사무에 관한 조례와 규칙은 조례가 보다 상위규범이다(대판 1995. 8. 22. 94누5694).
③ 「지방자치법」 제148조
⑤ 기관위임사무에 있어서도 그에 관한 개별 법령에서 일정한 사항을 조례로 정하도록 위임하고 있는 경우에는 위임받은 사항에 관하여 개별 법령의 취지에 부합하는 범위 내에서 이른바 위임조례를 정할 수 있다(대법원 2000. 5. 30. 99추85).

11 **지방자치단체의 조례에 관한 설명으로 옳지 않은 것은? (다툼이 있는 경우에는 판례에 의함)**
2013년 제1회

① 주민의 권리 제한 또는 의무 부과에 관한 사항이나 벌칙을 조례로 정할 때에는 법률의 위임이 있어야 한다.

② 지방자치단체의 장은 조례안에 대하여 이의가 있는 경우 조례안의 일부에 대하여 또는 조례안을 수정하여 지방의회에 재의를 요구할 수 있다.

③ 조례가 집행행위의 개입 없이도 그 자체로서 직접 국민의 구체적인 권리의무나 법적 이익에 영향을 미치는 등의 법률상 효과를 발생하는 경우 그 조례는 항고소송의 대상이 되는 행정처분에 해당한다.

④ 기관위임사무는 원칙적으로 조례의 제정범위에 속하지 않지만, 그에 관한 개별법령에서 일정한 사항을 조례로 정하도록 위임하고 있는 경우에는 위임받은 사항에 관하여 개별 법령의 취지에 부합하는 범위 내에서 위임조례를 정할 수 있다.

⑤ 조례는 특별한 규정이 없으면 공포한 날부터 20일이 지나면 효력을 발생한다.

▶해설 ② 지방자치단체의 장은 조례안의 일부에 대하여 또는 조례안을 수정하여 재의를 요구할 수 없다(「지방자치법」 제32조 제3항).

① 지방자치단체는 법령의 범위 안에서 그 사무에 관하여 조례를 제정할 수 있다. 다만, 주민의 권리 제한 또는 의무 부과에 관한 사항이나 벌칙을 정할 때에는 법률의 위임이 있어야 한다(「지방자치법」 제28조 제1항).

③ 조례가 집행행위의 개입 없이도 그 자체로서 직접 국민의 구체적인 권리의무나 법적 이익에 영향을 미치는 등의 법률상 효과를 발생하는 경우 그 조례는 항고소송의 대상이 되는 행정처분에 해당한다(대판 1996. 9. 20. 95누8003).

④ 지방자치단체가 자치조례를 제정할 수 있는 것은 원칙적으로 자치사무와 단체위임사무에 한하며, 국가사무가 지방자치단체의 장에게 위임된 기관위임사무는 원칙적으로 자치조례의 제정범위에 속하지 않는다 할 것이고, 다만 개별법령에서 일정한 사항을 조례로 정하도록 위임하고 있는 경우에는 위임받은 사항에 관하여 개별법령의 취지에 부합하는 범위 내에서 이른바 위임조례를 정할 수 있다(대판 2004. 6. 11. 2004추34).

⑤ 「지방자치법」 제32조 제8항

12 지방자치단체의 주민에 관한 설명으로 옳지 않은 것은? (다툼이 있으면 판례에 따름)

① 감사청구한 주민이라면 1인이라도 「지방자치법」상 주민소송을 제기할 수 있다.

② 주민소환제는 지방자치의 본질적인 내용이라 할 수 없다.

③ 주민투표권은 「헌법」이 보장하는 참정권이라 할 수 없다.

④ 주민은 지방자치단체의 조례를 제정하거나 개정하거나 폐지할 것을 청구할 수 있다.

⑤ 주민이 지방의회 본회의의 안건 심의 중 방청인으로서 안건에 관하여 발언하는 것은 선거제도를 통한 대표제 원리에 위반되지 않는다.

▶해설 ⑤ 「지방자치법」상의 의회대표제하에서 의원과는 달리 정치적, 법적으로 아무런 책임을 지지 아니하는 주민이 본회의 또는 위원회의 안건 심의 중 안건에 관하여 발언한다는 것은 선거제도를 통한 대표제원리에 정면으로 위반되는 것으로서 허용될 수 없다(대판 1993. 2. 26. 92추109).

① 「지방자치법」 제21조, 제22조

② 주민소환제도는 주민의 지방행정에의 참여를 활성화하여 지방자치의 적정실현을 제고하고자 하는 제도이며, 지방자치의 본질적인 내용이라 할 수 없다.

③ 주민투표권은 「지방자치법」 제13조 제2항의 규정에 의한 권리이고, 「헌법」상 인정되는 참정권으로 볼 수 없다(헌재결 1994. 12. 29. 94헌마201).

④ 「지방자치법」 제19조 제1항

Answer   10. ②   11. ②   12. ⑤

13 지방자치단체의 주민의 권리에 관한 설명으로 옳은 것을 모두 고른 것은? (다툼이 있으면 판례에 따름)

> ㉠ 주민투표권은 「헌법」이 보장하는 기본권 또는 「헌법」상 제도적으로 보장되는 주관적 공권이다.
> ㉡ 「주민소환에 관한 법률」에 따르면 전체 주민소환투표자의 수가 주민소환투표권자 총수의 3분의 1에 미달하는 때에는 개표를 하지 않는다.
> ㉢ 주민은 지방자치단체의 조례를 제정하거나 개정하거나 폐지할 것을 청구할 수 있다.
> ㉣ 주민의 감사청구와는 달리 주민소송은 「지방자치법」상 인정되고 있지 않다.

① ㉠, ㉡
② ㉠, ㉢
③ ㉠, ㉣
④ ㉡, ㉢
⑤ ㉡, ㉣

해설 ㉡ [○] 전체 주민소환투표자의 수가 주민소환투표권자 총수의 3분의 1에 미달하는 때에는 개표를 하지 않는다(「주민소환에 관한 법률」 제22조 제2항).
㉢ [○] 「지방자치법」 제19조 제1항
㉠ [×] 주민투표권은 「헌법」이 보장하는 기본권 또는 「헌법」상 제도적으로 보장되는 주관적 공권이 아니라 법률에 의해 인정되는 권리일 뿐이다(헌재 2001. 6. 28. 2000헌마735).
㉣ [×] 「지방자치법」은 제21조에서 주민의 감사청구에 대해 규정하고 있으며, 제22조에서 감사청구한 주민의 주민소송에 관하여 규정하고 있다.

14 「지방자치법」상 주민소송에 관한 설명으로 옳지 않은 것은? 2014년 제2회
① 감사청구전치주의를 취하고 있다.
② 「행정소송법」상 민중소송에 해당한다.
③ 법인 등 단체는 주민소송을 제기할 당사자적격이 없다.
④ 피고는 비위를 저지른 공무원이다.
⑤ 원고는 감사청구를 한 주민이면 한 명이라도 가능하다.

해설 ④ 감사청구한 주민은 일정한 사유에 해당하는 경우에 그 감사청구한 사항과 관련이 있는 위법한 행위나 업무를 게을리한 사실에 대하여 해당 지방자치단체의 장을 상대방으로 하여 소송을 제기할 수 있다(「지방자치법」 제22조 제1항).
①·⑤ 「지방자치법」 제22조 제1항
② 주민소송은 「행정소송법」상의 객관적 소송의 일종인 민중소송에 해당한다. 따라서 개인의 구체적인 권익의 침해가 없어도 제기할 수 있다.
③ 주민소송은 감사청구를 한 주민만이 제기할 수 있는데, 감사청구는 18세 이상의 주민만이 할 수 있으므로, 법인 등 단체는 주민소송을 제기할 당사자적격이 없다(「지방자치법」 제21조, 제22조).

15 「지방자치법」상 주민소송에 관한 설명으로 옳지 않은 것은? (다툼이 있으면 판례에 따름)

2021년 제9회

① 주민소송을 제기하기 전에 주민감사청구를 거쳐야 한다.
② 지방의회의원에게 손해배상청구를 할 것을 요구하는 주민소송은 인정되지 않는다.
③ 공금의 부과·징수 업무를 게을리한 사실의 위법 확인을 요구하는 주민소송은 인정된다.
④ 행정처분인 해당 행위의 취소를 요구하는 주민소송은 인정된다.
⑤ 주민소송의 대상이 되는 위법한 행위나 해태사실은 감사청구한 사항과 동일할 필요는 없고 관련성이 있으면 된다.

해설 ② 주민소송으로서 해당 지방자치단체의 장 및 직원, 지방의회의원, 해당 행위와 관련이 있는 상대방에게 손해배상청구 또는 부당이득반환청구를 할 것을 요구하는 소송을 제기할 수 있다(「지방자치법」 제22조 제2항 제4호).
① 주민소송은 감사청구한 주민이 제기할 수 있다. 즉, 감사청구전치주의가 적용된다(「지방자치법」 제22조 제1항).
③ 주민소송은 공금의 지출에 관한 사항, 재산의 취득·관리·처분에 관한 사항, 해당 지방자치단체를 당사자로 하는 매매·임차·도급 계약이나 그 밖의 계약의 체결·이행에 관한 사항 또는 지방세·사용료·수수료·과태료 등 공금의 부과·징수를 게을리한 사항을 감사청구한 주민이 제기하는 소송이다(「지방자치법」 제22조 제1항).
④ 행정처분인 해당 행위의 취소를 요구하는 주민소송은 주민소송을 규정한 「지방자치법」 제22조의 대상이다.
⑤ 주민소송의 대상이 되는 위법한 행위나 게을리한 사실은 감사청구한 사항과 동일할 필요는 없고 관련성이 있으면 된다.

16 「지방자치법」상의 주민소송에 관한 설명으로 옳지 않은 것은? (다툼이 있는 경우 판례에 의함)

① 공금의 부과·징수의 해태와 관련이 있는 위법한 행위나 업무를 게을리한 사실도 주민소송의 대상이 된다.
② 주민소송의 계속 중에 소송을 제기한 주민이 사망한 경우에도 소송절차는 중단되지 아니한다.
③ 주민소송이 계속 중인 때에는 다른 주민은 동일한 사항에 대하여 별도의 소송을 제기할 수 없다.
④ 주민소송의 관할법원은 당해 지방자치단체의 사무소 소재지를 관할하는 행정법원이다.
⑤ 주민감사청구를 한 주민에 한해 원고적격이 인정된다.

해설 ② 소송의 계속 중에 소송을 제기한 주민이 사망하거나 「지방자치법」 제16조에 따른 주민의 자격을 잃으면 소송절차는 중단된다. 소송대리인이 있는 경우에도 또한 같다(「지방자치법」 제22조 제6항).
③ 주민소송이 진행 중이면 다른 주민은 같은 사항에 대하여 별도의 소송을 제기할 수 없다(「지방자치법」 제22조 제5항).

Answer 13. ④ 14. ④ 15. ② 16. ②

17 「지방자치법」상 주민소송에 관한 설명으로 옳지 않은 것은? 2022년 제10회

① 주민소송은 민중소송이며 객관소송이다.

② 해당 행위를 계속하면 회복하기 곤란한 손해가 발생할 우려가 있는 경우에 그 행위의 전부나 일부를 중지할 것을 요구하는 소송을 주민소송으로 제기할 수 있다.

③ 주민소송을 제기하기 위해서는 그에 앞서 당해 사안에 대해 주민감사청구를 하여야 한다.

④ 소송의 계속(繫屬) 중에 소송을 제기한 주민이 사망하면 소송절차는 중단된다.

⑤ 주민소송이 진행 중이라도 다른 주민은 같은 사항에 대하여 별도의 소송을 제기할 수 있다.

해설 ⑤ 주민소송이 진행 중이라도 다른 주민은 같은 사항에 대하여 별도의 소송을 제기할 수 없다(「지방자치법」 제22조 제5항).
① 주민소송은 지방자치단체의 행정에 대한 적법성 통제를 목적으로 하는 「행정소송법」상 민중소송에 해당하며 이는 권리구제가 목적인 주관적 소송과 달리 행정의 합법성 통제를 목적으로 하는 객관적 소송에 해당한다.
② 주민소송으로는 해당 행위를 계속하면 회복하기 어려운 손해를 발생시킬 우려가 있는 경우에 그 행위의 전부나 일부를 중지할 것을 요구하는 소송도 가능하다(「지방자치법」 제22조 제2항 제1호).
③ 주민소송은 주민감사청구를 한 주민만이 제기할 수 있으므로 주민감사청구를 필수적으로 거쳐야 한다.
④ 소송의 계속(繫屬) 중에 소송을 제기한 주민이 사망하거나 주민의 자격을 잃으면 소송절차는 중단된다(「지방자치법」 제22조 제6항).

18 지방의회에 관한 설명으로 옳지 않은 것은? (다툼이 있으면 판례에 따름)

① 지방의회는 지방자치단체의 구성부분으로 「헌법」이 인정하는 기관이다.

② 지방의회는 그 의결로 소속 지방의회의원의 사직을 허가할 수 있다. 다만, 폐회 중에는 사직할 수 없다.

③ 지방의회의 회의는 공개가 원칙이지만 의원 3명 이상의 발의로 출석의원 3분의 2 이상이 찬성한 경우에는 공개하지 않을 수 있다.

④ 체포 또는 구금된 지방의회의원이 있으면 관계 수사기관의 장은 지체 없이 해당 의장에게 영장의 사본을 첨부하여 그 사실을 알려야 한다.

⑤ 지방의회는 그 지방자치단체의 사무에 대하여 행정사무 감사권 및 조사권을 갖는다.

해설 ② 지방의회는 그 의결로 소속 지방의회의원의 사직을 허가할 수 있다. 다만, 폐회 중에는 지방의회의 의장이 허가할 수 있다(「지방자치법」 제89조).
① 지방자치단체에 의회를 둔다(「헌법」 제118조 제1항).
③ 「지방자치법」 제75조 제1항, ④ 「지방자치법」 제113조 제1항, ⑤ 「지방자치법」 제49조 제1항

19 지방자치단체의 사무에 관한 설명으로 옳은 것을 모두 고른 것은? (다툼이 있으면 판례에 따름) 2015년 제3회

> ㉠ 지방의회는 집행기관의 고유권한에 속하는 사항의 행사에 관하여 견제의 범위 내에서 소극적·사후적으로 개입할 수 있을 뿐만 아니라 사전에 적극적으로 개입할 수 있다.
> ㉡ 지방의회는 자치사무에 관하여 법률에 특별한 규정이 없는 한 조례로써 위와 같은 지방자치단체장의 고유권한을 침해하지 않는 범위 내에서 조례를 제정할 수 있다.
> ㉢ 지방의회는 지방자치단체 및 그 장이 위임받아 처리하는 국가사무와 시·도의 사무에 대하여 국회와 시·도의회가 직접 감사하기로 한 사무도 감사할 수 있다.
> ㉣ 국가사무가 지방자치단체의 장에게 위임된 기관위임사무는 원칙적으로 자치조례의 제정범위에 속하지 않는다.

① ㉠, ㉡

② ㉠, ㉣

③ ㉡, ㉢

④ ㉡, ㉣

⑤ ㉢, ㉣

▶해설 ㉡ [○] 지방의회는 자치사무에 관하여 법률에 특별한 규정이 없는 한 조례로써 위와 같은 지방자치단체장의 고유권한을 침해하지 않는 범위 내에서 조례를 제정할 수 있다고 할 것이다(대판 2013. 4. 11. 2012추22).

㉣ [○] 지방자치단체가 자치조례를 제정할 수 있는 것은 원칙적으로 자치사무와 단체위임사무에 한하므로, 국가사무가 지방자치단체의 장에게 위임된 기관위임사무와 같이 지방자치단체의 장이 국가기관의 지위에서 수행하는 사무일 뿐 지방자치단체 자체의 사무라고 할 수 없는 것은 원칙적으로 자치조례의 제정범위에 속하지 않는다(대판 1999. 9. 17. 99추30).

㉠ [×] 지방의회가 집행기관의 인사권에 관하여 견제의 범위 내에서 소극적·사후적으로 개입하는 것은 허용되나, 집행기관의 인사권을 독자적으로 행사하거나 동등한 지위에서 합의하여 행사할 수는 없고, 그에 관하여 사전에 적극적으로 개입하는 것도 원칙적으로 허용되지 아니한다(대판 2009. 9. 24. 2009추53).

㉢ [×] 지방의회는 지방자치단체 및 그 장이 위임받아 처리하는 국가사무와 시·도의 사무에 대하여 국회와 시·도의회가 직접 감사하기로 한 사무 외에는 그 감사를 각각 해당 시·도의회와 시·군 및 자치구의회가 할 수 있다(「지방자치법」 제49조 제3항).

Answer 17. ⑤ 18. ② 19. ④

20 **「지방자치법」상 지방의회의 권한에 해당하지 않는 것은?** 2024년 제12회

① 청원의 수리와 처리에 관한 의결권

② 결산과 관련한 검사위원 선임권

③ 주민투표 회부권

④ 지방의회의원의 자격상실에 대한 의결권

⑤ 기금의 설치·운용에 관한 의결권

해설 ③ 지방자치단체의 장은 주민에게 과도한 부담을 주거나 중대한 영향을 미치는 지방자치단체의 주요 결정사항 등에 대하여 주민투표에 부칠 수 있다(「지방자치법」 제18조 제1항).
①·②·④·⑤ 지방의회의 권한에 속한다.

21 **지방자치단체의 사무에 대한 설명으로 옳은 것은? (다툼이 있는 경우 판례에 의함)**

① 기관위임사무에 대해서는 지방의회가 조례로 제정하여 수행하는 것이 원칙이다.

② 지방의회의 의결이 법령에 위반되거나 공익을 현저히 해친다고 판단되면 시·도에 대하여는 주무부장관이, 시·군 및 자치구에 대하여는 시·도지사가 서면으로 시정을 명할 수 있다.

③ 감독청은 자치사무와 단체위임사무에 대한 지방자치단체의 장의 위법·부당한 명령이나 처분에 대해 그 시정명령을 할 수 있지만 기관위임사무는 그 대상이 아니다.

④ 자치사무에 대해 감독청이 시정명령을 한 후 이를 이행하지 아니하면 자치사무에 관한 명령이나 처분이 법령에 위반하거나 현저히 부당하여 공익을 해하는 경우 감독청은 취소·정지할 수 있다.

⑤ 직무이행명령에 이의가 있는 지방자치단체의 장은 그 이행명령에 대해 취소소송의 형식으로 불복할 수 없다.

해설 ③ 시정명령은 자치사무와 단체위임사무를 대상으로 하며, 기관위임사무는 그 대상이 아니다.
① 기관위임사무는 원칙적으로 지방의회가 관여하지 아니하므로 조례가 아닌 단체장의 규칙에 의한다. 다만 예외적으로 개별적 위임이 있는 경우 가능하다.
② 시정명령은 위법·부당한 지방자치단체장의 명령이나 처분을 대상으로 하고, 지방의회의 의결에 대해서는 감독청이 이의를 제기하고 재의를 단체장에 요구한다.
④ 자치사무는 법령에 위반한 경우에 취소·정지의 대상이 되고, 단체위임사무의 경우에는 법령위반 외에 현저히 부당하여 공익을 해하는 명령이나 처분도 감독청의 취소·정지의 사유가 된다.
⑤ 직무이행명령에 이의가 있는 지방자치단체의 장은 그 이행명령에 대해 취소소송의 형식으로 불복할 수 있다.

Answer 20. ③ 21. ③

공무원법

핵심 summary

1. 공무원의 분류

경력직 공무원 (직업공무원)	일반직 공무원	기술·연구 또는 행정 일반에 대한 업무를 담당하는 공무원
	특정직 공무원	법관, 검사, 외무공무원, 경찰공무원, 소방공무원, 교육공무원, 군인, 군무원, 헌법재판소 헌법연구관, 국가정보원의 직원과 특수 분야의 업무를 담당하는 공무원으로서 다른 법률에서 특정직 공무원으로 지정하는 공무원 기출
특수경력직 공무원	정무직 공무원	① 선거로 취임하거나 임명할 때 국회의 동의가 필요한 공무원 ② 고도의 정책결정 업무를 담당하거나 이러한 업무를 보조하는 공무원으로서 법률이나 대통령령(대통령비서실 및 국가안보실의 조직에 관한 대통령령만 해당한다)에서 정무직으로 지정하는 공무원
	별정직 공무원	비서관·비서 등 보좌업무 등을 수행하거나 특정한 업무 수행을 위하여 법령에서 별정직으로 지정하는 공무원

2. 공무원관계의 변동

(1) 공무원 임명(임용)

의의		① 쌍방적 행정행위 ② 상대방의 동의를 결한 임명행위는 무효
임명요건	능력요건 (소극적 요건)	① 공무원법상의 결격사유에 해당하지 않을 것 ② 외국인도 임용 가능(외무공무원은 불가)
	성적요건 (적극적 요건)	시험성적, 근무성적, 기타 능력의 실증에 의해 적극적 자격요건을 갖추어야 함
요건흠결의 효력		임용결격자에 대한 임용은 당연무효, 성적요건이 결여된 자에 대한 임용은 취소사유 기출
효력발생시기		공무원은 임용장이나 임용통지서에 적힌 날짜에 임용된 것으로 보며, 임용일자를 소급해서는 안 됨 기출

지문식 판례 ◆

① 공무원임용결격사유가 있는지의 여부는 채용후보자 명부에 등록한 때가 아닌 임용 당시에 시행되던 법률을 기준으로 하여 판단하여야 한다. ^{기출}

② 임용 당시 공무원임용결격사유가 있었다면 비록 국가의 과실에 의하여 임용결격자임을 밝혀내지 못하였다 하더라도 그 임용행위는 당연무효로 보아야 한다. ^{기출}

③ 국가가 공무원임용결격사유가 있는 자에 대하여 공무원임용행위를 취소하는 것은 당사자에게 원래의 임용행위가 당초부터 당연무효이었음을 통지하여 확인시켜 주는 행위에 지나지 아니하는 것이므로 신뢰의 원칙이 적용될 수 없고 취소권은 시효로 소멸하지 않는다. ^{기출}

④ 지방소방사시보 발령을 취소한다고만 기재되어 있는 인사발령통지서에 정규공무원인 지방소방사 임용행위까지 취소한다는 취지가 포함되어 있다고 볼 수 없다(시보임용과 정규공무원임용은 별개 임용행위). ^{기출}

⑤ 임용결격자가 공무원으로 임용되어 사실상 근무하여 왔다고 하더라도 「공무원연금법」 소정의 퇴직급여 등을 청구할 수 없다. ^{기출}

⑥ 당연퇴직사유에 해당되어 공무원으로서의 신분을 상실한 자가 그 이후 사실상 공무원으로 계속 근무하여 왔다고 하더라도 당연퇴직 후의 사실상의 근무기간은 「공무원연금법」상의 재직기간에 합산될 수 없다. ^{기출}

⑵ 공무원관계의 변경

① 변경 원인

원인		내용
승진		동일한 직렬 안에서 하위직급에서 상위직급으로 임용되는 것
전직 등	전직	직렬을 달리하는 임명. 전직시험을 거쳐야 함
	전보	같은 직급 내에서의 보직변경
	전입	서로 다른 기관 소속공무원을 임용하는 것. 시험을 거쳐야 함
휴직		공무원의 신분은 보유하나 직무에 종사하지 못하는 것. 직권휴직과 의원휴직이 있음
직위해제		공무원에게 직무수행을 계속하게 할 수 없는 사유가 발생한 경우, 공무원의 신분은 보유하나 보직을 해제하여 직무담당을 하지 못하게 하는 것
강임		같은 직렬 내에서 하위직급에 임명하거나 하위직급이 없어 다른 직렬의 하위직급으로 임명하는 것
복직		휴직, 직위해제 중에 있는 공무원을 본래의 직위에 복귀시키는 것
징계		파면(소멸), 해임(소멸), 강등, 정직, 감봉, 견책

② 직위해제

사유	㉠ 직무수행 능력이 부족하거나 근무성적이 극히 나쁜 자 ㉡ 파면·해임·강등 또는 정직에 해당하는 징계의결이 요구 중인 자[징계의결까지(판례)] ㉢ 형사 사건으로 기소된 자(약식명령이 청구된 자는 제외) ㉣ 고위공무원단에 속하는 일반직 공무원으로서 적격심사를 요구받은 자 ㉤ 금품비위, 성범죄 등 대통령령으로 정하는 비위행위로 인하여 감사원 및 검찰·경찰 등 수사기관에서 조사나 수사 중인 자로서 비위의 정도가 중대하고 이로 인하여 정상적인 업무수행을 기대하기 현저히 어려운 자
일반적 성격	㉠ 직위해제처분은 재량행위 ㉡ 직위해제는 잠정적인 조치로서의 보직의 해제를 의미하므로 징벌적 제재로서의 징계와는 성질이 다름 ^{기출} ㉢ 직위해제처분 후 파면처분을 한 경우 직위해제처분은 효력을 상실 ㉣ 직위해제 중인 자에 대해 동일한 사유로 다시 직권면직 또는 징계처분을 하여도 일사부재리의 원칙에 위반되지 않음 ^{기출} ㉤ 직위해제처분과 직권면직처분 사이에는 하자의 승계가 부정

(3) 공무원관계의 소멸

당연퇴직	의의	일정한 사유의 발생으로 당연히 공무원관계가 소멸
	사유	① 임용 후 공무원임용결격사유의 하나에 해당한 때 ^{기출} ② 공무원의 임기만료 ③ 공무원의 사망 ④ 공무원이 정년에 달한 때
	퇴직인사발령	처분(×)
면직	의원면직	사직서제출에 의한 면직
	강제면직 — 징계면직	파면, 해임
	강제면직 — 직권면직	파면, 해임 이외의 강제면직

3. 불이익처분에 대한 구제

(1) 처분사유설명서

공무원에 대하여 징계처분 등을 할 때나 강임·휴직·직위해제 또는 면직처분을 할 때에는 그 처분권자 또는 처분제청권자는 처분사유를 적은 설명서를 교부하여야 한다. 다만, 본인의 원(願)에 따른 강임·휴직 또는 면직처분은 그러하지 아니하다. ^{기출}

(2) 고충심사청구

공무원은 누구나 인사·조직·처우 등 각종 직무 조건과 그 밖의 신상 문제에 대하여 인사 상담이나 고충심사를 청구할 수 있으며, 이를 이유로 불이익한 처분이나 대우를 받지 아니한다.

(3) 소청심사

사유	징계·강임·휴직·직위해제 또는 면직처분, 기타 불리한 처분	
심사기관	① 국무총리 소속의 인사혁신처에 소청심사위원회 ^{기출} ② 국회사무처, 법원행정처, 헌법재판소사무처 및 중앙선거관리위원회사무처에 각각 해당 소청 심사위원회	
소청절차	심사청구	처분이 있은 것을 안 날부터 30일 이내 심사청구
	소청심사	의견진술기회를 주지 않은 소청결정은 무효[취소(×)] ^{기출}
결정	① 재적 위원 3분의 2 이상의 출석과 출석 위원 과반수의 합의 ② 파면·해임·강등 또는 정직에 해당하는 징계처분을 취소 또는 변경하려는 경우와 효력 유무 또는 존재 여부에 대한 확인을 하려는 경우에는 재적 위원 3분의 2 이상의 출석과 출석 위원 3분의 2 이상의 합의 ③ 의견이 나뉠 경우에는 출석 위원 과반수에 이를 때까지 소청인에게 가장 불리한 의견에 차례로 유리한 의견을 더하여 그중 가장 유리한 의견을 합의된 의견으로 봄	

(4) 행정소송

① 소청심사위원회의 심사·결정을 반드시 거쳐야 한다(필수적 행정심판전치). ^{기출}
② 대통령의 처분 또는 부작위의 경우에는 소속장관을 피고로 한다.

4. 공무원의 징계책임

징계원인	① 고의·과실 불요 ② 감독의무를 해태한 감독자도 책임 ③ 임용 전 행위도 징계사유 가능			
종류와 내용	중징계 ^{기출}	파면	신분박탈, 연금지급(×)	5년간 임용(×) ^{기출}
		해임	신분박탈, 연금지급(○)	3년간 임용(×) ^{기출}
		강등	직급 1계급 강등, 3월간 직무정지, 보수 전액 감액	승진 및 승급제한
		정직	1월 이상~3월 이하 직무정지, 보수 전액 감액	
	경징계 ^{기출}	감봉	1월 이상~3월 이하 보수 1/3 감액	
		견책	훈계, 회개	
징계권자	① 원칙적 징계위원회가 설치된 소속 기관장 ② 파면과 해임은 임용권자나 임용권을 위임한 상급 감독기관의 장			
징계절차	징계의결요구	공무원이 징계사유에 해당하는 것이 명백할 때에는 징계의결을 반드시 요구		
	의결시효	① 징계 등의 사유가 발생한 날부터 3년 ② 금품 및 향응 수수, 공금의 횡령·유용의 경우 5년 ③ 성범죄·성희롱의 경우 10년		
	의견진술	① 출석하여 의견을 진술하거나 서면으로 의견을 진술 ② 중징계 등 요구사건의 경우에는 특별한 사유가 없는 한 징계위원회에 출석 하여 의견을 진술		

	절차중단	① 감사원에서 조사 중인 사건에 대하여는 조사개시 통보를 받은 날부터 징계의결의 요구나 그 밖의 징계절차를 진행하지 못함 ② 검찰·경찰 그 밖의 수사기관에서 수사 중인 사건에 대하여는 수사개시 통보를 받은 날부터 징계의결의 요구나 그 밖의 징계절차를 진행하지 아니할 수 있음 **기출**
	집행	징계의결서를 받은 날로부터 15일 이내에 징계처분사유설명서를 교부하여 이를 집행
구제		① 소청심사(필수) → 항고소송 **기출** ② 징계처분권자는 소청심사위원회 또는 법원에서 징계처분 등의 무효 또는 취소의 결정이나 판결을 받은 경우에는 다시 징계의결 또는 징계부가금 부과의결을 요구하여야 함

01 공무원관계에 관한 판례의 태도로 옳은 것은? 2022년 제10회

① 공무원임용결격사유가 있는지의 여부는 임용당시가 아닌 채용후보자 명부에 등록한 때에 시행되던 법률을 기준으로 하여 판단하여야 한다.

② 임용당시 공무원임용결격사유가 있었다면 비록 국가의 과실에 의하여 임용결격자임을 밝혀내지 못하였다 하더라도 그 임용행위는 당연무효이다.

③ 국가가 공무원임용결격사유가 있는 자에 대해 결격사유가 있음을 알지 못하고 임용하였다가 사후에 결격사유가 있는 자임을 발견하고 임용행위를 취소하는 경우, 그 취소권은 시효의 제한을 받는다.

④ 시험승진후보자명부에서의 삭제행위는 행정처분이다.

⑤ 직위해제는 징계처분에 해당한다.

▶해설 ② 임용결격자에 대한 공무원의 임용은 비록 국가가 과실에 의해 임용결격자임을 밝혀내지 못하였더라도 당연무효이다(대판 2005. 7. 28. 2003두469).

① 공무원임용결격사유가 있는지의 여부는 채용후보자명부에 등록한 때가 아닌 임용 당시에 시행되던 법률을 기준으로 하여 판단하여야 한다(대판 1987. 4. 14. 86누459).

③ 국가가 공무원임용결격사유가 있는 자에 대해 결격사유가 있음을 알지 못하고 임용하였다가 사후에 결격사유가 있는 자임을 발견하고 임용행위를 취소하는 것은 임용이 무효임을 확인하는 것에 불과하므로 그 취소권은 시효의 제한을 받지 않는다.

④ 시험승진후보자명부에서의 삭제행위는 결국 그 명부에 등재된 자에 대한 승진 여부를 결정하기 위한 행정청 내부의 준비과정에 불과하고, 그 자체가 어떠한 권리나 의무를 설정하거나 법률상 이익에 직접적인 변동을 초래하는 별도의 행정처분이 된다고 할 수 없다(대판 1997. 11. 14. 97누7325).

⑤ 직위해제는 징계처분이 아니다.

02 국가공무원에 관한 설명으로 옳지 않은 것은? (다툼이 있는 경우에는 판례에 따름)

2023년 제11회

① 공무원의 신분과 지위의 특수성상 공무원에 대해서는 일반 국민에 비해 보다 넓고 강한 기본권 제한이 가능하다.

② 공무원이 그 직무를 수행함에 있어 소속 상관의 명백한 위법 내지 불법한 명령에 따라야 할 의무는 없다.

③ 법관, 검사, 외무공무원은 일반직공무원에 해당한다.

④ 모든 공무원은 법령을 준수하며 성실히 직무를 수행하여야 한다.

⑤ 국가기간의 장은 소속 공무원을 임용할 때 합리적인 이유 없이 사회적 신분을 이유로 차별해서는 아니 된다.

▶해설 ③ 법관, 검사, 외무공무원, 경찰공무원, 소방공무원, 교육공무원, 군인, 군무원, 헌법재판소 헌법연구관, 국가정보원의 직원, 경호공무원과 특수 분야의 업무를 담당하는 공무원으로서 다른 법률에서 특정직공무원으로 지정하는 공무원을 특정직공무원이라 한다. 일반직공무원은 기술·연구 또는 행정 일반에 대한 업무를 담당하는 공무원을 말한다(「국가공무원법」 제2조 제1항·제2항).
① 공무원도 기본권의 주체이지만, 공무원의 신분과 지위의 특수성상 일반 국민에 비해 보다 넓고 강한 기본권 제한을 받는다.
② 공무원은 직무를 수행할 때 소속 상관의 직무상 명령에 복종하여야 하지만, 소속 상관의 명백한 위법 내지 불법한 명령에 따라야 할 의무는 없다.
④ 「국가공무원법」 제56조, ⑤ 「국가공무원법」 제26조의6

03 「국가공무원법」의 내용에 관한 설명으로 옳지 않은 것은? 2025년 제13회

① 검사는 특정직공무원에 해당한다.

② 정무직공무원은 특수경력직공무원에 해당한다.

③ 직급이란 1명의 공무원에게 부여할 수 있는 직무와 책임을 말한다.

④ 소청심사위원회의 결정은 처분 행정청을 기속한다.

⑤ 본인의 원(願)에 다른 강임·휴직 또는 면직처분을 할 때에는 그 처분권자 또는 처분제청권자는 처분사유를 적은 설명서를 교부하지 않아도 된다.

▶해설 ③ 1명의 공무원에게 부여할 수 있는 직무와 책임을 직위라 한다. "직급(職級)"이란 직무의 종류·곤란성과 책임도가 상당히 유사한 직위의 군을 말한다(「국가공무원법」 제5조 제1호·제2호).
① 「국가공무원법」 제2조 제2항 제2호, ② 「국가공무원법」 제2조 제3항 제1호, ④ 「국가공무원법」 제15조, ⑤ 「국가공무원법」 제75조 제1항

Answer 1.② 2.③ 3.③

04 **국가공무원법령상 공무원의 징계와 관련된 설명으로 옳은 것은?** 2017년 제5회

① 형벌과 징계벌 사이에는 일사부재리의 원칙이 적용된다.

② 징계 중 파면, 해임, 강등을 중징계라 하고, 정직, 감봉, 견책을 경징계라 한다.

③ 금전의 수수행위에 대한 징계의결 등의 요구는 징계 등의 사유가 발생한 날부터 3년이 지나면 하지 못한다.

④ 징계처분에 대한 행정소송은 소청심사위원회의 심사·결정을 거치지 아니하고도 제기할 수 있다.

⑤ 수사기관에서 수사 중인 사건에 대하여는 수사개시의 통보를 받은 날로부터 징계 절차를 진행하지 아니할 수 있다.

해설 ⑤ 검찰·경찰, 그 밖의 수사기관에서 수사 중인 사건에 대하여는 수사개시 통보를 받은 날부터 징계 의결의 요구나 그 밖의 징계 절차를 진행하지 아니할 수 있다(「국가공무원법」 제83조 제2항). 한편 이와 달리 감사원에서 조사 중인 사건에 대하여는 조사개시 통보를 받은 날부터 징계 의결의 요구나 그 밖의 징계 절차를 진행하지 못한다(「국가공무원법」 제83조 제1항).
① 징계벌과 형벌은 그 목적이나 성질 등이 다르므로 병과할 수 있으며, 병과하더라도 일사부재리의 원칙에 반하지 않는다(통설 및 판례).
② 징계 중 파면, 해임, 강등과 정직을 중징계라 하고, 감봉과 견책을 경징계라 한다(「공무원징계령」 제1조의3).
③ 원칙적으로 징계의결 등의 요구는 징계 등의 사유가 발생한 날부터 3년이 지나면 하지 못하는 것이지만, 금전의 수수행위에 대한 징계의결 등의 요구는 징계 등의 사유가 발생한 날부터 5년이 지나면 하지 못한다(「국가공무원법」 제83조의2 제1항).
④ 징계처분에 대한 행정소송은 소청심사위원회의 심사·결정을 거치지 아니하면 제기할 수 없다(「국가공무원법」 제16조 제1항).

05 **공무원의 신분관계에 관한 설명으로 옳은 것은? (다툼이 있으면 판례에 따름)** 2016년 제4회

① 「국가공무원법」상 임용결격사유는 모두 당연퇴직사유에 해당된다.

② 「지방공무원법」상 정규공무원 임용행위와 시보임용행위는 별도의 임용행위이므로 그 요건과 효력은 개별적으로 판단해야 한다.

③ 직위해제처분이 있은 후 동일한 사유에 대해 다시 해임처분이 있다면 일사부재리의 법리에 어긋난다.

④ 징계의 종류로서 파면과 해임은 둘 다 공무원 신분을 박탈시키며 공직취임 제한기간이 동일하다는 점에 있어서는 차이가 없다.

⑤ 공무원 임용결격사유가 있는지의 여부는 임용 당시가 아니라 채용후보자 명부에 등록한 때의 법률을 기준으로 판단해야 한다.

해설 ② 「지방공무원법」상 정규공무원 임용행위는 시보임용행위와는 별도의 임용행위이므로 그 요건과 효력은 개별적으로 판단하여야 할 것이다(대판 2005. 7. 28. 2003두469).
① 「국가공무원법」 제33조의 결격사유 중 일정한 요건에 해당하는 경우만 당연퇴직사유에 해당한다(「국가공무원법」 제69조).
③ 직위해제는 과거의 비위행위에 대하여 행하는 징벌적 제재로서의 징계와는 그 성질이 다르므로 직위해제 중인 자에 대한 징계처분은 일사부재리 원칙의 위반이 아니다(대판 1983. 10. 25. 83누184).
④ 파면과 해임은 둘 다 공무원 신분을 박탈시키는 점에서는 동일하나, 공직취임 제한기간이 파면은 5년인데 해임은 3년으로 다르다(「국가공무원법」 제33조).
⑤ 공무원 임용결격사유가 있는지의 여부는 채용후보자 명부에 등록한 때가 아닌 임용 당시에 시행되던 법률을 기준으로 하여 판단하여야 한다(대판 1987. 4. 14. 86누459).

06 판례에 의할 때 공무원의 신분관계에 관한 설명으로 옳은 것은? 2024년 제12회

① 임용 당시 공무원임용 결격사유가 있었다면 비록 국가의 과실에 의하여 임용결격자임을 밝혀내지 못하였다 하더라도 그 임용행위는 당연무효이다.

② 공무원에 대한 직위해제처분이 있은 후 동일한 사유로 다시 해임처분을 하는 것은 일사부재리의 법리에 어긋난다.

③ 「국가공무원법」상 당연퇴직의 인사발령은 항고소송의 대상이 되는 처분에 해당한다.

④ 「국가공무원법」상의 직위해제처분에는 의견청취에 관한 「행정절차법」 규정이 적용된다.

⑤ 임용행위의 하자로 임용행위가 취소되어 소급적으로 공무원의 지위를 상실한 자도 「공무원연금법」에서 정한 퇴직급여를 청구할 수 있다.

해설 ① 임용 당시 공무원임용결격사유가 있었다면 비록 국가의 과실에 의하여 임용결격자임을 밝혀내지 못하였다 하더라도 그 임용행위는 당연무효로 보아야 한다(대판 1987. 4. 14. 86누459).
② 직위해제는 징계가 아니므로 직위해제 후 징계처분으로 해임을 하더라도 일사부재리의 법리에 어긋나지 않는다.
③ 법률상 당연퇴직 사유의 발생으로 당연퇴직의 인사발령이 있었다 하여도 이는 퇴직사실을 알리는 이른바 관념의 통지에 불과하여 행정소송의 대상이 되지 아니한다(대판 1992. 1. 21. 91누2687).
⑤ 임용결격자가 공무원으로 임용되어 사실상 근무하여 왔다 하더라도 적법한 공무원으로서의 신분을 취득하지 못한 자로서는 「공무원연금법」이나 「근로자퇴직급여 보장법」에서 정한 퇴직급여를 청구할 수 없다. 나아가 이와 같은 법리는 임용결격사유로 인하여 임용행위가 당연무효인 경우뿐만 아니라 임용행위의 하자로 임용행위가 취소되어 소급적으로 지위를 상실한 경우에도 마찬가지로 적용된다(대판 2017. 5. 11. 2012다200486).

Answer 4. ⑤ 5. ② 6. ①

07 공무원의 권리와 의무에 관한 설명으로 옳지 않은 것은? (다툼이 있으면 판례에 따름)

2019년 제7회

① 「지방공무원법」에 따라 공무원은 직무수행 시 소속상사의 직무상 명령에 복종하여야 하지만, 이에 대한 의견을 진술할 수 있다.

② 공무원이 보수에 해당하는 금원지급을 구할 경우 해당 보수항목이 국가예산에 계상되어 있어야만 하는 것은 아니다.

③ 「지방공무원법」에 따른 고충심사의 결정은 행정처분이 아니다.

④ 지급결정된 연금의 지급청구소송은 공법상 당사자소송으로 제기되어야 한다.

⑤ 「공무원연금법」상 연금수급권은 사회보장수급권과 재산권의 성격을 함께 가진다.

해설 ② 공무원이 국가를 상대로 실질이 보수에 해당하는 금원의 지급을 구하려면 국가공무원법령 등 공무원의 보수에 관한 법률에 그 지급근거가 되는 명시적 규정이 존재하여야 하고, 나아가 해당 보수 항목이 국가예산에도 계상되어 있어야만 한다(대판 2018. 2. 28. 2017두64606).
① 「지방공무원법」 제49조
③ 고충심사결정 자체에 의하여는 어떠한 법률관계의 변동이나 이익의 침해가 직접적으로 생기는 것은 아니므로 고충심사의 결정은 행정상 쟁송의 대상이 되는 행정처분이라고 할 수 없다(대판 1987. 12. 8. 87누657 · 658).
④ 연금청구권은 공권이므로 지급결정된 연금의 지급청구소송은 공법상 당사자소송에 의한다.
⑤ 「공무원연금법」상 연금수급권은 사회적 기본권의 하나인 사회보장수급권의 성격과 재산권의 성격을 아울러 지니고 있다(헌재결 2016. 3. 31. 2015헌바18).

08 「국가공무원법」상 소청에 관한 설명으로 옳은 것은? 2020년 제8회

① 소청을 통해 위법한 거부처분에 대하여 의무이행을 구하는 심사청구를 할 수 없다.

② 징계처분에 대해 소청심사위원회의 심사 · 결정을 거치지 아니하면 행정소송을 제기할 수 없다.

③ 소청심사위원회가 소청인에게 진술 기회를 주지 아니하고 내린 결정은 취소사유의 하자가 있다.

④ 징계처분에 대한 소청에 대하여는 불이익변경금지원칙이 적용되지 아니한다.

⑤ 행정기관소속 공무원의 소청을 심사하는 소청심사위원회는 법제처에 둔다.

해설 ② 본인의 의사에 반한 불리한 처분이나 부작위(不作爲)에 관한 행정소송은 소청심사위원회의 심사·결정을 거치지 아니하면 제기할 수 없다(「국가공무원법」 제16조 제1항).
① 위법 또는 부당한 거부처분이나 부작위에 대하여 의무이행을 구하는 심사청구가 이유 있다고 인정되면 지체 없이 청구에 따른 처분을 하거나 이를 할 것을 명한다(「국가공무원법」 제14조 제6항 제5호).
③ 소청심사위원회가 소청 사건을 심사할 때에는 대통령령등으로 정하는 바에 따라 소청인 또는 제76조 제1항 후단에 따른 대리인에게 진술 기회를 주어야 하고, 진술 기회를 주지 아니한 결정은 무효로 한다(「국가공무원법」 제13조).
④ 소청심사위원회가 징계처분 또는 징계부가금 부과처분을 받은 자의 청구에 따라 소청을 심사할 경우에는 원징계처분보다 무거운 징계 또는 원징계부가금 부과처분보다 무거운 징계부가금을 부과하는 결정을 하지 못한다(「국가공무원법」 제14조 제8항).
⑤ 행정기관 소속 공무원의 징계처분, 그 밖에 그 의사에 반하는 불리한 처분이나 부작위에 대한 소청을 심사·결정하게 하기 위하여 인사혁신처에 소청심사위원회를 둔다(「국가공무원법」 제9조 제1항).

09 「국가공무원법」상 징계처분과 소청 등에 관한 설명으로 옳지 않은 것은? (다툼이 있으면 판례에 따름) 2021년 제9회

① 공무원에 대한 직위해제처분은 징계처분이다.
② 직위해제처분과 그 후속 직권면직처분은 별개 독립의 처분으로 일사부재리원칙에 위배되지 않는다.
③ 소청심사위원회가 소청 사건을 심사할 때 소청인에게 진술 기회를 주지 아니한 결정은 무효이다.
④ 소청심사위원회의 결정은 처분 행정청을 기속한다.
⑤ 소청심사위원회의 결정은 그 이유를 구체적으로 밝힌 결정서로 하여야 한다.

해설 ① 공무원에 대한 직위해제처분은 「국가공무원법」 제79조의 징계에 해당하지 않는다.
② 직위해제처분과 동일한 사유로 해임처분을 한 경우 일사부재리원칙위반이 아니다(대판 1984. 2. 28. 83누489).
③ 「국가공무원법」 제13조 제2항, ④ 「국가공무원법」 제15조, ⑤ 「국가공무원법」 제14조 제9항

Answer 7. ② 8. ② 9. ①

10 공무원관계에 관한 내용으로 옳지 않은 것은? (다툼이 있는 경우에는 판례에 의함)

2014년 제2회

① 임용 당시 공무원 임용 결격사유가 있었다면 비록 국가의 과실에 의하여 임용 결격자임을 밝혀내지 못하였다 하더라도 그 임용행위는 당연무효이다.

② 직위해제는 「국가공무원법」상 징계에 해당한다.

③ 공무원은 소속 상관이 종교 중립에 위배되는 직무상 명령을 한 경우에는 따르지 아니할 수 있다.

④ 공무원이 한 사직의 의사표시는 의원면직처분이 있고 난 이후에는 철회나 취소를 할 수 없다.

⑤ 임용결격자가 공무원으로 임용되어 사실상 근무하였다 하더라도 「공무원연금법」이나 「근로기준법」 소정의 퇴직금 청구를 할 수 없다.

해설 ② 「국가공무원법」상 징계의 종류에는 6가지(견책, 감봉, 정직, 강등, 해임, 파면)가 있으며, 직위해제는 「국가공무원법」상 징계의 종류에 속하지 않는다.

① 임용 당시 공무원 임용 결격사유가 있었다면 비록 국가의 과실에 의하여 임용결격자임을 밝혀내지 못하였다 하더라도 그 임용행위는 당연무효로 보아야 한다(대판 1987. 4. 14. 86누459).

③ 공무원은 종교에 따른 차별 없이 직무를 수행하여야 한다. 공무원은 소속 상관이 종교 중립 의무에 위배되는 직무상 명령을 한 경우에는 이에 따르지 아니할 수 있다(「국가공무원법」 제59조의2).

④ 공무원이 한 사직 의사표시의 철회나 취소는 그에 터잡은 의원면직처분이 있을 때까지 할 수 있는 것이고, 일단 면직처분이 있고 난 이후에는 철회나 취소할 여지가 없다(대판 2001. 8. 24. 99두9971).

⑤ 당연무효인 임용결격자에 대한 임용행위에 의하여서는 공무원의 신분을 취득하거나 근로고용관계가 성립될 수 없는 것이므로 임용결격자가 공무원으로 임용되어 사실상 근무하여 왔다고 하더라도 그러한 피임용자는 위 법률소정의 퇴직금 청구를 할 수 없다(대판 1987. 4. 14. 86누459).

11 국가공무원의 법률관계에 관한 설명으로 옳지 않은 것은? (다툼이 있으면 판례에 따름)

2020년 제8회

① 공무원임용에 결격사유가 있는지의 여부는 임용 당시에 시행되던 법률을 기준으로 판단하여야 한다.

② 공무원은 임용장이나 임용통지서에 적힌 날짜에 임용된 것으로 본다.

③ 공무원임용 결격사유가 있는 자를 공무원에 임명하는 행위는 당연무효이다.

④ 「국가공무원법」상의 직위해제처분에는 사전통지에 관한 「행정절차법」 규정이 적용된다.

⑤ 당연퇴직의 사실을 알리는 통지행위는 「행정소송법」상 처분에 해당하지 않는다.

▶해설 ④ 「국가공무원법」상 직위해제처분은 행정작용의 성질상 행정절차를 거치기 곤란하거나 불필요하다고 인정되는 사항 또는 행정절차에 준하는 절차를 거친 사항에 해당하므로, 처분의 사전통지 및 의견청취 등에 관한 「행정절차법」의 규정이 별도로 적용되지 않는다(대판 2014. 5. 16. 2012두26180).
① 공무원관계설정시점 및 공무원 임용 결격사유가 있는지 여부는 채용후보자 명부에 등록한 때가 아니라 임용 당시에 시행되던 법률을 기준으로 판단해야 한다(대판 1987. 4. 14. 86누459).
② 공무원은 임용장이나 임용통지서에 적힌 날짜에 임용된 것으로 보며, 임용일자를 소급해서는 아니 된다(「공무원임용령」 제6조 제1항).
③ 임용결격자에 대한 공무원의 임용은 무효이다(대판 2005. 7. 28. 2003두469).
⑤ 당연퇴직의 인사발령은 법률상 당연히 발생하는 퇴직사유를 공적으로 확인하여 알려주는 이른바 관념의 통지에 독립한 행정처분이라고 할 수 없다(대판 1995. 11. 14. 95누2036).

12 공무원의 징계에 관한 「국가공무원법」의 내용으로 옳은 것은?

① 공무원에 대한 징계의 종류로는 파면, 해임, 정직, 감봉, 견책의 다섯 가지가 있다.
② 징계처분권자는 법령의 적용, 증거 및 사실 조사에 명백한 흠이 있음을 이유로 소청심사위원회 또는 법원에서 징계처분의 무효 또는 취소결정이나 판결을 받은 경우에는 다시 징계의결을 요구하여야 한다.
③ 징계의결의 요구는 징계사유가 발생한 날부터 2년, 특히 금품 및 향응 수수와 공금의 횡령·유용의 경우에는 3년이 지나면 하지 못한다.
④ 감사원이 조사나 수사를 시작한 때에는 30일 내에 소속 기관의 장에게 그 사실을 통보하여야 하며, 감사원에서 조사 중인 사건에 대하여는 조사개시통보를 받은 날부터 징계의결의 요구나 그 밖의 징계절차를 진행하지 못한다.
⑤ 검찰·경찰, 그 밖의 수사기관에서 수사 중인 사건에 대하여는 수사개시 통보를 받은 날부터 징계의결의 요구나 그 밖의 징계절차를 진행하지 못한다.

▶해설 ② 「국가공무원법」 제78조의3 제1항
① 징계는 파면·해임·강등·정직·감봉·견책으로 구분한다(「국가공무원법」 제79조).
③ 징계의결의 요구는 징계사유가 발생한 날부터 3년(금품 및 향응 수수, 공금의 횡령·유용의 경우에는 5년)이 지나면 하지 못한다(「국가공무원법」 제83조의2 제1항).
④ 10일 이내에 통보하여야 한다(「국가공무원법」 제83조 제3항).
⑤ 검찰·경찰, 그 밖의 수사기관에서 수사 중인 사건에 대하여는 수사개시 통보를 받은 날부터 징계의결의 요구나 그 밖의 징계절차를 진행하지 아니할 수 있다(「국가공무원법」 제83조 제2항).

Answer 10. ② 11. ④ 12. ②

행정사
임병주 행정법

경찰행정

핵심 summary

1. 경찰권 발동의 한계 기출

경찰소극의 원칙		① 사회공공의 안녕·질서에 대한 위해의 방지·제거라는 소극적 목적을 위해서만 발동 ② 공공복리라는 적극적 목적을 위해서는 발동 불가
경찰공공의 원칙		① 사생활불가침의 원칙, 사주소불가침의 원칙, 민사관계불가침의 원칙 ② 사적 생활의 한계를 넘어 사회질서유지나 공공의 안전에 중대한 위해가 발생되는 경우에는 경찰권 발동 가능
경찰책임의 원칙	**행위책임**	① 자신의 행위 또는 자신의 보호·감독하에 있는 자의 행위로 인하여 공공의 안녕과 질서에 대한 위해가 발생 ② 고의·과실 불문 기출 ③ 성년·미성년, 외국인 불문 기출 ④ 행위능력 유무 불문 기출 ⑤ 책임의 승계 부정
	상태책임	① 물건·동물로부터 위해 발생 기출 ② 소유자 외에 현실적인 지배권을 가지고 있는 자에게 그 부담이 귀속 ③ 책임의 승계 긍정
	혼합책임	① 위해가 다수인의 행위 또는 다수인이 지배하는 물건의 상태에 기인 ② 행위책임과 상태책임의 중복에 기인 ③ 가장 신속하고 효과적으로 제거할 수 있는 사람에 대하여 경찰권 발동
	경찰긴급권	① 경찰책임자 외의 제3자에게 경찰권 발동 기출 ② 긴급한 위해, 경찰 스스로는 위해의 제거가 불가능할 것
경찰비례의 원칙		최소침해의 원칙

2. 「경찰관 직무집행법」상 경찰권

(1) 일반적 직무범위

> **경찰관 직무집행법 제2조【직무의 범위】** 경찰관은 다음 각 호의 직무를 수행한다.
> 1. 국민의 생명·신체 및 재산의 보호 ^{기출}
> 2. 범죄의 예방·진압 및 수사
> 2의2. 범죄피해자 보호 ^{기출}
> 3. 경비, 주요 인사(人士) 경호 및 대간첩·대테러 작전 수행 ^{기출}
> 4. 공공안녕에 대한 위험의 예방과 대응을 위한 정보의 수집·작성 및 배포
> 5. 교통 단속과 교통 위해(危害)의 방지
> 6. 외국 정부기관 및 국제기구와의 국제협력 ^{기출}
> 7. 그 밖에 공공의 안녕과 질서 유지

(2) 불심검문 및 임의동행

불심검문		① 수상한 행동이나 그 밖의 주위 사정을 합리적으로 판단하여 볼 때 어떠한 죄를 범하였거나 범하려 하고 있다고 의심할 만한 상당한 이유가 있는 사람 ^{기출} ② 이미 행하여진 범죄나 행하여지려고 하는 범죄행위에 관한 사실을 안다고 인정되는 사람
흉기소지조사		질문 시 흉기소지 조사 가능 ^{기출}
임의동행	**대상**	불심검문의 대상자를 정지시킨 장소에서 질문을 하는 것이 그 사람에게 불리하거나 교통에 방해가 된다고 인정될 때 ^{기출}
	방법	① 가까운 경찰서·지구대·파출소 또는 출장소로 동행요구 ② 동행요구는 거절 가능[강제성(×)] ^{기출}
	통지의무	동행한 사람의 가족이나 친지 등에게 동행한 경찰관의 신분, 동행 장소, 동행 목적과 이유를 통지
	제한	① 6시간을 초과하여 경찰관서에 머물게 할 수 없음 ^{기출} ② 상대방은 6시간 전이라도 퇴거 가능

(3) 보호조치

대상자		① 정신착란을 일으키거나 술에 취하여 자신 또는 다른 사람의 생명·신체·재산에 위해를 끼칠 우려가 있는 사람 ^{기출} ② 자살을 시도하는 사람 ^{기출} ③ 미아, 병자, 부상자 등으로서 적당한 보호자가 없으며 응급구호가 필요하다고 인정되는 사람 (본인이 구호를 거절하는 경우는 제외) ^{기출}
작용의 내용	**보호조치**	① 보건의료기관이나 공공구호기관에 긴급구호를 요청 ② 경찰관서에 보호하는 등 적절한 조치[24시간 초과(×)]
	요청거부 금지	긴급구호를 요청받은 보건의료기관이나 공공구호기관은 정당한 이유 없이 긴급구호를 거절할 수 없음
	물건영치	구호대상자가 휴대하고 있는 무기·흉기 등 위험을 일으킬 수 있는 것으로 인정되는 물건을 경찰관서에 임시로 영치(領置)[10일 초과(×)] ^{기출}
	가족 등에 통지 등	구호대상자의 가족, 친지 또는 그 밖의 연고자에게 통지

(4) 위험 발생의 방지 등

사유	사람의 생명 또는 신체에 위해를 끼치거나 재산에 중대한 손해를 끼칠 우려가 있는 천재(天災), 사변(事變), 인공구조물의 파손이나 붕괴, 교통사고, 위험물의 폭발, 위험한 동물 등의 출현, 극도의 혼잡, 그 밖의 위험한 사태가 있을 때 ^{기출}
방지조치	① 그 장소에 모인 사람, 사물(事物)의 관리자, 그 밖의 관계인에게 필요한 경고를 하는 것 ② 매우 긴급한 경우에는 위해를 입을 우려가 있는 사람을 필요한 한도에서 억류하거나 피난시키는 것 ③ 그 장소에 있는 사람, 사물의 관리자, 그 밖의 관계인에게 위해를 방지하기 위하여 필요하다고 인정되는 조치를 하게 하거나 직접 그 조치를 하는 것

(5) 범죄의 예방과 제지

범죄 예방	범죄행위가 목전(目前)에 행하여지려고 하고 있다고 인정될 때에는 이를 예방하기 위하여 관계인에게 필요한 경고
범죄 제지	그 행위로 인하여 사람의 생명·신체에 위해를 끼치거나 재산에 중대한 손해를 끼칠 우려가 있는 긴급한 경우에는 그 행위를 제지

(6) 위험방지를 위한 출입

사유	위험한 사태가 발생하여 사람의 생명·신체 또는 재산에 대한 위해가 임박한 때
출입	다른 사람의 토지·건물·배 또는 차에 출입
출입요구	① 흥행장(興行場), 여관, 음식점, 역, 그 밖에 많은 사람이 출입하는 장소 ② 관리자나 그에 준하는 관계인은 해당 장소의 영업시간이나 해당 장소가 일반인에게 공개된 시간에 그 장소에 출입하겠다고 요구하면 정당한 이유 없이 그 요구를 거절할 수 없음
검색	대간첩 작전 수행에 필요할 때 흥행장 등 많은 사람이 출입하는 장소 검색

(7) 사실의 확인 등

사유		① 경찰관서의 장 ② 직무수행에 필요하다고 인정되는 상당한 이유가 있을 때
조회		① 국가기관이나 공사(公私) 단체 등에 직무수행에 관련된 사실을 조회 가능 ② 긴급한 경우에는 소속 경찰관으로 하여금 현장에 나가 해당 기관 또는 단체의 장의 협조를 받아 그 사실을 확인
출석요구	사유 ^{기출}	① 미아를 인수할 보호자 확인 ② 유실물을 인수할 권리자 확인 ③ 사고로 인한 사상자(死傷者) 확인 ④ 행정처분을 위한 교통사고 조사에 필요한 사실 확인
	절차	관계인에게 출석하여야 하는 사유·일시 및 장소를 명확히 적은 출석요구서 발송하고 출석요구

3. 「경찰관 직무집행법」상 장비 · 장구 · 무기 사용

(1) 경찰장비의 사용 등

사유	① 경찰관 ② 직무수행 중 ③ 사람의 생명이나 신체에 위해를 끼칠 수 있는 경찰장비(위해성 경찰장비)를 사용할 때에는 필요한 안전교육과 안전검사를 받은 후 사용
경찰장비	무기, 경찰장구(警察裝具), 최루제(催淚劑)와 그 발사장치, 살수차, 감식기구(鑑識機具), 해안 감시기구, 통신기기, 차량 · 선박 · 항공기 등 경찰이 직무를 수행할 때 필요한 장치와 기구

(2) 경찰장구의 사용

사유	① 현행범이나 사형 · 무기 또는 장기 3년 이상의 징역이나 금고에 해당하는 죄를 범한 범인의 체포 또는 도주 방지 ② 자신이나 다른 사람의 생명 · 신체의 방어 및 보호 ③ 공무집행에 대한 항거(抗拒) 제지
경찰장구	경찰관이 휴대하여 범인 검거와 범죄 진압 등의 직무수행에 사용하는 수갑, 포승(捕繩), 경찰봉, 방패 등 ^{기출}

(3) 분사기 등의 사용

사유	① 범인의 체포 또는 범인의 도주 방지 ② 불법집회 · 시위로 인한 자신이나 다른 사람의 생명 · 신체와 재산 및 공공시설 안전에 대한 현저한 위해의 발생 억제
분사기와 최루탄	① 분사기 – 사람의 활동을 일시적으로 곤란하게 하는 최루(催淚) 또는 질식 등을 유발하는 작용제를 분사할 수 있는 기기 ② 최루탄

(4) 무기 등의 사용

사유		범인의 체포, 범인의 도주 방지, 자신이나 다른 사람의 생명 · 신체의 방어 및 보호, 공무집행에 대한 항거의 제지
사용	무기사용	사람의 생명이나 신체에 위해를 끼칠 수 있도록 제작된 권총 · 소총 · 도검 등
	공용화기	대간첩 · 대테러 작전 등 국가안전에 관련되는 작전을 수행할 때 ^{기출}

01 경찰책임의 원칙에 관한 설명으로 옳지 않은 것은?

① 경찰책임 중 행위책임은 과실책임이며, 상태책임은 무과실책임이다.

② 자신의 보호·감독하에 있는 자의 행위에 대해서도 책임을 진다.

③ 위험을 직접 발생시킨 자 이외에 다른 사람이 책임을 지는 경우도 있다.

④ 상태책임을 지는 자는 반드시 물건에 대한 정당한 권원을 가지고 있는 자일 필요는 없다.

⑤ 긴급한 필요가 있는 경우에는 예외적으로 경찰책임이 없는 자에 대해서도 경찰권을 발동할 수 있다.

해설 ① 경찰책임은 경찰위반상태가 발생한 경우 그에 대한 고의 또는 과실과 무관하게 경찰책임을 진다. 행위책임이건 상태책임이건 구별하지 않고 무과실책임을 진다.

02 경찰책임에 관한 설명으로 옳은 것은? 2019년 제7회

① 경찰위험에 책임이 없는 제3자에게 경찰권을 발동하려면 경찰긴급상태의 요건을 갖추어야 한다.

② 물건으로 인한 위험이나 장해로부터 발생하는 경찰책임을 행위책임이라고 한다.

③ 행위책임은 공법적 책임이므로 고의나 과실을 요한다.

④ 사법상 법인은 경찰책임을 부담하지 아니한다.

⑤ 외국인은 경찰책임을 부담하지 아니한다.

해설 ① 경찰비책임자에 대한 경찰권의 발동은 경찰상의 위해 방지나 장애 제거를 위해 당해 위해나 장애발생에 관계없는 제3자에 대한 예외적인 경찰권발동으로서 경찰상의 긴급상태라고 한다. 이 경우에는 직접적인 경찰책임자에 비해 엄격한 요건을 갖추어야 한다.
② 물건으로 인한 위험이나 장해로부터 발생하는 경찰책임은 상태책임이다.
③ 행위책임은 당사자의 고의나 과실을 묻지 않으며 단지 객관적인 위해의 발생만이 의미를 갖는다는 것이 통설이다.
④ 자기의 행위 또는 자기의 보호·감독하에 있는 자의 행위로 인해 경찰위해가 발생한 경우에 있어서 자연인이나 법인이 지는 책임이 행위책임이다. 따라서 사법상 법인도 경찰책임을 부담한다.
⑤ 경찰책임은 국적과도 무관하므로 외국인이나 무국적자도 경찰책임을 부담한다.

03 경찰책임에 관한 설명으로 옳지 않은 것은? 2022년 제10회

① 행위능력이 없는 자도 경찰책임자가 될 수 있다.
② 경찰책임자에 대한 경찰권의 발동이 어려운 경우에는 예외적으로 경찰책임이 없는 자에게도 경찰권이 발동될 수 있다.
③ 물건에 대한 권원의 유무와 관계없이 물건을 현실적으로 지배하고 있는 자에게도 상태책임이 인정된다.
④ 행위책임의 행위에는 부작위를 포함한다.
⑤ 타인을 감독하는 자가 타인의 행위에 대하여 지는 경찰책임은 자기책임이 아니라 타인의 책임을 대신하여 지는 것이다.

해설 ⑤ 타인을 감독하는 자가 타인의 행위에 대하여 지는 경찰책임은 그 타인에 대한 선임·감독상의 자기책임이지 타인의 책임을 대신하여 지는 것이 아니다.
① 경찰책임은 행위능력의 유무를 불문한다.
② 경찰책임자에 대한 경찰권의 발동이 어려운 경우에는 예외적으로 상황이 급박한 경우 경찰책임이 없는 자에게도 경찰권이 발동될 수 있다.
③ 상태책임은 물건에 대한 권원의 유무와 관계없이 물건을 현실적으로 지배하고 있는 자에게도 인정된다.
④ 행위책임의 행위에는 작위뿐만 아니라 부작위도 포함된다.

04 경찰권 발동의 조리상 한계에 해당하지 않는 것은? 2015년 제3회

① 사주소불가침의 원칙
② 경찰비례의 원칙
③ 경찰공공의 원칙
④ 경찰평등의 원칙
⑤ 경찰적극목적의 원칙

해설 ⑤ 경찰권은 사회질서의 유지와 회복이라는 소극적 목적을 위해서만 발동할 수 있고 공공복리 증진과 같은 적극적인 목적을 위해서는 발동할 수 없다. 이를 경찰소극목적의 원칙이라고 한다.
③ 경찰공공의 원칙이란 경찰권은 사회공공의 안녕·질서와 직접적 관련이 없는 생활관계에 대해서는 관여할 수 없다는 원칙을 말하며, 사생활불가침의 원칙과 사주소불가침의 원칙, 민사관계불간섭의 원칙을 그 내용으로 한다.

Answer 1.① 2.① 3.⑤ 4.⑤

05 「경찰관 직무집행법」상 경찰관의 직무의 범위로 명시된 것을 모두 고른 것은? 2025년 제13회

> ㉠ 범죄피해자 보호
> ㉡ 경비, 주요 인사(人士) 경호
> ㉢ 대간첩·대테러 작전 수행
> ㉣ 외국 정부기관 및 국제기구와의 국제협력
> ㉤ 공공안녕에 대한 위험의 예방과 대응을 위한 정보의 수집·작성 및 배포

① ㉣
② ㉢, ㉣
③ ㉠, ㉡, ㉤
④ ㉠, ㉡, ㉢, ㉤
⑤ ㉠, ㉡, ㉢, ㉣, ㉤

▶해설 ⑤ 모두 해당한다.
①·②·③·④ 아래의 조항 참고

경찰관 직무집행법 제2조 【직무의 범위】 경찰관은 다음 각 호의 직무를 수행한다.
1. 국민의 생명·신체 및 재산의 보호
2. 범죄의 예방·진압 및 수사
2의2. 범죄피해자 보호
3. 경비, 주요 인사(人士) 경호 및 대간첩·대테러 작전 수행
4. 공공안녕에 대한 위험의 예방과 대응을 위한 정보의 수집·작성 및 배포
5. 교통 단속과 교통 위해(危害)의 방지
6. 외국 정부기관 및 국제기구와의 국제협력
7. 그 밖에 공공의 안녕과 질서 유지

06 「경찰관 직무집행법」상 사실의 확인을 위하여 경찰관이 출석 요구서를 보내 경찰관서에 출석할 것을 요구할 수 있는 직무수행으로 명시되어 있지 않은 것은? 2023년 제11회

① 미아를 인수할 보호자 확인
② 유실물을 인수할 권리자 확인
③ 사고로 인한 사상자 확인
④ 긴급구호를 요청받은 보건의료기관에 대한 요청사실의 확인
⑤ 행정처분을 위한 교통사고 조사에 필요한 사실확인

해설 ④ 긴급구호를 요청받은 보건의료기관에 대한 요청사실의 확인은 경찰관서에 출석할 것을 요구할 수 있는 사항에 명시되어 있지 않다. 요청받은 보건의료기관이나 공공구호기관은 정당한 이유 없이 긴급구호를 거절할 수 없을 뿐이다(「경찰관 직무집행법」 제4조 제2항).
①·②·③·⑤ 아래의 조항 참고

> **경찰관 직무집행법 제8조【사실의 확인 등】** ② 경찰관은 다음 각 호의 직무를 수행하기 위하여 필요하면 관계인에게 출석하여야 하는 사유·일시 및 장소를 명확히 적은 출석 요구서를 보내 경찰관서에 출석할 것을 요구할 수 있다.
> 1. 미아를 인수할 보호자 확인
> 2. 유실물을 인수할 권리자 확인
> 3. 사고로 인한 사상자(死傷者) 확인
> 4. 행정처분을 위한 교통사고 조사에 필요한 사실 확인

07 ( )에 들어갈 수 있는 것으로 옳은 것을 모두 고른 것은? 2018년 제6회

> 「경찰관 직무집행법」에 따르면, 경찰관은 주위 사정을 합리적으로 판단해 볼 때 (   )에 해당하는 것이 명백하고 응급구호가 필요하다고 믿을 만한 상당한 이유가 있는 사람을 발견하였을 때에는 보건의료기관에 긴급구호를 요청하거나 경찰관서에 보호하는 등 적절한 조치를 할 수 있다.

> ㉠ 자살을 시도하는 사람
> ㉡ 정신착란을 일으켜 타인의 신체에 위해를 끼칠 우려가 있는 사람
> ㉢ 술에 취하여 자신의 재산에 위해를 끼칠 우려가 있는 사람
> ㉣ 부상자로서 적당한 보호자가 없음에도 구호를 거절하는 사람

① ㉠, ㉡
② ㉢, ㉣
③ ㉠, ㉡, ㉢
④ ㉡, ㉢, ㉣
⑤ ㉠, ㉡, ㉢, ㉣

해설 ㉠ 「경찰관 직무집행법」 제4조 제1항 제2호
㉡·㉢ 「경찰관 직무집행법」 제4조 제1항 제1호
㉣ 미아, 병자, 부상자 등으로서 적당한 보호자가 없으며 응급구호가 필요하다고 인정되는 사람. 다만, 본인이 구호를 거절하는 경우는 제외한다(「경찰관 직무집행법」 제4조 제1항 제3호).

Answer 5.⑤ 6.④ 7.③

08 「경찰관 직무집행법」의 내용으로 옳지 않은 것은? 2017년 제5회

① 경찰관은 어떠한 죄를 범하려 하고 있다고 의심할 만한 상당한 이유가 있는 사람에 대하여 정지시켜 질문할 수 있다.

② 경찰관이 불심검문 장소에서 질문하는 것이 교통에 방해가 된다고 인정하여 가까운 경찰서로 동행을 요구한 경우, 동행을 요구받은 사람은 이를 거절할 수 없다.

③ 외국 정부기관 및 국제기구와의 국제협력은 경찰관의 직무에 해당한다.

④ 경찰관은 대테러 작전 등 국가안전에 관련되는 작전을 수행할 때에는 개인화기 외에 공용화기를 사용할 수 있다.

⑤ 경찰장구란 경찰관이 휴대하여 범인 검거와 범죄 진압 등의 직무수행에 사용하는 수갑, 포승 등을 말한다.

해설 ② 경찰관은 불심검문한 사람을 정지시킨 장소에서 질문을 하는 것이 그 사람에게 불리하거나 교통에 방해가 된다고 인정될 때에는 질문을 하기 위하여 가까운 경찰서·지구대·파출소 또는 출장소 등 경찰관서로 동행할 것을 요구할 수 있다. 이 경우 동행을 요구받은 사람은 그 요구를 거절할 수 있다(「경찰관 직무집행법」 제3조 제2항). ① 「경찰관 직무집행법」 제3조(불심검문) 제1항, ③ 「경찰관 직무집행법」 제2조(직무의 범위), ④ 「경찰관 직무집행법」 제10조의4(무기의 사용) 제3항, ⑤ 「경찰관 직무집행법」 제10조의2(경찰장구의 사용) 제2항

09 「경찰관 직무집행법」의 내용으로 옳지 않은 것은? 2016년 제4회

① 경찰장구란 경찰관이 휴대하며 범인 검거와 범죄 진압 등의 직무 수행에 사용하는 수갑, 포승, 경찰봉, 방패 등을 말한다.

② 경찰관이 보호조치를 하는 경우에 구호대상자가 휴대하고 있는 무기 등 위험을 일으킬 수 있는 물건을 경찰관서에 임시로 영치하여 놓을 수 있다.

③ 경찰관이 불심검문 과정에서 경찰서에 동행할 것을 요구한 경우, 동행을 요구받은 사람은 이를 거절할 수 없다.

④ 경찰관은 불심검문과 관련하여 동행요구에 응해 경찰서로 동행한 사람을 6시간을 초과하여 경찰관서에 머물게 할 수 없다.

⑤ 경찰관의 적법한 직무집행으로 인하여 손실을 입은 경우에 대한 보상은 「경찰관 직무집행법」에 명문화되어 있다.

해설 ③ 임의동행을 요구받은 사람은 그 요구를 거절할 수 있다(「경찰관 직무집행법」 제3조 제2항). ① 「경찰관 직무집행법」 제10조의2(경찰장구의 사용) 제2항, ② 「경찰관 직무집행법」 제4조(보호조치) 제3항, ④ 「경찰관 직무집행법」 제3조(불심검문) 제6항 ⑤ 「경찰관 직무집행법」 제11조의2(손실보상)에서 경찰관의 적법한 직무집행으로 인하여 재산상의 손실을 입은 경우에 대한 보상을 명문으로 규정하고 있다.

10 「경찰관 직무집행법」의 내용으로 옳지 않은 것은? 2024년 제12회

① 불심검문과정에서 경찰관으로부터 가까운 경찰서로 동행할 것을 요구받은 사람은 그 요구를 거절할 수 있다.

② 불심검문과정에서 경찰관은 그 대상이 되는 사람에게 질문을 할 때에 흉기를 가지고 있는지를 조사할 수 있다.

③ 불심검문과정에서 경찰관으로부터 질문을 받은 사람은 그 의사에 반하여 답변을 강요당하지 아니한다.

④ 경찰관은 재산에 중대한 손해를 끼칠 우려가 있는 인공구조물의 파손이 있을 때에는 그 장소에 있는 사람에게 위해를 방지하기 위하여 필요하다고 인정되는 조치를 하게 할 수 있다.

⑤ 경찰관의 적법한 직무집행으로 인하여 손실을 입은 자는 그 손실발생의 원인에 대하여 책임이 있는 경우라도 그 손실 전부에 대하여 보상을 받을 수 있다.

▶해설 ⑤ 아래의 조항 참고

> **경찰관 직무집행법 제11조의2 【손실보상】** ① 국가는 경찰관의 적법한 직무집행으로 인하여 다음 각 호의 어느 하나에 해당하는 손실을 입은 자에 대하여 정당한 보상을 하여야 한다.
> 1. 손실발생의 원인에 대하여 <u>책임이 없는</u> 자가 생명·신체 또는 재산상의 손실을 입은 경우(손실발생의 원인에 대하여 책임이 없는 자가 경찰관의 직무집행에 자발적으로 협조하거나 물건을 제공하여 생명·신체 또는 재산상의 손실을 입은 경우를 포함한다)
> 2. 손실발생의 원인에 대하여 <u>책임이 있는</u> 자가 자신의 책임에 상응하는 정도를 초과하는 생명·신체 또는 재산상의 손실을 입은 경우

① 「경찰관 직무집행법」 제3조 제2항, ② 「경찰관 직무집행법」 제3조 제3항, ③ 「경찰관 직무집행법」 제3조 제7항, ④ 「경찰관 직무집행법」 제5조 제1항

Answer 8. ② 9. ③ 10. ⑤

공물법

1. 공물의 분류

목적에 의한 분류	**공공용물**	일반공중의 사용에 제공된 공물 예 도로·하천·공원 등 기출
	공용물	직접 행정주체 자신의 사용에 제공된 공물 예 관공서 청사 기출
	보존공물	공공목적을 위하여 그 물건의 보존이 강제되는 공물 예 「문화재 보호법」상 문화재, 「산림법」상 보안림
소유권자에 따른 분류	**국유공물**	국가가 소유권자인 공물 기출
	공유공물	지방자치단체가 소유권자인 공물 기출
	사유공물	사인이 소유권자인 공물
소유주체와 관리주체의 일치 여부	**자유공물**	공물의 귀속주체와 관리주체가 일치하는 공물 기출
	타유공물	공물의 관리주체와 공물의 귀속주체가 다른 공물 기출
공물의 성립과정의 차이	**자연공물**	자연 상태로 공적 목적에 제공되는 공물 예 하천, 해안, 해변, 갯벌
	인공공물	인공을 가하여 공적 목적에 제공되는 공물 예 도로, 공원 등 기출
물건의 성질에 따른 분류	**부동산 공물**	공물이 부동산인 경우 예 관공서 청사
	동산공물	공물이 동산인 경우 예 경찰견, 국립도서관의 도서 등 기출
규율법률의 존재 여부	**법정공물**	법률에 의해 규율되고 있는 공물
	법정외공물	공물관계법률에 의해 규율되고 있지 않는 공물
예정공물		장래 공물이 될 것이 예정되어 있는 공물. 공물이 아니므로 공물법의 적용대상이 되지 않지만 공물법의 일부를 준용하는 경우가 많음 예 공원예정지 등

2. 「국유재산법」상 국유재산의 종류

행정재산	공용재산	국가가 직접 사무용·사업용 또는 공무원의 주거용(직무 수행을 위하여 필요한 경우로 한정)으로 사용하거나 사용하기로 결정한 재산 기출
	공공용재산	국가가 직접 공공용으로 사용하거나 대통령령으로 정하는 기한까지 사용하기로 결정한 재산 기출
	기업용재산	정부기업이 직접 사무용·사업용 또는 그 기업에 종사하는 직원의 주거용(직무 수행을 위하여 필요한 경우로 한정)으로 사용하거나 사용하기로 결정한 재산
	보존용재산	법령이나 그 밖의 필요에 따라 국가가 보존하는 재산
일반재산		행정재산 외의 모든 국유재산

3. 행정재산에 대한 제한

(1) 처분제한

원칙		① 행정재산은 처분 금지 기출 ② 용도폐지 후 처분 가능
「국유재산법」		행정재산은 처분하지 못함
	교환·양여 가능	① 공유(公有) 또는 사유재산과 교환하여 그 교환받은 재산을 행정재산으로 관리하려는 경우 ② 대통령령으로 정하는 행정재산을 직접 공용이나 공공용으로 사용하려는 지방자치단체에 양여하는 경우

(2) 사권설정의 제한

「국유재산법」	취득	① 사권(私權)이 설정된 재산은 그 사권이 소멸된 후가 아니면 국유재산으로 취득하지 못함 ② 판결에 따라 취득하는 경우는 가능 기출
	사권설정 금지	① 국유재산(행정재산)에는 사권을 설정하지 못함 기출 ② 일반재산은 가능

(3) 강제집행의 제한

국유공물	「민사소송법」에 의한 강제집행(×) 기출
사유공물	「민사소송법」에 의한 강제집행(○)

(4) 취득시효의 제한

행정재산	① 사인의 취득시효(×) ② 공용폐지 된 경우 취득시효(○) ③ 공용폐지의 명시적·묵시적 의사표시가 있어야 함(취득시효를 주장하는 자가 입증) 기출
사유공물	사인의 취득시효(○)

4. 공물의 성립과 소멸

(1) 성립

공공용물	자연공물		행정주체의 특별한 의사표시(×)
	인공공물	형체적 요소	일반공중의 이용목적에 제공될 수 있는 구조
		의사적 요소	공용개시
공용물			① 행정주체가 사실상 사용할 수 있는 형태적 요소만 갖추면 공물로서 성립 ② 공용지정(×)
보존공물			형태적 요소와 공용지정이 있어야 함

(2) 소멸

공공용물	자연공물	① 공물로서 성질 상실 ② 공용폐지의 의사표시(○) **기출**
	인공공물	① 형체적 요소가 멸실 ② 공용폐지의 의사표시(○)
공용물		공용폐지의 의사표시(○)
보존공물		지정해제의 의사표시(○)

5. 사용관계

(1) 일반사용

공공용물	일반사용	① 공물의 그 본래의 용도대로 타인의 공동이용을 방해하지 아니하는 한도에서 자유로이 사용[사용료 납부(×)] **기출** ② 공물의 용도·폐지를 다툴 법률상 이익(×)
	고양된 일반사용	① 도로 등이 생활상 도구로 밀접하게 관련된 사람인 인접주민에 대해서는 일반인의 일반사용권을 넘어선 고양된 일반사용권이 인정(구체적 공물을 사용하고 있어야 함) **기출** ② 공물의 용도·폐지를 다툴 법률상 이익(○)
공용물		본래의 목적을 방해하지 아니하는 범위 내에서 예외적으로 일반사용이 허용

(2) 허가사용과 특허사용

구분	허가사용	특허사용
의의	일반적 사용금지의 해제	특별한 공물사용의 권리를 설정
성질	기속행위	재량행위
내용	일시적 사용	기간 동안 계속적 사용(행정재산 5년) **기출**
권리의 성질	반사적 이익	도로·하천 점용권[채권적, 배타적(×)] **기출**, 광업권·어업권[물권적, 배타적(×)]

⑶ **관습법상 특별사용**

판례상 용수권이나 입어권에 관해 인정되며, 관습법상의 특별사용도 권리로서의 성질을 인정한다.

6. 행정재산의 목적 외 사용

의의	행정재산을 그 용도 또는 목적에 장애가 되지 않는 범위 내에서 행정재산에 대해 사용 또는 수익을 허가하는 것 **예** 관공서건물의 일부에서의 매점허가
법적 성질	판례는 행정재산의 사용·수익허가와 동일하게 강학상 특허로 인정, 사용권을 근거로 전대하는 행위는 사법상 임대차계약으로 봄

01 공물에 관한 설명으로 옳은 것은? 2022년 제10회

① 공공용물은 직접 행정주체 자신의 사용에 제공된 공물을 말한다.
② 국가 또는 지방자치단체가 소유권자인 공물을 국유공물이라 한다.
③ 공물의 관리주체와 공물의 귀속주체가 다른 공물을 자유공물(自有公物)이라고 한다.
④ 경찰견은 동산공물에 해당한다.
⑤ 도로, 공원 등은 자연공물에 해당한다.

해설 ④ 경찰견은 행정주체 자신의 사용에 제공된 공용물로서 동산인 공물에 해당한다.
① 직접 행정주체 자신의 사용에 제공된 공물은 공용물이라 한다. 공공용물은 일반 공중의 사용에 제공된 재산을 뜻한다.
② 국가가 소유권자인 공물을 국유공물이라 한다. 지방자치단체가 소유한 공물은 공유공물이라 한다.
③ 공물의 관리주체와 공물의 귀속주체가 다른 공물을 타유공물(他有公物)이라고 한다. 공물의 관리주체와 공물의 귀속주체가 일치하는 공물을 자유공물(自有公物)이라 한다.
⑤ 도로, 공원 등은 인공공물에 해당한다.

02 공물에 대한 설명으로 틀린 것은? (다툼이 있는 경우에는 판례에 의함)

① 판례에 따르면 국유 하천부지는 별도의 공용개시행위가 없더라도 행정재산이 된다고 한다.
② 간척에 의하여 사실상 갯벌로서의 성질을 상실하였더라도 공용폐지를 하지 않은 이상 당연히 일반재산이 되는 것은 아니라는 것이 판례이다.
③ 구체적으로 공물을 사용하지 않고 있다면 공물의 인접주민이라는 사정만으로 공물에 대한 고양된 일반사용권이 인정될 수 없다.
④ 국보지정의 경우 행정주체가 그 물건에 대한 권원을 가지고 있거나 그에 대한 소유자의 동의가 있어야 한다.
⑤ 공물의 자유사용관계는 공공용물의 경우에만 원칙적으로 인정되고, 공용물과 보존공물에 대하여는 공용에 지장이 없는 범위 안에서 예외적으로 인정될 뿐이다.

해설 ④ 국보는 공적 보존물로서 주로 문화적 목적으로 해당 물건을 보전하고자 하는 것이고, 그에 대한 권리의 본질을 해치는 것은 아니므로, 그 지정에 있어서 행정주체가 반드시 그 물건에 대한 권원을 가지고 있어야 하는 것이 아님은 물론 그에 대한 소유자의 동의가 있어야 하는 것도 아니다.

03 공물과 관련한 설명으로 옳지 않은 것은? (다툼이 있으면 판례에 따름) 2017년 제5회

① 도로의 지하는 「도로법」상의 도로점용의 대상이 아니다.

② 공용폐지의 의사표시는 묵시적으로 할 수 있으나 적법한 의사표시이어야 한다.

③ 「국유재산법」상 행정재산은 시효취득에 관한 「민법」의 규정에도 불구하고 시효취득의 대상이 되지 않는다.

④ 원래의 행정재산이 공용폐지되어 시효취득의 대상이 된다는 입증책임은 시효취득을 주장하는 자에게 있다.

⑤ 「국가배상법」상 공공의 영조물은 국가 또는 지방자치단체에 의하여 특정 공공목적에 공여된 유체물 내지 물적 설비를 의미한다.

해설 ① 「도로법」 제40조에 규정된 도로의 점용이라 함은 일반사용과는 별도로 도로의 지표뿐만 아니라 그 지하나 지상 공간의 특정 부분을 유형적, 고정적으로 특정한 목적을 위하여 사용하는 이른바 특별사용을 뜻하는 것이다(대판 1998. 9. 22. 96누7342).

② 공용폐지의 의사표시는 명시적이든 묵시적이든 상관없으나 적법한 의사표시가 있어야 하며, 행정재산이 사실상 본래의 용도에 사용되고 있지 않다는 사실만으로 공용폐지의 의사표시가 있었다고 볼 수 없다(대판 1997. 8. 22. 96다10737).

③ 국·공유재산 중 행정재산은 「민법」 제245조에도 불구하고 시효취득의 대상이 되지 아니한다(「국유재산법」 제7조 제2항, 「공유재산 및 물품관리법」 제6조 제2항).

④ 원래의 행정재산이 공용폐지되어 취득시효의 대상이 된다는 입증책임은 시효취득을 주장하는 자에게 있다(대판 1997. 8. 22. 96다10737).

⑤ 「국가배상법」 제5조 제1항의 "공공의 영조물"이라 함은 국가 또는 지방자치단체에 의하여 특정 공공의 목적에 공여된 유체물 내지 물적 설비를 지칭한다(대판 1995. 1. 24. 94다45302).

Answer 1. ④ 2. ④ 3. ①

04 **공물에 관한 설명으로 옳은 것은? (다툼이 있으면 판례에 따름)** 2015년 제3회

① 지방자치단체가 법령상의 의무에 위반하여 국가가 관리하는 자연공물인 바닷가를 매립함과 동시에 준공인가신청 및 준공인가를 하여 지방자치단체에 귀속시키더라도 불법이 아니다.

② 도로점용의 허가는 특정인에게 일정한 내용의 공물사용권을 설정하는 설권행위에 해당하지 않는다.

③ 공유수면의 일부가 사실상 매립되어 대지화되었다 하더라도 공용폐지를 하지 아니하였다면 법률상으로는 여전히 공유수면으로서의 성질을 보유하고 있다고 볼 수 있다.

④ 행정재산은 사법상 거래의 대상이 되지 아니하는 불융통물이지만 관재 당국이 이를 모르고 매각하였다면 그 매매는 유효하다.

⑤ 하천의 점용허가권은 특허에 의한 공물사용권의 일종으로 일정한 특별사용을 청구할 수 있는 대세적 효력이 있는 물권이다.

해설 ③ 공유수면은 소위 자연공물로서 그 자체가 직접 공공의 사용에 제공되는 것이므로 공유수면의 일부가 사실상 매립되어 대지화되었다고 하더라도 국가가 공유수면으로서의 공용폐지를 하지 아니하는 이상 법률상으로는 여전히 공유수면으로서의 성질을 보유하고 있다(대판 2013. 6. 13. 2012두2764).
① 자연공물인 바닷가의 관리권자이자 매립공사의 준공인가에 의하여 바닷가 매립지에 대한 소유권을 취득할 지위에 있는 국가에 대한 불법행위가 될 수 있다(대판 2014. 5. 29. 2011다35258).
②·⑤ 도로점용의 허가나 하천점용허가는 특정인에게 일정한 내용의 공물사용권을 설정하는 설권행위(특허)에 해당하며, 도로나 하천의 점용허가권은 특허에 의한 공물사용권의 일종으로 일정한 특별사용을 청구할 수 있는 공법상 채권에 불과하고 대세적 효력이 있는 물권은 아니다(대판 1990. 2. 13. 89다카2302; 헌재 2007. 12. 27. 2004헌바98).
④ 행정재산은 사법상 거래의 대상이 되지 아니하는 불융통물이므로 비록 관재 당국이 이를 모르고 매각하였다 하더라도 그 매매는 당연무효이다(대판 1995. 11. 14. 94다50922).

05 공물의 사용관계에 관한 내용으로 옳지 않은 것은? (다툼이 있는 경우에는 판례에 따름)

2014년 제2회

① 공공용물에 관하여 적법한 개발행위가 이루어짐으로써 일정 범위의 사람들의 일반사용이 종전에 비하여 제한받게 되었다면 그로 인한 불이익은 일반적으로 손실보상의 대상이 되는 특별한 손실에 해당한다.

② 구체적으로 공물을 사용하지 않고 있는 이상 그 공물의 인접주민이라는 사정만으로는 공물에 대한 고양된 일반사용권이 인정될 수 없다.

③ 하천부지에 대한 점용허가 여부는 관리청의 자유재량에 속하므로 이에 대해서 부관을 붙여 허가할 수 있다.

④ 하천부지의 점용허가를 받은 사람은 그 하천부지를 권원 없이 점유·사용하는 자에 대하여 직접 부당이득의 반환을 구할 수 있다.

⑤ 국유재산의 관리청이 행정재산의 사용·수익 허가를 받은 자에 대하여 하는 사용료 부과는 행정처분이다.

해설 ① 공공용물에 관하여 적법한 개발행위 등이 이루어짐으로 말미암아 이에 대한 일정범위의 사람들의 일반사용이 종전에 비하여 제한받게 되었다 하더라도 특별한 사정이 없는 한 그로 인한 불이익은 손실보상의 대상이 되는 특별한 손실에 해당한다고 할 수 없다(대판 2002. 2. 26. 99다35300).

② 구체적으로 공물을 사용하지 않고 있는 이상 그 공물의 인접주민이라는 사정만으로는 공물에 대한 고양된 일반사용권이 인정될 수 없다(대판 2006. 12. 22. 2004다68311).

③ 하천부지 점용허가 여부는 관리청의 재량에 속하고 재량행위에 있어서는 법령상의 근거가 없어도 부관을 붙일 것인가의 여부는 당해 행정청의 재량에 속한다(대판 2008. 7. 24. 2007두25930).

④ 하천부지의 점용허가를 받은 사람은 그 하천부지를 권원 없이 점유·사용하는 자에 대하여 직접 부당이득의 반환을 구할 수 있다(대판 1994. 9. 9. 94다4592).

⑤ 국유재산의 관리청이 행정재산의 사용·수익을 허가한 다음 그 사용·수익하는 자에 대하여 하는 사용료 부과는 관리청이 공권력을 가진 우월적 지위에서 행한 것으로서 항고소송의 대상이 되는 행정처분이라 할 것이다(대판 1996. 2. 13. 95누11023).

Answer 4. ③ 5. ①

06 **공물에 관한 설명으로 옳은 것은? (다툼이 있으면 판례에 따름)** 2024년 제12회

① 공공용물의 일반사용의 경우에는 사용료를 납부하여야 한다.

② 공물의 인접주민에게는 구체적으로 공물을 사용하지 않고 있더라도 공물에 대한 고양된 일반사용권이 인정된다.

③ 행정재산이 공용폐지되어 시효취득의 대상이 된다는 증명책임은 시효취득을 주장하는 자에게 있다.

④ 「하천법」상 하천의 점용허가권은 대세적 효력이 있는 물권이다.

⑤ 중앙관서의 장은 특별한 제한 없이 행정재산의 사용허가를 할 수 있다.

해설 ③ 원래의 행정재산이 공용폐지되어 취득시효의 대상이 된다는 입증책임은 시효취득을 주장하는 자에게 있다(대판 1997. 8. 22. 96다10737).

① 공공용물의 일반사용의 경우는 사용료를 납부하지 않는다.

② 구체적으로 공물을 사용하지 않고 있는 이상 그 공물의 인접주민이라는 사정만으로는 공물에 대한 고양된 일반사용권이 인정될 수 없다(대판 2006. 12. 22. 2004다68311, 68328).

④ 도로나 하천의 점용허가권은 특허에 의한 공물사용권의 일종으로 일정한 특별사용을 청구할 수 있는 공법상 채권에 불과하고 대세적 효력이 있는 물권은 아니다(대판 1990. 2. 13. 89다카2302).

⑤ 아래의 조항 참고

> **국유재산법 제30조【사용허가】** ① 중앙관서의 장은 다음 각 호의 범위에서만 행정재산의 사용허가를 할 수 있다.
> 1. 공용·공공용·기업용 재산: 그 용도나 목적에 장애가 되지 아니하는 범위
> 2. 보존용재산: 보존목적의 수행에 필요한 범위

07 **공물에 관한 설명으로 옳지 않은 것은? (다툼이 있는 경우 판례에 의함)** 2013년 제1회

① 「국유재산법」상 행정재산은 「민법」의 규정에 의한 시효취득의 대상이 된다.

② 공용물은 직접 행정주체 자신의 사용에 제공된 공물을 말한다.

③ 「국가배상법」 제5조에 의한 공공의 영조물은 강학상 공물을 의미한다.

④ 국유 하천부지는 명시적·묵시적 공용폐지가 없는 한 공물로서의 성질을 유지한다.

⑤ 행정재산의 목적 외 사용·수익에 대한 허가는 강학상 특허에 해당한다.

해설 ① 행정재산은 「민법」 제245조에도 불구하고 시효취득(時效取得)의 대상이 되지 아니한다(「국유재산법」 제7조 제2항).

② 행정주체가 직접 사무용·사업용 또는 공무원의 주거용으로 사용하는 재산을 공용재산이라 한다(「국유재산법」 제6조 제2항).

③ 「국가배상법」 제5조 제1항의 "공공의 영조물"은 강학상 영조물이 아닌 공물을 뜻한다는 것이 판례이다.

④ 국유 하천부지는 공공용 재산이므로 그 일부가 사실상 대지화되어 그 본래의 용도에 공여되지 않는 상태에 놓여 있더라도 국유재산법령에 의한 명시적·묵시적 공용폐지가 없는 한 당연히 잡종재산(현 일반재산)으로 된다고는 할 수 없다(대판 1997. 8. 22. 96다10737).

⑤ 행정재산의 (목적 외) 사용·수익에 대한 허가는 특정인에게 행정재산을 사용할 수 있는 권리를 설정하여 주는 강학상 특허에 해당한다(대판 1998. 2. 27. 97누1105).

08 공물에 관한 설명으로 옳은 것은? (다툼이 있으면 판례에 따름) 2020년 제8회

① 어떤 토지의 지목이 도로이고 국유재산대장에 등재되어 있다면 그 토지는 도로로서 행정재산에 해당한다고 보아야 한다.

② 공용폐지의 의사표시는 묵시적인 방법으로도 가능하므로 행정재산이 본래의 용도에 제공되지 않는 상태에 있다면 묵시적인 공용폐지가 있다고 보아야 한다.

③ 행정재산은 사법상 거래의 대상이 되지 아니하는 불융통물이므로 관재 당국이 이를 모르고 매각하였더라도 그 매매는 당연무효이다.

④ 적법한 개발행위로 인하여 공공용물의 일반사용이 종전에 비하여 제한을 받게 되었다면 특별한 사정이 없는 한 그로 인한 불이익은 손실보상의 대상이 된다.

⑤ 특허에 의한 공물사용권은 공물의 관리주체에 대해 특별사용을 청구할 수 있는 채권에 그치는 것이 아니라 대세적 효력이 있는 물권이다.

해설 ③ 행정재산은 사법상 거래의 대상이 되지 아니하는 불융통물이므로 비록 관재 당국이 이를 모르고 매각하였다 하더라도 그 매매는 당연무효이다(대판 1995. 11. 14. 94다50922).

① 토지의 지목이 도로이고 국유재산대장에 등재되어 있다는 사정만으로 그 토지가 도로로서 행정재산에 해당하지 않는다(대판 2000. 2. 25. 99다54332).

② 행정재산이 사실상 본래의 용도에 사용되고 있지 않다는 사실만으로 공용폐지의 의사표시가 있었다고 볼 수는 없으며, 원래의 행정재산이 공용폐지되어 취득시효의 대상이 된다는 입증책임은 시효취득을 주장하는 자에게 있다(대판 1995. 11. 14. 94다42877).

④ 공공용물에 관하여 적법한 개발행위 등이 이루어짐으로 말미암아 이에 대한 일정범위의 사람들의 일반사용이 종전에 비하여 제한받게 되었다 하더라도 특별한 사정이 없는 한 그로 인한 불이익은 손실보상의 대상이 되는 특별한 손실에 해당한다고 할 수 없다(대판 2002. 2. 26. 99다35300).

⑤ 하천의 점용허가권은 특허에 의한 공물사용권의 일종으로서 하천의 관리주체에 대하여 일정한 특별사용을 청구할 수 있는 채권에 지나지 아니하고 대세적 효력이 있는 물권이라 할 수 없다(대판 1990. 2. 13. 89다카23022).

Answer 6. ③ 7. ① 8. ③

09 **공물에 관한 설명으로 옳은 것은? (다툼이 있으면 판례에 따름)** 2019년 제7회

① 행정재산은 시효취득의 대상이 된다.

②「국유재산법」상 행정재산의 사용허가는 사법상 계약의 성질을 가진다.

③ 국유공물은「민사집행법」에 의한 강제집행의 대상이 될 수 있다.

④ 국유재산의 무단점유에 대한 변상금의 징수는 재량행위이다.

⑤ 도로부지에는 저당권을 설정할 수 있다.

> **해설** ⑤ 도로를 구성하는 부지, 옹벽, 그 밖의 시설물에 대해서는 사권(私權)을 행사할 수 없다. 다만, 소유권을 이전하거나 저당권을 설정하는 경우에는 사권을 행사할 수 있다(「도로법」 제4조).
> ① 행정재산은 일반재산을 제외하고는 시효취득의 대상이 되지 않는다.
> ② 행정재산의 사용·허가는 공법관계로서 특허에 해당한다.
> ③「민사소송법」 제529조는 "국가에 대한 강제집행은 국고금을 압류함으로써 한다."라고 규정하고 있으므로 국유의 공물에 대하여는 강제집행이 인정되지 않는다
> ④ 국유재산의 무단점유 등에 대한 변상금징수의 요건은「국유재산법」 제51조 제1항에 명백히 규정되어 있으므로 변상금을 징수할 것인가는 처분청의 재량을 허용하지 않는 기속행위이다(대판 2000. 1. 28. 97누4098).

10 **「국유재산법」에 관한 설명으로 옳지 않은 것은? (다툼이 있으면 판례에 따름)** 2021년 제9회

① 행정재산의 사용허가기간은 원칙상 5년 이내로 한다.

② 일반재산은「민법」상 시효취득의 대상이 되지 아니한다.

③ 행정재산에는 사권을 설정하지 못한다.

④ 보존용재산은 법령이나 그 밖의 필요에 따라 국가가 보존하는 재산이다.

⑤ 중앙관서의 장은 사용허가한 행정재산을 국가가 직접 공용으로 사용하기 위하여 필요하게 된 경우에는 사용허가를 철회할 수 있다.

> **해설** ② 행정재산은 시효취득의 대상이 되지 않지만(「국유재산법」 제7조 제2항), 일반재산은 사법관계로서 시효취득의 대상이 된다.
> ①「국유재산법」 제35조 제1항
> ③ 국유재산에는 사권을 설정하지 못한다. 다만, 일반재산에 대하여 대통령령으로 정하는 경우에는 그러하지 아니하다(「국유재산법」 제11조 제2항).
> ④「국유재산법」 제6조 제2항 제4호, ⑤「국유재산법」 제36조 제2항

11 「국유재산법」의 내용에 관한 설명으로 옳은 것은? 2025년 제13회

① 보존용재산은 일반재산에 속한다.

② 공용재산이란 국가가 직접 공공용으로 사용하거나 대통령령으로 정하는 기한까지 사용하기로 결정한 재산을 말한다.

③ 기업용재산은 「민법」 제245조에 따른 시효취득의 대상이 된다.

④ 판결에 따라 취득하는 경우에도 사권(私權)이 설정된 재산은 그 사권이 소멸된 후가 아니면 국유재산으로 취득하지 못한다.

⑤ 총괄청이나 중앙관서의 장은 소유자 없는 부동산을 국유재산으로 취득한다.

해설 ⑤ 「국유재산법」 제12조 제1항
① 행정재산은 공용재산, 공공용재산, 보존용재산, 기업용재산으로 구분된다(「국유재산법」 제6조 제2항).
② 공용재산이란 국가가 직접 사무용·사업용 또는 공무원의 주거용으로 사용하거나 사용하기로 결정한 재산을 말한다(「국유재산법」 제6조 제2항 제2호). 지문의 재산은 공공용재산을 의미한다.
③ 기업용재산은 행정재산으로 시효취득의 대상이 되지 않는다.
④ 사권(私權)이 설정된 재산은 그 사권이 소멸된 후가 아니면 국유재산으로 취득하지 못한다. 다만, 판결에 따라 취득하는 경우에는 그러하지 아니하다(「국유재산법」 제11조 제1항).

12 「국유재산법」상 (   )에 들어갈 용어는? 2024년 제12회

> (   )(이)란 사용허가나 대부계약 없이 국유재산을 사용·수익하거나 점유한 자(사용허가나 대부계약 기간이 끝난 후 다시 사용허가나 대부계약 없이 국유재산을 계속 사용·수익하거나 점유한 자를 포함한다)에게 부과하는 금액을 말한다.

① 과징금   ② 이행강제금

③ 과태료   ④ 부담금

⑤ 변상금

해설 변상금에 대한 설명이다(「국유재산법」 제2조 제9호).
① 과징금은 법령 등을 위반한 행위로 얻은 불법적 이익을 박탈하는 것이다.
② 이행강제금은 의무자가 행정상 의무를 이행하지 아니하는 경우 행정청이 적절한 이행기간을 부여하고, 그 기한까지 행정상 의무를 이행하지 아니하면 금전급부의무를 부과하는 것이다.
③ 과태료는 질서위반행위에 대해서 과하는 질서벌이다.
④ 부담금은 공익사업경비를 그 사업에 이해관계를 가진 사람에게 부담시키기 위하여 과하는 공법상의 금전급여의무이다.

Answer   9. ⑤   10. ②   11. ⑤   12. ⑤

13 「국유재산법」에서 사용하는 용어의 설명으로 옳은 것은? 2018년 제6회

① "총괄청"이란 국무총리를 말한다.

② "일반재산"이란 행정재산 외의 모든 국유재산을 말한다.

③ "사용허가"란 행정재산을 국가 외의 자가 일정 기간 유상(무상인 경우는 제외한다)으로 사용·수익할 수 있도록 허용하는 것을 말한다.

④ "대부계약"이란 행정재산을 국가 외의 자가 일정 기간 유상이나 무상으로 사용·수익할 수 있도록 체결하는 계약을 말한다.

⑤ "과징금"이란 사용허가나 대부계약 없이 국유재산을 사용·수익하거나 점유한 자에게 부과하는 금액을 말한다.

해설 ② 「국유재산법」 제6조 제3항
① "총괄청"이란 기획재정부장관을 말한다(「국유재산법」 제2조 제10호).
③ "사용허가"란 행정재산을 국가 외의 자가 일정 기간 유상이나 무상으로 사용·수익할 수 있도록 허용하는 것을 말한다(「국유재산법」 제2조 제7호).
④ "대부계약"이란 일반재산을 국가 외의 자가 일정 기간 유상이나 무상으로 사용·수익할 수 있도록 체결하는 계약을 말한다(「국유재산법」 제2조 제8호).
⑤ 사용허가나 대부계약 없이 국유재산을 사용·수익하거나 점유한 자에게 부과하는 금액을 "변상금"이라고 한다(「국유재산법」 제2조 제9호).

14 「국유재산법」상 국유재산의 구분과 종류에 관한 다음 설명에서 (   ) 안에 들어갈 용어가 옳게 연결된 것은? 2017년 제5회

> 국유재산 중 국가가 직접 사무용으로 사용하는 관공서의 청사는 (㉠)에 해당하고, 행정 주체에 의해 일반 공중의 사용에 제공된 도로는 (㉡)에 해당한다.

① ㉠: 공용재산　　　㉡: 공공용재산
② ㉠: 공용재산　　　㉡: 일반재산
③ ㉠: 공공용재산　　㉡: 공용재산
④ ㉠: 공공용재산　　㉡: 일반재산
⑤ ㉠: 일반재산　　　㉡: 공공용재산

해설 ① ㉠ 국가가 직접 사용하는 재산이라는 점에서 공용재산, ㉡ 일반 공중의 사용에 제공된 도로라는 점에서 공공용재산이다(「국유재산법」 제6조 제2항 제1호·제2호).
②·④·⑤ 질문은 모두 직접 공익 목적에 제공하는 재산 즉, 행정재산에 관한 것인바, 답지에 일반재산이 들어가 있으므로 답이 될 수 없다.
③ 국가가 직접 자신의 행정목적에 사용하는 재산이 공용재산이고, 일반 공중의 이용에 제공되는 재산이 공공용재산인바, 반대로 기술되었으므로 정답이 아니다.

15 국유재산 중 시효취득의 대상이 되는 것은? 2016년 제4회

① 공용재산　　　　　　　　　② 일반재산
③ 기업용재산　　　　　　　　④ 보존용재산
⑤ 공공용재산

> **해설** ② 행정재산은 시효취득의 대상이 되지 아니한다(「국유재산법」 제7조 제2항). 따라서 국유재산 중 행정재산을 제외한 일반재산만이 시효취득의 대상이 될 수 있다.
> ①·③·④·⑤ 행정재산은 그 용도에 따라 공용재산, 공공용재산, 기업용재산, 보존용재산으로 구분된다(「국유재산법」 제6조 제2항). 따라서 공용재산, 공공용재산, 기업용재산, 보존용재산은 시효취득의 대상이 되지 아니한다.

16 「국유재산법」상 행정재산에 해당하지 않는 것은? 2014년 제2회

① 공용재산　　　　　　　　　② 일반재산
③ 공공용재산　　　　　　　　④ 기업용재산
⑤ 보존용재산

> **해설** ② 국유재산은 그 용도에 따라 행정재산과 일반재산(행정재산 외의 모든 국유재산)으로 구분되고, 행정재산은 다시 공용재산, 공공용재산, 기업용재산, 보존용재산으로 구분된다.

17 「국유재산법」상 행정재산의 종류 중 법령이나 그 밖의 필요에 따라 국가가 보존하는 재산은?

2023년 제11회

① 공용재산　　　　　　　　　② 공공용재산
③ 기업용재산　　　　　　　　④ 보존용재산
⑤ 일반재산

> **해설** 보존용재산에 대한 설명이다(「국유재산법」 제6조 제2항 제4호).
> ① 공용재산은 국가가 직접 사무용·사업용 또는 공무원의 주거용으로 사용하거나 대통령령으로 정하는 기한까지 사용하기로 결정한 재산을 말한다.
> ② 공공용재산은 국가가 직접 공공용으로 사용하거나 대통령령으로 정하는 기한까지 사용하기로 결정한 재산을 말한다.
> ③ 기업용재산은 정부기업이 직접 사무용·사업용 또는 그 기업에 종사하는 직원의 주거용으로 사용하거나 대통령령으로 정하는 기한까지 사용하기로 결정한 재산을 말한다.
> ⑤ 일반재산은 행정재산이 아닌 국가 소유의 재산을 말한다.

Answer 13. ② 14. ① 15. ② 16. ② 17. ④

공용부담

1. 공용수용의 절차(「공익사업을 위한 토지 등의 취득 및 보상에 관한 법률」)

사업인정	성질	① 수용권이 부여되는 설권적 처분 기출 ② 관보에 고시
	효력발생	고시한 날부터 그 효력이 발생 기출
	실효 기출	① 사업시행자가 사업인정의 고시일부터 1년 이내에 토지수용위원회에 대한 재결을 신청하지 아니할 때 ② 사업인정의 고시 후 그 사업의 전부 또는 일부를 폐지·변경함으로써 토지수용의 필요가 없게 된 경우, 고시해야 효력발생

⇩

토지·물건의 조서작성	토지소유자 및 관계인을 입회시켜 서명날인

⇩

협의	① 협의는 필수절차 ② 협의취득은 사법상 계약 기출

⇩

재결	협의가 되지 않는 경우 토지수용위원회가 재결로 수용

2. 환매권

의의	공용수용의 목적물이 당해 공익사업에 불필요하게 되었을 때, 원래의 피수용자가 일정한 요건 하에 다시 그것을 매수하여 소유권을 회복할 수 있는 권리
성질	판례는 사권설 기출
환매권자	협의취득일 또는 수용 당시에 당해 토지의 소유자 또는 그 포괄승계인
목적물	토지 소유권, 토지에 관한 소유권 이외의 권리 및 토지 이외의 물건은 환매의 대상(×)
환매대금	토지 및 토지에 관한 물건 이외의 권리에 대해 지급한 보상금에 상당한 금액
통지의무	① 사업시행자는 환매할 토지가 생겼을 때에는 지체 없이 이를 환매권자에게 통지 ② 사업시행자가 과실 없이 환매권자를 알 수 없을 때에는 공고
환매권 소멸	통지 받은 날 또는 공고의 날로부터 6월을 경과

01 공용부담 및 공용수용에 관한 설명으로 옳지 않은 것은? (다툼이 있으면 판례에 따름)

2015년 제3회

① 공용수용은 당사자와의 협력을 기반으로 하기 때문에 최소침해의 원칙이 적용되지 않는다.

② 공용부담이라 함은 일정한 공공복리를 적극적으로 증진하기 위하여 개인에게 부과되는 공법상의 경제적 부담을 말한다.

③ 판례는 공익사업을 위한 토지 등의 취득 및 보상에 관한 법령에 의한 협의취득을 사법상의 법률행위로 본다.

④ 공용수용에 있어서 사업인정고시가 된 후 권리의 변동이 있을 때에는 그 권리를 승계한 자가 보상금 또는 공탁금을 받는다.

⑤ 헌법재판소는 환매권을 「헌법」상의 재산권 보장으로부터 도출되는 것으로 보고 있다.

해설 ① 공용수용은 공익사업을 위하여 타인의 특정한 재산권을 법률의 힘에 의하여 강제적으로 취득하는 것이므로 수용할 목적물의 범위는 원칙적으로 사업을 위하여 필요한 최소한도에 그쳐야 한다(대판 1987. 9. 8. 87누395; 대판 2005. 11. 10. 2003두7507).

③ 공익사업을 위한 토지 등의 취득 및 보상에 관한 법령에 의한 협의취득은 사법상의 법률행위이다(대판 2012. 2. 23. 2010다91206).

④ 수용토지에 대하여 사업승인고시가 있은 후 소유권의 변동이 있었으나, 토지수용위원회가 소유권변동사실을 알지 못한 채 사업승인고시 당시의 소유자를 소유자로 보고 수용재결을 한 경우 위 토지의 소유권 등을 승계한 수용당시의 소유자가 위 토지수용에 의한 손실보상금이나, 또는 기업자가 위 보상금을 공탁하는 경우 그 공탁금의 수령권자가 된다(대판 1986. 3. 25. 84다카2431).

⑤ 공용수용(公用收用)된 토지 등에 대한 환매권(還買權)은 「헌법」 제23조 제1항이 보장하는 재산권의 내용에 포함되는 권리이다(헌재 1995. 10. 26. 95헌바22).

Answer 1. ①

02 「공익사업을 위한 토지 등의 취득 및 보상에 관한 법률」상 사업인정에 관한 설명으로 옳은 것은? (다툼이 있으면 판례에 따름) 2018년 제6회

① 사업인정은 해당 사업이 토지를 수용할 수 있는 공익사업임을 확인하는 행위일 뿐 형성행위로 볼 수는 없다.

② 사업인정에 대한 쟁송기간이 도과한 경우, 사업인정이 당연무효가 아닌 한 그 위법을 이유로 수용재결의 취소를 구할 수 없다.

③ 사업시행자에게 해당 공익사업을 수행할 의사와 능력이 있는지 여부는 사업인정의 요건이 아니다.

④ 사업인정은 고시한 다음날부터 효력이 발생한다.

⑤ 사업인정 고시가 있은 후에는 다수의 이해관계인이 발생하므로 사업인정이 실효될 수 없다.

> **해설** ② 사업의 인정과 수용재결은 서로 별개효과의 처분으로 하자승계가 되지 않으므로 사업인정의 하자가 무효에 해당하지 않는 경우에는 그 위법성을 이유로 수용재결의 취소를 구할 수 없다.
> ① 사업인정은 해당 사업이 토지를 수용할 수 있는 권리를 설정하여 주는 특허처분이므로 형성적 행위의 성질을 가진다.
> ③ 해당 공익사업을 수행하여 공익을 실현할 의사나 능력이 없는 자에게 타인의 재산권을 공권력적·강제적으로 박탈할 수 있는 수용권을 설정하여 줄 수는 없으므로, 사업시행자에게 해당 공익사업을 수행할 의사와 능력이 있어야 한다는 것도 사업인정의 한 요건이라고 보아야 한다(대판 2011. 1. 27. 2009두1051).
> ④ 사업인정은 고시한 날로부터 효력이 발생한다.
> ⑤ 사업시행자(기업자)가 사업인정의 고시가 있은 날로부터 1년 이내에 토지수용위원회에 그에 대한 재결을 신청하지 않을 때에는 그 기간 만료일의 익일부터 사업인정은 그 효력을 상실한다(대판 1987. 3. 10. 84누158).

03 「공익사업을 위한 토지 등의 취득 및 보상에 관한 법률」상 사업인정과 수용재결에 관한 설명으로 옳지 않은 것은? (다툼이 있으면 판례에 따름) 2024년 제12회

① 사업인정은 항고소송의 대상이 되는 처분에 해당한다.

② 사업인정에 불가쟁력이 발생한 경우 당연무효가 아닌 한 사업인정의 하자를 이유로 수용재결의 취소를 구할 수 없다.

③ 사업인정은 사업인정이 고시된 날부터 효력을 발생한다.

④ 수용재결은 행정심판의 재결의 성질을 갖는다.

⑤ 수용재결의 효과로서 수용에 의한 사업시행자의 토지소유권 취득은 법률의 규정에 의한 원시취득이다.

해설 ④ 토지수용위원회의 수용재결은 처분에 해당하고, 이에 대한 이의신청에 대한 수용재결은 행정심판재결에 해당한다.

① 사업인정은 그 후 일정한 절차를 거칠 것을 조건으로 하여 일정한 내용의 수용권을 설정해 주는 행정처분의 성격을 가진다(대판 1988. 12. 27. 87누1141).

② 사업의 인정과 수용재결은 서로 별개효과의 처분으로 하자승계가 되지 않으므로, 사업인정의 하자가 무효에 해당하지 않는 경우에는 그 위법성을 이유로 수용재결의 취소를 구할 수 없다.

③ 사업인정은 고시한 날로부터 효력이 발생한다.

⑤ 「토지보상법」상 수용은 일정한 요건하에 그 소유권을 사업시행자에게 귀속시키는 행정처분으로서 이로 인한 효과는 소유자가 누구인지와 무관하게 사업시행자가 그 소유권을 취득하게 하는 원시취득이다(대판 2018. 12. 13. 2016두51719).

04 「공익사업을 위한 토지 등의 취득 및 보상에 관한 법률」에 대한 설명으로 옳지 않은 것은? (다툼이 있는 경우 판례에 의함)

① 사업시행자가 공익사업에 필요한 토지를 협의취득하는 행위는 사경제주체로서 행하는 사법상의 법률행위이다.

② 환매의 목적물은 토지소유권에 한하지 않고 토지 이외의 물건이나 토지소유권 이외의 권리 역시 환매의 대상이 될 수 있다.

③ 사업인정이란 공익사업을 토지 등을 수용 또는 사용할 사업으로 결정하는 것이다.

④ 사업시행자에게 해당 공익사업을 수행할 의사와 능력이 있어야 한다는 것도 사업인정의 한 요건이다.

⑤ 해당 공익사업의 성격, 구체적인 경위나 내용, 원만한 시행을 위한 필요 등 제반 사정을 고려하여, 사업시행자는 법이 정한 이주대책대상자를 포함하여 그 밖의 이해관계인에게까지 넓혀 이주대책 수립 등을 시행할 수 있다.

해설 ② 「공익사업을 위한 토지 등의 취득 및 보상에 관한 법률」상 환매제도는 '토지'의 '소유권'에 대해서만 인정된다.

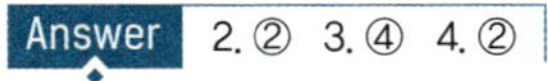

05 「공익사업을 위한 토지 등의 취득 및 보상에 관한 법률」에 관한 설명으로 옳지 않은 것은? (다툼이 있으면 판례에 따름)

① 사업인정처분이 당연무효이면 그것이 유효함을 전제로 이루어진 수용재결도 무효이다.

② 수용재결에 대한 이의신청은 행정소송을 하기 위한 필수적인 전심절차이다.

③ 수용재결에 대한 취소소송의 제기는 사업의 진행 및 토지의 수용 또는 사용을 정지시키지 아니한다.

④ 토지소유자가 보상금 증액청구소송을 제기할 경우 사업시행자를 피고로 하여야 한다.

⑤ 보상금증감청구소송의 제기기간은 이의신청을 거친 경우 이의신청에 대한 재결서를 받은 날부터 60일 이내이다.

해설 ② 수용재결에 대해 이의신청 절차를 거치지 않고도 행정소송을 제기할 수 있다. 즉, 수용재결에 대한 이의신청은 행정소송을 하기 위한 필수적인 전심절차가 아니다.

06 공익사업을 위한 토지 등의 취득 및 보상에 관한 법령상 손실보상에 관한 설명으로 옳지 않은 것은? (다툼이 있으면 판례에 따름) 2022년 제10회

① 토지수용재결시 대상토지의 평가는 재결에서 정한 수용시기가 아닌 수용재결일을 기준으로 한다.

② 관할 토지수용위원회에 잔여지수용청구를 하려는 토지소유자는 사업완료일까지 그 수용청구를 하여야 한다.

③ 이주대책대상자는 사업시행자가 이주대책에 대한 구체적인 계획을 수립하여 공고한 때에 수분양권을 취득한다.

④ 공익사업시행지구 밖의 영업손실에 대해서도 일정한 요건하에 보상을 받을 수 있다.

⑤ 재결에서 정한 보상금액이 일부 보상항목은 과소하고 다른 보상항목은 과다할 경우 법원은 보상항목 상호간의 유용을 허용하여 보상금을 결정할 수 있다.

해설 ③ 이주자가 수분양권을 취득하기를 희망하여 이주대책에 정한 절차에 따라 사업시행자에게 이주대책 대상자 선정신청을 하고 사업시행자가 이를 받아들여 이주대책 대상자로 확인·결정하여야만 비로소 구체적인 수분양권이 발생하게 된다(대판 1995. 10. 12. 94누11279).
① 재결에 의한 경우에는 수용재결 당시의 가격을 기준으로 한다(「공익사업을 위한 토지 등의 취득 및 보상에 관한 법률」 제67조 제1항).
② 관할 토지수용위원회에 대한 수용청구는 사업인정 이후에 하여야 하고 사업완료일까지 하여야 한다(「공익사업을 위한 토지 등의 취득 및 보상에 관한 법률」 제74조 제1항).
④ 공익사업시행지구 밖의 영업손실도 그 장소에서 영업을 계속할 수 없는 경우나 부득이한 사유로 인해 일정한 기간 동안 휴업하는 것이 불가피한 경우 보상하여야 한다(「공토법 시행규칙」 제64조 제1항 제1호·제2호).
⑤ 재결에서 정한 보상금액이 일부 보상항목의 경우 과소하고 다른 보상항목의 경우 과다한 것으로 판명되었다면, 법원은 보상항목 상호 간의 유용을 허용하여 항목별로 과다 부분과 과소 부분을 합산하여 보상금의 합계액을 정당한 보상금으로 결정할 수 있다(대판 2018. 5. 15. 2017두41221).

Answer 5. ② 6. ③

그 밖의 행정

01 「부동산 가격공시에 관한 법률」상 공시지가에 관한 설명으로 옳지 않은 것은? (다툼이 있으면 판례에 따름)

① 개별공시지가는 국세·지방세 등 각종 세금의 부과, 그 밖의 다른 법령에서 정하는 목적을 위한 지가산정에 적용한다.

② 개별공시지가에 이의가 있는 자는 개별공시지가의 결정·공시일부터 30일 이내에 서면으로 시장·군수 또는 구청장에게 이의를 신청할 수 있다.

③ 표준지공시지가는 토지수용에 대한 보상금 산정의 기준이 된다.

④ 표준지공시지가의 결정은 항고소송의 대상인 처분으로 볼 수 없다.

⑤ 표준지공시지가에 이의가 있는 자는 표준지공시지가의 공시일부터 30일 이내에 서면으로 국토교통부장관에게 이의를 신청할 수 있다.

> **해설** ④ 표준지공시지가의 결정은 항고소송의 대상인 처분에 해당한다(대판 2008. 8. 21. 2007두13845).
> ① 「부동산 가격공시에 관한 법률」 제10조 제1항, ② 「부동산 가격공시에 관한 법률」 제11조 제1항, ③ 「부동산 가격공시에 관한 법률」 제8조 및 제9조, ⑤ 「부동산 가격공시에 관한 법률」 제7조 제1항

02 「국가재정법」의 내용에 관한 설명으로 옳지 않은 것은? 2023년 제11회

① 정부는 재정건전성의 확보를 위하여 최선을 다하여야 한다.

② 정부는 「성별영향평가법」에 따른 성별영향평가의 결과를 포함하여 예산이 여성과 남성에게 미치는 효과를 평가하고, 그 결과를 정부의 예산편성에 반영하기 위하여 노력하여야 한다.

③ 한 회계연도의 모든 수입을 세입으로 하고, 모든 지출을 세출로 한다.

④ 예산은 예산총칙·세입세출예산·계속비·명시이월비 및 국고채무부담행위를 총칭한다.

⑤ 정부는 예측할 수 없는 예산 외의 지출에 충당하기 위하여 일반회계 예산총액의 100분의 10 이내의 금액을 예비비로 세입세출예산에 계상하여야 한다.

> **해설** ⑤ 정부는 예측할 수 없는 예산 외의 지출 또는 예산초과지출에 충당하기 위하여 일반회계 예산총액의 100분의 1 이내의 금액을 예비비로 세입세출예산에 계상할 수 있다(「국가재정법」 제22조 제1항).
> ① 「국가재정법」 제16조 제호, ② 「국가재정법」 제16조 제5호, ③ 「국가재정법」 제17조 제1항, ④ 「국가재정법」 제19조

Answer 1. ④　2. ⑤

03 「국가재정법」의 내용에 관한 설명으로 옳지 않은 것은? 2025년 제13회

① 예산, 결산 및 기금에 관한 사무는 기획재정부장관이 관장한다.

② 각 회계연도의 경비는 그 연도의 세입 또는 수입으로 충당하여야 한다.

③ 국가의 회계는 통상회계와 임시회계로 구분한다.

④ 한 회계연도의 모든 수입을 세입으로 하고, 모든 지출을 세출로 한다.

⑤ 예산은 예산총칙·세입세출예산·계속비·명시이월비 및 국고채무부담행위를 총칭한다.

> **해설** ③ 국가의 회계는 일반회계와 특별회계로 구분한다(「국가재정법」제4조 제1항).
> ① 「국가재정법」제11조 제1항, ② 「국가재정법」제3조, ④ 「국가재정법」제17조 제1항, ⑤ 「국가재정법」제19조

04 조세행정에 대한 설명으로 옳은 것은? (다툼이 있는 경우 판례에 의함)

① 공공조합이 조합원으로부터 일정 경비를 부과·징수하는 것도 조세에 해당한다.

② 조세는 특정한 급부에 대한 반대급부로서 지급되는 것으로 보상성을 내포하고 있다.

③ 납세신고는 수리를 요하는 사인의 공법행위이므로 납세신고를 수리하는 행위는 조세부과처분에 해당한다.

④ 원천납세의무자들의 국세환급금청구신청에 대한 과세관청의 환급거부결정은 납세의무자가 갖는 환급청구권의 존부나 범위에 구체적이고 직접적인 영향을 미치는 처분이 아니어서 항고소송의 대상이 되는 처분이라고 볼 수 없다.

⑤ 과세처분이 무효가 아닌 경우 부당이득반환소송을 제기하면 민사법원이 독자적으로 과세처분을 취소하고 부당이득반환판결을 할 수 있다.

> **해설** ④ 원천징수의무자가 원천납세의무자로부터 원천징수대상이 아닌 소득에 대하여 세액을 징수·납부하였거나 징수하여야 할 세액을 초과하여 징수·납부하였다면, 국가는 원천징수의무자로부터 이를 납부받는 순간 아무런 법률상의 원인 없이 보유하는 부당이득이 되고, 환급청구권은 원천납세의무자가 아닌 원천징수의무자에게 귀속되는 것이므로, 원천납세의무자들이 한 원천징수세액의 환급신청을 과세관청이 거부하였다고 하더라도, 이는 항고소송의 대상이 되는 처분에 해당하지 아니한다(대판 2002. 11. 8. 2001두8780).
> ① 과세 주체는 국가 또는 지방자치단체이다. 공공조합이 조합원으로부터 일정 경비를 부과·징수하는 것은 조세가 아니다.
> ② 조세는 특별급부에 대한 반대급부로서 지급되는 것이 아니라는 점에서 특정한 급부에 대한 반대급부로서 징수하는 수수료·사용료 등과 구별된다.
> ③ 신고납세방식에 의한 납세신고는 자기완결적 공법행위이며 원칙적으로 납세의무자가 과세표준과 세액을 과세관청에 신고함으로써 납세의무를 확정한다. 신고를 수리하는 행위가 조세부과처분이 되는 것이 아니며 판례도 과세관청이 납세의무자의 신고에 따라 세액을 수령하는 것은 사실행위이며 부과처분이 아니라고 본다(대판 1997. 7. 22. 96누8321).
> ⑤ 민사법원은 과세처분에 대한 취소권이 없으므로 부당이득반환판단이 부정된다.

Answer 3. ③ 4. ④

ME
MO

2026 박문각 행정사 1차

임병주 행정법 단원별 핵심요약 | 기출예상문제집

초판인쇄 | 2025. 8. 1. **초판발행** | 2025. 8. 5. **편저자** | 임병주
발행인 | 박 용 **발행처** | (주)박문각출판 **등록** | 2015년 4월 29일 제2019-000137호
주소 | 06654 서울시 서초구 효령로 283 서경 B/D 4층 **팩스** | (02)584-2927
전화 | 교재 문의 (02)6466-7202

저자와의
협의하에
인지생략

이 책의 무단 전재 또는 복제 행위는 저작권법 제136조에 의거, 5년 이하의 징역 또는 5,000만 원 이하의 벌금에 처하거나 이를 병과할 수 있습니다.

정가 26,000원

ISBN 979-11-7519-074-0